Das fromme Haus

Lyndal Roper

Das fromme Haus

Frauen und Moral in der Reformation

Aus dem Englischen von Wolfgang Kaiser

Campus Verlag
Frankfurt/New York

Sonderband der Reihe »Geschichte und Geschlechter«
herausgegeben von Gisela Bock, Karin Hausen und Heide Wunder

Die Originalausgabe »The Holy Household« erschien 1989 bei Oxford University Press,
Walton Street, Oxford OX2 6DP
Copyright © Lyndal Roper, 1989

Die Deutsche Bibliothek – CIP-Einheitsaufnahme

Roper, Lyndal:
Das fromme Haus : Frauen und Moral in der Reformation /
Lyndal Roper. Aus dem Engl. von Wolfgang Kaiser. –
Frankfurt/Main ; New York : Campus Verlag, 1995
(Geschichte und Geschlechter : Sonderband)
Einheitssacht.: The holy household <dt.>
ISBN 3-593-35357-1

Das Werk einschließlich aller seiner Teile ist urheberrechtlich geschützt. Jede Verwertung ist
ohne Zustimmung des Verlags unzulässig. Das gilt insbesondere für Vervielfältigungen,
Übersetzungen, Mikroverfilmungen und die Einspeicherung und Verarbeitung in
elektronischen Systemen.
Copyright © 1995. Alle deutschsprachigen Rechte bei Campus Verlag GmbH, Frankfurt/Main
Satz: L. Huhn, Maintal-Bischofsheim
Druck und Bindung: Druckhaus »Thomas Münzer« GmbH, Bad Langensalza, Thüringen
Gedruckt auf säurefreiem und chlorfrei gebleichtem Papier.
Printed in Germany

Inhalt

Einleitung
7

Erstes Kapitel
Die Domestizierung der Reformation
13

Zweites Kapitel
Sündenpolicey
54

Drittes Kapitel
Prostitution und moralische Ordnung
81

Viertes Kapitel
Hochzeiten und Heiratskontrolle
114

Fünftes Kapitel
Sittenzucht und Ehezwist
141

Sechstes Kapitel
Die Reformation und die Frauenklöster
179

Siebtes Kapitel
Die heilige Familie
215

Inhalt

Nachwort zur deutschen Ausgabe
228

Danksagung
234

Anmerkungen
236

Quellen- und Literaturverzeichnis
274

Register
291

Einleitung

Die Reformation brach in Endzeithoffnung in die Welt herein. Sie war erleuchtet von der Heilsbotschaft des *sola fide* und verkündete den Traum von einer Welt, die endlich ins rechte Lot gebracht werden würde. Wie konnte dieser revolutionäre evangelische Glauben in eine sozial konservative Frömmigkeit, die über die Schlechtigkeit der Welt hinwegtrösten sollte, verwandelt werden? Wie war es möglich, daß die Verkündigung des Evangeliums, der Gleichheit aller Christen, von Männern und Frauen, arm und reich, der Gleichheit in Glaubensdingen und vor Gott, die einen besonderen Priesterstand unnötig machte, zum Bollwerk einer hierarchischen weltlichen Ordnung wurde? Wie konnte ein Glaube, der anfangs über die prophetischen Gaben frohlockte, die beiden Geschlechtern geschenkt worden seien, dahin kommen, Frauen fast ausschließlich als Ehefrauen zu sehen, die ihren Ehemännern untertan seien und von ihren Predigern belehrt werden müßten?

Meine zentrale These ist, daß die Moralvorstellungen der Stadtreformation – als religiöses Credo und Ausdruck einer sozialen Bewegung – als eine Theologie des Geschlechterverhältnisses verstanden werden müssen. Bisher sind die Auswirkungen der Reformation für die Frau als weitgehend positiv angesehen worden: die positive Bewertung der Ehe und der Frau als Ehefrau sowie die Priesterschaft aller Gläubigen führten zu der Auffassung, die Stellung der Frau habe sich durch die Reformation verbessert.[1] Andere vertraten sogar die Ansicht, der Protestantismus sei der geistige Nährboden, aus dem die fortschrittliche Frauenbewegung später ihre Kraft gezogen habe.[2] Eine solche historische Ableitung verbindet den Protestantismus implizit mit den Kräften des Fortschritts, mit Individualismus und Modernisierung. Die vorliegende Studie versucht zu zeigen, daß eine solche Auffassung vom Erbe der Reformation eine tiefgreifende Fehldeutung der Reformation selbst darstellt.

Die Hinterlassenschaft des Protestantismus an die Frauen war zutiefst ambivalent: sie konnte einerseits weibliche Frömmigkeitsformen fördern, andererseits aber zu einem erneuerten Patriarchalismus führen. Bei der Institutionalisierung der Reformation in deutschen Städten wurden zugleich die evangelischen Moralvorstellungen in eine ältere konservative Tradition eingebunden, die Frauen als ihren Männern untergebene Ehefrauen definierte. Nicht einmal spezifisch weibliche Andachtsformen, wie wir sie vom katholischen Heiligen- und Marienkult oder der Witwenfrömmigkeit kennen, lebten im Hauptstrom der frühen evangelischen Glaubenslehre fort.[3] Die institutionalisierte Reformation war weit davon entfernt, den Frauen ein eigenständiges spirituelles Leben zuzubilligen. Im Gegenteil, sie war dort am erfolgreichsten, wo sie die Eingliederung der Frauen in den Haushalt unter der Gewalt ihres Ehemannes am nachdrücklichsten betonte.

Diese Schlußfolgerung mag auf den ersten Blick überraschend erscheinen. Weibliche Erleuchtete bei den Puritanern, adlige Frauen bei den französischen Calvinisten, weibliche Mitglieder der radikalen Sekten im englischen Bürgerkrieg – sie sind uns als Aktivistinnen und Führerinnen ihrer Bewegung und als Verkünderinnen der frohen Botschaft vertraut. Tatsächlich findet man auch in den stürmischen Tagen der Reformation (in den 1520er Jahren) Frauen, die Flugschriften verfaßten[4] und Kritikern das Argument entgegenhielten: »Paulus sagt die weyber sollent schweigen. Antwort ich Weisst aber nit auch das er sagt Galat iii Jn Christo ist weder man nach [sic] weyb [...]«.[5] Sie drohten sogar damit, daß vielleicht hundert Frauen gegen die »Papisten« schreiben würden.[6] Die evangelische Lehre schien Frauen eine Plattform außerhalb der Strukturen der »papistischen« Kirche zu bieten.

Doch dieser historische Augenblick währte nicht lange. Alle weiblichen Pamphletisten mit Ausnahme von Katharina Schütz, der Ehefrau des Straßburger Predigers Matthäus Zell, hatten ihren Federkiel in den 1530er Jahren beiseite gelegt. Und auch die Karriere von Katharina Schütz zeigt, wie weit die städtische evangelische Glaubenslehre von ihrer anfänglichen Begeisterung für Flugblattschreiberinnen im Dienste der Reformation abgerückt war. Sie wurde immer mehr zur Außenseiterin und am Ende von den städtischen Prädikanten als Störenfried mit einer bösen Zunge angesehen. Es ist aufschlußreich, daß Katharina Schütz wagte, enge Freundschaft und verwandtschaftliche Bande mit Spiritualisten und anderen Radikalen der evangelischen Bewegung zu schließen. Diese Beziehungen vertieften den Gegensatz zwischen ihr und den städtischen Prädikanten sowie den Ratsgremien. Sie belegen, daß es für Katharina Schütz unmöglich war, ihre Religiosität ausschließlich innerhalb der geistigen Grenzen der etablierten evangelischen Bewegung auszuleben.[7] Die städtische Reformation, die sich in den Gewißheiten einer Morallehre des frommen Hauses eingerichtet hatte, konnte für das öffentliche Handeln von Frauen kein Forum bieten. Sie bot noch nicht einmal das Elementarste, nämlich spezifisch weibliche Frömmigkeitsformen. Frauen konnten sich weder im überkommenen Vokabular des städtischen Kommunalismus äußern noch die Sprache bürgerlicher Anständigkeit zu ihrer eigenen machen.

Warum kam es dazu? Um diese konservative Verschiebung in der Botschaft der Reformation für die Frauen zu verstehen, müssen wir die Triebkräfte untersuchen, die in der Werkstatt, dem Nährboden eines populistischen Protestantismus, wirksam waren. Die unzähligen Werkstätten, die zugleich Wohnung und Arbeitsplatz waren und in denen jeder seinen geschlechtsspezifischen, sexuellen und sozialen Platz kannte, waren die Heimstatt der reformatorischen Bewegung in den Städten. In diesem weiteren Sinn können wir von der »Familie« sprechen, zu der Dienstboten, Lehrknechte und Gesellen gehörten. In dem Maße, in dem die Reformation ihre Auffassungen über Ehe, Sexualität und Prostitution absteckte – ein Territorium, das sie so wirksam zu ihrem ureigensten machte –, entwarf sie auch einen Plan für die Reform der Beziehungen zwischen den Geschlechtern.

Die reformatorische Politik war die Erbin der Politik der Handwerkermeister, deren Sprachrohr die Zünfte waren. Die Reformation verlieh den Interessen und Ansichten der verheirateten Handwerker Ausdruck und Stimme, die über ihre Frauen herrschten und den untergebenen männlichen und weiblichen Arbeitskräften des Haushalts befahlen, was sie zu tun hatten. In einem ganz realen Sinn kann man deshalb davon sprechen, daß die Reformation domestiziert wurde: sie hob die Frauenklöster auf und ermutigte Nonnen zur Heirat, sie pries den Ehestand, wie ihn das Handwerkerpaar versinnbildlichte, und verteufelte die Prostituierte. Diese Domestizierung wurde durch eine Politik erreicht, die die Frauen wieder eingliederte in die »Familie«.

Die vorliegende Studie stellt die Auswirkungen der Reformation für Ehe und Familie anhand einer einzelnen Stadt dar – sie untersucht die Einführung und Durchsetzung der Reformation in Augsburg. Die Wahl fiel auf Augsburg, weil sie neben Straßburg und Nürnberg eine der drei größten und bedeutendsten Städte in Oberdeutschland war. Augsburg ist auch interessant wegen der Brüche in seiner religiösen Geschichte: auf eine frühe lutherische Strömung folgte eine stärker auf die Sittenreform orientierte evangelische Bewegung unter dem Einfluß von Theologen wie Zwingli und Bucer; zudem gab es Anhänger verschiedener Täufergruppen in der Stadt. Schließlich wurde nach 1548 der katholische Glauben wieder eingeführt und der Einfluß der Jesuiten verstärkte sich. Die evangelischen Moralvorstellungen und die Alternativen zu ihnen waren mithin gut in der Stadt repräsentiert. Diese Konfrontation verschiedener Richtungen läßt die Konturen der evangelischen Bewegung deutlicher hervortreten. Augsburg hat auch einen ungewöhnlich reichen Bestand von Kriminalprozeßakten und Strafbüchern, für sich schon ein sprechendes Zeugnis für die Absicht des Augsburger Rats, seine Bürgerschaft zur Sittsamkeit zu erziehen. Sie bieten die seltene Gelegenheit, nicht nur die Politik des Rats und der Zünfte zu untersuchen, sondern auch die Auswirkungen der evangelischen Moralvorstellungen auf die Männer und Frauen, die während der Reformation in Augsburg lebten.

Die Domestizierung der Reformation war jedoch ein historischer Prozeß, der sich langsam und schrittweise vollzog, durch eine Verschiebung des Kräfteverhältnisses im Verlauf des 16. Jahrhunderts. Um die Etappen einzelnen Elemente dieses Prozesses zu bestimmen, müssen wir zunächst das wirtschaftliche, politische und soziale Gefüge der Stadt und die Chronologie der Reformation näher betrachten. Das erste Kapitel untersucht die Einführung der Reformation und die Quellen, aus denen sie schöpfen konnte: sie fand sie in der Haushaltswerkstatt unter der Leitung eines zünftigen Meisters. Das zweite Kapitel zeigt, wie sich diese evangelische Morallehre, die auf der Einheit von Haus und Werkstatt beruhte, in Augsburg äußerte und wie sich die städtische Politik veränderte, als eine zünftisch beeinflußte evangelische Bewegung in der Stadt zunehmend Unterstützung fand. Diese Politik nahm vor allem im Erlaß von Ordnungen und in der Verschärfung von Statuten konkrete Gestalt an, als die Anhänger der evangelischen Lehre durch eine strengere Zucht das Reich Gottes auf Erden errichten wollten. Insbesondere die Prostituierten verkörperten zunehmend genau jene gottlose Zuchtlosigkeit, die die Reformatoren ausrotten wollten: das dritte Kapitel schildert die Versuche des Augsburger Rats, die Prostitution abzuschaffen. Die Ehe sollte der einzige Ort für sexuelle Beziehungen sein. Im vierten Kapitel sehen wir, wie der Rat sich bemühte, die Ehe zur alleinigen Grundlage der Ordnung zwischen den Geschlechtern und den Stadtbürgern zu machen. Das fünfte Kapitel wird uns zeigen, daß dies unmöglich war: je mehr der Rat versuchte, den Ehestand hochzuhalten, und je stärker er sich in »liederliche Ehen« einmischte, gewalttätige Ehemänner büßte und widerspenstige Ehefrauen rügte, um so mehr legte er bloß, wie zerbrechlich die patriarchalische Ordnung war, die er gerade stärken wollte. Das letzte Kapitel schließlich untersucht das Schicksal der Frauen, die in diesen stadtbürgerlichen evangelischen Moralvorstellungen, die Frauen fast ausschließlich als Ehefrauen sahen, keinen Platz fanden: das Schicksal der Klosterfrauen.

Mönche und Nonnen hatten schon immer eine ambivalente Stellung in der städtischen Kultur, waren sie doch kirchlicher Obrigkeit ebenso oder stärker unterworfen als dem Rat. Während jedoch Männerklöster rasch unter dem Ansturm der Reformation zusammenbrachen, die Mönche das Kloster verließen und einen anderen Beruf ergriffen, zum Beispiel evangelische Prediger wurden oder aber in katholische Gegenden auswanderten, bildeten die Frauenklöster das einzige dauerhafte Widerstandsnest gegen den Triumph der evangelischen Moral in der Stadt. Die göttliche Ordnung und die evangelische Ethik, die das Ideal des Ehefrauenstandes und der Meisterschaft des zünftigen Handwerkers neu entwarf und die das Unterpfand der sozialen Stabilität der Stadt bilden sollte, wurden von diesen weiblichen Außenseitern der städtischen Kultur ganz entschieden in Frage gestellt.

Die Geschlechterbeziehungen, so lautet die These dieses Buchs, wurden durch die Reformation keineswegs nur am Rande berührt. Sie standen im Gegenteil im Zentrum der Reformation.[8] Die konservative Umdeutung der Glaubenslehren der reformatorischen Bewegung kreiste um die Bestimmung der Rolle der Frau in Ehe und Haushalt. Dieses konservative Umschreiben der evangelischen Botschaft war der Schlüssel dazu, die Reformation erfolgreich einzuführen und zu verankern.

Abbildung 1 Der Augsburger Perlachplatz im Winter (um 1541), Heinrich Vogtherr zugeschrieben [nach einem Gemälde auf Leinwand aus der Werkstatt von Jörg Preu, um 1531], Städtische Kunstsammlungen Augsburg. Auf der rechten Bildhälfte in kostbare, pelzbesetzte Gewänder gekleidete Ratsherren, die aus dem Rathaus kommen. Über ihnen der Balkon des Rathauses, darunter der Pranger. Im Hintergrund Marktfrauen, die vor dem Perlachturm ihre Waren an Handwerker und Frauen verkaufen, vor ihnen Bäuerinnen, die Obst und Gemüse feilbieten. Unverheiratete Mädchen sind an ihren Zöpfen erkennbar, verheiratete Frauen daran, daß sie eine Haube tragen. In der Bildmitte eine kostbar gekleidete Patrizierin mit ihren Töchtern, gefolgt von ihrer Dienstmagd. (Die Anordnung der Gebäude durch den Künstler entspricht nicht der Wirklichkeit.)

ERSTES KAPITEL

Die Domestizierung der Reformation

STADT UND REFORMATION

Augsburg

Augsburg war am Vorabend der Reformation mit über 30 000 Einwohnern eine der größten und mächtigsten oberdeutschen Städte, in einem Atemzug zu nennen mit Nürnberg und Straßburg. Die Stadt verfügte zwar nur über ein kleines Untertanengebiet, aber sie dominierte das Umland, zog arbeitsuchende Mägde und junge Burschen an und war lokaler Markt für landwirtschaftliche Erzeugnisse. Die Wanderungsbewegung zwischen Stadt und Land ging in beide Richtungen: während die Kirchtürme und die eleganten Häuser den Landadel in die Stadt lockten, investierten die reichen Stadtbürger zunehmend in Landgüter, auf denen sie dem adeligen Landleben frönten. Auch die Vorstellung der Bürger von ihrer Stadt schwankte zwischen dem Bild einer abgeschlossenen Welt und dem eines offenen Handelsplatzes. So bezeichnete sich der Rat als Obrigkeit der Bürger, die innerhalb der Stadtmauern lebten. Die Instandhaltung und der Ausbau der Wälle und Festungsanlagen wurden in den von Kriegsfurcht erfüllten 1540er Jahren zur vordringlichen Aufgabe der städtischen Politik.[1] Doch Augsburg war zugleich auch ein stolzes, weithin ausstrahlendes Handelszentrum. Die Augsburger Kaufleute trieben seit langem schon Handel mit italienischen Kaufherren aus Venedig und anderen Städten, sie waren an Bergwerken in ganz Europa, bis nach England, beteiligt und hatten sogar die Welt außerhalb Europas erkundet und eine Niederlassung in Venezuela gegründet. Diese Augsburger sahen sich zwar als eine verschworene Bürgergemeinde im Schutze der Stadtmauern, doch viele Ratsmitglieder waren weitgereist und ihre Handelsinteressen brachten die Stadt unausweichlich in Verbindung mit der näheren und fernen Welt – selbst die Versorgung der Stadt mit Fleisch hing von ungarischen Viehherden ab.[2]

Die Domestizierung der Reformation

Innerhalb der Mauern unterstrichen Stadtbild und architektonische Gestalt, daß Augsburg ein wohlgeordnetes Gemeinwesen war. Der Lech und die Wertach, an deren Zusammenfluß die Stadt liegt, waren zum Wohle der Stadt gebändigt und umgeleitet worden: vom Lech her wurde das Wasser in schmalen Kanälen durch das Lechviertel geleitet und lieferte so Wasserkraft für den Antrieb von Mühlen und Maschinen sowie Wasser für den häuslichen Gebrauch. Die beiden Flüsse galten den Augsburgern als ein so offenkundiges Symbol des städtischen Wohlstands, daß sie zum Bildprogramm des Bronzebrunnens gehörten, der 1594 errichtet wurde (und sich heute auf dem zentralen Platz der Stadt befindet): ihn krönt ein stolzer Caesar, der auf das Rathaus zeigt, das Zentrum der politischen Macht.[3] Unter ihm schauen vier Flußgottheiten, zwei Götter und zwei Göttinnen, dem Wasserspiel zu. Die Göttinnen stellen die Wertach und die kleinere Singold dar, die Götter den Lech und seinen städtischen Nebenfluß, den Brunnenbach. So versinnbildlichte der Brunnen das wohlgeordnete und fruchtbare Gleichgewicht zwischen den beiden gegensätzlichen männlichen und weiblichen Kräften.

Das politische und symbolische Zentrum der Stadt war der Platz vor dem Rathaus, am Perlachturm, neben dem die Ratskirche St. Peter lag. Vom Balkon des Rathauses wurden Proklamationen verlesen, hier zeigte sich der Kaiser, wenn er sich in der Stadt aufhielt. Beim alljährlichen Schwur, bei dem die Bürger ihren Treueid gegenüber dem Rat erneuerten, versammelte man sich auf dem Perlachplatz. Hier hatten sich die Zünfte auch erstmals politische Macht erkämpft, als sie 1368 auf dem Platz vor dem Rathaus zusammenströmten, um ihre Vertretung im Rat zu fordern. Bei militärischen Musterungen war der Perlachplatz ebenfalls ein zentraler Sammelpunkt. Seine Lage am Belfried, von dem bei drohender Gefahr für die Stadt die große Sturmglocke geläutet wurde, machte ihn zum sinnfälligsten und zugleich verwundbarsten politischen Versammlungsort der Stadt. Politisch und militärisch war der Platz ein Männern vorbehaltener Raum. Frauen hatten daheimzubleiben, wenn die Sturmglocke geläutet wurde; sie waren weder politisch aktive Vollbürger noch nahmen sie am alljährlichen Schwur teil. Die Ratsherren, die auf dem Gemälde von Heinrich Vogtherr in ihren warmen, pelzgefütterten, schwarzen Gewändern wie in einer Prozession aus dem Rathaus auf den Perlachplatz hinauszogen, waren allesamt Männer. Denn in dieser Stadtrepublik konnten allein Männer politische Autorität verkörpern.[4]

An einem normalen Markttag hingegen war der Perlachplatz erfüllt vom geschäftigen Treiben, an dem Männer und Frauen teilhatten. Frauen priesen mit lauter Stimme ihre Waren an, Handwerkerfrauen und Dienstmägde hielten einen Schwatz und versuchten, ein Schnäppchen zu machen. Hier

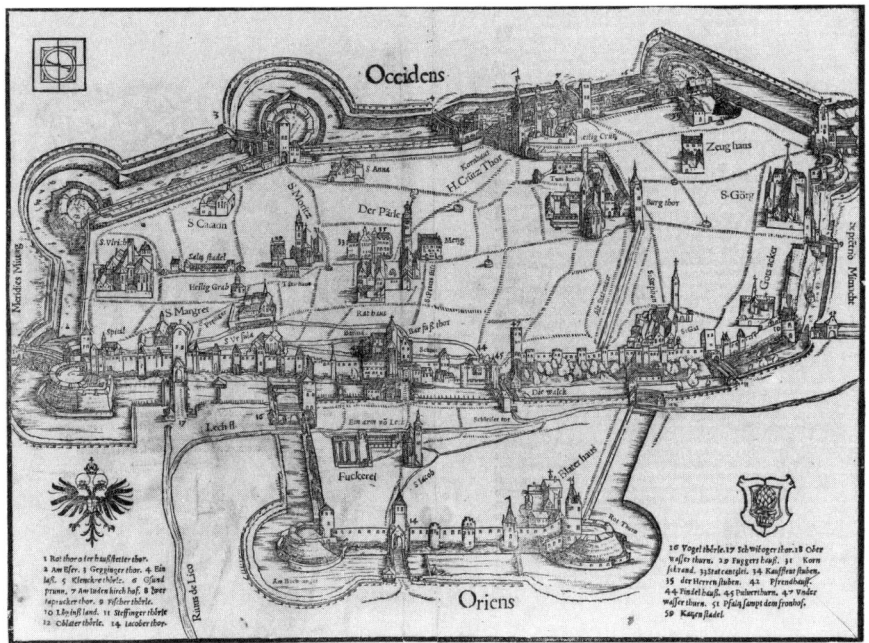

Abbildung 2 Stadtplan Augsburgs aus Sebastian Münster, Cosmographia, um 1500, Städtische Kunstsammlungen Augsburg.
1. Liebfrauenkirche; *2.* St. Ulrich und Afra; *3.* St.-Anna-Kirche; *4.* Heiligkreuz-Kirche; *5.* St. Moritz; *6.* St. Georg; *7.* Barfüsserkloster (Franziskaner); *8.* Predigerkloster (Dominikaner); *9.* Kloster St. Katharina (Dominikanerinnen); *10.* St. Margareta (Dominikanerinnen); *11.* St. Ursula (Dominikanerinnen); *12.* St. Stephan; *13.* St. Nikolaus (Benediktinerinnen); *14.* St. Klara auf dem Horbruck (Franziskanerinnen); *15.* St. Martin (Franziskanerinnen); *16.* Kloster Maria Stern (Franziskanerinnen); *17.* Rathaus; *18.* Perlachturm; *19.* Herrenstube; *20.* Kaufleutestube; *21.* Fugger-Häuser; *22.* Fuggerei; *23.* Heiliggeist-Spital; *24.* Jakobervorstadt; *25.* Frauenvorstadt; *26.* Lech.

konnten sie auch einen Blick auf die Missetäter werfen, die vor dem Rathaus an den Pranger gestellt worden waren – Männer und Frauen, die sich des Diebstahls, der Kuppelei oder der Prostitution schuldig gemacht hatten. Im politischen Herzen der Stadt Schimpf und Schande preisgegeben, über sich eine Tafel mit ihren Missetaten, die laut verkündet wurden – so verloren diejenigen, die sich gegen das Eigentum und die sexuelle Ordnung vergangen hatten, öffentlich ihre Ehre und wurden aus der Stadt gejagt.

Neben dieser, einer weltlichen Logik folgenden Gliederung des städtischen Raums gab es die Topographie des Sakralen. Im Norden beherrschte der Dom das Stadtbild; Bischof und Domkapitel waren eine konkurrierende Macht, deren Gerichtsbarkeit weit über die Stadt hinausreichte. Im Schatten des Doms lagen die Häuser vieler Geistlicher, und Prostituierte warteten hier gewöhnlich auf Freier. Die sechs Pfarrkirchen, denen Schulen angeschlossen und an deren Verwaltung Laien beteiligt waren, gliederten den städtischen Raum. Diese räumliche Aufteilung in Pfarrbezirke wurde indes überlagert vom Geflecht der religiösen Orden (Dominikaner, Benediktiner, Karmeliter, Franziskaner und Augustiner), deren Klöster, Konvente und Stifte für Männer und Frauen über die Stadt verstreut waren.[5] An Größe und Pracht dem Dom ebenbürtig war die große Benediktinerkirche St. Ulrich und Afra (die beiden wichtigsten Stadtpatrone), die gerade erst umgebaut und von Kaiser Maximilian besichtigt worden war. Hier konzentrierte sich ein Großteil der städtischen sakralen Macht, denn die Kirche bewahrte nicht nur die Reliquien des hl. Ulrich, des Bischofs von Augsburg, auf, sie beherbergte auch die Gebeine der hl. Simpert und Digna, einer Magd der hl. Afra, und eines unbekannten Heiligen (einem Chronisten zufolge in Gegenwart des Bürgermeisters ausgegraben) sowie die Grablege der hl. Afra. Die sakrale Macht stellten sich die Zeitgenossen mithin im Unterschied zur politischen Obrigkeit als eine männliche und weibliche Gewalt vor.

Augsburg stand unter dem Schutz der hl. Afra, einer mächtigen Stadtpatronin. Sie war die Tochter des Königs von Zypern; nach dem Tod ihres Vaters mußte sie aus ihrer Heimat fliehen. Einer Weissagung folgend, sie würde in Augsburg große Taten vollbringen, kam Afra, die als Tempeldirne dem Venuskult geweiht war, mit ihrer Mutter Hilaria in die Stadt. Sie legte die Weissagung der Legende nach so aus, daß sie beide als Dirnen in der Stadt großen Reichtum erwerben würden. Zufällig bat nun der aus Spanien geflohene Bischof Narcissus bei ihnen um Herberge und bekehrte die beiden Frauen zum Christentum; sie starben schließlich als Märtyrerinnen.[6] Die Verehrung dieser beiden Heiligen mit ihrer Erlösungsverheißung selbst für die sündigsten und in Schande lebenden Frauen zeigt ein ganz anderes Sündenverständnis und Frauenbild als dasjenige der Reformation, das wir im folgenden erkunden wollen.

Die politischen Repräsentationsbauten und Kirchen gaben einem starken Gefühl des Bürgerstolzes und der Einheit der Stadtgemeinde sichtbare Gestalt. Doch in der Stadt taten sich immer tiefere Gräben auf. Die kunstvollen, im italienischen Stil erbauten Stadthäuser der Elite der Kaufherren und Patrizier lagen verstreut im Zentrum der Stadt. Mit ihren verputzten und bemalten Fassaden, von Laubengängen gesäumten Innenhöfen und eindrucksvollen Privatgemächern schienen diese Adelspalästen gleichenden Häuser dazu bestimmt, »auf ewig« im Familienbesitz zu bleiben. Die privaten Gärten voll seltener und kostbarer Pflanzen, in denen reiche Bürger in der Jakobervorstadt sich zu entspannen pflegten, lagen unmittelbar neben kleinen Krämerläden.⁷ Der sagenhafte Reichtum der Fugger, Welser oder Baumgartner stand in scharfem Gegensatz zu den beengten Arbeits- und Lebensbedingungen der städtischen Handwerker, die sich an den Kanälen des Lechviertels drängten (wo sie die Wasserkraft für ihre Mühlen und Maschinen nutzen konnten) oder aber verstreut in der Jakobervorstadt und jenseits des Doms in der an Gewässern armen Frauenvorstadt lebten. Dort wohnten die meisten Weber, zahlenmäßig das größte Gewerbe der Stadt. Sie sollten bei der Einführung der Reformation eine zentrale Rolle spielen.⁸

Die Reformation in Augsburg

Die neuen Lehren Martin Luthers stießen in Augsburg spätestens seit 1518 auf Interesse, als der Reformator sich in der Stadt aufhielt. Von nun an gewann die evangelische Predigt langsam immer mehr Anhänger für die reformatorische Bewegung. Es lassen sich jedoch zwei politische Wendepunkte ausmachen, die den Charakter der Reformation bestimmten. Der erste radikale Schub in Richtung Reformation gipfelte in den Unruhen von 1524-1525, die in Augsburg (wie in den anderen größeren Städten, die von ihnen betroffen waren) eine außerordentliche Bedrohung für die herrschende städtische Elite der Kaufleute, Patrizier und bessergestellten Zunftmeister bedeuteten. Es kam zu einer Reihe sogenannter »evangelischer Unruhen«, bei denen radikale Anhänger der Reformation zur direkten Aktion schritten: sie zerrissen bei der Messe das Gebetbuch oder streuten gesegnetes Salz ins Weihwasser, um damit zu zeigen, daß den Kultgegenständen des alten Glaubens keinerlei sakrale Macht innewohnte. Der Rat antwortete mit der Ausweisung eines Anstifters, des Barfüßermönchs Johann Schilling, doch dies führte nur zu einem größeren Aufruhr. Die Menschen, die auf dem Rathausplatz zusammenströmten, um die Rückkehr des vom Rat wegen seiner aufwiegelnden Predigten für die Reformation der Stadt verwiesenen »evangelischen Mönchs« zu verlangen, waren eine buntscheckige Menge: evangelische zünftige Handwerker, Knechte und – wie die Chronisten der Ereignisse erbost und abschätzig notierten – arme Weber. Für die Chronisten war der Inhalt der Predigten des evangelischen Mönchs weniger Aufhebens wert als die ihrer Meinung nach in ihnen präsente untergründige Drohung: die Predigten gaben dem explosiven Bündnis zwischen armen Zunfthandwerkern und Tagelöhnern Wort und Stimme – vereint im Zorn auf einen Rat, der in ihren Augen einem Götzendienst anhing.⁹

Sorgen bereitete den Chronisten wie dem Rat der Stadt, daß der Zorn der Evangelischen über die Verbannung von Johann Schilling sich rasch in Haß auf die »großen Hansen«, wie sie der Chronist Jörg Preu nannte, verwandelte, die die Armen schröpften und hartnäckig am alten gottlosen Glauben der raffgierigen Mönche festhielten.[10] Die von den Protesten der Evangelischen hervorgerufene Furcht rief zum Teil die Erinnerung an die Zunfterhebung von 1368 wach und nährte sich aus der allgegenwärtigen Sorge, die »armen Weber« könnten ihrer Unzufriedenheit in einem Aufruhr Luft machen. Diese Gruppe war ein soziales Pulverfaß; der Rat und ein mildtätiger Stifter hatten während der Hungersnöte des vorangegangenen Jahrzehnts die sozialen Spannungen dadurch entschärft, daß sie auf Bestellung der Stadt gebackenes Brot kostenlos an die Weber verteilen ließen.[11]

Die Unruhen von 1524-1525 waren so besorgniserregend, weil sie das Werk einer deutlich ausmachbaren sozialen Allianz waren, nicht allein zwischen Bauern und Städtern, sondern zwischen armen Zunfthandwerkern, Webern usw. sowie all jenen, die überhaupt keine politische Stimme besaßen – Tagelöhner, Gesellen und andere nichtzünftige Handwerker –, ein Bündnis gegen die Kaufherren und Patrizier, die Reichen und politisch Mächtigen.

Politik wurde in Augsburg in einem sorgfältig austarierten Gleichgewicht zwischen patrizischer Macht und der Macht der Zünfte betrieben. Die siebzehn Zünfte, die jeweils zwölf Vertreter in den Großen Rat entsandten, besaßen in diesem Gremium eine deutliche Mehrheit gegenüber den Patriziern (die zwölf Vertreter stellten). Diese Mehrheit wurde im Kleinen Rat, der größere reale Macht besaß, beschnitten, denn den je ein bis zwei Vertretern der Zünfte (den Zunftmeistern) saßen acht Patrizier gegenüber.[12] Am augenfälligsten war die Präsenz der Geschlechter in den hohen Ämtern: einer der beiden Bürgermeister der Stadt war stets ein Patrizier. Patrizische Herkunft definierte indes nicht allein die soziale Elite Augsburgs: sie war eine festgefügte Gruppe von reichen Kaufherrenfamilien und älteren Geschlechtern, die untereinander heirateten und gemeinsam in der *Herrenstube* saßen. Im Unterschied zu anderen Städten wie z.B. Ulm beeinträchtigte die Beteiligung am Handel das soziale Ansehen nicht, so daß in Augsburg die Bedeutung des Handels und des Geldes stärker anerkannt wurde und sehr viel direkter in die Politik des Rats einging.[13]

Eine Reihe angesehener Zunftmitglieder war durch ihre Ämter in die politische Elite integriert (wenn auch in geringerem Maß): als Zunftmeister und Richter, Inhaber hoher Ämter und als Bürgermeister. Die Mitglieder der reichen Zünfte der Kaufleute und Salzfertiger waren besonders stark vertreten, zum Teil weil die ärmeren Meister, die sich um ihren stets gefährdeten Lebensunterhalt kümmern mußten, einfach nicht für die Politik abkömmlich waren. Einige dieser politischen Vertreter ihrer Zunft waren eher Kaufleute und Händler als Handwerker; dennoch fühlten sich selbst mittlere Zunfthandwerker irgendwie in die Regierung der Stadt einbezogen durch ihr Wahlrecht oder ihre Tätigkeit als »Zwölfer« für ihre Zunft. Die Kooptation dieser Zunftmitglieder und die Einbeziehung der mittleren zünftigen Handwerker war lebenswichtig für die Stabilität der Stadt. 1524 konnte sich der Rat nur durch die Mobilisierung dieser mittleren, ehrbaren Zunftmitglieder, der Mitglieder des Großen Rates, gegen den Aufstand an der Macht halten. Nachdem er sich die Unterstützung der Zünfte gesichert hatte, ließ der Rat, im Morgengrauen und ohne öffentliche Bekanntmachung, auf dem Perlachplatz zwei Weber hinrichten. Dies war eine beispiellose Politik der Schuldzuweisung und -abwälzung: der Rat begrenzte so den von den Unruhen verursachten Schaden, stellte seine Macht öffentlich sichtbar wieder her, indem er zwei unbedeutende arme Weber, die kein wichtiges Amt in den Zünften bekleideten, herausgriff und zu Sündenböcken stempelte.[14] In anderen Städten wie Erfurt oder Memmingen konnte die Ruhe nicht so rasch wiederhergestellt werden, der Rat mußte dort zeitweise einer Regierung von Bauern und armen Städtern das Feld überlassen.

Die breite Schicht von Meistern, die durch den Aufruhr von 1524 in wohlhabende und weniger wohlhabende zu zerbrechen drohte, bildete nur einen Teil der Stadtbevölkerung. Mit etwas über 3 800 Zunftmitgliedern im Jahre 1536 repräsentierten sie ungefähr ein Zehntel des »gemeinen Volks«[15]. In den Haushalten und Werkstätten, denen die meisten vorstanden, lebte mehr als die Hälfte der Bevölkerung,[16] denn die Gesamtzahl der im Steuerbuch von 1540 aufgeführten Haushalte lag knapp über 7 000.[17] Über die verstreut in der Stadt lebenden nichtselbständigen Handwerker, etwa die verheirateten Weber, die im Betrieb von Webermeistern arbeiteten, wurde die Zunftherrlichkeit weiter ausgedehnt. Die Meister hielten eifersüchtig an den Rechten und Privilegien fest, die sie politisch zu Vollbürgern machten und ihr Auskommen sicherten gegen Versuche von Konkurrenten und »ungelernten« Arbeitern, die keine Meister waren, ihnen die »Nahrung« streitig zu machen. Diese zünftigen Handwerker bildeten ganz sicher nicht die Mehrheit der Augsburger Bevölkerung; viele Tagelöhner, Knechte und Dienstboten blieben ausgeschlossen aus dem politischen und sozialen Gefüge der Stadt, dessen Bausteine Haushalt und Werkstatt waren oder sein sollten.[18]

Diese zünftigen Handwerker waren aber keineswegs eine einheitliche Gruppe. Die Besitzunterschiede wurden unter dem doppelten Druck raschen wirtschaftlichen Wachstums und periodischen Niedergangs immer krasser – die Kluft zwischen den Palästen der reichen Kaufherren im italienischen Stil auf der einen und den armseligen, aus einem Raum bestehenden Behausungen der armen Webermeister auf der anderen Seite stach ins

Auge. Dieses sichtbare Reichtumsgefälle drohte an die Stelle eines auf Privileg und Ratsfähigkeit beruhenden Gemeinschaftsgefühls unter den zünftigen Meistern eine Politik der »Habnits«, wie sie im Steuerbuch genannt wurden, zu setzen. Eine solche politische Gruppierung würde gegen die auf dem Privileg beruhende Gemeinschaft der Meister ein Bündnis der Zukurzgekommenen bilden, zu dem arme Zunfthandwerker, Gesellen und Tagelöhner gehören würden. Dieses drohende Gespenst versetzte 1524 den Rat in Angst und Schrecken und ließ ihn derart an der Loyalität seiner eigenen Bürger zweifeln, daß er ein tiefes Loch in die Stadtkasse riß und nach dem Ende der schweren Unruhen für einige Zeit fremde Landsknechte in der Stadt einquartierte, die für Ruhe und Ordnung sorgen sollten.[19]

Im Jahre 1524 erschienen in Augsburg (und 1525 in ganz Deutschland) die reformatorischen Lehren als gleichbedeutend mit sozialer und politischer Unruhe und Umsturz. Mitte der 1530er Jahre hingegen sprach der Rat selbst mit protestantischer Zunge, und die evangelische Lehre lag der politischen Ordnung der Stadt zugrunde. Diese Verschiebung, die Domestizierung der Reformation, die damit erst Eingang in Rathaus und Zunftstube fand, ist lange Zeit als eine der zentralen Entwicklungen des 16. Jahrhunderts angesehen worden. Doch die zentrale Rolle der Ehepolitik in der städtischen Reformation ist dabei übersehen worden. Die evangelische Botschaft gewann dadurch, daß sie eine Religion des ehelichen Lebens und eine Politik der Ehezucht versprach, einen Großteil der zünftigen Handwerker für eine Reformation, die das Handwerk unterstützte und den zünftischen Werten Ordnung, Zucht und hausväterliche Gewalt des Meisters wirkungsvoll Ausdruck gab.

Die Verwandlung der evangelischen Botschaft spiegelte sich im Bild wider, das die Bewegung in der Öffentlichkeit abgab. Die Radikalen aus den Anfängen der Reformation – Heißsporne, die Predigtbücher zerrissen, gesegnetes Salz ins Weihwasserbecken streuten und die katholischen Mönche verhöhnten – waren großteils arme Weber oder Gesellen, ohne die materielle Sicherheit niedergelassener Meister.[20] Damit wurde die überkommene soziale Hierarchie in einer Weise in Frage gestellt, die für die Lutherischen nicht akzeptabel und dem Siegeszug der neuen Lehren hinderlich war. Bereits Mitte der 1520er Jahre begannen die Prediger ihre Loyalität gegenüber dem Rat zu beteuern, und Ende der 1520er Jahre zeichnete sich ein Bündnis der neuen städtischen, zunehmend vom Rat ernannten Prediger der Reformation und der politischen Elite der Stadt ab.[21] Mitte der 1530er Jahre bildeten gestandene Männer die Führer der Bewegung, Zunftmeister und Hausväter. Einige Radikale aus der Anfangszeit fanden, enttäuscht von der Lauheit der evangelischen Mehrheit, den Weg zu den Täufern, die nicht unbedeutende Unterstützung einer Minderheit in der Stadt genossen.[22] 1527 war Augsburg Ort einer großen Versammlung von Täufern aus der ganzen Region, doch schon bald folgte die Unterdrückung. Zwar ging die Stadt nicht so weit, Wiedertäufer hinzurichten, aber der Rat zerschlug periodisch Täufergruppen, löste Versammlungen in der Stadt auf und warf die Teilnehmer ins Gefängnis oder wies sie aus der Stadt.[23]

Auch die evangelische Mehrheitsströmung war jedoch keine einheitliche Bewegung mehr. Die Geschichte dieser Jahre ist geprägt von den Spannungen zwischen der kleiner werdenden lutherischen Gruppierung und dem radikaleren Klerus, der bei den meisten zünftigen Handwerkern Gehör fand; die Geistlichen waren beeinflußt von dem Zürcher Theologen Huldrych Zwingli und dem Straßburger Prediger Martin Bucer. Ein sehr wichtiges, immer wieder betontes Element der reformierten Theologie, sehr viel wichtiger als im Luthertum, war die Reform der Sitten und die Wahrung der Sittenzucht durch die Verhängung des Kirchenbanns und vom Rat ausgesprochene Strafen.[24] Die Resonanz, die dieses Thema in Augsburg fand, belegt deutlich die wachsende Stärke der Reformierten.

Prediger, Pamphletisten und stadtbürgerliche Moralvorstellungen

Die evangelischen Moralgrundsätze und zünftischen Ideale gingen eine wirkungsmächtige Verbindung ein. Ihr Inbegriff war der Haushalt eines evangelischen Ehepaares; zunehmend als Ideal akzeptiert, konnte er als lebendige Kritik des gottlosen Lebens gelten, das die zünftigen Handwerker in der Zügellosigkeit der Wohlleben und Völlerei liebenden Mönche verkörpert sahen. Die Botschaft der Prediger und der Verfasser evangelischer Flugschriften setzte zwar andere Akzente, aber sie hatte vieles gemein mit der zunftbürgerlichen Einstellung zu den Unterschieden zwischen Mann und Frau und zur Natur der Sexualität. Für die evangelischen Prediger zeigte ihr eigener Stand als verheiratete Männer emblematisch ihre Einbürgerung und Eingliederung in die Stadtgemeinde: sie waren damit denselben moralischen Ansprüchen und Gesetzen unterworfen wie jeder andere Bürger. Nunmehr verheiratete, sittsame Bürger, waren die evangelischen Geistlichen bestrebt, sich als Vorbilder ehelichen Lebens darzustellen. Die katholischen Priester hingegen, die als keusch und gottesfürchtig lebende Kaste moralische Überlegenheit für sich beansprucht hatten, wurden als Vertreter aller nur denkbaren Zügellosigkeiten und unzüchtigen Verhaltensweisen gebrandmarkt. Auch in den Augen der Zünfte waren die »papistischen Mönche« Ziel des Spotts und Verkörperungen gottlosen Lebens, weil sie

Die Domestizierung der Reformation

keinen eigenen Hausstand besaßen, sondern sich wie die sexuell unreifen und aufsässigen Gesellen zu Bruderschaften zusammenschlossen. Priester, so meinte man, begingen jede nur denkbare geschlechtliche Sünde. Sie wurden der Völlerei und des Müßiggangs beschuldigt, d.h. Sünden, die stets geschlechtliche Sünden begleiteten (ein interessanter Überrest mittelalterlicher Vorstellungen darüber, welche Sünden notwendig zu anderen Sünden führten). Diese Ansicht wurde noch gestärkt durch Ereignisse wie im Jahre 1534, als die Ratskommission, die das Dominikanerkloster schloß und die Kultgegenstände inventarisierte, die Mönche beim Kegeln antraf.[25]

Der müßige und lüsterne Mönch gehörte zum Standardrepertoire der protestantischen Polemik. In bildlichen Darstellungen war er natürlich tonsuriert und stets wohlbeleibt, hatte geselligen Umgang mit Prostituierten oder war – schlimmer noch – gerade dabei, eine ehrbare Frau zu verführen.[26] In den Flugschriften gegen die Ohrenbeichte wurde die Lüsternheit der Kleriker direkt angegriffen und beim Namen genannt. Die Beichte wurde fast ausschließlich als Beichte einer Frau bei einem Priester dargestellt und war somit ein zentrales propagandistisches Vehikel, um die Furcht vor der Sexualität der Mönche zu artikulieren und zu schüren. Warum wohl, fragte sich der Pamphletist Johannes Strauss, brauchten Frauen zwei Stunden für ihre Beichte? Oder er erzählte Geschichten wie die von einer Frau, die einen Geistlichen pries: »er hat mich wol absoluiert, dan es hat mich nie kein pfaff also ersucht.«[27]

Diese Propaganda stützte sich auf eine starke frauenfeindliche Tendenz. Die Frauen waren keineswegs passive Opfer ihrer Beichtväter, ganz im Gegenteil, sie galten als leicht verführbar und willig. Die Empörung und das Aufsehen, die solche Beziehungen hervorriefen, schadeten weniger den Frauen selbst als vielmehr ihren Vätern oder Ehemännern, denn nach landläufiger Meinung wurde deren Ruf und Ansehen beschädigt und angegriffen. Man stellte sich auch vor, wie der Priester bei der Beichte die Frauen über das Sexualverhalten ihrer Ehemänner ausfragte und so männliche Sexualität kritisierte und ausforschte. Die imaginierte Allianz von Frauen und Klerikern war eine echte Bedrohung.

Die Themen der Flugschriften kehrten im alltäglichen Klatsch und Streit wieder. Der Feldzug gegen die Prostitution und die Prozesse gegen einzelne »Pfaffenhuren« gaben der Auffassung weitere Nahrung, die Priester seien die Zuhälter der städtischen Prostituierten.[28] Der Prozeß gegen eine Gruppe von Homosexuellen (unter ihnen ein Priester) in den Jahren 1533 und 1534 ließ die Sexualität der Kleriker nicht nur als ungezügelt, sondern als »grewlich vbel vnnd laster« und »wider die Natur« erscheinen, wie es im Ausruf hieß.[29] Ganz besonders erboste die Evangelischen, daß Kleriker, die dem

Kirchen- und nicht dem gemeinen Recht unterstanden, häufig nachsichtiger behandelt wurden und Immunität gegenüber dem Stadtrecht besaßen – in diesem Fall mußte der Kleriker noch nicht einmal persönlich als Zeuge aussagen. Die Gerichtsverfahren mögen einen früheren Prozeß in Erinnerung gerufen haben, der damit endete, vier Priester, die homosexuelle Beziehungen unterhalten hatten, in einen Käfig (»voglhaus«) zu schmieden, darin am Perlachturm aufzuhängen und elend sterben zu lassen. Mit dieser grausamen Strafe umging die weltliche Obrigkeit das Verbot, Kleriker zu richten, denn sie legte ja nicht direkt Hand an sie.[30]

Diese Verdächtigungen wurden zum Hauptthema der Beleidigungen des religiösen Gegners. Als 1523 mehrere Frauen einem Priester Vorhaltungen machten, der die segensreiche Macht des *Salve Maria* pries, sprach dieser eine von ihnen mit »schöne Frau« an (Anrede für eine Prostituierte); die angesprochene Frau erwiderte, die »schönen Frauen« lebten doch alle mit den Priestern zusammen, und der Bischof sei der allergrößte Zuhälter.[31] Der Doppelsinn des Wortes »Curtisan«, das sowohl den Höfling an der päpstlichen Curia wie die (männliche) Kurtisane bezeichnete, konnte trefflich gegen den Klerus gewendet werden – so etwa in einer Flugschrift von 1523 gegen die »Curtisanen und Tempelknechte«.[32] Umgekehrt ließen sich Frauen als mit Priestern verkehrende oder zusammenlebende Prostituierte oder Konkubinen verleumden: in einem anderen Wortwechsel wurde eine Frau, die einen Mann als »lutherischen Hund« bezeichnet hatte, als »Pfaffenhur« gebrandmarkt.[33]

Die altgläubigen »Papisten« konnte man also leicht als sexuelle Unholde brandmarken. Aber die neuen evangelischen Geistlichen waren nicht einfach dadurch gegen sexuelles Fehlverhalten gefeit, daß sie sich eine Ehefrau nahmen. Tatsächlich wurde eine Frau, die mit einem Priester zusammenlebte, nicht einfach ehrbar, nur weil dieser sich nun zu den reformatorischen Lehren bekannte und sie heiratete. Die Eheschließung war im 16. Jahrhundert in Deutschland ein Prozeß, der aus einer Reihe von Schritten, nicht allein aus der Hochzeit in der Kirche bestand. Mehrfach mußten verheiratete Geistliche die Anerkennung ihres ehelichen Standes durch die Stadtbürger erbitten. Die Aufnahme in eine Zunft war einer der kritischsten Punkte, denn die Zünfte betrachteten die Nachkommen von Priestern normalerweise als uneheliche Kinder und folglich als nicht zunftfähig. Die Zunftmitgliedschaft konnte von der Ehefrau auf den Ehemann übertragen werden und wurde von allen ehelichen Kindern eines Handwerkers geerbt. Zu Beginn der reformatorischen Bewegung in Augsburg waren die Zünfte folglich gezwungen, sich eine Meinung zur Ehe von Geistlichen zu bilden. Denn sie mußten zu mindestens drei Fragen Stellung nehmen: erstens, gab die behauptete »Ehe« dem Mann jene Zunftfähigkeit, die ein Mann bei der oder durch die Eheschließung erlangte? Zweitens, war diese »Ehe« nicht in Wahrheit eine außereheliche sexuelle Beziehung, die ihn allein schon für die Zunftmitgliedschaft disqualifizierte? Und drittens, sollten die aus der Verbindung hervorgehenden Kinder als legitime Nachkommen gelten und damit als potentielle Mitglieder der Zunft, in die sie bei Erreichen des Erwachsenenalters oder bei ihrer Eheschließung aufgenommen werden würden? Da die kollektive Ehre der Zunft symbolisch von der Reputation ihrer Mitglieder – ihrer sexuellen Sittsamkeit und ihrer ehelichen Geburt – abhing, ging es bei der Entscheidung um das Ansehen der Zunft und den Ruf aller ihrer Mitglieder.

Genau um diese Frage ging es in einem Augsburger Rechtsstreit, der von den schweren Unruhen des Jahres 1524 übertönt wurde: die Tochter Utz Richsners, eines Webers und evangelischen Flugblattautors, hatte einen ehemaligen Priester geheiratet, der nun in die Weberzunft aufgenommen werden wollte, wie es ihm kraft Eheschließung zustünde. Die Weberzunft lehnte seinen Antrag ab, eine Entscheidung, die gleichbedeutend damit war, Richsners Tochter als *Pfaffenhur* einzustufen. Die Frage wurde in den Stubenversammlungen diskutiert, bei denen der Aufruhr von 1524 geplant wurde.[34] Am Ende mußte der Rat schlichten: er gestattete dem Zunftmeister Anthoni Bimel, Richsners Schwiegersohn, zwanzig Gulden für einen »stillstand« in der Sache zu zahlen.[35]

Mit Gerüchten, Klatsch und Tratsch ließ sich ebenfalls erfolgreich gegen evangelische Geistliche vorgehen. Eine Gelegenheitsprostituierte verbreitete in der ganzen Stadt, der Prior der Karmeliter, ein bekannter Evangelischer, habe ihr die Heirat versprochen.[36] Und Urbanus Rhegius mußte sich gegen das von katholischen Parteigängern verbreitete Gerücht zur Wehr setzen, er habe ein ehebrecherisches Verhältnis gehabt.[37] Beide überstanden jedoch die peinliche Situation. In den ersten Jahren der Reformation gelang es den Evangelischen, die stadtbürgerlichen Moralvorstellungen zu prägen und sich als Hüter des Anstands und als Befürworter ehelicher Sittenzucht darzustellen.

Die Reformation und die neuen Aufgaben der Obrigkeit

Die zweite wichtige Phase war der offene Übergang des Rats zur Reformation, der sich schrittweise unter dem ständigen politischen Druck der Prediger vollzog. In Augsburg vollzog sich dieses Umschwenken in zwei Etappen zwischen 1534 und 1537. Bis 1534 war die Ratspolitik in bezug auf die Reformation vom Ratsschreiber, dem katholischen Humanisten Conrad Peutinger, bestimmt worden. Peutinger hielt es für notwendig, sich die Gunst des Kaisers zu erhalten, der die Handelsinteressen der Stadt förderte und ihre Unabhängigkeit schützte. Er befürwortete deshalb einen »mittleren Weg«, auf dem die Stadt dem Kaiser die Treue halten konnte, ohne sich deshalb die unablässig anwachsende Gruppe der Evangelischen zu entfremden.[38] Diese Strategie des Lavierens konnte jedoch die Evangelischen in ihrem Eifer nicht bremsen. Sie wollten eine gründliche, tiefgehende städtische Reformation. Die alljährlichen Wahlen bildeten ein wichtiges Druckmittel für ein Umschwenken in der Ratspolitik, und Prediger wie Michael Keller brachten die Religion direkt in die politische Debatte ein. Die Wahl des einfachen Webers Mang Seitz zum Bürgermeister muß zum Teil auf seine bekannten zwinglianischen Neigungen zurückgeführt werden.[39] Er verfolgte zwar ebenfalls eine gemäßigte Politik, doch seine Wahl war ein Indiz dafür, daß sich die Stimmung in der Bevölkerung verändert hatte. Zögernd wurde 1534 die Reformation eingeführt, klug betrieben von den Predigern und unter dem Druck von Zünften und gemeinem Volk.[40]

Die Wahl des Zwinglianers Hans Welser, einem Patrizier mit geringer politischer Erfahrung, und von Mang Seitz im Jahre 1537 in die Schlüsselpositionen der beiden Bürgermeisterämter besiegelte die Ratsreformation. Im Laufe des Jahres 1537 wurde die Reformation voll und ganz eingeführt. Katholische Kirchen wurden geschlossen, mehrere Konvente und Klöster schließlich aufgehoben. Die wichtigste Maßnahme des Rats war, Zuchtherren zu berufen und ein städtisches Ehegericht einzurichten. Diese beiden zusammengehörenden Ämter und Einrichtungen, deren Tätigkeit im nächsten Kapitel geschildert werden soll, waren typisch für die reformierten oberdeutschen und eidgenössischen Städte: Basel hatte 1529 ein Ehegericht ins Leben gerufen, Zürich 1526, Straßburg 1529 und Ulm 1531.[41] Damit wurde der Kirche die Aufsicht über Ehe und Sexualität aus der Hand genommen, ließen sich der Haushalt und das Sexualverhalten der in ihm lebenden Personen sehr viel genauer überwachen als jemals zuvor. Ebendies hatten die zwinglianischen Prediger seit langem verlangt. Die Zuchtherren und das Ehegericht waren rein städtische Institutionen, ein Kirchenbann war nicht vorgesehen. Die Prediger konnten kaum etwas dagegen einwenden, gründete doch ihr eigener Aufstieg zu Amt und Würden darauf, daß sie die Pflicht und Autorität des Rates priesen, »allem ausseren gottlosen wesen vnd ergernussen [zu] weeren, und die gotsäligkait vnnd alle gutten sitten fürdern, Gott zu gefallen...«.[42]

Schwieriger ist die Frage zu beantworten, ob diese moralische Erneuerung von den Zünften gefordert worden war, denn in Augsburg sind die

Ratsprotokolle für diese Jahre ganz besonders dünn gesät und Zunftakten nur lückenhaft erhalten. Darauf schließen läßt sich vielleicht aus der gegen den oberdeutschen Zwinglianer Ambrosius Blarer gerichteten Anschuldigung, er habe bei einem seiner Aufenthalte in Augsburg versucht, Unruhe zu schüren, indem er die Zunftmeister aufgefordert habe, auf die Einführung eines Kirchenbanns hinzuwirken.[43] Es gibt keinen Beleg dafür, daß er das geringste Gehör fand in einer Stadt, die nunmehr ihre eigenen Zuchtherren besaß. Daß er mutmaßte, bei den zünftigen Handwerkern könnten Forderungen nach strengerer Sittenzucht Anklang finden, zeigt jedoch, welches Gewicht dieser Teil der Bürgerschaft hatte. Das Programm der Zucht- und Polizeiordnung entsprach mit Sicherheit den zünftischen Wertvorstellungen.[44] Das Ideal der Ehe, das sie in die Praxis umsetzte, und die Hierarchie von Befehl und Gehorsam innerhalb des Haushalts – Unterordnung der Kinder unter die Eltern, des Gesindes unter den Meister und Hausvater und der Frau unter den Mann – waren nicht neu, sie fußten vielmehr auf dem alten zünftischen Ideal des Haushalts. Die neu eingeführte Überwachung des Sexualverhaltens reichte freilich nun sehr viel weiter als die Kontrolle, welche die Zünfte über ihre Mitglieder je hatten ausüben können. Überdies übertrug das neugeschaffene, gewichtige Amt des Zuchtherrn – je drei aus dem Kleinen und aus dem Großen Rat – Männern, die noch nicht als Vertreter der Ratsjustiz fungiert hatten, einen wichtigen Teil der politischen Sphäre. Mit der starken zünftischen Präsenz in diesem Amt wurden bislang politisch Außenstehende stärker in die Machtausübung einbezogen. Sie erhielten Sitzungsgelder, so daß sowohl gewöhnliche Zunfthandwerker wie Patrizier dieses Amt ausüben konnten.[45]

Die institutionelle Verankerung der Reformation vermochte jedoch nicht alle Spannungen zwischen Zünften und Patriziat, zwischen arm und reich zu lösen. Die frühen 1540er Jahren schienen ein Wiederaufbrechen der Konflikte von 1524 anzukündigen, als Jakob Herbrot von der Kürschnerzunft eine Bewegung gegen das Patriziat anführte, das erst kurz zuvor, 1538-1539, eine Reihe von Kaufmannsfamilien aufgenommen und seine Basis erweitert hatte. Als Person bleibt Jacob Herbrot eine dunkle, leicht geheimnisumwitterte Gestalt. Von seinen Feinden wurde er als Teufelssohn verflucht, besaß er doch so ungeheure, wundersame Talente, daß sie nur durch die Einwirkung diabolischer Mächte erklärbar schienen.[46] Zentrum seiner politischen Macht war die *Kaufleutestube*, eine Gesellschaft von Kaufleuten und Mitgliedern verschiedener Zünfte; sie stand im Gegensatz sowohl zur *Herrenstube* der Kaufherren und Patrizier als auch zur exklusiven Kaufleutezunft. Diese Gesellschaft bedrohte ernsthaft den stabilen Konsens innerhalb der Elite, konnte sie doch angesehene Kaufleute und Zunftmitglieder von ihrer engen

Verbindung mit dem Patriziat abbringen. Herbrot gewann wegen seines Standpunkts und seines gradlinigen reformierten Glaubens große Unterstützung bei den zünftigen Handwerkern: 1540 war er aus dem politischen Nichts aufgetaucht und Zunftmeister und Mitglied des Kleinen Rats geworden. Nur fünf Jahre später wurde Herbrot Bürgermeister.[47]

Doch wenn ihn die Zunfthandwerker als einen der ihren betrachteten, so täuschten sie sich. Herbrot war eher ein erfolgreicher Kaufmann und Fernhändler mit Pelzen als ein typischer Handwerker, ein einfacher Kürschner. Er agierte allem Anschein nach als Kapitalist, der sich durch den Aufkauf der Erzeugnisse vieler kleinerer Lederer und Kürschner ein Monopol zu verschaffen suchte und sich seine Anhängerschaft zum Teil zumindest durch ein Klientelsystem, Kreditgeschäfte und ein Netz von Schuldnern selbst schuf. Herbrot als Sprachrohr eines zünftischen Populismus – das wäre wirklich eine eigenartige Entscheidung gewesen. Dennoch verfügte er über beträchtlichen Einfluß unter den Handwerkern und war, wenn nicht der Architekt, so zumindest einer der hauptsächlichen Geldgeber der Politik des Widerstands gegen den Kaiser und des Beitritts zum Schmalkaldischen Bund protestantischer Reichsstädte und Fürsten. Nach dem Krieg beschuldigte ihn eine katholische Patrizierfaktion, er habe im Alleingang, durch seine leichtfertige und gottlose Politik die Zerstörung der Stadt bewirkt. Diese Anklage muß natürlich zum Teil als Versuch verstanden werden, einem einzelnen die Schuld zuzuweisen und die Verstrickung anderer Angehöriger der Elite herunterzuspielen. Sie macht gleichwohl deutlich, wie sehr Herbrots Dominanz von der Elite als Herrschaft eines Prahlhans und Parvenü angesehen wurde, der in der Reihe vornehmer Geschlechter, die den Bürgermeister stellten, nichts zu suchen hatte. Es ist zwar richtig, daß der Pragmatiker Herbrot einigen Mitgliedern des Patriziats geschickt ins Geschäft kam (er betrieb Geld- und Warengeschäfte mit Anton Fugger) und sogar Friedensverhandlungen mit dem Kaiser aufnahm, aber die Grundlinien seiner Politik wurden als aggressiv zunftfreundlich und proevangelisch empfunden. Diese Politik bedeutete den entscheidenden Bruch mit Peutingers ausgleichender Politik des Mittelwegs und mündete in den Triumph der protestantischen Zunftmoral.

Herbrot lernte rasch, mit Teilen der Elite zusammenzuarbeiten; die Veränderungen der 1540er Jahre brachten das althergebrachte Bündnis zwischen Patriziern und Kaufleuten nicht ins Wanken. Dennoch wurde der Rat Ende der 1530er und in den 1540er Jahren stärker mit den Zünften identifiziert als jemals zuvor.[49] Die Vorherrschaft der Zünfte schien zur ungeteilten Herrschaft zu werden, als 1546 – wenige Monate vor dem Einmarsch der kaiserlichen Truppen – eine Reihe von katholischen Kaufleuten und Patriziern demonstrativ die Stadt verließen und ins Exil gingen. Der Rat sah klugerweise über die schuldhafte Vernachlässigung ihrer Bürgerpflichten hinweg, verlangte für seine Nachsicht aber von den Katholiken die Zeichnung städtischer Anleihen.[50] Während die Truppen des Schmalkaldischen Bundes in der Umgebung der Stadt zusammengezogen wurden und die Kriegsfurcht in der Stadt wuchs, waren die Erklärungen des Rats in triumphierendem Ton gehalten. In einem Erlaß frohlockte er, daß ein jeder »durch des emsig vleissig vnnd stette verkhundungen des wortt Gottis sampt gutt furgenumner ordnung menigclich zu Gott bekeret, vnd von allen ärgerlichen leben abgestannden« sei.[51] Doch die gottesfürchtige Stadt war immer noch nicht vollkommen. Die in den stürmischen Tagen vor dem Ausbruch des Krieges erlassene Verordnung nahm Bezug auf »die gefärlich Zeit vnnd leuft, die on Zwiffel von vnnser sunden vnd vbertrettung wegen vber vnns verhenngt werden« und rief dazu auf, gegen »ain solcher vberfluss von essen, trinnckhen, vberfullen, zanckhen, schlagen, vnzucht gottslestern vnd dergleichen lasster bey dem gemainen Man« vorzugehen.[52] Nunmehr ließ sich die Vision vielleicht verwirklichen, war doch die Stadt zumindest gesäubert von den gottlosen katholischen »großen Hansen«, die den stolzen Traum der Zünfte von miteinander verbündeten, gottesfürchtigen freien Reichsstädten nicht teilten, sondern ihre Welt durch Handelsbeziehungen und Bankgeschäfte mit dem weiteren Horizont des Reichs verbunden sahen.[53]

Auch für Kaiser Karl V. waren die zünftigen Handwerker diejenige Bevölkerungsgruppe, die sowohl für die evangelischen Irrlehren wie für die politische Auflehnung verantwortlich war, die in der gegen ihn gerichteten Revolte von 1546 gegipfelt hatte. Folglich richtete sich der Zorn des Kaisers nach seinem Sieg vor allem gegen ihre politischen Institutionen. 1548 besetzten kaiserliche Truppen die Stadt: die Zünfte wurden aufgelöst, die Vertretung der Zünfte im Rat abgeschafft und ihre stolzen Zunfthäuser und Zunftzeichen wurden von einem kaiserlichen Kommissar kalt und geschäftsmäßig inventarisiert und verkauft.[54] Nur Kaufleute und Patrizier sollten fortan die wichtigen Ämter innehaben, und den Katholiken wurde eine größere politische Vertretung eingeräumt, als es ihrer zahlenmäßigen Stärke entsprach.[55] Die Beherrschung des politischen Lebens durch die zünftigen Meister schien damit der Vergangenheit anzugehören.

Obwohl die neue, der Stadt von Karl V. diktierte Verfassung die Elite der Kaufleute und Patrizier in ihrer alleinigen Machtposition festzuschreiben schien, gewann doch die Notwendigkeit, den Wohlstand der Gewerbe zu erhalten und den sozialen Frieden zu fördern, die Oberhand über sektiererische Rachegelüste und, zumindest für eine gewisse Zeit, über militante Rekatholisierungsversuche. Die Elite war selbst in Religionsfragen gespalten und auf jeden Fall gezwungen, sich mit der wichtigen Gruppe der Meister zu arrangieren, wollte sie Stabilität und Religionsfrieden gewährleisten – ganz zu schweigen von der ungeheuren Aufgabe, die ihr die neue Verfassung anvertraut hatte, nämlich die Einhaltung der Handwerksordnungen bis in alle Einzelheiten zu überwachen. Diese Zwänge beeinflußten das Auf und Ab der Ratspolitik während der unruhigen Jahre im späten 16. Jahrhundert, als man den fragilen Kompromiß zwischen protestantischen und katholischen Räten über religiöse Unruhen und drohenden Aufruhr hinweg zu retten suchte.[56] 1552, während des Fürstenaufstands, kehrte Herbrot zurück, und für einige Monate wurde eine Zunftherrschaft eingeführt:[57] Rückkehr zur alten Zunftverfassung war ein Ruf, der immer noch mächtig genug war, einen Menschenauflauf zu provozieren. Doch trotz der Ausschaltung der Zünfte läßt sich in der Ratspolitik, in den Erlassen und wirtschaftspolitischen Maßnahmen, ihr Einfluß weiterhin feststellen. Augenfällig ist die Kontinuität mit der Zeit der Zunftherrschaft vor allem in der weiter praktizierten Überwachung von Sexualität und Ehe. Der Rat schrieb am Ende des 16. und zu Beginn des 17. Jahrhunderts die Zuchtordnung von 1537 fort, die den Eckstein der zünftisch beeinflußten Morallehre der Reformation bildete.[58] Der Rat machte weiter Jagd auf Ehebrecher, bestrafte Prostituierte und rügte Lasterhafte und Taugenichtse. Selbst eine konfessionell gespaltene Bürgerschaft konnte sich auf der Grundlage dieser wirkungsmächtigen Vision eines wohlgeordneten und gottesfürchtigen Haushalts einigen.

Die vorliegende Studie beschäftigt sich vor allem mit den entscheidenden Jahren der Reformation. Die 1530er und 1540er Jahre waren die Jahrzehnte, in denen die Ehe- und Familienpolitik festgelegt und mit den zünftischen Werten in Einklang gebracht wurden. Das evangelische Lob der Arbeit, des Ehestandes und der rechten Ordnung war eine wirksame Sakralisierung von Wertvorstellungen, denen die zünftigen Handwerker seit langem anhingen. Es war um so anziehender, als es eine wohlgeordnete Welt predigte, die den Augsburgern des 16. Jahrhunderts gerade unter den Füßen wegzubrechen schien. Das fragile Band, das der evangelische Glaube zwischen den Handwerkern und den ihnen untergebenen Hausgenossen knüpfte, ließ sich – wenn auch unter Schwierigkeiten – dazu nutzen, die Politik der kaufmännisch-patrizischen Elite zu stützen. Genau dies geschah gegen Ende des 16. Jahrhunderts, und dies erklärt auch, daß die zünftische Ehepolitik weiter gültig und ihre wirtschaftspolitischen Rezepte weiterhin einflußreich blieben. Das Ehegericht überlebte zwar die Wiedereinführung des Katholizismus im Jahre 1548 nicht, doch die Zuchtherren überwachten weiter das Leben der Augsburger. Die in diesen Jahrzehnten entwickelte Ehe-, Familien- und Wirtschaftspolitik und die in dieser Zeit geschlossenen sozialen

Allianzen erwiesen sich als so dauerhaft, daß sie nicht nur die Reformation, sondern auch die Jahre der Gegenreformation und des Einflusses der Jesuiten überlebten.

HAUSHALT UND WERKSTATT

Die Anziehungskraft der evangelischen Auffassung von bürgerlicher Rechtschaffenheit und die mit ihr verbundene Ideologie, nach der dem Mann und der Frau von Natur aus unterschiedliche Rollen zukämen, läßt sich nur begreifen, wenn wir uns die Beziehungen in der Arbeitswelt und das Ideal des Haushalts klarmachen, auf denen sie beruhte.[59] Die in der Zuchtordnung von 1537 formulierte Ordnung bestand im Kern aus drei Unterordnungsverhältnissen innerhalb des Haushalts: der Unterordnung der Frau unter ihren Ehemann, der Kinder unter ihre Eltern, des Gesindes unter den Willen ihres Hausvaters und Meisters. Die Zuchtordung stellte den Rat als Grundpfeiler der städtischen Ordnung dar. Seine eigene Legitimität definierte der Rat nach dem Vorbild der Vaterschaft: Wie ein Vater über seine Kinder, so wachte der Rat über die ihm untergebenen und züchtigte sie. Soziale, wirtschaftliche und politische Beziehungen sah der Rat stets im Rahmen des Haushalts. Seine Legitimität beruhte auf einer Vorstellung vom städtischen Gefüge, die den Rat an die Spitze einer wohlgeordneten Schar selbständiger Haushalte stellte.[60]

Dieses Bild des Gemeinwesens schien mit der tatsächlichen demographischen und ökonomischen Struktur Augsburgs übereinzustimmen, die von einer Vielzahl kleiner Haushaltswerkstätten dominiert wurde. Darin glich Augsburg jeder anderen frühneuzeitlichen Stadt. Doch ebenso wie andernorts waren Vermögen und Besitz nicht gleichmäßig auf dieses Mosaik von Werkstätten und Betrieben verteilt. Das angehäufte Kapital, für das Augsburg gerühmt wurde, war in den Händen einiger weniger, eng mit Patriziern verbundener Kaufherren konzentriert. Doch selbst ihre weitverzweigten, auf Verwandtschaftsbeziehungen basierenden Firmen ähnelten noch entfernt dem kleinen Familienbetrieb. Der Reichtum dieser Kaufherren prägte zwar sichtbar das Stadtbild, die Berichte über ihre Taten im fernen Venezuela gingen in die stolze Mythologie der Stadt ein. Die Lebensgrundlage der meisten Augsburger sah jedoch anders aus: eine kleine, für die lokale Kundschaft arbeitende Ladenwerkstatt, ein bescheidenes Haus, das Heimstatt für die in der Werkstatt tätigen und alle Mitglieder des Haushalts war. Zahlenmäßig dominierten die Weber: 1536 zählte ihre Zunft 1 451 Mitglieder, die zweitgrößte Zunft, die der Schmiede, hatte dagegen nur 341 Mitglieder. Augsburg war ein Angelpunkt der Tuchmacherei in der oberschwäbischen Textilregion, und so dominierte auch im Umland das Textilgewerbe.[61] Die Krise des Baumwollzeug, Leinen und Barchent herstellenden Weberhandwerks prägte das ganze 16. Jahrhundert hindurch die Armenpolitik der Stadt und bedrohte Augsburgs innenpolitische Stabilität. Wie gesehen genügte 1524 das bloße Gerücht, die Weber würden »murren«, um bei den Stadtvätern die Nerven blank zu legen und sie bei den Spitzeln Berichte einholen zu lassen. Neben den Webern zählten die Geschlachtgewander, Loder und Flickschneider, die wohl hauptsächlich für den lokalen Bedarf arbeiteten, zum Textilsektor. Das Nahrungshandwerk, z.B. Fischer und Metzger, bildete zusammen mit den anderen Versorgungsgewerben einen anderen wichtigen Zweig der städtischen Wirtschaft. Manche Bereiche, etwa der Viehmarkt, waren mit Fernhandel verbunden, denn Vieh wurde aus weit entfernten Ländern wie Ungarn nach Augsburg getrieben. Andere Wirtschaftszweige, die Versorgung mit frischem Obst, Gemüse und Kräutern, waren die Domäne der Bauern und Marktfrauen des Umlands. Außer der vielköpfigen einheimischen Bevölkerung gab es noch zahlreiche reisende Handelsleute zu versorgen, und die vielen Reichstage und Landstände, die Augsburg während des 16. Jahrhunderts beherbergte, zogen regelmäßig eine große Zahl hochgestellter Persönlichkeiten an. Die metallverarbeitenden Gewerbe zählten eine beträchtliche Zahl von Werkstätten, und ihr Ansehen wuchs, obgleich sie sich noch nicht mit den Nürnbergern messen konnten. Es gab Lederer und Weißgerber, die die Häute der geschlachteten Rinder weiterverarbeiteten, und Kürschner, die Felle exotischer Tiere importierten. Die Produktion von Luxusgütern gewann im 16. Jahrhundert zunehmend an Bedeutung, denn die Konzentration von wohlhabenden Laien und Klerikern schuf einen bedeutenden Markt für solche Erzeugnisse.[62] Die Rüstungen, fein ziselierten Schwerter und Musketen, für die Augsburg berühmt wurde, die in barocker Manier verzierten goldenen und silbernen Becher, Teller und Schüsseln oder die gedruckten Bücher, Misseln und Holzschnitte, die sich heute in den Museen befinden und auf denen das stolze Wappen der Stadt, der Stadtpir, prangt – sie sind nur die herausragenden und dauerhaftesten Zeugnisse dieser Produktion von Luxusgütern.[63]

Alle diese Gewerbe beruhten auf verschiedenen Formen der Haushaltswerkstatt – Wohnung und Werkstatt waren unter einem Dach vereint. Jeder Betrieb wurde von einem Meister und seiner Frau geleitet; er koordinierte die Arbeit von Lehrknechten, Gesellen und Hausgesinde, die mit im Hause lebten. Die Erzeugnisse dieser wenigen Arbeitskräfte wurden entweder auf einem Marktstand oder direkt in der Ladenwerkstatt verkauft. Auf jeder

Stufe der Produktion, vom Ankauf des Rohmaterials über den Umgang mit dem Werkzeug bis zum Verkauf des Erzeugnisses, überwachte der Meister den Arbeitsprozeß und leitete selbständig seinen Betrieb. Die Vorstellung vom selbständigen Handwerksmeister, der seine kleine Werkstatt führte, war ein wesentliches Element des Selbstverständnisses der frühneuzeitlichen Stadtbürger.

Tatsächlich war die Erhaltung des unabhängigen Handwerkerhaushalts so entscheidend für die Stabilität des Gemeinwesens, daß der Rat in der zweiten Hälfte des 16. Jahrhunderts sehr viel Geld und einen Großteil seiner politischen Tätigkeit darauf verwandte, die stets gefährdeten Weberwerkstätten davor zu schützen, daß ihnen durch das Verlagssystem oder die Vergabe von Aufträgen an Lohnweber außerhalb der Stadt Arbeit weggenommen würde. Als das bei weitem größte Gewerbe in der Stadt, das fast fünfmal so viele Meister zählte wie das nächstgrößere, waren die Weber jederzeit zu einer politischen Blockbildung in der Lage, die die Stabilität jeder Stadtregierung gefährden konnte. Zahlenmäßig das Rückgrat der städtischen Wirtschaft und zugleich Archetyp des in kleinen Werkstätten arbeitenden Gewerbes war das Weberhandwerk zugleich wirtschaftlich äußerst verwundbar. Nach den glücklichen Tagen der 1530er Jahre, als den Webern zu ermäßigtem Aufnahmegeld die Bürgerschaft angeboten worden war, um sie in die Stadt zu ziehen, befand sich das Gewerbe in der zweiten Hälfte des Jahrhunderts in einer Dauerkrise. Das ehrgeizige Ziel, das Weberhandwerk auf der Basis selbständiger Werkstätten unter Leitung eines Meisters zu erhalten, ließ sich nur erreichen, wenn die Zahl der Webstühle in jeder Werkstatt strikt begrenzt und so die Not so gerecht wie möglich auf alle Haushalte verteilt wurde. Wenn sogar dies die Weber nicht davor bewahren konnte, unter der Schuldenlast zusammenzubrechen und ihre Tuche schon im voraus zu verpfänden, griff die Stadt selbst in die Vermarktung ein und subventionierte das Gewerbe: sie kaufte die Tuchproduktion auf, ließ das Tuch durch einen vom Rat ernannten Verwalter des Pfandgewölbes verkaufen und gewährte aus dem Erlös Kredite für den Kauf von Baumwolle.[64] Eine so ungewöhnlich weitgehende städtische Unterstützung für ein niedergehendes Gewerbe läßt sich nur aus der zwingenden sozialen Notwendigkeit verstehen, den vielen selbständigen Werkstätten Rückhalt zu geben, den Meistern weiterhin ihre »Selbständigkeit« zu garantieren und sie vor den Monopolen zu bewahren, die in anderen Städten aufkamen, etwa in Nördlingen im 17. Jahrhundert, wo eine einzige Familie das gesamte Weberhandwerk beherrschte.[65] Das Beispiel des Weberhandwerks zeigt, daß die Macht des Ideals der Haushaltswerkstatt nicht allein darauf beruhte, die alltäglich vom »gemeinen Volk« erfahrenen häuslichen und Arbeitsbeziehungen zu versinnbildlichen, sondern paradoxerweise darauf, eine vergangene Welt zu vergegenwärtigen und in Erinnerung zu rufen.

Die sexuelle Ökonomie des Haushalts

Wir können die Macht dieser Utopie der selbständigen Haushaltswerkstatt nicht verstehen, wenn wir sie nur als Arbeitsbeziehungen begreifen. Im Ideal der Einheit von Haushalt und Werkstatt reflektierte eine Ökonomie der Geschlechterbeziehungen die Ökonomie der Produktion. Die Ehe war die Grenzscheide, um die andere Unterscheidungen nach Status und Funktion gruppiert wurden. Der Meister, dessen Zeichen auf den Erzeugnissen der Werkstatt prangte, mußte ein verheirateter Mann sein. Ein Meister, der nie verheiratet gewesen war, war ein Widerspruch in sich, eine unehrenhafte Gestalt, dessen Führungs- und Lendenkraft äußerst zweifelhaft waren. Die Uhrmacher etwa beklagten sich über den »unverheirateten Meister« Georg Roll, dem sie die Anerkennung verweigerten: würde ihm erlaubt, Gesellen zu beschäftigen, so »wurde auch das Jung Gsindle zu allen Muetwillen gesterckt, So man es nit treiben khundt, ... damit wurden die Redlichen Maister, hanndwercks ordnung, vnnd guete Mannzucht augenscheinlich vnderdruckht«, weil »das Jung wanndert Gsindt, Zug sölichen Ledigen Maistern liebe zue, dann Redlichen Maistern, hetten ainen freyern willen bei Inen«.[66] Sie erreichten schließlich, daß er aus der Stadt gewiesen wurde. Nur erwachsene verheiratete Meister konnten ihre Zunftverordneten wählen oder bei der Wahl städtischer Amtsträger abstimmen.[67] Die Verbindung zwischen der politischen Vollbürgerschaft und dem Ehestand wurde so ernst genommen, daß ein Ratsmandat vom Ende des 15. Jahrhunderts sogar vorsah, daß nur zum Zeitpunkt der Wahl verheiratete Männer ein städtisches Amt ausüben dürften – eine Vorschrift, die alle Witwer ausgeschlossen hätte. Die Frau des Meisters war somit Garant dafür, daß ihr Gatte die Stufe des erwachsenen Mannes auf der Lebenspyramide erklommen hatte: sie bestätigte seinen Meisterstand und war gleichzeitig verantwortlich für die Beköstigung, Licht, Betten, Heizung, Wasser und all die häuslichen Bedürfnisse derjenigen, die in der kleinen Werkstatt arbeiteten. Mit seinem selbständigen Geschäft und Gewerbe verkörperte der Meister finanzielle Unabhängigkeit, öffentlich anerkannte Ehre, sexuelle Reife und politisch den Status eines erwachsenen Vollbürgers.

Scharf getrennt von Meister und Meisterin waren die Gesellen, Lehrknechte und das Hausgesinde, die eigentlich unverheiratet sein sollten. Theoretisch erlernte ein Lehrknecht den von ihm erwählten Beruf und arbeitete anschließend eine festgelegte Anzahl von Jahren als ausgebildeter, aber weiterhin den Weisungen des Meisters unterworfener Geselle. Schließlich machte er sein Meisterstück, heiratete und ließ sich nieder, d.h. er gründete seine eigene Werkstatt. Bis zu diesem Tag jedoch war die sexuelle Unreife Ausdruck der untergeordneten Stellung des Gesellen. Für viele kam dieser Tag nie: wahrscheinlich heiratete ein Fünftel der Augsburger Bevölkerung überhaupt nicht. Der Sexualität junger Männer wurde statt dessen im »Frauenhaus« (das verheiratete Männer nicht betreten sollten) ein erlaubtes Betätigungsfeld geboten: dort verlieh der Geschlechtsverkehr keine Autorität. In Jugendbanden konnten junge Männer ihre Männlichkeit beweisen und ihre Bande untereinander bekräftigen, wenn sie gemeinsam den Abend im städtischen Frauenhaus verbrachten. Junge Frauen hatten dagegen einen weit gefährlicheren Weg zurückzulegen, bis sie sexuell als erwachsen galten. Dienstmägde vom Lande, die sich in der Stadt ihre Mitgift erarbeiten und ersparen wollten, mußten ebenso wie die Töchter einheimischer Familien ihre Ehre vor dem lüsternen Blick des Meisters bewahren und die ungebührlichen Annäherungsversuche der im Haus lebenden Männer zurückweisen. Gleichzeitig aber mußten sie die Aufmerksamkeit des potentiellen Ehepartners erregen, der allein einen Weg aus der Abhängigkeit im Haushalt des Vaters oder Meisters bieten konnte.[68]

Die Ehe versinnbildlichte nicht nur den Unterschied zwischen Autorität und Unterordnung, sie war auch der wichtigste Weg zum sozialen Aufstieg. Geschickt ausgehandelt, konnte sie aus einem stadtfremden Gesellen ohne Aussicht auf Fortkommen einen richtigen Bürger und Meister machen. Er mußte nur die Witwe oder die Tochter eines Meisters finden und durch sie Handwerksgerechtigkeit und Bürgerrecht erheiraten, ohne die er nicht hoffen konnte, jemals Meister zu werden. Durfte in einem Gewerbe ein Fremder die Gerechtigkeit kaufen, so würde eine vermögende Gattin ihm dabei helfen. Und mit der Heirat konnten Söhne wie Töchter damit rechnen, von ihren Eltern einen Teil ihres Erbes zu erhalten, mit dem sie einen eigenen Hausstand gründen konnten. Diejenigen, die heirateten, hatten deutliche materielle Vorteile gegenüber den ehelos bleibenden.

Doch diese scheinbar so nahtlos ineinander gefügte Ordnung des Haushalts, in der jeder einzelne seinen oder ihren sexuellen und ökonomischen Platz kannte, löste sich auf. In Wirklichkeit hatte sie wohl niemals der Lebenswirklichkeit der großen Zahl derjenigen entsprochen, die ein Leben lang als Lohn- und Wanderarbeiter oder Dienstboten arbeiten mußten. Im 16. Jahrhundert geriet das Haushaltsideal unter den doppelten Druck zunächst des raschen wirtschaftlichen Wachstums und anschließend des Niedergangs in der Jahrhundertmitte und wurde so einer extremen Belastungsprobe unterzogen. In den aufstrebenden metallverarbeitenden Gewerben, in denen neue Fertigkeiten und Fertigungstechniken entwickelt wurden und Plattner wie Desiderius Helmschmied aufgrund ihrer großen Auftragsarbeiten zu internationalem Ansehen gelangten,[69] waren möglicherweise mehrere Werkstätten an einem Auftrag beteiligt. Da diese Unternehmen größer wurden, legten die Schmiede fest, die Zahl von Gesellen, Knappen und Lehrknechten, die ein Meister beschäftigen dürfe, werde allein dadurch beschränkt, wieviele er in seinem Haus beherbergen könne.[70] Dies war ein klarer Versuch, zu verhindern, daß Schmiedemeister mehrere Werkstätten außerhalb ihres eigenen Hauses einrichteten. Fehlende Kontrollen der Zahl von Gesellen und Lehrlingen bestärkten jedoch mit Sicherheit die Entwicklung weitgespannterer ökonomischer Projekte und Interessen, die sich stärker vom Ideal der engen, überschaubaren Hierarchie des Haushalts entfernten: Desiderius Helmschmied beschäftigte nicht weniger als vier erwachsene Gesellen.[71] Einige Gewerbe antworteten auf die Beschränkung der Gesellenzahl damit, daß sie einen Teil ihrer Erzeugnisse von anderen Werkstätten herstellen ließen: die Kistler scheinen versucht zu haben, die von Witwen geführten Werkstätten in dieser Weise einzuspannen.[72]

Die Zahlen der Musterliste, in der alle männlichen Bürger, die zur Verteidigung der Stadt verpflichtet waren, und alle Gesellen, die zum Waffendienst aufgefordert werden konnten, aufgeführt wurden, zeigen dies deutlich (siehe Tabelle 1.1).[73] In der Mehrheit waren die Werkstätten klein,

Tabelle 1.1: Größe der Werkstätten im Jahr 1539 (nach der Musterliste)

	Anzahl unverheirateter Gesellen						Gesamtzahl von Haushalten (einschl. Witwen)
	0	1	2	3	4	>4	
Viertel 1	426	129	84	21	7	4	671
Viertel 2	772	137	68	13	4	5	999
Viertel 3	531	125	54	17	7	–	734
Viertel 4	209	95	25	12	–	2	343
St. Jakob (5)*	1282	63	9	5	–	–	1359
Hl. Kreuz/St. Georg (6)	456	114	82	23	5	2	682
St. Stephan(7)	212	46	13	4	2	1	278
Insgesamt**	3888	709	335	95	25	14	5066
Vergleichszahlen für 1619[a]	4488	902	407	96	22	19	

* Die Zahlen für die Jakobervorstadt sind unvollständig; es wurde extrapoliert auf der Basis der für die Hälfte der Vorstadt erhaltenen genauen Zahlen und der Gesamtzahl.
** Meine Gesamtzahlen unterscheiden sich von den in der Quelle angegebenen Summen, die nicht frei von Rechenfehlern sind.
a Roeck, B. (1987), S. 166.

obwohl die Angaben nichts aussagen über die Zahl der Dienstmägde oder Kinder, die in Haushalt und Werkstatt mitarbeiteten. Weniger als ein Viertel der aufgeführten Haushalte beschäftigte einen im Hause lebenden erwachsenen Mann. Es waren winzige Betriebe, die mit äußerst geringer erwachsener männlicher Arbeitskraft arbeiteten. Eine Reihe von ihnen mögen natürlich männliche Arbeitskräfte beschäftigt haben, von denen manche Hausknappen, d.h. verheiratet waren und in ihrem eigenen Haushalt statt unter dem Dach ihres Meisters lebten. Diejenigen, die unverheiratete männliche Arbeitskräfte beschäftigten und logierten, hatten zumeist nur einen einzigen Knecht. Eine nicht unbeträchtliche Zahl von Betrieben hatte allerdings zwei Gesellen, und eine signifikante Minderheit beherbergte und beschäftigte drei, vier oder noch mehr Gesellen. Maurer, Ziegelbrenner und Bleicher tendierten dazu, viele männliche Arbeitskräfte anzustellen: sie gaben fünf oder sogar einem Dutzend Knechten und Knappen Kost und Logis und waren Unternehmen, die mit einem kleinen Familienbetrieb nicht mehr viel zu tun hatten.[74] Es waren gerade Gewerbe, die im 16. Jahrhundert an Bedeutung gewannen, Büchsenmacher, Uhrmacher, Schlosser und Kupferschmiede, die vergleichsweise viele Knappen anstellten: wie die Zahlen für 1615 zeigen, beschäftigten sie im Durchschnitt jeweils zumindest einen oder zwei erwachsene Gesellen – dies in einer Zeit, in der die Mehrheit der Meister überhaupt keinen Gesellen hatte.[75] Die relativ zahlreichen Haushalte mit zwei, drei oder mehr männlichen erwachsenen Beschäftigten müssen recht große Betriebe gewesen sein, wenn wir die gleiche Zahl von Lehrlingen, die man in solchen Werkstätten erwarten konnte, sowie die Dienstmägde und Kinder hinzuzählen.[76] Solche großen Belegschaften überstiegen die Grenzen der Vorstellung von einem Haushaltsbetrieb, in dem Frieden und Eintracht darauf beruhten, daß sich die Verhaltensmuster der Unterordnung in der Familie und im Arbeitsleben deckten. Insbesondere junge erwachsene Männer mit schwindenden Chancen, sich selbständig zu machen, unterwarfen sich nicht immer freudig der Befehlsgewalt eines anderen Mannes. Und dieses Kräfteverhältnis in den Werkstätten veränderte sich auch im nächsten Jahrhundert nur wenig: Zahlen aus dem Jahre 1619 zeigen eine weitgehend ähnliche Verteilung der Gesellen.

Die Wirtschaftskrise untergrub ebenfalls die Existenz der Werkstatt. Die rauheren wirtschaftlichen Bedingungen der zweiten Hälfte des 16. Jahrhunderts brachten manche Meister in Not und zwangen sie, noch gar nicht gewebte Tuche zu verpfänden, um damit das Garn oder die Baumwolle für ihre Herstellung zu kaufen, die sie nicht mehr bezahlen konnten. So gerieten sie in ökonomische Abhängigkeit – das Schreckensbild für das zünftische Ideal, den selbständigen Meister. Wir wissen, daß viele Zunftmitglieder in anderen

Städten in Wirklichkeit Lohnhandwerker waren oder in anderen Werkstätten als Hausknappen arbeiteten; manche Zünfte waren von diesen Lohnarbeitern dominiert.[77] Je weiter das Jahrhundert voranschritt, desto mehr wuchs die Bevölkerung und um so stärker stagnierte die Wirtschaft in Augsburg. Die Zünfte reagierten auf die Krise, indem sie versuchten, die Zahl derjenigen einzuschränken, die Meister werden konnten und ihre eigene Werkstatt aufmachen durften. Der Theorie folgend, wonach Reichtum im Kern endlich und nicht für alle Platz vorhanden sei, argumentierten die zünftigen Handwerker, das rechte Vorgehen bestünde darin, die vorhandenen Ressourcen innerhalb der Zunft gewissenhaft aufzuteilen und diejenigen ohne »Nahrung« auszuschließen. Die meisten Zünfte beschlossen während des 16. Jahrhunderts zumindest vorübergehend einen totalen Aufnahmestopp, ausgenommen für die Söhne und Schwiegersöhne von Meistern. Sie erhöhten die Summe, die für den Erwerb der Handwerksgerechtigkeit zu zahlen war, oder verlängerten die Lehrzeit.[78] Die Folge aller dieser Maßnahmen – wie auch des Aufkommens größerer Unternehmen mit weiterem ökonomischen Horizont – war die Herausbildung einer Gruppe von Gesellen, die entweder nicht heiraten konnten oder aber als verheiratete, abhängige Knappen ihr Leben fristeten – eine Verletzung der klaren Hierarchie mit ihren sauberen Trennungen, die der Haushalt eigentlich garantieren sollte. Außerdem reichten für Lohnarbeiter und arme Zunfthandwerker die Einkünfte aus der Zuliefererarbeit für größere Betriebe nicht länger aus, um eine Familie zu ernähren.[79] Die Frauen mußten außerhalb des Hauses, oft in einem ganz anderen Gewerbe, etwas dazuverdienen, um den Lebensunterhalt der Familie zu sichern. Es ist deshalb nicht verwunderlich, daß in solch unsicheren Zeiten die Ehe in der Debatte über all diese schwer greifbaren Veränderungen zum Thema wurde.

Die Zünfte

Für die Meister waren die Zünfte ein wirkungsvolles Medium, Unzufriedenheit zu äußern, ihr genossenschaftliches Gemeinschaftsgefühl zu bekräftigen und ihre Interessen zu wahren.[80] Bemerkenswert ist, wie untrennbar Arbeit und Sexualität in der Sprache der Ehre, der gleichsam selbstverständlichen Grundlage dieses zünftischen Gemeinschaftsgefühls, miteinander verbunden waren. Die Ehre, der größte gemeinschaftliche Besitz eines Handwerks, konnte auf zweierlei Weise gefährdet werden: durch die Arbeit, die man verrichtete, und durch das eigene sexuelle Verhalten. Recht und Gewohnheit eines Handwerks suchten den Status und die kollektive Ehre seiner Mitglieder zu wahren. Büttel, Scharfrichter, Abdecker und Bordellwirte galten wegen der Arbeit, die sie verrichteten, als unehrliche Berufe, und in einigen Städten wurden Müller und selbst Leineweber zu ihnen gezählt.[81] Wer mit solchen Unehrlichen in Berührung kam, lief Gefahr, selbst ehrlos zu werden. So bangten zwei Lehrknechte um ihre Ehre, weil sie zu freimütig mit der Frau des Abdeckers geplaudert hatten. Die Galgen wurden von der gesamten Zimmermannszunft repariert, damit alle Zunftmitglieder gemeinsam den Makel der Entehrung trügen, der durch die Berührung mit dem Arbeitsgerät des Henkers übertragen wurde.[82] In einer solchen Welt war es entscheidend, die Ehre des Gewerbes hochzuhalten und die Würde zu betonen, welche die Ausübung der Handwerkskunst seinen Mitgliedern verlieh.

Die Meister unterlagen einem System der Verhaltenskontrolle, das in seinen Ansprüchen strenger war als selbst der Moralkodex des Rats vor der Reformation. Maßnahmen wurden gegen Meister ergriffen, die sich durch ihr Fehlverhalten gegen die gemeinsame Ehre vergangen hatten: etwa, weil sie mit als unehrlich geltenden Handwerkern zusammenarbeiteten, oder aber, weil sie ihre Ehefrau verließen und mit einer unehelich geborenen Frau zusammenlebten. Diese *Störer*, wie man sie nannte – die Bezeichnung macht deutlich, daß ihr Verhalten in seinen sexuellen wie ökonomischen Aspekten als Beeinträchtigung des Ansehens der Zunft betrachtet wurde –, konnten aus der Zunft ausgeschlossen werden. Ihre sexuellen Missetaten wurden ebenso ernst genommen und ebenso streng beurteilt wie Verstöße gegen die Arbeitsordnung. Aber es gab Unterschiede: die Zünfte riefen ihre Mitglieder zwar zur Ordnung, wenn diese in der Zunftstube Raufereien anfingen oder fluchten, doch der Besuch bei Prostituierten oder Gewalt in der Ehe scheinen nicht die gleiche Beachtung gefunden zu haben. Nur wenn das Verhalten eines zünftigen Meisters eine Ehe öffentlich in Verruf brachte und die Haushaltswerkstatt ins Zwielicht rückte, d.h. wenn er eine der sogenannten »öffentlichen Sünden« beging (eine sexuelle Verfehlung), war die Ehre der Zunft angetastet, und die gemeinschaftliche Vergeltung an dem Missetäter folgte auf dem Fuße. Auch aus diesem Grund achteten die Zünfte eifersüchtig auf die Einhaltung der Bestimmung, daß alle Mitglieder ehelich geboren sein mußten.[83] Diese Vorschrift wurde einer extremen Belastungsprobe ausgesetzt, ihre Grenzen ausgemessen, wenn eine zünftige Frau einen unehelich geborenen Handwerker heiratete, umgekehrt auf das Zunftprivileg pochte und um seine Aufnahme in die Zunft nachsuchte. Unter dem Druck des Rats gaben die Zünfte häufig nach. Wichtiger als gelegentliches Nachgeben war indes, daß die Zunft öffentlich darauf bestand (wie in der Zunftordnung festgehalten), daß alle Mitglieder aus rechter Ehe entsprossen seien und auch nur der Verdacht unehelicher Geburt völlig fernläge. Da die

Zunftehre nur im Wettstreit mit anderen Zünften verteidigt und bekräftigt werden konnte, mußte jedes Handwerk auf der Hut sein, wollte es nicht in die Unehrlichkeit abrutschen und jenem Zerrbild einer Zunft gleichen, der Zunft der Kuppler, Huren, Bastarde und Vagabunden, über die sich Volksmärchen und Fabeln so gern lustig machten.

Die Ehre mußte öffentlich gezeigt und zur Schau gestellt werden. Die meisten Zünfte besaßen Zunfthäuser, in deren Trinkstuben Hochzeiten gefeiert wurden, Tanzvergnügen oder andere Feste stattfanden oder man einfach zum Trinken zusammenkam. Ihre Stuben waren geschmückt mit einem prächtigen Zunftschild, Gedenktafeln mit den Wappen aller Zunftmitglieder und den adligen Insignien nachempfundenen Ehrenzeichen der Zunft.[84] Die Zunftkapelle in einer der städtischen Kirchen oder ein von ihr gestiftetes Glasfenster konnte es sogar mit der Prachtentfaltung einer patrizischen Stifterfamilie aufnehmen. Worin bestand diese Vorstellung von der Ehre und die Ideologie der Haushaltswerkstatt, die den Handwerkern soviel bedeuteten und die wie gesehen die Ratspolitik noch lange nach der Aufhebung der Zünfte weiter prägten? Die Weltsicht der Meister war keine kapitalistische Vorstellung von grenzenlos wachsendem Reichtum. Max Webers These, der Protestantismus verkörpere den Geist des Kapitalismus, mißdeutet in der Tat tiefgehend, worin die Anziehungskraft des evangelischen Glaubens bestand.[85] Der städtische Protestantismus fand die größte Unterstützung bei den einfachen Handwerkern. Er war, so ist gezeigt worden, im wesentlichen eine Bewegung der Mittelschichten und brachte nicht die Wertvorstellungen eines expansiven Unternehmerkapitalismus zum Ausdruck, sondern eine im Kern konservative Moral, die auf den sparsamen, haushälterischen Umgang mit begrenzten Ressourcen pochte. Zunftpolitik und evangelische Moralvorstellungen beruhten auf der Überzeugung, daß Reichtum im Kern begrenzt war. Politik für das Gemeinwesen hatte folglich darin zu bestehen, den vorhandenen Besitz zu wahren und seine Verteilung zu überwachen.[86] Für die Handwerksmeister waren die Übel, die Augsburg heimsuchten, durch den Zustrom von Fremden verursacht, die Häuser erwarben, sorglos in den Tag hinein oder von der Fürsorge lebten und bewirkten, daß die Gewerbe überlaufen waren und den Lebensunterhalt nicht mehr sichern konnten. Dagegen bestand das Allheilmittel der Stadt darin, das Niederlassungsrecht zu begrenzen, die Eheschließung von Armen und Fremden zu verbieten und Außenstehenden den Zugang zu den Gewerben zu verweigern.

Dieses Programm konnte nicht nur auf die Meister anziehend wirken, sondern auch jene überzeugen, die an der Schwelle zur Meisterschaft standen: Gesellen, Knappen und Lehrknechte, die eines Tages selbst Meister zu werden hofften, wenn sie die nötige Summe zum Erwerb der Meisterschaft zusammensparten oder das Glück hatten, die Witwe oder Tochter eines Meisters zu heiraten. Die Ehe wirkte als integrierender sozialer Traum: selbst ein »Nicht-Meister« war immer ein potentieller Bräutigam und konnte so einbezogen werden in zünftische Vorstellungen von der Verteidigung des Privilegs und der Einheit von Werkstatt und Haushalt, denn auch er würde vielleicht eines Tages eine Meisterwitwe heiraten. Und dort, wo Gesellengilden ihre eigene, festgefügte Gruppenidentität ausbildeten und bisweilen sogar Streiks gegen ihre Lohnherren führten (beispielsweise die Kürschnergesellen in Straßburg im 15. Jahrhundert),[87] wurde diesen politischen Organisationsformen viel von ihrer Stoßkraft genommen, weil sie nur einen Abschnitt im Leben eines Handwerkers betrafen. Gesellengilden waren häufig lose an Zunftstuben angegliedert, und die Gesellen waren durch ihre Meister der Zunftordnung unterworfen. Theoretisch waren Gesellen unverheiratet und noch nicht erwachsen.[88] Die Heirat bildete die Schwelle, deren Überschreiten den Schritt ins Erwachsensein und zur sexuellen und sozialen Reife bedeutete. Die Beschwerden von Gesellen und Lehrknechten ließen sich folglich auf ihre spezifische Position im Lebenszyklus zurückführen; sie würden eine individuelle Lösung finden, denn jeder Knecht oder Geselle würde ins heiratsfähige Alter kommen und bei seiner Hochzeit die Scheidelinie überschreiten, die symbolisch die Festtafel der Meister vom Tisch der ehemaligen Gefährten trennte. Die Ehe verdeckte somit die zunehmend strukturelle Ungleichheit zwischen Meistern und Nichtmeistern und ließ sie als eine Frage der jeweiligen Stellung auf der Lebenspyramide erscheinen.

Die Ideologie der Einheit von Werkstatt und Haushalt schien die Interessen von Handwerkern, die es nicht zur Meisterschaft gebracht hatten, zu berücksichtigen und konnte diese bis zu einem gewissen Grad ruhigstellen. Gegenüber den Interessen der Frauen im Haushalt war sie jedoch sehr viel ablehnender. Frauen waren niemals vollgültige »Meister«, nicht einmal als Witwen: sie konnten weder die Zwölfer oder Zunftverordneten wählen noch selbst Zunftmeister (nach der Zunftverfassung vor 1548) oder (nach 1548) Innungsvorsteher werden. Die zünftische Vorstellung vom Haushalt war mithin nicht nur in sozialer Hinsicht eine exklusive Vorstellung, sie war eine männliche Vision, formuliert und entwickelt von Männern, deren Interessen mit denjenigen im Gewerbe tätiger Frauen kollidieren konnten und dies auch taten. Doch wie die Gesellen konnten auch die Frauen an diesem auf dem Haushalt als Grundeinheit beruhenden System interessiert sein, das die Zunftzugehörigkeit der Tochter oder Witwe eines Meisters sicherte und selbst einer Dienstmagd ermöglichte, von der guten Partie zu träumen, die sie am Ende doch noch zur Herrin machen würde. Im folgenden soll gezeigt werden, daß diese Werkstattideologie sich als männliche Ideologie erweist, die auf einer als »natürlich« angesehenen Arbeitsteilung zwischen den Geschlechtern beruhte. Die Arbeitsteilung innerhalb des Haushalts schuf die einer Frau geziemende Rolle und verfestigte sie zugleich.

Handwerk, Geschlecht und Arbeit

Entscheidend für das Ideal der Haushaltswerkstatt war die Vorstellung von der Ehe als Arbeitsgemeinschaft und sexuelle Partnerschaft. Genauso wie die Sexualrollen von Mann und Frau verschieden waren und einander ergänzten, so schufen die unterschiedlichen Rollen von Mann und Frau im Arbeitsprozeß ihrerseits die sexuelle Differenz und machten die Geschlechter unterscheidbar. Die Ideologie des Handwerkerhaushalts stellte die Interessen von Ehemann und Ehefrau nachdrücklich als übereinstimmende Interessen dar. Das Wohl des Betriebes war beider Ziel, und Mann und Frau arbeiteten im Produktionsprozeß zusammen. Das ist eine geradezu unwiderstehliche Utopie der Konvergenz von Männer- und Frauenarbeit. Ihre Anziehungskraft lebt fort in Alice Clarks *Working Life of Women in the Seventeenth Century* (1919): für Alice Clark befreite die Einbeziehung in die Werkstattarbeit die Frau von der stumpfsinnigen Arbeit im Haushalt und adelte sie durch die Würde produktiver Arbeit.[89] Den Historikern des 19. Jahrhunderts erschien das vorindustrielle Zeitalter als ein Garten Eden, als man die Unterscheidung zwischen öffentlicher und privater Sphäre, zwischen dem Bereich des Mannes und dem Reich der Frau noch nicht kannte. Da es keine Trennung zwischen Arbeitsplatz und Wohnung gab, konnte die Kinderaufzucht als gemeinsame Aufgabe von Mann und Frau erscheinen, kaum unterscheidbar von der Aufsicht über die anderen in der Werkstatt Arbeitenden und im Hause Lebenden.

Diese Vorstellung wurde in den Ratsmandaten nachdrücklich formuliert. Streitende Paare ermahnte der Rat, »Ir gewinn ainander trewlich mitzutaillen« und »treulich mitainander [zu] arbeiten«, oder er rügte eine Ehefrau und verpflichtete die Eheleute, sie »sollen hinturo mit einander wie 2 eeleutt sich ernören vnnd hallten«.[90] Im Wort *ernähren* klingen sowohl das finanzielle wie auch das ganz praktische Versorgen an. So überbrückt der Begriff *Nahrung* die Scheidelinie zwischen der Arbeit in der Werkstatt und der Hausarbeit im heutigen Sinn – Kochen, Waschen, die Beköstigung der in der Werkstatt Arbeitenden.[91] Mit dem Wort Nahrung wurde die Bedeutung des Beitrags der Frau im Haushalt betont, ohne jedoch in ihrer Tätigkeit eine Arbeit im eigentlichen Sinn zu sehen. Mann und Frau wurden als Arbeitsgemeinschaft gedacht, und gleichsam folgerichtig herrschte im Handwerkermilieu auch Besitzgemeinschaft vor. Im Unterschied und Gegensatz zu den Ehen reicher Kaufleute und Patrizier, in denen die künftigen Eheleute ihr jeweiliges Erbe gewissenhaft für sich behielten, Mitgift, Aussteuer, Widerlegung und Morgengabe und damit beider Eigentumsansprüche vertraglich genau spezifiziert wurden, taten Ehepartner aus dem Handwerkermilieu bei der ersten Heirat einfach ihren Besitz zusammen. Sie hatten »Leib vnd Guth an einander geheurat«, kennzeichnete der Stadtschreiber Franz Kötzler ihre Praxis.[92] Bei allen Eigentumsgeschäften von Zunfthandwerkern oder Patriziern wurde die Frau gewöhnlich als Mitverkäuferin oder Mitkäuferin genannt, ein augenfälliger Beleg dafür, daß der Haushalt als Gemeinschaftsunternehmen angesehen wurde. In der Ehe, so schien es, gab die Welt der Handwerker dem Bibelwort sichtbare und greifbare Gestalt, wonach Mann und Frau ein Fleisch sein sollten, eine untrennbare Einheit bildeten.

Aber dies beschrieb die Wirklichkeit allerhöchstens teilweise. Neben dem verklärenden Begriff der Arbeit, der nicht zwischen der Arbeit des Mannes und jener der Frau unterschied, gab es eine andere Auffassung von Arbeit, die den Unterschied zwischen den Geschlechtern scharf betonte. Innerhalb des Haushalts wurden die Pflichten nicht nur nach Rang oder Ehestand, sondern auch nach Geschlecht aufgeteilt. Diese Unterscheidungen wurden durch die unterschiedlichen Tätigkeitsfelder von Mann und Frau verfestigt und kenntlich gemacht.

Der augenfälligste Unterschied zwischen Männer- und Frauenarbeit war die größere Verantwortung der Frau für die Hausarbeit und die Kinderbetreuung. Die Kinderbetreuung galt als so »natürlicher« Tätigkeitsbereich der Frau, daß sie in den Quellen kaum erwähnt wird und nur selten in Darstellungen der »rechten« Frauenrolle auftaucht: die Frauen wurden in ihnen als Ehefrauen und nicht als Mütter angesprochen. Das wenige, daß wir über Kinderaufzucht in den Quellen entdecken, legt den Schluß nahe, daß sie schwer von der Aufsicht über das Hausgesinde zu unterscheiden war: so früh wie möglich machte das Kind Botengänge oder wurde in den Arbeitsprozeß im Haushalt eingegliedert. Kindererziehung als eigenständige, von der Hausarbeit und den allgemeinen Pflichten als Ehefrau unterschiedene Tätigkeit mußte ihre eigenen Ausdrucksformen in der stadtbürgerlichen Kultur erst noch entwickeln.

Dagegen läßt sich die Bedeutung der Hausarbeit im Arbeitsablauf der Werkstatt deutlich ausmachen. Eine Möglichkeit ist die Untersuchung des Maurergewerbes, dessen Organisation sich sehr stark von jener der meisten anderen Gewerbe unterschied. Im Unterschied zu den anderen, stark auf die Arbeit in der Werkstatt orientierten Gewerbe war es im Baugewerbe üblich, daß die Maurer verheiratet waren, einen eigenen Hausstand hatten und nur tagsüber in einer Kolonne unter der Leitung eines Meisters arbeiteten. Folglich kann der Unterschied zwischen ihrem Lohn und dem Entgelt für einen im Meisterhaushalt lebenden Gesellen Hinweise darauf geben, wieviel ein Meister dadurch sparte, daß er die Maurerknechte in seinem Haus beherbergte. Forschungen haben ergeben, daß ein Maurergeselle 1475 höchstens ungefähr 21 Gulden im Jahr verdiente; unter dem Dach des Meisters lebende Gesellen erhielten zur selben Zeit dagegen nur zwischen 3 und 9 Gulden im Jahr. Ein Teil der Lohndifferenz ergibt sich daraus, daß der Geselle Kost und Logis frei hatte; ein anderer Teil erklärt sich dadurch, daß der Lohn nur für einen einzelnen, nicht für den Unterhalt einer ganzen Familie reichen mußte. Die Frau des Meisters und die Dienstmägde lieferten die häuslichen Dienstleistungen, die für einen männlichen Arbeiter als notwendig galten und Teil seines nicht in klingender Münze gezahlten »Reallohns« waren. Die Ordnungen der Maurerzunft ermöglichen auch, den unsichtbaren ökonomischen Beitrag der Frauen noch etwas deutlicher zu machen. Im Sommer 1516 wurden in Augsburg einem Maurermeister 32 Pfenninge, einem Maurergesellen mit Zunftrecht 24 Pfennige und anderen Maurerknechten 18 Pfennige pro Tag gezahlt. Stellte der Meister jedoch die Mahlzeiten für seine Arbeiter, konnte er 8, 6 bzw. 4 Pfennige abziehen – ein Viertel bis ein Drittel des Lohns. Da ein Pfund Schmalz nur 3 Pfennige kostete, konnte ein gerissener Meister daraus Gewinn schlagen – eine Ersparnis durch die unsichtbare Arbeit der Frauen, die für die Beköstigung sorgten.[95]

Die Frauenarbeit wurde auch durch den langsamen wirtschaftlichen Wandel mitbetroffen. Eine Werkstatt mit bis zu zehn Arbeitern (wie bei den Zimmerleuten erlaubt) oder mit so vielen Arbeitern, wie am Tisch des Meisters Platz fanden (der einzigen Einschränkung bei den Schmieden) – das bedeutete für die Frauen eine ganz andere Arbeit.[96] Wurden die Werkstätten größer und lebten mehr Gesellen und Lehrknechte im Haus, so wuchs auch die Arbeit (Waschen, Kochen, Heizen, Lichtmachen), die es für sie zu erledigen galt; dagegen wurde die verfügbare Zeit für Arbeiten im Produktionsprozeß geringer. Doch der ökonomische Wandel verbannte nicht immer und nicht notwendig die Frau an den heimischen Herd. Eine ungünstige Wirtschaftsentwicklung ließ die Zahl verheirateter Knappen ohne eigene Werkstatt anwachsen. Dies bedeutete, daß es eine ganze Reihe von Haushalten gab, in denen die Männer nur Gesellenlohn verdienten, aber irgendwie eine Familie zu ernähren hatten.[97] Frauen mußten das Haushaltseinkommen durch kurzfristige, wechselnde Arbeiten aufbessern, die sie nicht mehr daheim, im Haus und in der Werkstatt ihres Mannes verrichten konnten. Im Schmiedehandwerk zum Beispiel wurden nicht weniger als neunzehn Männer, die zwischen 1563 und 1569 heirateten, als Schmiede bezeichnet, aber ihre Namen tauchen nicht im Schmiedezunftbuch auf, in dem diejenigen verzeichnet waren, die die Gerechtigkeit besaßen und folglich im Rang eines Meisters standen.[98] Als Hausknappen bei anderen Meistern brauchten diese Männer und ihre Ehefrauen wohl ein anderweitig verdientes Zubrot zum Gesellenlohn.

Männern und Frauen wurden von Jugend an unterschiedliche Arbeiten beigebracht. Während der junge Lehrknecht oder Knappe die Geheimnisse des Handwerks lernte, das er für den Rest seines Lebens ausüben würde, arbeiteten junge Frauen entweder als Dienstmägde oder blieben im elterlichen Haushalt. Was sie dort lernten, hatte vielleicht nur entfernt zu tun mit der Arbeit der Werkstatt, in die sie dann bei der Heirat eintraten. Ihrer Tätigkeit fehlten die klaren Konturen der Arbeit ihrer Brüder. Wie die Verordnungen der Nestler und Seckler gegen die Arbeit von Dienstmägden in ihren Gewerben deutlich machen, konnte die Arbeit einer Magd häufig auf Tätigkeiten in der Produktion ausgedehnt werden.[99] Eine Magd war eine billigere Arbeitskraft als ein Mann und flexibler in Hausarbeit und in der Werkstatt einsetzbar. Sie konnte dafür ausgebildet werden, dort einzuspringen, wo »Not am Mann« war. Doch sie blieb immer eine Aushilfskraft. Am Ende ihrer Anstellung hatte sie keine allgemein anerkannte Einweihung in die Künste eines Handwerks erhalten, und ihre nächste Anstellung würde sie wahrscheinlich bei einem Meister aus einem ganz anderen Gewerbe finden. Und sollte es dort zuviele Arbeitskräfte geben, würden die Vorsteher des Gewerbes versuchen, die verärgerten Männer zu beschwichtigen, indem sie das männliche Privileg gegen die Frauenarbeit ausspielten. In einem ganz Oberdeutschland erfassenden Streit versuchten die Gürtelmacher der Tendenz von Meistern, billige und vielfältig einsetzbare Dienstmägde anstelle von weiteren Gesellen einzustellen, dadurch entgegenzuwirken, daß sie gegen jeden Meister eine Geldstrafe verhängten, »Wellcher aine oder mer Magdt vber die Arbait setzt die den gesellen zumachen geburet«.[100] Auch die Ringmacher in Nürnberg versuchten Mägde daran zu hindern, in ihrem Gewerbe zu arbeiten.[101] Die Gewerbe handelten zum Schutz der jungen Knechte und Knappen, deren Gesellengilde mit der Zunft oder Innung lose verbunden war. Sie blieben ihrem Charakter einer Genossenschaft zur Verteidigung männlicher Interessen treu und schützten ihre eigene künftige Klientel und Mitgliedschaft gegen unorganisierte Dienstmägde, die keine Einrichtung oder Organisation hatten, um ihre disparaten Interessen vorzubringen. Dort, wo Zünfte sich um Frauen im Gewerbe kümmerten – wie die Metzgerzunft, als sie Witwen der Zunft das Wurstmachen zugestand, oder wie die Hutmacher und die Nadler, die bestimmte Arbeiten den Frauen mit Zunftrecht vorbehielten –, machten sie Unterschiede zwischen verschiedenen Kategorien von Frauen.[102] Aber diese Konzessionen wurden nur aufgrund der Beziehungen der Frauen zu männlichen Mitgliedern der Zunft gemacht. Selbst dann stellten die Gewerbe häufig die Privilegien fremder männlicher Arbeiter über die Rechte der Töchter von Zunftmitgliedern: der Lohn einer Frau konnte sich mit dem Entgelt eines Gesellen nicht messen, und für sie gab es keinen gesicherten Aufstieg vom untergeordneten Lohnarbeiter zur Arbeit als ausgebildeter Handwerker.

Hinter der Fassade eines geschlechtsneutralen Begriffs der Arbeit als »Nahrung« verbargen sich in Wirklichkeit eine sorgfältige Aufgabenverteilung und deutliche Qualifikationsunterschiede in den Werkstätten; sie unterstrichen, daß die Frauen nur als Springer und Aushilfen tätig waren.[103] Bei den Bäckern trugen die Frauen die Brotlaibe aus. Die Metzgerfrauen kochten Innereien und Knochen aus. Die Fischweiber verkauften ihre Ware auf dem Markt am Perlachturm. Und die Weberfrauen gehörten zum großen Heer der Spinnerinnen und Spinner, die in Augsburg und im Umland dafür sorgten, daß die Webstühle der Weber nicht stillstanden.[104] Es ist klar, daß in einer geschäftigen Werkstatt solche spitzfindigen Unterscheidungen vielleicht nicht immer eingehalten wurden. Wichtiger war indes der Glaube, es gäbe bestimmte Arbeiten, die »Frauen nicht geziemten«, und die Fiktion, Frauen seien nicht in die Geheimnisse der Handwerkskunst eingeweiht. Damit ließen sich die Unterschiede zwischen Mann und Frau nachdrücklich verdeutlichen. So beklagte sich ein Weber, seine Frau würde ihn bei seiner Arbeit behindern, weil sie mit dem Appretieren des Tuchs nicht nachkäme. Das war Frauenarbeit, und es kam weder ihm noch dem Rat, dem er die Sache vortrug, in den Sinn, daß er selbst bei der Appretur Hand anlegen könnte.[105] Die Behauptung, Frauen wüßten nichts von den geheimnisvollen Künsten des Handwerks und könnten diese auch nicht erlernen, war gleichsam ein Kennzeichen der Ehre und Exklusivität eines Gewerbes. So behaupteten die Goldschmiede selbstbewußt und stolz, »frawen, versteen sich nichtz auf der goldschmid arbait, wissen auch nit, wan Edelstain gold oder Silber guet vnd gerecht sei, dan das goldschmids handtwerkh, nit das geringst sonder das maist geachtet wurdt«. Damit verknüpften sie die Ehre des Handwerks ausdrücklich mit dem Ausschluß von Frauen aus dem Gewerbe.[106]

Man könnte sogar die These aufstellen, daß in den metallverarbeitenden Gewerben, in denen die Zahl der Lehrlinge und Gesellen nicht begrenzt war, die Unterschiede zwischen den Geschlechtern am stärksten betont wurden und Frauen weitgehendst ausgeschlossen waren.[107] Es war hier weniger wahrscheinlich, daß Mägde in der Produktion aushelfen mußten, umgekehrt vergrößerte sich durch die höhere Zahl von im Hause lebenden Arbeitskräften die Hausarbeit der Frauen. Die Lehr- und Gesellenzeit in den Metallgewerben gehörte zu den längsten aller Gewerbe. Diese Vorschriften verstärkten das männliche Monopol auf eine geheimnisvolle, schwierige Handwerkskunst, und sie garantierten zugleich eine große Zahl abhängiger Arbeitskräfte, die den Meistern zur Verfügung standen. Die Metallgewerbe waren die angesehensten Gewerbe in Augsburg; sie überflügelten langsam selbst die reichen Salzfertiger. Sie waren auch die am stärksten von Männern geprägten Gewerbe.[108]

Das Bierbrauen dagegen, ein ursprünglich von Frauen ausgeübtes Handwerk, konnte nicht so einfach als eine männliche, geheimnisvolle Kunst charakterisiert werden. Die Lehrzeit war kurz, aber in der zweiten Hälfte des 16. Jahrhunderts wurde dies ausgeglichen durch ein sehr stattliches Eintrittsgeld in die Zunft: volle 21 Gulden.[109] Die Bader und Barbiere verteidigten ihr Monopol in der Krankenheilung, eigentlich eine Domäne der Frauen, indem sie ihre Heilkräfte an formale, durch eine Ausbildung erworbene Qualifikationen banden. Maria Marquart sprach von ihrer »von Gott verlihner gaben vnnd kunst« und führte ihre 33jährige Erfahrung ins Feld. Barbara Karg verwies auf die 60jährige Erfahrung in der Krankenheilung, die sie und ihre Mutter gesammelt hatten, indem sie die Kunst anwandte, die sie »von got dem Allmechtigen, vnd anweysung aines gelerten doctors vnnd medico« empfangen hätten.[110] Die Behauptung, ihre Weisheit sei göttlichen Ursprungs, war ein Versuch, sich auf eine höhere Autorität zu berufen als den genossenschaftlichen Zusammenschluß von Menschen in einem Handwerk, das sich seines Erfolgs bei der Behandlung von Patienten noch ziemlich unsicher war. Das weit hergeholte Argument ist jedoch auch ein Indiz dafür, wieweit Frauen im Heilgewerbe bereits an den Rand gedrängt worden waren: ihre praktisch gewonnene und informell erworbene und weitergegebene »Erfahrung« wurde nicht als Handwerkskunst anerkannt. Die Berufung auf von Gott verliehene Gaben belegt, daß diesen Frauen nicht die schlagkräftigen Argumente nach dem Vorbild der Zunfteingaben zur Verfügung standen, zu denen männliche Petitionssteller am häufigsten griffen.

Im Unterschied zu Köln, wo es bemerkenswerterweise drei Frauenzünfte für Seidenmacherinnen, Garnmacherinnen und Goldspinnerinnen gab, hatte Augsburg keine Frauenzünfte und nur wenige Gewerbe, in denen Frauen eine anerkannte Ausbildung oder Lehre machen konnten.[111] In ein paar Monaten konnte sich eine Frau vielleicht als Zemenlegerin in der städtischen Mangel qualifizieren. Oder sie konnte nähen lernen, eine Qualifikation, die sie im Haushalt oder dazu nutzen konnte, durch Nähen für andere zusätzlich Geld zu verdienen.[112] All diese Fertigkeiten waren jedoch nur kurzfristige Notbehelfe – mit ihnen konnte man keine Werkstatt gründen oder eine langfristige Anstellung finden. Der Geschicklichkeit der Frauen fehlte folglich die Anerkennung als Handwerkskunst oder Geschick, die die Arbeit der Männer aufgrund ihrer Lehre genoß. Es waren zusätzliche Fertigkeiten, schnell erlernt und leicht den Tätigkeiten in anderen Gewerben anzupassen. Die Fähigkeiten von Frauen erschienen mithin als naturgegebene weibliche Eigenschaften statt als gewissenhaft erworbenes Wissen. So übertrug der Augsburger Rat – wie in München, Frankfurt, Memmingen und Nürnberg – ehrbar verheirateten Frauen die Aufgabe, die Hebammen zu kontrollieren. Er hielt die verheirateten Frauen für diese Aufgabe gleichsam »natürlich geeignet«, auch ohne besondere Ausbildung, obwohl die vorgesehenen Frauen protestierten und das Gegenteil behaupteten.[113] In ähnlicher Weise waren in den meisten Gewerben Frauen für Kauf und Verkauf verantwortlich, Fähigkeiten, die weitgehend gewerbeunabhängig waren.[114]

Da Frauen nicht selbständige Meisterinnen in einer Zunft werden konnten, sondern nur durch die Ehe mit einem zünftigen Meister den Status einer Meisterin in einer Werkstatt erwarben, waren ihre ökonomischen Möglichkeiten in einer untergeordneten Position immer begrenzt. Sie konnten zwar unabhängig von ihren Ehemännern Handel treiben und durften außerhalb des Haushalts arbeiten, doch handelte es sich um geringfügige Tätigkeiten. Eine Frau brauchte einen Ehemann, um ein rechtes Auskommen zu haben. Bis zu einem gewissen Grad entsprach dem andererseits, daß ein Meister eine Ehefrau brauchte. Sie half ihm, die Werkstatt zu leiten und qualifizierte ihn als Meister. Doch für den Mann brachte die Ehe Autorität, gesellschaftliche Anerkennung und ökonomische Selbständigkeit. Als Ehefrau eines wohlhabenden Meisters mochte eine Frau zwar einen höheren Rang in der Hierarchie der Werkstatt einnehmen, aber diese Stellung war völlig abhängig von ihrer Beziehung zu ihrem Mann.[115]

An jedem Punkt wurde die Arbeit von Frauen behindert und herabgesetzt durch die Zunftorganisation, die ihre Interessen weder schützte noch vertrat. Eifersüchtig mischten sich die Zunftordnungen in die meisten Unternehmungen von Frauen ein. Meinten die Zunftoberen, eine Frau würde ihr eigenes Geschäft führen oder – schlimmer noch – eingesessenen zünftigen Meistern die Kundschaft wegnehmen, so wurde sie aufgefordert, das Geschäft aufzugeben. Hans Vogel Blinds Ehefrau, die alte Kleider verkaufte, sah sich in einen heftigen Streit mit der Schneiderzunft verwickelt, als sie erfolgreich damit begonnen hatte, Kleider auszubessern und zu niedrigen Preisen geflickte Kleider zu verkaufen. Obwohl ihr Ehemann blind war und als zünftiger Meister nicht genug verdienen konnte, um dem Haushalt ein Auskommen zu verschaffen, ließ die Zunft sich nicht erweichen. Der Schutz des Zunftmonopols über ein Handwerk, das andernfalls mit der harten

Konkurrenz von Näherinnen zu rechnen hatte, war zu wichtig, als daß man einen Präzedenzfall zulassen konnte, nicht einmal der Barmherzigkeit wegen.[116]

Daraus folgte, daß alleinstehende, nicht verwitwete Frauen die meisten ökonomischen Möglichkeiten in Gewerben fanden, in denen die zünftische Kontrolle am schwächsten war. Zeltmacherei, Seidenweberei und Schleiermacherei zählten zu den neuen Gewerben, denen eine feste Gewerbeorganisation fehlte und die deshalb Frauen Möglichkeiten boten. Aber je größere ökonomische Bedeutung sie gewannen, desto stärker gerieten sie ins Blickfeld der eifersüchtig ihr Monopol hütenden Gewerbe. Unter dem Vorwand, sie müßten ordentlich geregelt werden, wurden alle diese Handwerke im Laufe des 16. Jahrhunderts männlicher Kontrolle unterstellt. Im Gefolge dieser Maßnahmen wurden Frauen schrittweise aus den Gewerben verdrängt. Man rechtfertigte dies vordergründig damit, Erzeugnisse, die schließlich das Zeichen der Stadt tragen würden, müßten einer Beschau unterzogen werden. Der eigentliche Grund war jedoch, eingesessenen Meistern mit ordentlichen Haushalten einen Marktanteil zu sichern. Dies war ein Argument, das ein weiteres Mal die besonderen ökonomischen Bedürfnisse der Frauen außerhalb des als Lebens- und Arbeitseinheit gedachten Haushalts unberücksichtigt und verschwinden ließ.

Witwenschaft

Selbst als Witwe entging eine Frau nicht den Zwängen des Zunftsystems. Obwohl eine Frau mit der Witwenschaft die Zunftgerechtigkeit ihres Mannes erbte und einen Handwerksbetrieb leiten konnte, durfte sie die Verordneten ihrer Zunft nicht wählen und ihr »Recht«, das Geschäft zu führen, unterlag gewissen Einschränkungen. Einigen Frauen gelang es, ihre Geschäftsunfähigkeit zu umgehen und das ihnen hinterlassene Vermögen zu vermehren. Appolonia Mair zum Beispiel war als Lederin so erfolgreich, daß sie um einen der Läden im Stadtzentrum bat. Sie hatte sich nicht darauf beschränkt, den Betrieb bis zur Volljährigkeit ihres Sohnes weiterzuführen, sondern war als selbständige Handwerksmeisterin tätig. In ihrer Gegeneingabe machte die Ledererzunft geltend, Mairs Sohn arbeite bereits selbständig in einem der Läden, um dessen Zuteilung sie bitte. Appolonia Mair war kein Einzelfall. Von 1535 bis 1539 war der Augsburger Stadtglaser eine Frau, und von 1544 bis 1549 taucht in den Stadtrechnungen die Agstin, Nachfolgerin eines gleichnamigen Mannes, als Stadtschefflerin auf.

Sowohl die wirtschaftlichen Faktoren wie auch ausdrückliche Einschränkungen in den Gewerbeordnungen richteten sich gegen Witwen im Gewerbe. Goldschmiede verweigerten Frauen einfach das Recht, die Werkstatt ihrer Ehemänner weiterzuführen, eine Bestimmung, die sie mit dem Hinweis auf das Ansehen des Handwerks rechtfertigten.[119] Andere Gewerbe behielten bestimmte Arbeiten Witwen vor, aber dies waren gewöhnlich die am wenigsten einträglichen: so gaben die Metzger den Witwen das Monopol auf das Wursten, eine armselig bezahlte Arbeit, bei der sie von männlichen Metzgern abhängig waren, die ihnen das Wurstbrät lieferten. Doch selbst dies ähnelte noch zu sehr einem selbständigen Geschäft. 1548 stimmte deshalb der Rat der Regelung zu, daß Frauen fortan nur noch in ihren Häusern verkaufen durften und nicht mehr auf den einträglichen Bänken des Fleischmarkts im Stadtzentrum. Völlig ausgeschlossen waren Frauen anscheinend vom Fernhandel mit Vieh, dem einträglichsten Zweig des Gewerbes.[120]

Selbst in den Gewerben, in denen die Zunftordnung die Arbeit von Witwen nicht einschränkte, scheinen nur wenige Witwen in der Lage gewesen zu sein, das Geschäft ihres Mannes weiterzuführen. In Augsburg wie in den meisten deutschen Städten in der frühen Neuzeit machten die Haushalte, denen eine Frau vorstand, zwischen 10 und 20% aller Haushalte aus.[121] Eine 1475 erstellte (wenn auch unvollständige) Liste aller Zunftmitglieder zeigt indes, daß keine einzige Zunft diesen Prozentsatz erreichte: insgesamt gesehen betrug der Anteil von Witwen in den Zünften nur 5%.[122] Selbst diese wenigen Witwen waren vielleicht nur deshalb aufgeführt, weil sie die Handwerksgerechtigkeit besaßen, und übten das Gewerbe möglicherweise gar nicht aus. Für die Müller und Maler, die einzigen, für die sich zurückverfolgen läßt, wieviele Witwen das Geschäft ihres verstorbenen Mannes weiterführten, ergibt sich ein interessantes Bild. Die Witwen der wohlhabendsten Meister waren auch am erfolgreichsten, während die ärmeren Witwen den Forderungen der Gläubiger erlagen und an den Schwierigkeiten scheiterten, die sich aus der rechtlichen Verpflichtung ergaben, einen Gesellen in der Werkstatt zu beschäftigen. Ihre männlichen Meisterkollegen konnten sich in schlechten Zeiten mit dem Hinweis auf ihr schrumpfendes Einkommen von dieser Verpflichtung entbinden lassen.[123]

Dieses Bild wird von einer Analyse der Musterliste von 1539 gestützt (siehe Tabelle 1.2). Witwen machten 10% der in der Musterliste aufgeführten Personen aus, aber sie waren äußerst ungleichmäßig über die Stadt verteilt. Viertel 2 hatte den höchsten Witwenanteil (10%), dort lebte fast ein Drittel aller im Muster aufgeführten Witwen. Dieses von Kanälen durchzogene und von kleinen Haushaltswerkstätten dominierte Stadtviertel war sozial sehr gemischt. Dort lebten einige der ärmsten Bewohner der Stadt wie auch eini-

Tabelle 1.2: Witwen und Werkstätten im Jahr 1539

	Witwen	Witwen mit unverheirateten Gesellen	Unverheiratete Gesellen	Bürger	Nicht-Bürger
Viertel 1	121	13	424	550	19
Viertel 2	217	1	359	782	14
Viertel 3	89	5	312	645	19
Viertel 4	37	3	201	306	9
St. Jakob (5)	185	1	96	1174	20
Hl. Kreuz/St. Georg (6)	75	9	380	607	–
St. Stephan (7)	49	2	104	229	–
Insgesamt	773	34	1876	4293	81

ge reiche Bürger. Die Jakobervorstadt (Viertel 5) stellte die meisten Soldaten und beherbergte eine beträchtliche Zahl von Witwen. Doch die geringe Zahl von unverheirateten Söhnen und Gesellen weist darauf hin, daß nur wenige Witwen (wenn überhaupt) die verlangten Gesellen anstellen und die Werkstatt weiterführen konnten. Kaum eine Witwe war in den Pfarreien St. Georg und St. Stephan zu finden, zwei von Handwerkern und insbesondere kleinen Webern bevölkerte Stadtteile. Insgesamt gesehen konnten also nur wenige Witwen die Werkstatt weiterführen. Aus Untersuchungen über andere frühneuzeitliche Städte wissen wir, daß Witwen in den ärmeren Schichten der Bevölkerung überproportional vertreten waren.[124] Nur insgesamt 34 Frauen (meist Witwen), die in der Musterliste auftauchen, beschäftigten männliches Gesinde; darunter waren einige Patrizierinnen, keine Handwerkerfrauen. Da alle Gewerbe verlangten, daß mindestens ein Geselle angestellt werden müsse, wenn die Werkstatt weitergeführt werden sollte, folgt, daß nur eine Handvoll Witwen – vielleicht allerhöchstens 30 in einer Stadt mit etwa 30 000 Einwohnern und fast 4 000 zünftigen Handwerkern – tatsächlich den Betrieb ihres Mannes weiterführen konnte. Manche Witwen betrieben vielleicht die Werkstatt mit Hilfe ihrer Söhne weiter, doch dann wäre der Sohn normalerweise nach dem Brauch ebenso zum Militärdienst verpflichtet gewesen wie das Gesinde und wäre deshalb in die Musterliste aufgenommen worden. So scheint es, daß das vielgepriesene Recht auf Weiterführung des Betriebs eher ein theoretisches Privileg war als wirklich von praktischem Nutzen für die Mehrheit der Witwen.[125] Nutzen hatte es vorrangig als Teil einer Wiederverheiratungsstrategie: es erhielt und schützte die Werkstatt, bis die Witwe wieder heiratete und ihr Zunft- und Bürgerrecht auf den neuen Ehemann übertrug.

Witwen blieben genauso stark wie andere Frauen dem Nexus zwischen Geschlechtszugehörigkeit und dem Platz in der Ökonomie der Geschlechter und der Produktion unterworfen. In einem genossenschaftlich verfaßten Gewerbe, in dem nur eine begrenzte Zahl von Handwerkern Meister werden konnten, ließ sich der Schutz des Witwenrechts auf Ausübung des Gewerbes (um sie nicht zur Wiederverheiratung zu zwingen) wie auch der Rechte der Meistertöchter und Dienstmägde als Beschneidung der Möglichkeiten für junge Männer hinstellen, in die Zunft einzutreten. Solche Argumente traten in den Rechtfertigungen der Zünfte für ihr Verhalten gegenüber Witwen rasch zutage. So erwiderte man der Witwe Joachim Nitzels, die die Goldschmiedezunft darum bat, Werkstatt und Laden ihres Mannes während des Reichstags weiterführen zu dürfen, sie sei ihres Geschlechts wegen nicht in der Lage, ihre Gesellen zu überwachen, und ihr fehle es an den notwendigen Fertigkeiten, weil sie nicht im Handwerk ausgebildet worden sei. Zum Abschluß bemerkten die Goldschmiede noch bösartig, Nitzlins Bitte stattzugeben, würde andere bestärken, die gleichen Rechte zu fordern – und mit mehr Recht, denn die Witwe Nitzlin sei jung und wohlgestellt, andere Witwen seien dagegen arm. Sie deuteten dunkel an, jemand habe sie zu dieser Eingabe angestiftet. Sie verfolge keine ernsthaften Absichten; der Witwenschleier sei vermutlich nur der Deckmantel für einen in der Goldschmiedekunst unerfahrenen jungen Gesellen, der sich so ins Gewerbe einschleichen wolle. Die Zunftverordneten machten deutlich, die Nitzlin sei aufgrund ihres jugendlichen Alters als zukünftige Ehefrau und nicht als Witwe anzusehen.[126] Der Verdacht gegenüber einer sexuell reifen und reichen Frau – im fruchtbaren Alter, doch ohne Ehemann –, die sich mit dem jungen Mann verbündet haben könnte, den sie hinter ihrer Eingabe vermuteten, prägt die ganze Stellungnahme der Zunft. Wenn auch nicht alle Zünfte so düstere Ansichten über die Fähigkeiten der Frau hatten, Klatsch über Witwen und Furcht vor ihrer angeblich ungezügelten Sexualität waren gang und gäbe. Eine Witwe brachte es auf den Punkt, als sie nur wenige Monate nach dem Tod ihres Ehemannes schrieb, »etwan böse redern«, die sie »In meinen Witwenstand gedulden muese«, brächten sie dazu, an eine Wiederverheiratung zu denken.[127]

Die andere Seite der Medaille war die mächtige Witwe, die sich wieder verheiratete und einen jungen Mann unter ihre Kuratel stellen konnte – diese Gestalt gehörte zum Repertoire vieler Flugschriften und Spottverse.[128] Als sexuell unersättlich und abstoßend dargestellt, mußte man sie fürchten, weil sie über den Mann triumphiert hatte – eine Verkehrung des »normalen« Geschlechterverhältnisses, welche die Zünfte ironischerweise durch ihre eigenen Ordnungen förderten. Viele Zunftordnungen legten fest, ein Geselle, der eine Witwe aus der Zunft heirate, aber seine Lehrzeit und Gesellenjahre noch nicht vollendet habe, dürfe solange weder kaufen noch verkaufen, bis er die Bedingungen der Zunft erfüllt habe.[129] In der Zwischenzeit mußte seine Ehefrau diese Aufgabe wahrnehmen und das Geschäft leiten. Ebenso war ein junger Meister stets auf das Wohlwollen von Ehefrau und eventuellen Stiefkindern angewiesen, wenn er sich nach ihrem Tod den Nießbrauch der Werkstatt erhalten wollte. Die auf abstoßende Wirkung zielenden Bilder ungleicher Paare – alte Männer und junge Frauen, alte Frauen und junge Männer – arbeiten mit diesem Thema der unpassenden Sexualität. Seine fortdauernde Anziehungskraft in der städtischen Welt der Bürger und Mittelschichten sollte jedoch nicht allein in seinem »Realitätsbezug« gesucht werden, sondern darin, daß es im Ideal der Werkstatt enthaltene Ambivalenzen ausreizte. Im Ideal der Haushaltswerkstatt waren das Sexualleben und die ökonomische Funktion nur schlecht miteinander verkoppelt. Durch die Darstellung der unpassenden Verbindung von Sexualität und Reichtum bei ungleichen Paaren spielte diese Kultur mit den Ungereimtheiten und zwanghaften Kanalisierungen, welche die hausväterliche Gewalt des Meisters über die Arbeit in Werkstatt und Haus, über Bett und Geldbeutel mit sich brachte und erforderte.

Es sollte deutlich geworden sein: einer Theologie, die sich aus den zünftischen Idealen von Haushalt und Familie speiste und betonte, die Ordnung des Haushalts sei unumstößlich, lag wohl nichts ferner als die Inferiorität der Frau in Frage zu stellen. Dies trotz der evangelischen Auffassung, Mann und Frau seien in Glaubensdingen und vor Gott gleich. Die Utopie des Haushalts blieb auf dem Boden eines männlich definierten und formulierten Begriffs von (sozialer wie sexueller) Hierarchie und konnte so arm und reich, Meister und strebsame Gesellen in einer Vision männlicher Autorität in Ehe und Arbeit vereinen. Die Kraft dieser Vision wird deutlich in einem scheinbar nebensächlichen Abschnitt der großen Zuchtordnung von 1537, der die Rechte und Pflichten von Dienstboten behandelte. So wie sie den Grundstein für rechte Beziehungen zwischen dem väterlichen Rat und der Bürgerschaft, zwischen Meister und Gesellen, Ehemann und Frau legen wollte, so legte die Zuchtordnung auch fest, wie sich das Gesinde zu betragen habe. Sie berief sich auf den Eid, den Dienstboten bei Antritt ihrer Stellung leisteten, verlangte Erfüllung ihres Vertrages und untersagte ihnen, falls sie ihre Herrschaft vor Ablauf des Vertrages verließen, zwei Jahre lang, eine andere Stelle in der Stadt anzunehmen. Diese Maßnahme sollte verhindern, daß Dienstboten von einem Herrn zum anderen liefen oder einem Arbeitgeber höheren Lohn abtrotzten. Sie mußte die Möglichkeiten des Gesindes, bessere Arbeitsbedingungen und höhere Löhne auszuhandeln, ernsthaft beschneiden.[130]

In ähnlicher Weise verschärfte nur einige Jahre später der Rat die seit langem bestehende Praxis, Dienstboten die Bürgerschaft zu einem ermäßigten Aufnahmegeld anzubieten: in Zukunft sollte dies nur Dienstboten angeboten werden, die zehn Jahre lang in nicht mehr als zwei oder drei Stellungen gewesen waren und als »gute« Dienstboten galten.[131] Die Ordnung war ganz klar in der Absicht verfaßt, beim Gesinde Beständigkeit und Untertänigkeit zu fördern; sie sah die Knechte und Mägde als gehorsame Kinder, die sich ihr »Erbe«, die Bürgschaft, durch gute Arbeit und respektvolles Betragen verdienen konnten. Umgekehrt wurden Meister und Herrinnen ermahnt, nicht zu grob zu ihrem Gesinde zu sein und es »gebührlich« zu behandeln, Formulierungen, die den entscheidenden Beiklang von Stellung und Stand treffend einfangen und auch gebraucht wurden, um das rechte Verhältnis zwischen Ehemann und Ehefrau zu beschreiben.[132] Sie unterstreichen die imaginierte Kluft zwischen Dienstboten und Herrn – eine eher imaginäre als reale Kluft, weil Dienstboten oft mit ihrem Herrn verwandt sein konnten, und weil die Tätigkeiten des Hausgesindes der Arbeit von Gesellen und Lehrknechten in der Werkstatt ähnelte.

Obwohl dieser Abschnitt zwischen Knechten und Mägden unterschied und sich auch auf Gesellen und Lehrlinge beziehen konnte, scheint er doch vorrangig auf das mehrheitlich weibliche Hausgesinde gemünzt zu sein. Mit Sicherheit waren es vor allem Dienstmägde, die sich bei Gericht über ihre Entlassung beschwerten, und sie waren es, die von ihren Arbeitgebern der Untüchtigkeit bezichtigt wurden.[133] Ein so durchgreifender Versuch wie in der Zuchtordnung, eine Gruppe von Lohnarbeitern zu disziplinieren und sie in eine besondere rechtliche Position zu zwängen, wäre gegenüber Gesellen oder Lehrlingen sehr viel schwieriger gewesen. Er war nur möglich, weil die Dienstmägde nicht organisiert waren und ihre Fertigkeiten nicht als ordentlicher Beruf galten. Das weibliche Gesinde, das die geringsten Rechte und Zukunftsaussichten hatte, war in der zünftischen Vorstellung zugleich die Gruppe, die am striktesten »policiiert« werden mußte. Als Ehefrau, Witwe oder Dienstmagd, dem Leben der Frauen wurde in Haushalt und Werkstatt, in denen sie eine untergebene Stellung einnahmen, enge Grenzen gezogen. Eine Theologie, die diese Beziehungen sakralisierte und einen bürgerlichen Hafen imaginierte, in dem der Haushalt wieder nach altem Herkommen so wohlgeordnet war wie in mythischen, unvordenklichen Zeiten, bedeutete für städtische Handwerker eine mächtige Verheißung und Heilsvorstellung.

ZWEITES KAPITEL

Sündenpolicey

Die Zuchtordnung von 1537 ist das wichtigste weltliche Vermächtnis der Reformation in Augsburg. Sie bildete nicht nur das sichtbare Zeichen dafür, daß die Überwachung der Ehe und der guten Sitten von der Kirche auf den Rat übergegangen war, sondern kodifizierte zugleich eine neue Psychologie der Sünde und eine spezifische Redeweise über Verfehlungen und Verbrechen. Die Zuchtordnung war eine Verbindung von religiösen und weltlichen Traditionen und erwies sich gerade deshalb als besonders wirkungsvoll. Die neue Ordnung enthielt eine Art weltlicher Theologie des Geschlechterverhältnisses. Sie verdeutlichte die idealen Unterschiede zwischen Mann und Frau und machte diese in unterschiedlichen Pflichten und Aufgaben im Arbeitsleben sowie in spezifischen psychologischen Dispositionen fest.

Die neue, von paternalistischen Moralvorstellungen geprägte Rhetorik entwickelte sich rasch zu einer neuartigen Auffassung von der väterlichen Gewalt in der politischen Sphäre. Der Rat nahm nunmehr eine weitaus größere Rolle in der Administration und in der Überwachung der Menschen innerhalb der Stadtmauern wahr und entwickelte einen subtileren Begriff seiner Autorität, mit der er zugleich seinen Anspruch auf eine sehr viel weitgehendere Zuständigkeit in der Rechtsprechung anmeldete. Die offensive Auslegung seiner Autorität wurde auf dramatische Weise deutlich, als er im Januar 1537 den altgläubigen Klerus vertrieb und mehrere Kirchen schloß – eine eklatante Verletzung der Befugnisse des Bischofs, der jedoch ohnmächtig zusehen mußte. Paradoxerweise bekam jedoch nicht allein die alte Kirche die erweiterte Zuständigkeit des Rats zu spüren, sondern auch die Zünfte waren davon berührt. Die Macht der Zünfte wurde empfindlich beschnitten, obwohl doch die institutionelle Verankerung der Reformation von den meisten zünftigen Handwerkern begrüßt worden war (mit Ausnahme der altgläubigen Handwerker, über die sich der evangelische Maler und Chronist Jörg Preu lustig machte, weil sie befürchteten, lukrative Aufträge der Kirche zu verlieren). Im folgenden wollen wir zunächst erkunden, wie es zu dieser

Veränderung der Machtverhältnisse kam, und anschließend zeigen, wie die neuen Organe moralischer Kontrolle, die Zuchtherren und das Ehegericht, in die städtischen Institutionen eingebaut wurden und den Angehörigen dieser Gremien als Sprungbrett einer politischen Karriere dienten.

EINE MORALLEHRE DES HAUSHALTS

Der vielleicht frappierendste Aspekt der evangelischen stadtbürgerlichen Moralvorstellungen ist ihre entschieden pessimistische Ansicht über die menschliche Natur. Damit war die Auffassung verbunden, alle menschlichen Beziehungen – und insbesondere die zwischen Ehemann und Ehefrau – seien durch Autorität und Unterordnung gekennzeichnet. Für die Prädikanten wie für den Rat spielte die Autorität eine zentrale Rolle bei der Schaffung einer moralisch einwandfreien Bürgerschaft: die Prädikanten betonten, der Rat müsse die Missetäter bestrafen, und der Rat sprach von »dem menschlichen willenn, der laider mer zum pösenn dann guten genaigt sei«.[1] Die schwierige Aufgabe, den Willen zu stählen, fiel folglich in erster Linie den obrigkeitlichen Instanzen, nicht dem einzelnen zu. Einerseits sollte der menschliche Wille nicht in »zu strengem Zaum« gehalten, andererseits ihm aber nicht zuviel »Raum vnnd Lufft« gelassen werden, »damit zu Sunnden vnnd lastern nit ursach gegeben wurd«.[2] Zügeln, begrenzen, einhegen – diese bildlichen Ausdrücke waren mit dieser Auffassung vom menschlichen Willen gleichsam natürlich verbunden, und »Zucht« wurde im weltlichen wie religiösen Diskurs zu einem zentralen Begriff.

Die Betonung der Disziplin führte dazu, eine weltliche Dämonologie der Gruppen und Personen zu entwickeln, die als Unruhestifter angesehen wurden. An erster Stelle kamen die jungen Leute, die Faulpelze und die Ehebrecher. Weltliche und reformatorische Wertvorstellungen trafen sich nunmehr darin, den ordentlichen Ehestand als normative Lebensform zu postulieren. All jene, die ein liederliches Leben führten, wandten sich gegen den Ehestand und brachen aus dem fest umgrenzten Ideal des Haushalts aus. Jungen unverheirateten Männern war zuvor erlaubt worden, ihre Sexualität bei Besuchen im Frauenhaus auszuleben. Die groben Späße der Jugendlichen, die von Tür zu Tür zogen, in der Silvesternacht laute Gesänge anstimmten und ihren Zuhörern Geld abknöpften oder die Hauptakteure der Fastnacht waren, gerieten jetzt ins Visier der Reformatoren.[3] Die »Jugend« galt nicht mehr als eine Gruppe, der ihres jugendlichen Alters wegen eine gewisse Aufsässigkeit nachgesehen werden mußte, sondern als sexuell

Sündenpolicey

und moralisch zuchtlos. Im Jahr 1540 klagte der Rat in einem Mandat, das auf den Straßen ausgerufen und von der Kanzel verlesen wurde, »das die Jugennt so selten vnd wenig mehr. Inn der forcht Gottes vnnd gutenn sitten vfferzogen würd«. Gleichzeitig beklagten sich die Prediger in einer Eingabe an den Rat über die unverantwortlichen Eheversprechen, die unter Alkoholeinfluß gemacht würden. Die jungen Leute brächten so die Ehe in Verruf.[4] Sexuell reif und viril, aber nicht in der Lage, einem eigenen Haushalt vorzustehen, wurde das Betragen der jungen Männer, die in diesem Widerspruch leben mußten, zunehmend als bedrohlich angesehen. Ihr Verhalten kündigte einen ernstzunehmenden Angriff auf die Institution der Ehe an. Es gab, wie wir gesehen haben, genügend Spannungen in der Werkstatt, in den schwierigen Beziehungen zwischen Meister und jungen Gesellen. Diese Konflikte wurden nun Teil einer allgemeinen Besorgnis über die Jugend, die Aufsässigkeit junger Leute wurde als das Ergebnis schlechter Erziehung in der Familie gedeutet, nicht als Ausdruck der Feindseligkeit zwischen sozialen Gruppen oder Klassen.

Das Gemenge aus religiösen und weltlichen Anliegen, aus dem sich das positive Ideal des Haushalts speiste, kommt deutlich in den Armenordnungen zum Ausdruck, die den Umgang mit den Taugenichtsen, den arbeitsfähigen Bettlern regeln sollten. Die Armenordnung wurde 1522, zur Zeit der ersten Erfolge der Reformation in Augsburg, eingeführt und im Laufe des Jahrhunderts mehrfach geändert. Ursprünglich stand dahinter eher ein allgemein bürgerlich-städtischer als ein genuin evangelischer Impetus. Die Augsburger Armenordnung gehörte zu einer ganzen Reihe von Ordnungen, die in europäischen Städten in den ersten Jahrzehnten des 16. Jahrhunderts eingeführt wurden. Rasch wurde sie jedoch zum wirksamen Medium, die spezifischen Pflichten jedes männlichen und weiblichen Mitglieds des Haushalts, bei der Arbeit wie in den affektiven Beziehungen, deutlicher zu artikulieren. Zunehmend wurde die Armenordnung durch evangelische Auffassungen geprägt, bot aber ebenso wie die Zuchtordnung auch für den Rat der nachreformatorischen Zeit eine politische Handlungsgrundlage.[5] Die erste Armenordnung machte klar, daß der Mann als Haushaltsvorstand für Frau und Kinder zu sorgen hatte. Kam er dieser Pflicht nicht nach und fiel er mit seiner Familie der Armenfürsorge zur Last, so mußte er den *Stadtpir* tragen, als sichtbares Zeichen seiner Schwäche und seines Unvermögens.[6] Um diese Botschaft noch deutlicher zu machen, wurde in der Mitte des 16. Jahrhunderts festgelegt, daß auch ein Mann, der zwar nicht Frau und Kinder versorgen konnte, aber immerhin genug für seinen eigenen Lebensunterhalt verdiente, das entehrende Zeichen zu tragen hatte.[7] Verantwortung und Pflichten im Haushalt wurden für den Rat zu einem wichtigen Gegenstand – insbesondere, wenn es um das Geldausgeben ging. So wurden im Jahre 1534 zwölf Weber, die einen Glücksspielring gebildet hatten, für das verantwortungslose Betragen gerügt, das ihre Frauen und Kinder in Geldnöte gebracht hatte.[8] Die Entscheidung des Rats in diesem Fall war keineswegs außergewöhnlich: in den 1530er und 1540er Jahren war der Rat bereit, in Ehestreitigkeiten einzugreifen, wenn durch leichtsinniges Geldausgeben des Ehemanns das materielle Wohlergehen von Frau und Kindern gefährdet wurde. »Übertrinken« war in den Augen des Rats hauptsächlich ein Problem der Männer und führte dazu, daß der Mann nicht für seine Familie sorgen konnte. Geselliges Trinken galt als zügellose Geldverschwendung aus Genußsucht. Das starke Mißtrauen gegen männliche Geselligkeit in den unterbürgerlichen Schichten führte zu dem Vorschlag, die Almosen in Naturalien statt in klingender Münze zu verteilen.[9]

Die Frau hatte den Mann bei seiner Arbeit in der Werkstatt und im Laden zu unterstützen, die Kinder zu hüten und den Haushalt zu versorgen. Öffentlich wurde sie fast immer als Ehefrau angesprochen (gewöhnlich als *Frau*, gelegentlich als *Weib*), d.h. in bezug auf ihre ökonomische und emotionale Beziehung zu einem Mann, nur selten dagegen als Mutter. Das Wort *Mutter* bezog sich gewöhnlich auf die Fortpflanzungsorgane der Frau, insbesondere auf die Gebärmutter.[10] Obwohl eher in ihrer Rolle als Ehefrau denn als Mutter gesehen, wurde ihr pflichtgemäßer Beitrag zum Lebensunterhalt als gering eingeschätzt. Zwar nahm man an, daß die Ehefrau ein Zubrot verdienen und z.B. durch Spinnen ihr Haushaltsgeld aufbessern konnte, doch man war sich im klaren, daß diese schlechtbezahlte Arbeit kaum für den Lebensunterhalt einer Familie ausreichte. War ihr Mann abwesend oder verstorben, hatte die Frau Anspruch auf Almosen für die Versorgung ihrer Kinder. Die Frau hatte nicht die Pflicht, den Lebensunterhalt zu verdienen, und entging so leichter dem Vorwurf der Faulenzerei, mit dem ihr Mann belegt wurde. Der Rat rügte nicht die Frauen, sondern die Männer, sie würden übermäßig der Fürsorge zur Last fallen. Er stempelte sie zum Sündenbock und machte sie allein verantwortlich. Die unterschiedlichen Verdienstmöglichkeiten von Frauen und Männern blieben so der Kritik entzogen.

Zunehmend wurde die Armenordnung von evangelischen Vorstellungen von Barmherzigkeit und Aussagen über die rechte Ordnung im Haushalt geprägt und warf damit das Problem auf, wer wirklich bedürftig und milder Gaben »würdig« war. Sie zog einen klaren Trennungsstrich zwischen der städtischen Armenfürsorge und der willkürlichen, frommen Barmherzigkeit der vorreformatorischen Zeit, in der milde Gaben unterschiedslos an wirklich Bedürftige und an Unwürdige verteilt wurden, weil sie alle für die Seele des Spenders beten konnten. Die milden Gaben der Protestanten gingen nicht einfach an die Bedürftigen, sondern an die *Hausarmen* – ein treffendes Wort, das die Armen in ihre Häuser eingesperrt imaginiert. Der Fürsorge am würdigsten waren die »hausarmen wittben vnnd waisen« oder, so fährt der evangelische Prediger Wolfgang Musculus fort, »Arme dochter, die armut halben muessen verligen, vnd zu schaden geratten, Arme knhaben die sont zuchtlos mussen verderben« – d.h. all diejenigen in einem Haushalt, denen männlicher Beistand fehlte.[11] Selbst nach der Wiedereinführung des katholischen Glaubens in Augsburg lebten diese Vorstellungen von einem züchtigen und sittlich einwandfreien Lebenswandel in der Armenordnung weiter: Um 1568 erhielten nur diejenigen Almosen, die durch Krankheit und nicht durch »liederlich haushalten« in Armut geraten waren. Über die Armenfürsorge wurde zunehmend wie über eine Kapitalanlage gesprochen; das bereits zitierte Mandat stellte fest, daß »vil gutt herzigen Christen so sonsten ganz genaigt werren Jr Almusen daher reichlich zugeben dasselb an ander orrt wenden, diewell Jnen die Erfarung zuerkennen gibt, das Es dis orts bey vilen nit am bösten angelegt wurdet.«[12] Allein das Heranziehen ordentlicher und gewissenhafter Hausväter und Haushalter konnte der Gewinn aus einer Investition in die Armenfürsorge sein. Doch in den frühen Jahren der Reformation ließ diese Vorstellung von christlicher Mildtätigkeit die Evangelischen leicht als unbarmherzige Menschen erscheinen. Etwas widerstrebend mußte der Augsburger Rat erklären, warum er sich geweigert hatte, fremden Landstreichern (die keinen eigenen Hausstand hatten) zu helfen. Er tat dies mit dem Argument, die scheinbare Freigiebigkeit der Papisten hätte nur darin bestanden, milde Gaben wahllos an *unnütze Leute* zu verteilen.[13] Hinzu kommt, daß die Vorstellungen des Rats, wie die »würdigen Armen« sich zu betragen hätten, nicht mit den realen Möglichkeiten der Menschen übereinstimmten. Auch Männerlöhne reichten oft nicht aus, eine Familie zu versorgen, und Frauen und Kinder trugen mit ihrer Arbeit zum Lebensunterhalt der meisten Haushalte bei.[14]

DIE NATUR DER SÜNDE

Für die Protestanten, die davon überzeugt waren, daß ungezügelte, gottlose Instinkte die Menschen regierten, mußte das Ideal des geordneten Haushalts in einer wohlanständigen Stadt zum einen durch strenge Zucht, zum anderen aber dadurch verwirklicht werden, ein bestimmtes Bild vom frommen, würdigen Augsburger Bürger in den Köpfen zu verankern und als Verhaltensideal in die Herzen einzupflanzen. Der Gedanke einer strengen, durchaus als Zwang verstandenen Zucht führte zu einer Reorganisation der städtischen Verwaltung, bei der die Pflichten jedes Gerichts und Ratsgremiums genau festgelegt und geregelt wurden. Die Zuchtherren hatten die Aufgabe, die Einhaltung der Zuchtordnung von 1537 zu überwachen, Geldbußen und kürzere Gefängnisstrafen für vor- oder außerehelichen Geschlechtsverkehr, Ehebruch, gewalttätiges Betragen usw. zu verhängen. Schwierige Fälle oder solche, die eine härtere Bestrafung verlangten, wurden an den Rat überwiesen. Das Zuchtgericht überlebte die Reformation; Zuchtordnungen wurden bis weit ins 17. Jahrhundert hinein im patrizisch geführten, bikonfessionellen Augsburg erlassen und sorgfältig in die städtische Polizeiordnung eingebaut.[15] Außerdem wurde eine ganze Reihe kleinerer Aufsichtsgremien eingerichtet: 1529 wurden die Strafherren der Metzger geschaffen (ein Gericht, dessen genaue Funktionen unklar sind, das aber augenscheinlich sowohl Vergehen innerhalb des Gewerbes als auch allgemein Verstöße wie unziemliches Betragen ahndete); in den folgenden Jahren stieg die Zahl der Einunger stark an (Mitglieder eines Zucht- und Schiedsgerichts, das kleinere Vergehen behandelte), und es wurden die Eisenherren, die für die Gefangenen zuständig waren, und die Armenpfleger geschaffen.[16]

Die Vielzahl von Gremien und Obrigkeiten, deren Zuständigkeiten nur ungenau beschrieben waren, dienten als Mittel, für die Einhaltung der Zuchtordnungen zu sorgen. Die Verse, die ein städtischer Beamter auf den ledernen Einband eines Strafbuchs hatte drucken lassen, brachten es so auf den Punkt:

> Kain Ordnung war noch nie so schon /
> Huelt man nit drob Sy müsst zergon.[17]

Das Augsburger Stadtrecht war eine heterogene Sammlung von Ordnungen, Herkommen und Präzedenzfällen, zunehmend beeinflußt vom Reichsrecht und dem römischen Recht, das die Stadtadvokaten auf der Universität gelernt hatten. Theoretisch war immer noch das erste Stadtrecht von 1276 in Kraft, aber viele seiner Vorschriften waren einfach in Vergessenheit geraten. Der Rat tendierte dazu, neue Ordnungen zu erlassen, und versuchte, wo irgend möglich, seine Praxis mit dem Reichsrecht und dem römischen Recht in Einklang zu bringen. Erst gegen Ende des Jahrhunderts ging er so weit, das Stadtrecht gründlich zu überarbeiten und ein in sich stimmiges Gesetzbuch zu schaffen.[18]

Während das Zuchtgericht also die Reformation überlebte, wurde die andere wichtige Neugründung der Reformation, das Ehegericht, offensichtlich 1546 suspendiert und erst mit der protestantischen Restauration im Jahre

1632, während der schwedischen Besetzung, wieder eingesetzt.[19] Es war eher ein Zivilgericht als ein Gremium zur Überwachung der Sittenzucht, denn es behandelte Scheidungsklagen, Klagen auf Entschädigung für den Verlust der Jungfräulichkeit, die Forderung von Alimenten und Klagen auf Einhaltung von Eheversprechen. In gewisser Hinsicht handelte sich um eine einfache Verwaltungsreform: an die Stelle des einstigen geistlichen Gerichts trat eine städtische Instanz. Die Errichtung des städtischen Gerichts konnte als Teil der Ratspflichten gedeutet werden: der Rat agierte als Notbischof, der angesichts des durch das Vordringen der Reformation entstandenen Machtvakuums ein wohlfeileres, einfacheres und leichter zugängliches Gericht für seine Bürger errichtete. Aber es war sehr eng mit der Autorität des Rats verbunden, denn Berufungen gegen die Entscheidungen des Ehegerichts konnten nur an den Kleinen Rat gerichtet werden, und das Ehegericht war angewiesen, bei den Ratskonsulenten Rechtsgutachten einzuholen.[20] Im Kern bestimmte ein stadtbürgerlich-evangelisches Verständnis der Ehe die Rechtspraxis des Ehegerichts, das letztendlich seinen Einbau in das institutionelle Gefüge des bikonfessionellen Augsburg unmöglich machte. Wie wir noch sehen werden, erwies sich indes die schärfere Kontrolle der Ehe, die das Ehegericht bewirkte, auf lange Sicht als dauerhafter.

Außer den Zuchtherren und dem Ehegericht wurden auch die Machtmittel des Rats und die zugehörigen Verfahrensweisen – Kriminalverhör, Folter und Strafverhängung – zunehmend in den Dienst einer Moralisierung der Stadtgemeinde gestellt. Anstelle der nicht sehr zielgerichteten Strafen der vorreformatorischen Stadt – als Missetäter wie Zuhälter, Prostituierte und Kuppler unterschiedslos an Sankt-Galli verbannt wurden[21] und besonders abscheuliche sexuelle Straftäter auf ewig der Stadt verwiesen oder hart gestraft wurden – führte der reformierte Rat ein flächendeckendes Netz von Überwachungsinstanzen ein, damit kein einziger Missetäter unentdeckt bliebe und seiner Strafe entginge. Die Strafen reichten von kurzen Gefängnisstrafen und Geldbußen, die von den Zuchtherren verhängt werden durften, bis zu längeren Gefängnisstrafen, Ausweisung, körperlicher Verstümmelung, ja Hinrichtung – Strafen, die nur der Rat verhängen durfte.[22] Dieses ineinandergreifende System moralischer Kontrolle überlebte ebenfalls die Reformation. 1558 dekretierte der Rat zum Delikt des Ehebruchs: jeder, der an einem verdächtigen Ort oder mit verdächtigen Personen angetroffen werde, erhalte eine ernste Mahnung. Wurde man ein zweites Mal erwischt, hatte man einen Eid zu schwören, »das Ir mit der Personen Pi kheine vnehrliche werck getriben, Oder Thettlich vollbracht haben«; gab es Anlaß zu Zweifeln an der Aufrichtigkeit des oder der Schwörenden oder andere verdächtige Umstände, sollten die Zuchtherren – oder der Rat – nach ihrem

Gutdünken Strafen »am Leib« verhängen dürfen.[23] Die Überwachung von öffentlicher und Privatsphäre, die diese Ordnung vorsah, war womöglich noch dichter als jene, die im reformierten Augsburg errichtet worden war.

Die Rangfolge sexueller Delikte unterschied sich unter der neuen reformierten Ordnung stark von der vorangegangenen Hierarchie sexueller Sünden durch die alte Kirche. Die über die Beichte ausgeübte Sittenzucht der vorreformatorischen Kirche hatte den einzelnen angehalten, seine oder ihre Intentionen, Lüste und Phantasien zu prüfen. In ihrem Verständnis lag die Sünde in der Wollüstigkeit des Menschen und nicht in der besonderen Form des sexuellen Vergehens. So empfahlen viele Beichtmanuale dem Priester, verheiratete Paare aufzufordern, ihr eigenes sexuelles Verhalten zu überprüfen und die sündigen Aspekte ihrer eigenen Lust selbst innerhalb der ehelichen Beziehung aufzudecken. Der Status des sexuellen Begehrens war so überaus wichtig für die Frage, ob es sich um eine Sünde handelte oder nicht, daß auch leidenschaftliches Verlangen nach dem Ehepartner zur Unkeuschheit werden konnte. Dagegen konnte als geringere Sünde gelten, wenn man sich beim ehelichen Beischlaf einen anderen Sexualpartner vorstellte. Masturbation, die »heimliche, stumme Sünde«, die keine sichtbare, andere Personen beleidigende Straftat war, galt als eine der abscheulichsten Sünden. Sie war der Inbegriff der Sünde der Phantasie, verkörperte sie doch die Sündigkeit als verborgenen Geisteszustand, der stete Selbstprüfung und regelmäßige Beichte unter der Leitung des Priesters und sittlichen Vorbilds erforderte, dessen Fähigkeiten nötig waren, um die Sünde ans Tageslicht zu bringen.[24] Das Streben nach sittlicher Vervollkommnung konnte endlos verfeinert werden, und ihre Vollendung war einer spirituellen Elite vorbehalten. Die haarspalterischen, abstrusen Unterscheidungen in den Beichtmanualen waren grenzenlos optimistisch in ihrer Einschätzung, was ein gewöhnlicher Gemeindepriester oder Bettelmönch aus seinen reuigen Sündern herausbekommen oder von ihnen erwarten konnte. Dennoch war die Vorstellung von der Sünde als Ausfluß der Wollust, die der Institution der Beichte zugrundelag, eine gängige, weit verbreitete Vorstellung. Die Anziehungskraft des Ablasses lag in seiner scheinbaren geistig-materiellen Macht,[25] Schuld zu sühnen, selbst für jene Sünden, die nicht vom Scheinwerferkegel der sicherlich oft nur kursorischen Fragen des Priesters bei der Beichte aufgedeckt worden waren. Mochten auch einige Theologen vor allzu großem Vertrauen in den Ablaß anstelle einer aufrichtigen und vollständigen Beichte warnen – es gab viele Priester, die eifrig vertraten, wie wirkungsmächtig Ablässe und Gebete um Fürbitte von Heiligen oder durch die Gemeinschaft der Mitchristen seien.

Die Stadt hatte jedoch schon lange mit einer anderen Sprache der Sünde operiert. Sie faßte »Sünde« als öffentliche Missetaten auf – die »öffentlichen Sünden« des Ehebruchs, der gotteslästerlichen Rede, des Spiels usw. – und war an den individuellen Intentionen nicht interessiert. Die Verfehlung lag eher darin, daß sie öffentlich begangen wurde und damit die von den Bürgern verlangte Sittenzucht verletzte. Diese Unterscheidung wird sehr schön deutlich in der scharfen Kritik der Zuchtordnung von 1472, die sich gegen diejenigen richtete, die vor aller Augen unverheiratet zusammenlebten (»by der unstat und ledigkait sitzen«), und weniger gegen den außerehelichen Geschlechtsverkehr als solchen. In den recht kurzen Zuchtordnungen vom Ende des 15. Jahrhunderts war dieses Verständnis der Sünde nur implizit präsent. Die Zuchtordnungen waren von Fall zu Fall erlassene Verbote und Verfügungen, in denen jeder Hinweis auf den inneren Zusammenhang zwischen den Verstößen fehlte, die in ihrer buntscheckigen Sammlung öffentlicher Sünden behandelt wurden.[26] Auch die Zunftverordnungen zur Sittenzucht konzentrierten sich auf die »öffentlichen Sünden« wie Ehebruch, ein allen bekanntes ehebrecherisches Verhältnis, das Haushalt und Werkstatt zerrüttete, oder Schwören und Fluchen usw., also auf offenkundige Missetaten, die die öffentliche Ehre der Zunft und ihrer Mitglieder befleckten.

Die neue stadtbürgerliche Morallehre der 1530er Jahre stand in dieser älteren bürgerlich-zünftischen Tradition,[27] und sie teilte ihr Verständnis der Sünde als bestimmte unzüchtige Handlungen. Weder Masturbation noch lusterfüllter ehelicher Geschlechtsverkehr tauchten in ihrer Auflistung der Sünden auf. Die Zuchtordnung von 1537 machte statt dessen die Ehe zum Eckstein ihrer moralischen und religiösen Welt und betonte nachdrücklich das positive Ideal ehelichen Lebens. Es war eine pessimistische Sicht, gemildert durch eine Art Endzeithoffnung, daß nämlich Gottes strafender Zorn auf die Stadt niedergehen und sie reinigen werde. Langatmig verbreitete sich die Zuchtordnung über den Wesenszusammenhang der Verfehlungen, die sie strafen wollte, und definierte sie zugleich in religiösen und bürgerlich-weltlichen Begriffen. Gotteslästerliches Fluchen und Schwören mußten bestraft werden, weil sie »die hôchste vndanckbarkait vnd verletzung des menschen / als der creatur wider jren Schöpffer anzaigt / auch ain sollich Laster ist / dadurch Got der Allmechtig nit vnbillich in vil wege erzürnnt vnd zur Straff vber die Welt bewegt würdt«. Ebenso das Spiel, »dardurch nichts annders / dann zertrennung freündtlichs willens verhassung / neid / zorn̄ / verirrung / vnd zerrüttung in allem Erbern thun vnd lassen / vnd also endtliche verderbung an Leib / leben / Ere vnd Gůot / vilfåeltig eruolgt«; es sei wider Gottes Gebot und besonders zu verurteilen, wenn es »jme / seinen Weib vnd Kinnden / an jrer Narung scheinbarlichen mangel oder verderben pringen mögen«. Schließlich ermahnte die Zuchtordnung alle Eltern, ihre Kinder in Zucht und Gottesfurcht zu erziehen.[28]

Der Rat wandte sich zwar gegen die gleichen Sünden wie die alte Kirche, setzte aber einen anderen Akzent. Der Übergang von den geheimen Sünden des Herzens, um die sich die alte Kirche gesorgt hatte, zur Beschäftigung des Rats mit sündigen Taten, die gegen die Institution der Ehe gerichtet waren, zeugte von einer Differenzierung zwischen den Lebensbereichen, die je spezifische Formen der Sittenzucht erforderten. Sittenzucht durch Beichte war angemessen für Sünden des Begehrens und Vergehen wie Masturbation, bei denen ein Opfer fehlte. Doch wir haben es mit mehr als mit einem Formunterschied zu tun. Diese Zeit erlebte eine Abwendung von der individuellen Beichte hin zu einem kollektiven Schuldbekenntnis der Gemeinde im Gottesdienst, dem eine allgemeine Lossprechung folgte. Diese Abkehr wurde genährt durch einen popularen Haß auf neugierige und lüsterne Priester; die Ablehnung der Ohrenbeichte war ein wichtiges Element des Sieges zwinglianischer Prädikanten über ihre lutherischen Rivalen.[29]

Im reformierten Augsburg lag die Sittenzucht in den Händen des Rats und seiner Gerichte. Die evangelischen Prädikanten hatten die Waffe des Beichtstuhls aus der Hand gegeben; sie konnten zwar Ratschläge geben und Rügen erteilen, aber den Kirchenbann nur nach Konsultation des Rats und mit dessen Billigung verhängen. Ein derartiger geistlicher Rat hatte, da ihm die Sanktionskraft der privaten Beichte und Absolution fehlte, weniger nachdrücklichen und zwingenden Charakter. Da er nunmehr von verheirateten protestantischen Geistlichen gegeben wurde, waren auch die sexuellen Vorschriften anderer Natur: sie bezogen sich weniger auf die Gefahren ehelicher Lust, sondern verurteilten Ehebruch, ausschweifendes Leben und außerehelichen Geschlechtsverkehr. Für den Rat wie für die Prädikanten war nun die Öffentlichkeit der genannten »öffentlichen Sünden« eine Tatsache, die keines materiellen Beweises bedurfte: ob wirklich öffentlich bekannt oder nicht, Ehebruch und Fornikation zerstörten in ihren Augen die Sittlichkeit des Haushalts in den Grundfesten.

Sünden wurden also fortan als einzelne Handlungen einer bestimmten Art angesehen; doch auch die neue Morallehre besaß ihre eigene innere Dynamik, die Verbindungslinien zur vorhergehenden Praxis zog. Wie der Beichtvater sah es auch der Rat als seine Aufgabe an, eine vollständige Beichte aller Missetaten, die jemand begangen hatte, zu erlangen und ihm oder ihr zum Bewußtsein der Sündigkeit zu verhelfen. In der Zuchtordnung von 1537 bezog sich der Rat wiederholt auf das Bild des Hausvaters, um sein Verhältnis zu den ihm untergebenen Bürgern zu beschreiben. Dieses Bild gab seinen Machtanspruch über die Bürger als gleichsam natürlich aus und ermöglichte dem Rat, von sich als weiser und mächtiger Obrigkeit zu sprechen, deren Pflicht es war, die ihr Anvertrauten zu mahnen und zu züchtigen.[30] Gleichzeitig entwickelte er eine Typologie der Sünder, so daß jene, die bestimmte sündige Taten begingen, zunehmend als gleichsam schicksalhaft damit behaftet angesehen wurden. Landstreicher, die der Rat als unverbesserlich ansah, galten als ein durch ihren Charakter geprägter arbeitsscheuer Menschenschlag; für ihr Innenleben interessierte man sich nur wenig. Für die ihm untergebenen Einwohner und potentiell als ehrbar geltenden Bürger begann der Rat, eine Ätiologie des Lasters zu entwickeln und machte den »Fall«, wie es in Anlehnung an die Bibel hieß, in seiner oder ihrer Lebensgeschichte fest. So wurde Anna Ebler wegen begangenen Ehebruchs angeklagt und einige Monate später der Hurerei verdächtigt. Zwar versuchte der Rat, sie durch strenge Ermahnung auf den rechten Weg zu bringen, doch zugleich sah er sie als notorische Sünderin an, deren sündiger Charakter alle ihre Taten prägen mußte. Folglich schenkte er ihren heftigen Beteuerungen, sie habe kein »sündliches Werk« getan, keinen Glauben. Die fünfzehnjährige Gretle Sailer, dem Rat zufolge »ain Jung medle bey 15 Jarn aber beredt genug«, wurde ausführlich verhört, weil der Rat meinte, ihre Verwandten und ihr schlechter Umgang hätten sie unausweichlich in die Sünde geführt.[31] Das waren die Anfänge einer noch unentfalteten, noch nicht bewußt entwickelten Psychologie der »Sündigkeit«: einerseits versuchte sie, das abweichende Verhalten des Sünders zu erklären und zu prognostizieren; andererseits ging sie davon aus, daß selbst in den ehrbarsten Bürgern Augsburgs ein Sündenpotential schlummerte, das Ehre und Anstand zusammenbrechen lassen und zum »Fall« führen konnte.

POLITISCHE OBRIGKEIT UND EVANGELISCHE MORALVORSTELLUNGEN

Die gesamte Zuchtordnung von 1537 gründete auf einem dualistischen Verständnis von Autorität und Unterordnung. Sie enthielt einen umfassenden Sündenkatalog, in dem jedes Vergehen als eine Form des Ungehorsams gedeutet wurde. Selbst das Spiel verstieß, so wurde nicht sehr überzeugend argumentiert, gegen Gottes Gebot, daß »niemand seines anderen Gut begehren« solle.[32] Eine strafbare Handlung wurde nicht wie in den vorreformatorischen Ordnungen als Bruch des Stadtfriedens verstanden, sondern als Vergehen gegen die legitime Obrigkeit. Sorgfältig zählte die Ordnung die Wortsünden auf (»Gotslöstern vnnd Schwören / Main vnd Falschem Aid schwören / schmähliches Nachreden«) und ging dann weiter zu den Körpersünden: zuerst kollektive physische Laster (»vbrige Beweinung / verderbliches Spiel«), dann sexueller Mißbrauch des Körpers, schließlich Gewalttätigkeit und Frevel (»Wörzucken« und »Fridbrechen«). Jede Sünde war eine Beleidigung einer höhergestellten Autorität. Doch in einer Art unbewußter Blasphemie wurden Gott und der Rat fast austauschbar zur Vatergestalt, die beleidigt worden war. Die Rolle der weltlichen Obrigkeit als Vollstreckerin der Gebote Gottes wurde so stark betont, daß in der Zuchtordnung für die reformierte Kirche oder die Prädikanten nur wenig Raum blieb: in dieser eng verflochtenen Hierarchie sakraler und politischer Macht hatten sie keine Funktion. Das Sinnbild der Macht, das im Zentrum der Zuchtordnung steht, ist das Bild von Ehemann und Frau, die von Theologen so oft gebrauchte biblische Metapher, um das Verhältnis zwischen Christus und seiner Kirche darzulegen. Der Ehemann sollte sein Weib »wie sich selbs lieben«, da die beiden »ain Mensch sein«; die Frau sollte umgekehrt »den Man / als jr haupt / voraugen vnd förchten«.[33] Weisheit, Autorität und aufmerksame Zuneigung auf der einen, respektvolle Ehrerbietung auf der anderen Seite: das war eine verführerische Metapher für das Verhalten, das der Rat bei seiner eigenen Bürgerschaft fördern wollte. Damit verbunden war natürlich der Anspruch auf ausschließliche, herrschaftlich verstandene Machtausübung. Diese Auffassung von der Natur legitimer politischer Herrschaft in der Stadt stand in grundlegendem Widerspruch zu einem gemeindlichen Verständnis des Rats als Stimme der Bürgerschaft, obgleich der Rat in seinen öffentlichen Äußerungen weiterhin beide Redeweisen miteinander zu verbinden trachtete. Bezeichnenderweise wurde dieser Anspruch auf absolute Autorität dadurch angemeldet, daß die Natur von Männlichkeit und Weiblichkeit im Ehestand dargelegt und ausdifferenziert wurde. Moralpolitik bildete den Schlüssel zu dieser politischen Neuorientierung.

Die moralische Reform in Augsburg bedeutete auch einen tiefgehenden Einschnitt in der Überwachung der Ehe und der Sitten: statt eines Nebeneinanders von städtischer und kirchlicher Autorität gab es nunmehr ein beinahe vollständiges städtisches Monopol in der Sittenzucht. Das Ausmaß der Säkularisierung war in Augsburg, teilweise aufgrund der Schwächen der Kirche, größer als in anderen Städten. Der Rat ließ nie Kleriker im Ehegericht zu und forderte auch nicht regelmäßig bei der Geistlichkeit Rat an. Eine unabhängige kirchliche Sittenzucht auf der Basis der Pfarrgemeinden entwickelte sich in Augsburg nicht einmal im Ansatz.[34] Selbst der Abschnitt in der Kirchenordnung von 1537, der sich mit der Verhängung des Kirchenbanns beschäftigte, sah eine starke Beteiligung des Rats vor.[35] Die Reform kann somit als Höhepunkt eines langen Kampfes angesehen werden, dessen Wurzeln im mittelalterlichen Konflikt zwischen Kirche und Rat über die Abgrenzung der Gerichtsbarkeiten lagen.[36] Aber sie signalisierte auch eine wichtige Verlagerung der politischen Macht innerhalb der Stadt von den Zünften zum Rat. Diese Veränderung ging der Aufhebung der Zünfte durch Karl V. voraus; vollzogen wurde sie ironischerweise von einem der zunftfreundlichsten Räte, den Augsburg seit 1368 erlebt hatte.[37] Wie die Zunftdisziplin genau funktionierte, läßt sich nicht mehr rekonstruieren, weil so viele Zunftbücher im Gefolge der erzwungenen Neuregelung von 1548 vernichtet wurden. Dennoch ist klar, daß die Zünfte beträchtliche Macht über ihre Mitglieder besessen hatten: sie maßregelten sie beständig für kleinere Vergehen und schlossen diejenigen aus, die größerer Verfehlungen wie Bigamie, Desertion oder auch unehelicher Geburt schuldig befunden wurden – unabhängig davon, ob sie von der weltlichen Obrigkeit bestraft worden waren oder nicht. Die Zunft fungierte und agierte als eine Art vollkommener Gemeinschaft innerhalb der Stadt; die kollektive Ehre ihrer Mitglieder wurde im Wettstreit mit den anderen Zünften durch den guten Ruf jedes einzelnen gewahrt, erstritten oder wiederhergestellt.[38]

In den frühen Jahren der Reformation, vor der Einrichtung der Zuchtherren, gerieten die Moralvorstellungen der zünftigen Handwerker bisweilen mit der Politik und Autorität des Rats in Konflikt. »Rechte Zucht« war die Losung eines Großteils der evangelischen Propaganda, aber anstelle der katholischen Beichte schlug sie gegenseitige »brüderliche« Mahnung vor, bei der man in Überstimmung mit dem Evangelium seinen christlichen Bruder wegen seiner Sünden ermahnen sollte. Auch der Lebenswandel der Reichen und Mächtigen sollte solcher Prüfung unterliegen, denn sie konnten gleichermaßen der Gemeinschaft Schaden zufügen. So behauptete Hans Kag, der später wegen seiner Rolle beim Aufruhr von 1524 hingerichtet wurde, er habe den Bürgermeister Georg Vetter »gütlich und brüderlich« ermahnen wollen, mit seiner Geliebten Schluß zu machen.[39] Der Anspruch, ein »Bruder« zu sein, der das Recht habe, diesen Patrizier und führenden politischen Repräsentanten von gleich zu gleich zu ermahnen, wurde nicht gut aufgenommen in einer Gesellschaft, in der sich der Rat zunehmend als eine *Oberkeit* darstellte, eine den Fürsten und Herzögen im Reichstag ebenbürtige Autorität, die über ihre Untertanen herrschte und sie ganz gewiß nicht als Brüder ansah. Auch auf diese Weise konnten populare Moralvorstellungen in Kritik an Ratsentscheiden münden. Zu den Forderungen der Aufrührer von 1524 gehörte die nach »Freilassung des Kürschners«, eines Mannes, der sechs Jahre zuvor ins Gefängnis gesperrt worden war, weil er seine untreue Ehefrau ermordet hatte.[40] Eine populare, auf Präzedenzfällen fußende Tradition, auf die sich auch Luther bisweilen berief, befürwortete sehr stark die

Todesstrafe für Ehebruch.[41] Ein Ehemann, der seine Frau oder ihren Liebhaber *in flagranti* umgebracht hatte, wurde 1528 in Ulm in einem berühmten Fall freigesprochen, nachdem man in Nürnberg ein Rechtsgutachten eingeholt hatte.[42] Diese patriarchalische Morallehre, die das Recht eines Mannes auf den Körper seiner Frau sogar bis zu dem Punkt unterstützte, ihre Ermordung als gerechte Strafe für ihre Untreue zu entschuldigen, konnte breite Unterstützung bei den Männern aus dem Volke finden, verteidigten diese doch auch hartnäckig ihr Recht, ihre Ehefrauen für jegliches Vergehen körperlich »züchtigen« zu dürfen.

So waren zwar unter den zünftigen Handwerkern die glühendsten Anhänger der Reformation und der evangelischen Morallehre zu finden, doch die neue Zuchtordnung stärkte die Macht des Rats nicht nur auf Kosten der Macht der Kirche, sondern auch der Autorität der Zünfte. Kaum ein Jahr nach Veröffentlichung der städtischen Zuchtordnung wurde vom Rat eine Zuchtordnung für die Zünfte verfaßt. Nachdrücklich bekräftigte ihr Vorwort die Autorität des Rats gegen zünftische Privilegien: »Wenn die ehrbaren Stuben- und Zunftgenossen auf die rechte, wahre und zur Erhaltung und Mehrung des gemeinen Nutzens dienliche Freiheit und Gerechtigkeit sehen, und die Dinge im Grundsatz bedenken, so werden sie finden, daß sie an einer Obrigkeit, das ist an einem ehrbaren Rat, auch zur Bestrafung der Laster genug haben, so wie das Firmament an einer Sonne, so daß es nicht mehr ertragen könnt. Zumal weil die Stubengenossen ohnehin im Rat sitzen und zur Bestrafung des Bösen und Beschirmung der Frommen bestimmt sind ...«[43]

Dies war genau der hochfahrende Anspruch auf ausschließliche Machtausübung, der uns von der Zuchtordnung von 1537 vertraut ist. Das Mandat führte im weiteren aus, der Rat habe fortan den Zünften verboten, Vergehen zu bestrafen, ausgenommen Trinken, Spielen, Schelten, Schwören und Fluchen sowie Frevel. Diese Laster sollten nach dem Recht der Zunft bestraft werden. Wie weit jedoch die Zünfte der Autorität des Rats untergeordnet wurden, zeigt sich noch deutlicher in der Maßgabe, daß bei schweren Fällen auch diese Vergehen durch die Ratsgremien verhandelt werden. Die geradezu obsessive, peinlich genaue Abgrenzung der Zuständigkeiten verweist auf die Brisanz des Themas – zum Beispiel in der kuriosen Vorschrift, »Wann aber das zutrincken vnnd trunckenhait zu Glas, kertzen, Roher Speiß fressen auch dahin geriete, das man vihische Vnzucht dahin geprauchte, vnd der Mensch dardurch Ime Selbs zum todt oder scheinbarliche abbruch seines lebens vrsach gebe«, sollte der Rat Strafen verhängen. Die Ordnung gesteht abschließend den »Verordneten Sechs herrn« (den Zuchtherren) das Recht zu, eigene Nachforschungen zu betreiben: »Vber das solln auch die

Verordneten Sechs herrn. hie mit beuelch vnd macht haben, nichts weniger Ir kuntschafft souil möglich, vff alle vnnd yede Stuben vnd Zunfftheuser zumacht.« Zudem sollten die Zuchtherren, »wo Si der obgeschriben vier laster ains oder mer, vff den Stuben oder Zunfftheusern begangen erfurn. das die Stubenmaister vnd vorgeener der Zunftheuser in Acht tagen, nach dem das Laster begangen worden nit gestrafft hette ...«, das volle Recht zu strafen haben. Die Beschneidung der Zunftautonomie ging aber noch weiter: Zunftverordnete, die Straffällige nicht bestraften, sollten selbst bestraft werden – eine Maßnahme, die ein tiefes Mißtrauen in die Tüchtigkeit der Zunftmeister offenbart. In der Ordnung für die Webergesellen von 1545 wurden der Autorität der Zünfte noch engere Grenzen gesetzt, denn diese billigte dem Rat das Recht zu, selbst diejenigen zu bestrafen, die bereits intern von den Zünften gemaßregelt worden waren.[44] Die Ausdehnung der Strafkompetenz des Rats auf die gesamte Stadt, wodurch selbst die gepriesene Unabhängigkeit der zünftischen Sonderrechtsbereiche den »Kundschaften« der Zuchtherren unterworfen wurden, kennzeichnete den Anspruch der neuen Definition moralischer Anständigkeit, sich wirklich stadtweit Geltung zu verschaffen. Sie schuf zumindest in der Theorie einen einheitlichen Körper von Untertanen, ordnete nicht allein die zünftigen Handwerker den Forderungen der Sittenzucht unter, sondern brachte auch Frauen und nichtzünftige Handwerker unter ihre Aufsicht.

Doch die Verlagerung der Macht von den Zünften zum Rat wurde nicht einfach durch einen Erlaß des Rats bewerkstelligt. In den 1530er und 1540er Jahren scheinen sich die zünftigen Handwerker selbst zunehmend direkt auf dieses zentrale Forum der Politik orientiert zu haben. Dagegen erschien der traditionelle Weg in die politische Elite – schrittweiser Aufstieg über die Zwölfer und die Mitgliedschaft im Großen Rat, weiter über die Position des Zunftmeisters und die Aufnahme in den Kleinen Rat, um schließlich nach vielen Jahren mit einem politischen Amt von einiger Machtfülle belohnt zu werden – weniger attraktiv. Der Kürschner Jakob Herbrot, ein Emporkömmling, der 1540 aus dem Nichts auf der politischen Bühne auftauchte und sofort Meister seiner Zunft und Mitglied im Kleinen Rat wurde, hatte kein einziges Jahr als Zunftvertreter fungiert. Sein Aufstieg von dort ins Bürgermeisteramt, innerhalb von fünf Jahren, war eine bemerkenswerte Blitzkarriere, die ohne irgendeine Lehrzeit in der Zunftpolitik zu den Schaltstellen der politischen Macht führte.[45] Herbrot war sicherlich der außergewöhnlichste, doch keineswegs der einzige Zunftpolitiker, dessen Weg in den 1540er Jahren so rasch und steil nach oben führte. Es gab Männer wie Hans Schweiklin, der 1539 in den Kleinen Rat kam und ein Jahr später Einnehmer wurde (ein Amt, das die Mitgliedschaft im Dreizehner-Ausschuß bedeutete, dem mächtigen inneren Führungsgremium des Kleinen Rats). Sebastian Seitz wurde ebenfalls 1539 Mitglied des Rats, 1540 Steuermeister und stieg weiter auf, bis er 1548 schließlich Siegler wurde. Zu erwähnen ist auch Georg Österreicher, der 1545 in den Rat kam und nur drei Jahre später Bürgermeister wurde. Ihnen allen gelangen ähnlich steile Karrieren.[46] Keiner hatte zuvor zehn langwierige und langweilige Jahre in Zunftämtern verbracht. Sie entschlossen sich, ihre politischen Ambitionen direkt in die städtische Politik einzubringen. Ein Rat, der eine auf zünftischen Werten fußende evangelische Reform durchzusetzen schien, mochte wohl als erfolgversprechendere und angenehmere Arena erscheinen als die Gerontokratie der Zünfte. Ein moralisch erneuerter Rat, der die gesamte Bürgerschaft zu einer Gemeinschaft zusammenschweißen wollte und sogar die Geistlichen zwang, sich zu integrieren und um das Bürgerrecht nachzusuchen, mag ein anziehenderes Utopia verheißen haben als das zersplitterte System der partikularen, ständig im Wettstreit mit anderen zu verteidigenden Ehre, in dem jede einzelne Korporation um ihren Rang und ihre Privilegien kämpfte. Diese Verlagerung des politischen Schwerpunkts weg von den Zünften und noch stärker zum Rat erklärt vielleicht auch, warum es den Zünften nicht gelang, dem Eindringen des Rats in ihren privilegierten politischen Raum ernsthaften Widerstand entgegenzusetzen. Ihr Scheitern hatte verheerende Konsequenzen, als die Zünfte schließlich auf Befehl des Kaisers 1548 aufgehoben wurden.

Die wachsende Beteiligung zünftiger Handwerker am Stadtregiment kann auf verschiedenen Ebenen verfolgt werden. Im Dreizehner-Ausschuß bestimmte der nicht-patrizische Jakob Herbrot ganz klar die städtische Politik. Aber er operierte innerhalb einer herrschenden Clique, die zumindest numerisch in etwa dem traditionellen Verhältnis von acht zünftigen Handwerkern zu fünf Patriziern entsprach. Vor allem bei den neuen Ämtern – den Zuchtherren, den vermehrt eingesetzten Einungern, den Eisenherren, den Strafherren der Metzger, den Armenpflegern und in geringerem Maße auch den Richtern des Ehegerichts – war der Zustrom zünftiger Handwerker offensichtlich. In einem einzigen Jahr wurden in diesen Bereichen der Stadtregierung über achtzig neue Ämter geschaffen und zumeist mit zünftigen Handwerkern besetzt – eine sprunghafte Zunahme von Ämtern, die weitgehend die Energie politisch ehrgeiziger zünftiger Handwerker absorbiert haben muß.[47] Ihre Zuständigkeitsbereiche – Sittenzucht, Schlichten von Streitigkeiten und Ehezwist, kleinere Vergehen – bildeten den Kernbestand der ursprünglichen Zunftrechtsprechung. Zweifellos brachten diese Männer bei der Ausübung ihres Amtes die Wertvorstellungen ein, die sie im Handwerkermilieu ausgebildet hatten.

Zuchtherren und Eherichter

In diesem reorganisierten System von Ämtern und Karrieremustern nahmen die Zuchtherren rasch eine zentrale Stellung ein. Neun der fünfzehn Männer, die zwischen 1539 und 1548 in die herrschende Clique der Dreizehner aufrückten, hatten zuvor als Zuchtherren fungiert.[48] Dieses Amt wurde zu einer wichtigen (und nützlichen) Etappe in der politischen Karriere von zünftigen Handwerkern wie von Patriziern. Die Zuchtherren, mit ihrem sorgfältigen austarierten Gleichgewicht zwischen Mitgliedern des Großen und des Kleinen Rats (die ursprünglich jeweils die Hälfte der Mitglieder stellten), bezogen unerfahrene Zunfthandwerker in die städtische Politik ein und gaben ihnen Gelegenheit, mit Mitgliedern des Kleinen Rats und sogar mit erfahrenen Ratsherren (gewöhnlich wurde zumindest jedes Jahr ein Ältester gewählt) zusamenzuarbeiten. Gemeinsam mit ihnen urteilten sie im Namen des Rats über die vor ihnen Stehenden und lernten so, sich als Obrigkeit zu verhalten.

Die Zuchtherren wurden stark mit der evangelischen Bewegung identifiziert. Wir wissen von keinem, der dieses Amt bis 1548 bekleidete, daß er Katholik war – außergewöhnlich in einer städtischen Administration, in der es immer noch einige Katholiken gab. Seltsamerweise scheint dagegen das Ehegericht, das man sich als viel eindeutigere evangelische Bastion vorstellen würde, weil schon seine bloße Existenz eine klare Verletzung und Beschneidung der kirchlichen Macht war, nicht so fest in protestantischer Hand gewesen zu sein. Zwei langjährige Eherichter, Leonhard Christoph und Heinrich Rehlinger waren mindestens bis 1548 Katholiken (wenn auch recht gemäßigte).[49] Der Unterschied ist aufschlußreich und läßt vermuten, daß die beiden neuen Einrichtungen einen divergierenden Charakter hatten.

Die Unterschiede werden noch deutlicher, wenn wir den Hintergrund derjenigen untersuchen, die in beiden Gremien tätig waren. Während die Eherichter gleichzeitig im Stadtgericht saßen (das Ehegericht war ein Untergericht des Stadtgerichts), hatten nur 60% der Zuchtherren Erfahrung als Richter (siehe die Tabellen 2.1 und 2.2).[50] Die Gerichtserfahrung der Eherichter tritt noch deutlicher hervor, wenn wir in Betracht ziehen, wie lange sie dem Stadtgericht angehörten: mehr als drei Viertel der Richter waren dort drei oder mehr Jahre tätig, und fast die Hälfte von ihnen hatten bereits vor ihrem Eintritt ins Ehegericht (zum Teil langjährige) Erfahrungen im Stadtgericht. Die Eherichter waren also ganz deutlich Männer mit juristischen Fähigkeiten, die mit dem Zivilrecht umzugehen wußten und mit dem komplizierten Zivilgerichtsverfahren vertraut waren.

Tabelle 2.1: Von den 1537-1546 ernannten Mitgliedern des Ehegerichts bekleidete Ämter

Amt	Amtserfahrung	% aller bekannten Mitglieder des Ehegerichts	Ohne Amtserfahrung	Unbekannt	Insgesamt
Stadtgericht*	31	100	–	–	31
Höheres Amt**	5	17	24	2	31
Kleiner Rat	17	59	12	2	31
Rat	25	86	4	2	31
Einunger	13	49	16	2	31
Eisenherren	11	38	18	2	31
Andere Ämter	16	55	13	2	31
Zuchtherren	15	52	14	2	31

Anmerkung: Die folgenden drei Personen konnten nicht eindeutig in den Ratsämterlisten identifiziert werden: Georg Manasser, Hans Layman, Lienhart Mair (1548 ernannt). Da sich aus ihrer Funktion im Ehegericht auf eine Verbindung zu den Zünften schließen läßt, können wir jedoch für alle annehmen, daß sie Mitglied einer Zunft waren und Erfahrungen im Stadtgericht gemacht hatten. 1547-48 wurden elf neue Eherichter ernannt, aber das Gericht scheint in diesen Jahren nicht tätig geworden zu sein.

* 26 Männer hatten drei oder mehr Jahre Amtserfahrung im Ehegericht, nur fünf Männer weniger als drei Jahre. Dagegen hatte fast die Hälfte (14) bereits vor der Tätigkeit im Ehegericht als Mitglied des Stadtgerichts fungiert.
** Mit höheren Ämtern sind alle Positionen gemeint, die den Amtsinhaber zum Mitglied der Dreizehner machten, oder Positionen wie Steuereinnehmer oder Weinungelteinnehmer. Ich folge hier der Definition der höheren Ämter durch Sieh-Burens, K. (1983), S. 138f. Keiner der Eherichter hatte längere Erfahrungen in einem solchen Amt.

Quelle: StadtAA, Reichsstadt, Ratsämterlisten 1520-35, 1536-48, und Computer-Listing dieser Quelle durch den Tübinger Sonderforschungsbereich Projekt Z 2, »Stadt und Reformation«; Ehegerichtsbuch 1537-46.

Die Zuchtherren verfuhren nach einfachen Regeln und praktisch ohne komplizierte juristische Finessen, obgleich auch sie ihre eigenen Verfahrensregeln entwickelten. Viele Zuchtherren waren zusätzlich als Einunger tätig, in jenem vergleichsweise informellen Schiedsgericht, das die kleineren Streitfälle schlichtete, die nicht vor Gericht behandelt zu werden brauchten (siehe Tabelle 2.2). In den Jahren vor der institutionellen Verankerung der Reformation im Jahr 1537 waren die Einunger zunehmend damit beschäftigt gewesen, Ehestreitigkeiten beizulegen, über Forderungen nach Entschädigung für den Verlust der Jungfräulichkeit, über Alimente sowie über Beleidigungsfälle zu urteilen – alles Vergehen, die nun in den Zuständigkeitsbereich der Zuchtherren fielen. Die personelle Kontinuität zwischen den Einungern und den Zuchtherren muß zu ähnlichen Verfahrensweisen ge-

Tabelle 2.2: Von den 1537-1548 ernannten Zuchtherren bekleidete Ämter

Amt	Amtserfahrung	% aller bekannten Mitglieder des Ehegerichts	Ohne Amtserfahrung	Unbekannt	Insgesamt
Stadtgericht*	36	61	23	8	67
Höheres Amt**	15	25	44	8	67
Kleiner Rat	51	86	8	8	67
Rat	67	100	–	–	67
Einunger	38	64	21	8	67
Eisenherren	37	63	22	8	67
Andere Ämter	42	71	17	8	67
Ehegericht	16	43	43	8	67

Anmerkung: Die folgenden sieben Personen konnten nicht eindeutig in den Ratsämterlisten identifiziert werden: Jorg Hohenauer, Hans Layman, Conrad Mair, Hans Mair, Lienhart Mair Georg Manasser, Lienhart Umbach, Ulrich Welser.

* Zehn Zuchtherren hatten drei oder mehr Jahre Erfahrung im Ehegericht, ebenfalls zehn weniger als drei Jahre.
** Ämter, die den Amtsinhaber zum Mitglied der Dreizehner machten, oder Positionen wie Steuereinnehmer oder Weinungelteinnehmer.

Quelle: StadtAA, Reichsstadt, Ratsbücher, Ratsämterlisten und Computer-Listing des Tübinger Sonderforschungsbereichs Projekt Z 2, »Stadt und Reformation«.

führt haben, wenn auch in einem doch stark veränderten rechtlichen Rahmen. Während die Einunger im wesentlichen ein Schiedsgericht bildeten, waren die Zuchtherren eine gerichtliche Instanz, die durch Bestrafung die Zucht fördern sollte.[51]

Zudem konnten die Zuchtherren als Gruppe weitaus längere politische Karrieren und sehr viel ausgedehntere und dichtere politische Beziehungen vorweisen als die Eherichter (siehe Tabelle 2.3). Alle Zuchtherren waren bereits in den Großen Rat gewählt worden, von den Eherichtern dagegen nur 86%. Die Mitgliedschaft im Großen Rat und die dafür nötige führende Stellung in einer Zunft waren das absolut erforderliche Minimum, um irgendeinen politischen Einfluß in der Stadt auszuüben.[52] Die politischen Karrieren von 25 Zuchtherren reichten zurück in die Zeit vor 1530 (40% derjenigen, deren Karrieren nachverfolgt werden können), während nur zwölf Eherichter (knapp ein Viertel) so lange politische Erfahrung für sich in Anspruch nehmen konnten. Weniger als die Hälfte der Eherichter war schon vor den ersten Schritten zur Reformation im Jahre 1534 in der städtischen Politik tätig; dagegen waren mehr als die Hälfte

Tabelle 2.3: Politische Erfahrung der Zuchtherren und Eherichter (Kriterium: ihre Mitgliedschaft im Großen Rat)

	Eherichter		Zuchtherren	
	Zahl	%	Zahl	%
Vor 1530 Mitglied im Großen Rat	12		25	
Zwischen 1530 und 1533 zum erstenmal in den Großen Rat gewählt	6		15	
Gesamtzahl der vor der Reformation in den Großen Rat Gewählten	18	46	40	68
Zwischen 1534 und 1539 zum erstenmal in den Großen Rat gewählt	8		13	
Zwischen 1540 und 1548 zum erstenmal in den Großen Rat gewählt	6		6	
Gesamtzahl der nach der Reformation in den Großen Rat Gewählten	14	36	19	32
Neue Ratsherren	7		–	
Zahl der Identifizierten	39		59	
Unbekannt	3		8	
Gesamtzahl	42		67	

der Zuchtherren vor den offiziellen Anfängen der Reformation Ratsmitglieder.

Die vergleichsweise geringe politische Erfahrung der Eherichter ist bezogen auf die höheren Ebenen des städtischen Regiments noch augenfälliger. Die meisten Zuchtherren hatten irgendwann einmal ein Amt im Kleinen Rat bekleidet, und ein Viertel besaß eine gewisse Erfahrung in den Schlüsselstellungen des Regiments. Dagegen hatte nur etwa die Hälfte der Eherichter dem Kleinen Rat angehört, und keiner von ihnen konnte anführen, regelmäßig hohe Ratsämter ausgeübt zu haben. Da die Mitglieder des Kleinen Rats für die Kriminalverhöre zuständig waren,[53] sind die engen Bande zwischen den Zuchtherren und den Räten besonders aufschlußreich. Die Zuchtherren waren mit allen Finessen des Kriminalverhörs vertraut und geübt im Umgang mit jenen Straffälligen, die in ihren Augen strenge Bestrafung verdienten. Sie verhängten Strafen gegen Missetäter im vollen Bewußtsein der ihnen zur Verfügung stehenden Zuchtmittel und noch härteren Strafen. Die personellen Überschneidungen zwischen Mitgliedern des Kleinen Rats und den Zuchtherren spiegeln auch die innere Übereinstimmung zwischen beiden Gremien und das beiden gemeinsame Ethos wider. Beide sahen es als ihre Pflicht an, für Zucht und bürgerliche Anständigkeit zu sorgen, wenn nötig mit Zwang. Und sie arbeiteten beide auf der Grundlage des gleichen Verständnisses moralischer Verantwortung – der Verantwortung der Eltern, des Ehemannes, des Bürgers.

Genauso bemerkenswert sind die Unterschiede zwischen Zuchtherren und Eherichtern hinsichtlich ihres Sozialprofils: zehn der zweiundvierzig Eherichter (fast ein Viertel) waren Patrizier, unter ihnen sieben 1538 ins Patriziat aufgenommene. Dagegen waren nur sieben der siebenundsechzig Zuchtherren (knapp ein Sechstel) Patrizier, von denen vier aus dem neuen Patriziat stammten. Die Zuchtherren kamen recht gleichmäßig aus allen Zünften; die Eherichter hingegen gehörten eher zu den angeseheneren Zünften, der Kaufleute-, Salzfertiger- und der zunehmend mächtigeren Kürschnerzunft. Den wenig angesehenen Zünften wie den Kupferschmieden, Leinewebern, Fischern oder Krämern gehörte überhaupt kein Eherichter an.[54]

Frappierend sind auch die Unterschiede in den Amtszeiten. Die Eherichter bildeten einen eng zusammenhängenden Klüngel: für den gesamten Zeitraum von 1537 bis 1546 wurden nur einunddreißig Richter ernannt, die zumeist drei Jahre oder noch länger ihr Amt ausübten. Dagegen amtierte kein Zuchtherr länger als eine Amtszeit. Kontinuität wurde bei ihnen durch eine halbjährliche Ämterrotation erreicht: drei sogenannte »alte« Zuchtherren nahmen immer zusammen mit drei »neuen« das Amt wahr. Diese Unterschiede in der üblichen Amtszeit verdeutlichen die grundlegenden Unterschiede zwischen den beiden Organen. Ein Eherichter gehörte zu einer klar umrissenen Gruppe, er besaß ein gehöriges Maß an Gerichtserfahrung, die er über Jahre hinweg gesammelt hatte. Im Vergleich zu ihm waren die Zuchtherren austauschbar und gesichtslos. Jedes Mitglied der regierenden Elite konnte erwarten, gleichsam turnusmäßig Zuchtherr zu werden; hingegen wurden nur jene, die juristische Erfahrung und Kompetenz besaßen, zu Eherichtern berufen. Die treffenderweise *Herren* genannten Zuchtherren wurden unmittelbar mit der breiten regierenden Elite identifiziert, mit den politisch Mächtigen der Stadt. Sie waren gewiß nicht Herren, d.h. Patrizier, im sozialen Sinn des Worts: ihr Milieu war das der Zunftelite, der führenden politischen Kraft in der Stadt nach 1537. Diese bedeutende Gruppe setzte beide Institutionen zur Reform der Stadt ein – die harte Remedur des Kriminalprozesses und die mildere Ermahnung durch die Zuchtherren – und versuchte so, eine gläubige, fromme Stadtgemeinde in Augsburg zu schaffen.

MORAL, GESCHLECHT UND VERBRECHEN

Eine so weitgehende Neuordnung des städtischen Gerichtswesens unter dem Banner der Schaffung eines züchtigen und frommen Utopia hatte deutliche Auswirkungen auf die Bürgerschaft. Ihre bemerkenswerteste Auswirkung war, daß immer mehr Frauen als Straffällige vor dem Rat erscheinen mußten. In den 1530er und 1540er Jahren stieg ihr Anteil sprunghaft an, verbunden mit einem spektakulären Anstieg der Gesamtzahl von Übeltätern, die vor den Rat zitiert wurden: waren es 1521 noch einundzwanzig Personen, so standen ihm zwanzig Jahre später 155 Missetäter gegenüber.[55]

Die Zahl der vom Rat verhörten, gerügten und bestraften Personen nahm zu, weil vor ihm nun auch andere Verfehlungen verhandelt wurden. Und diese Veränderung war ihrerseits verbunden mit einer zunehmend strikten Sexualisierung bestimmter Straftaten, die schrittweise dazu beitrug, die Auffassung von einer in ihrem Wesen unterschiedlichen männlichen und weiblichen Natur weiter zu entfalten. Männer wurden vor und nach der Reformation wegen Rauferei und ungebührlichem Betragen auf der Straße bestraft. Frauen erhielten dagegen selten Strafen vom Rat wegen unziemlichen Betragens, obschon einige von den Zuchtherren dafür bestraft wurden. Die Bedrohung, die – selbstverständlich bewaffnete – Männer für den Stadtfrieden darzustellen schienen, wird nicht allein durch die Zahl der Verurteilten belegt, sondern auch durch einen Artikel der Zuchtordnung von 1537, der jedem das »Wörzucken« im gesamten Gebiet um das Rathaus, an den Stadttoren und auf den Brücken untersagte. Damit sollte dem Rat und seinen Dienern körperliche Unversehrtheit garantiert, Sicherheit geboten werden vor der wahl- und ziellosen Gewalttätigkeit junger Männer, die, wie der Rat befürchtete, rasch in einen Aufruhr umschlagen konnte.

Frauen mußten sich dagegen wegen sexueller Delikte rechtfertigen. Tatsächlich läßt sich die wachsende Zahl weiblicher Straffälliger weitgehend dadurch erklären, daß die sogenannten »Gallileute« nicht mehr *en bloc* in der Gesamtzahl der Straftäter auftauchten. Die Gallileute waren ein buntgemischtes Völkchen von Prostituierten, Zuhältern und Kupplern, die alljährlich kurz vor der Amtseinführung des neuen Rats aus der Stadt gewiesen wurden.[56] Der neue entschiedene Moralismus des Rats ließ ein so summarisches Vorgehen nicht mehr zu: statt dessen wurde jeder einzelne Straffällige lange verhört und nicht summarisch bestraft, sondern genau seiner oder ihrer individuellen Missetat entsprechend. Fast die Hälfte der angeklagten Frauen wurde sexueller Verfehlungen beschuldigt, dagegen nur 14% der vor den Rat zitierten Männer. Auf der anderen Seite wurden mehr Männer als Frauen vor dem Rat wegen Ehebruch und außerehelichem Geschlechtsverkehr angeklagt, hauptsächlich, weil der Rat in den späten 1530er und frühen 1540er Jahren den Kunden von Prostituierten diese Delikte vorwarf. Man darf sich jedoch nicht nur auf die Akten von Kriminalprozessen stützen. Dies führt notwendig dazu, die Zahl der Frauen zu gering anzusetzen, die wegen sexueller Delikte vor das Gericht und den Rat zitiert wurden. Frauen waren gerade unter den von den Zuchtherren bestraften Missetätern stark vertreten.

Das vielleicht sinnfälligste Zeichen dieser Schwerpunktverlagerung ist die Neueinstufung der Vergewaltigung. Im Stadtrecht von 1276 war sie als Körperverletzung eingestuft worden. Die Zuchtordnung von 1537 zählte sie dagegen zu den Spielarten sexueller Vergehen, als einen Extremfall unsittlichen Betragens innerhalb einer Bandbreite, die von Fornikation über Verführung bis eben zur Vergewaltigung reichte. Unmittelbar auf die Androhung harter Strafen für Notzucht folgte in der Zuchtordnung ein Abschnitt über die Verführung einer Frau »durch Wort und Tat« dazu, dem Mann »zu Willen« zu sein. Diese Klausel gewährleistete, daß sich einer Vergewaltigung beschuldigte Männer darauf hinausreden konnten, sie hätten die Frau verführt. Oder sie gaben zumindest an, sie hätten kein Anzeichen dafür gesehen, daß die Frau sich gewehrt hätte – eine Strategie, die das Augenmerk des Rats auf das sexuelle Verhalten der Frau und nicht des Mannes lenkte.[57]

Zunehmend erwartete man von der Frau Sittsamkeit und züchtiges Betragen. Der Rat nahm die wenigen zur Anzeige gebrachten Vergewaltigungen weiterhin sehr ernst, aber diese Fälle gaben Gelegenheit, nicht nur das Verhalten des vorgeblichen Vergewaltigers zu untersuchen, sondern auch die Sittsamkeit der Frau. Vor und nach der Reformation hatten Männer zur Taktik gegriffen, den sexuellen Ruf der Frau in Zweifel zu ziehen, um der Anklage wegen Vergewaltigung und Verführung zu entgehen, doch nun gab die Zuchtordnung dieser männlichen Ausrede eine rechtliche Grundlage. So erklärte beispielsweise Anna Peutinger dem Rat, Wolf Rechlsperger habe ihr gegenüber »drohliche Worte« gebraucht, um sie sich gefügig zu machen. Der Rat zog aus dieser Aussage den Schluß, sie beschuldige Rechlsperger der Vergewaltigung. Dieser Anklage versuchte Rechlsperger mit dem Argument entgegenzutreten, »er acht auch nit das Er Jr die Junckfrauschafft genomen dann Si lange Zeit ain pos geschray vneerlicher sachen halb gehabt hab«.[58] Für den Rat, der (wie wir im nächsten Kapitel sehen werden) zunehmend die Keuschheit einer Frau als zentrales Kriterium für ihre Tugendhaftigkeit ansah, sprach dieser nicht makellose Ruf gegen sie und machte ihn nicht geneigt anzunehmen, daß sie »gezwungen« worden sei. Da sie keine Jungfrau war – obwohl sie als Dienstmagd arbeitete und in einer dauerhaften Beziehung mit einem Mann zusammenlebte –, galt sie wegen ihrer sexuellen Beziehung mit Rechlsperger als schuldiger, als es ein anderes Mädchen in ihrer Lage gewesen wäre, als unzüchtigere, »sexuellere« Person.

Ein noch wichtigeres Mittel, mit dem die weibliche Natur definiert und spezifiziert wurde, war das Verhörverfahren des Rats. Der Rat legte gewöhnlich den Frauen einen detaillierteren Fragenkatalog vor als den Männern und verlangte von ihnen, daß sie ihre sexuelle Begegnung in allen Einzelheiten schilderten. Dabei wurde ein scharfer Trennungsstrich zwischen zwei Kategorien von Frauen mit unterschiedlichen weiblichen Naturen gezogen. Die Verfahrensweise des Rats macht deutlich, daß dieser durchgängig zwischen sexuell unerfahrenen Jungfrauen, die auf einen milderen Paternalismus hoffen konnten seitens einer Obrigkeit, die ihren »Fall« bedauerte, und den sexuell erfahrenen und mithin unersättlichen und gefährlichen Frauen, die Männer auf Abwege brächten, unterschied. Diese grundsätzliche Unterscheidung hatte Anna Peutinger nicht berücksichtigt und konnte deshalb nicht mit verständnisvoller Befragung und Behandlung rechnen. Frauen waren entweder Jungfrauen oder sexuell erfahrene Geschöpfe der Lust – eine Einstufung, die es für den Rat schwierig machte, an ehefrauliche »Keuschheit« zu glauben, denn in der äußerlich untadeligsten und frommen Ehefrau konnte ein lüsternes, machthungriges Weib schlummern. Die Aussicht, diese verborgene Seite ans Tageslicht zu bringen, verlieh den Verhören erwachsener, reifer Frauen eine besondere Faszination.

Das Bild der sexuell unersättlichen, herrschsüchtigen Frau tauchte auch in den Aussagen von Männern vor dem Rat häufig auf. In ihrer Verteidigung, die oft vom Rat akzeptiert wurde, behaupteten die Männer, sie seien von der Frau verführt worden. So erklärte ein Mann, »das Sie ... an Jme, wie ain Bockh aufgesprungen ist« – eine Beschuldigung, die der Rat wortwörtlich zitierte, als er die Frau zu ewiger Verbannung verurteilte.[59] Es handelte sich um einen Fall von Ehebruch, den ein Mann mit einer Frau begangen hatte, die von ihrem Ehemann getrennt lebte: doch während der Mann zu vier Wochen Gefängnis verurteilt wurde, der vorgesehenen Strafe für einfachen Ehebruch, erhielt die Frau die übliche Strafe für Prostitution.[60] In dieser Beziehung war die Frau die ökonomisch stärkere Partei. Sie hatte ihrem Geliebten Geld geliehen, das dieser nicht zurückgezahlt hatte, und es ist denkbar, daß sie selbst den Fall vor den Rat brachte. Daß die Frau die Position des

Mannes einnahm, galt beim Rat wie allgemein in den Augen der Männer als »viehisch« und schockierend, gleichzeitig wurde damit jedoch die Macht weiblicher Sexualität anerkannt. Es war also eine Redeweise über sexuelle Beziehungen, die das aktive heterosexuelle Verlangen der Frau anerkannte, die sexuellen Beziehungen zugleich aber als ein Feld ständigen Wettstreits zwischen Mann und Frau definierte, auf dem männliche Herrschaft ständig neu beglaubigt werden mußte.

Trotz ihrer sonstigen Divergenzen nahmen Rat und Handwerker zum Unterschied zwischen den Geschlechtern die gleiche Haltung ein. Im Ausleben seiner Sexualität kam der Patriarchalismus des Handwerkers und Bürgers wohl am deutlichsten zum Ausdruck, wenngleich stets gefährdet und in Frage gestellt freilich durch gegenläufige Vorstellungen über die Macht der weiblichen Sexualität und ängstliche Zweifel an der eigenen kampfbereiten Mannhaftigkeit. Alltagssprache und Beleidigungen zeigen, worum es ging: eine Frau sagte von ihrem Ehemann, er sei kein Mann, weder zu Tisch noch im Bett, und stellte damit sexuelles und ökonomisches Unvermögen auf eine Stufe.[61] Eine andere Frau warf ihrem hasenfüßigen Mann vor, er sei ein »harloß versagt man«, griff damit seine Virilität an und machte ihn zugleich zur Zielscheibe ihrer bösen Zunge – das weibliche Laster schlechthin.[62] Die Männer sprachen unter sich ganz ähnlich und argumentierten mit der Virilität, um den anderen zu beschämen: ein Meister sagte einem Gesellen, dem von einer Dienstmagd in der Werkstatt Avancen gemacht worden waren, er müsse mit ihr schlafen, »so sollt Er Mannseer rettenn«. In ähnlicher Weise sagte ein Mann zu der Frau, die er zu verführen versuchte, »sollt ich ein nacht bei dir ligen vnd nichts mit dir Ausrichten wer ich doch kein man«.[63] Zur Männlichkeit gehörte, sich in einer bestimmten Weise zu verhalten. Ein Mann zu sein hieß, die Macht zu haben, sich Frauen zu nehmen. Männliche Heterosexualität war gedacht als eine aktive, wenngleich ständig angefochtene Ausübung von Herrschaft, als realer »Kampf um die Hosen«, wie ihn populäre Einblattdrucke der Zeit darstellten.

Die Ratsverhöre und die Strafpolitik konzentrierten sich darauf, erzieherisch zu wirken und den Augenblick ausfindig zu machen, in dem die »Zucht« verlorengegangen war. Dieses Bemühen führte zu einer sehr viel genaueren Definition der Unterschiede zwischen Frauen und Männern. Und es führte vor allem im Fall der »kriminellen« Frauen dazu, die sexuelle und moralische Geschichte der Frau »auszugraben«, bei den Prostituierten, wie wir im nächsten Kapitel sehen werden, bis in die kleinsten Einzelheiten. Die Verhöre entwirrten die Verhältnisse im Haushalt, um die rechte Ordnung im Haushalt neu zu errichten. Ehestreitigkeiten waren folglich, wie das fünfte Kapitel zeigen wird, ein Bereich, in dem der Rat bereitwillig eingriff. Sünde und Schuld waren zwar zutiefst persönlicher Natur, galten aber zugleich als Anliegen der Gemeinschaft, als öffentliche Angelegenheit: denn nicht nur der oder die Sündigende, sondern auch derjenige, der »unverbern wandeln [...] gestattet vnnd wissenschaftlich [sic] verhengt hat« oder »liderlichen personen Inn Irem hauß ain vnerbern Zue vnnd abganng gestattet« hatte, war darin verwickelt. Bordellbesitzer, Schankwirte, Hausväter, diejenigen, die bei Ehebruch ein Auge zudrückten und selbst diejenigen, die Zwist in der Ehe schürten, wurden als mitschuldig angesehen. Ob die Stadt Sünde und Zuchtlosigkeit in ihren Mauern duldete oder den Greuel falschen Glaubens, in beiden Fällen konnte sie damit rechnen, daß sie verdientermaßen Gottes Strafe traf. Der Rat begann, scheinbar banalen Polizeimaßnahmen wie dem Verbot von Tanzvergnügen oder der Einschränkung des Kleiderluxus lange Einleitungen voranzustellen, die erläuterten, welche Ordnung er damit errichten wolle.[65] Bürgerliche Anständigkeit und das Heil der Stadtgemeinde waren im Bewußtsein der Bürger so eng miteinander verbunden, daß der Rat im Augenblick der höchsten politischen Gefahr, bei Ausbruch des Schmalkaldischen Krieges, damit reagierte, ein Mandat gegen Verschwender zu erlassen und die sexuelle Zucht noch mehr zu verschärfen.[66]

Die evangelischen Bürger machten sich zwar diese Morallehren zu eigen und übernahmen und festigten die sexuellen Trennlinien, die ihnen zugrundelagen, doch waren sie selbst nicht immer gerade ein Vorbild bürgerlicher Tugend. Bisweilen scheiterten selbst ihre prominenten Vertreter auf spektakuläre Weise an den evangelischen Maßstäben und wurden, wie es sich gehörte, von den neuen Organen bestraft. Johannes Gebhart, der Schulmeister der neuen deutschen Schule, mußte zugeben, daß er ein Verhältnis mit einer »Landsmännin«, einer bayerischen Dienstmagd, hatte; als sich seine Ehefrau darüber beschwerte, daß er sich weiter »unehelich« betrug, wurde er seines Postens enthoben.[67] Das »liederliche Leben« Gebharts, der ein halber Geistlicher war und den die Stadt an die Spitze einer protestantisch inspirierten Einrichtung gestellt hatte, war schon schlimm genug. Noch viel schlimmer war aber der Ehebruch, den führende Vertreter der Reformation in der Stadt begingen. Gereon Sailer, Dr. Ulrich Jung und der Ratschreiber Martin Haid wurden von dem katholischen Mönch Clemens Sender mit einer gewissen Schadenfreude als Ehebrecher in seiner Chronik festgehalten.[68] So konnten auch die Protestanten in den späten 1530er und in den 1540er Jahren kaum einen Ausschließlichkeitsanspruch auf sittlich einwandfreies Betragen anmelden, die moralische Welt der Reformation war vielschichtiger geworden. Dennoch hatte die Rhetorik der Sittenzucht nichts von ihrer Macht eingebüßt. Im Gegenteil, sie blieb das ganze 16. Jahrhundert hindurch ein wichtiges Element der stadtbürgerlichen Rhetorik, und die Vorstellung von Männlichkeit und Weiblichkeit, die so eindrücklich von den neuen Verhörpraktiken bekräftigt wurde, lebte nach dem Ende der Reformation in Augsburg fort.

DRITTES KAPITEL

Prostitution und moralische Ordnung*

»Hie zů Augspurg hat ain rat abthan die offnen gemeinen 2 frauenhaüser aus angeben der lutherischen predigern.«[1] Dieser lakonische Eintrag des katholischen Mönchs Clemens Sender im Jahre 1532 ist der einzige Hinweis eines Augsburger Chronisten auf die Schließung der städtischen Frauenhäuser, ein Ereignis, das den zeitgenössischen Chronisten und den späteren Historikern in jenen turbulenten Jahren der Reformation als nicht so bedeutend erschien. Augsburg war nicht die einzige Stadt, die zu diesem Zeitpunkt ein städtisches Frauenhaus schloß, eine Einrichtung, die in den meisten größeren Städten mehr als zwei Jahrhunderte lang ein fester Bestandteil des städtischen Lebens gewesen war.[2] Dem Augsburger Chronisten war klar, daß diese Veränderung mit dem neuen Ethos der Reformation zusammenhing.

Doch wie sah diese geduldete Prostitution aus, die den Reformatoren als so gottlos galt? Ihr eigentümlichstes Merkmal bestand darin, daß das Frauenhaus der Stadt gehörte und von ihr verpachtet wurde. Der Frauenwirt mußte in den meisten Städten wie die anderen städtischen Beamten dem Rat alljährlich einen Eid schwören. Er sollte, wenn man beispielsweise den Ulmer Eid nimmt, die Interessen der Stadt und ihrer Bürger fördern und sie vor Schaden bewahren (»der statt vnd der Irn. Nutz vnd fromen furdrest, vnd Jrn schaden warnest vnd wenndest«).[3] Obgleich der Wirt das Frauenhaus leitete und in einigen Städten – so in Augsburg – Eigentümer des Hauses war, konnte die städtische Obrigkeit weiterhin für das Gebäude haftbar sein.[4] Im Gegenzug wurde das Frauenhaus weiterhin als städtische Einrichtung genutzt. Hielt sich der Kaiser in Augsburg auf, so offerierte man ihm und seinem Gefolge eine Nacht im Frauenhaus, und der Abend wurde mit Fackelzug und einer Festtafel begangen.[5] Die Inspektion des Frauenhauses durch städtische Beamte wie in Würzburg am Johannistag, die Einladung

---

* Dieses Kapitel ist eine überarbeitete Fassung von Roper, L. (1985b).

der Prostituierten zum alljährlichen Wildbretmahl des Frankfurter Rats belegen: das Frauenhaus war in den Festtagsreigen der Stadt einbezogen, es war eine Einrichtung, mit der die Stadtgemeinde ihre Macht und Gastfreundlichkeit zeigen konnte.[6] Die gemeinen Frauen hatten sich wie andere städtische Einrichtungen der Visitation durch städtische Beamte zu unterziehen. Gewöhnlich nahmen die städtischen Hebammen diese Aufgabe wahr – obwohl der Ulmer Rat zum Entsetzen des Frauenwirts die Inspektion durch männliche Doktoren einführte, in Anwesenheit der städtischen Bettelvögte. Die Inspektoren stellten sicher, daß der Bordellwirt seine Pflicht erfüllte, die Stadt mit »tawgenlich, sawbern vnd gesunden frawen« zu versorgen.[7] Diese drei Adjektive machen in komprimierter Form das Hauptanliegen des Rats deutlich: die Frauen durften keine ansteckende Krankheit haben – die Syphilis war sicherlich eine Hauptsorge des Rats –, sie sollten gesund, ansehnlich und nicht zu alt sein. Durch derartige Erlasse und die alljährliche Visitation erklärte sich der Rat zum Schiedsrichter bei Streitigkeiten zwischen den Prostituierten und dem Frauenwirt und übernahm selbst die Verantwortung für ein Gewerbe, das nicht zünftisch organisiert war.

Es entsprach deshalb für den Rat vollkommen der Stellung des Frauenhauses in der Stadtgesellschaft, wenn er vom Bordell als einer Einrichtung sprach, die »das gemainer Wohl, Ir statt, vnd Ir nachkommen Eer nutz vnd frummen zu furdern« hätte.[8] Aber diese Redeweise und der Einsatz des Frauenhauses als städtische Vorzeigeeinrichtung beruhten ganz klar auf einem männlich definierten Verständnis der »Gemeinde« und der Gemeindemitglieder. So wie nur erwachsene männliche Bürger volle politische Rechte hatten und zur Verteidigung der Kommune Waffen tragen durften, so waren auch hier Männlichkeit, Virilität und Zugehörigkeit zum Gemeinwesen eng miteinander verbunden. In der Theorie sollten auch die Frauen vom Frauenhaus profitieren, denn es machte die Stadt sicherer für »ehrbare« Frauen. Aber dieser Schutz galt für Frauen nur in ihrer Beziehung zu Männern, in ihrer Eigenschaft als Ehefrauen und Töchter von Bürgern, obwohl sie doch unabhängig von ihnen das Bürgerrecht besitzen konnten.

Das Frauenhaus war zwar eine öffentliche Einrichtung, aber zumindest offiziell war sein Besuch nicht allen Männern erlaubt. Theoretisch durften verheiratete Männer es nicht betreten; alle Städte drohten Ehemännern, die innerhalb seiner Mauern angetroffen wurden, mit Bestrafung.[9] Für die Geistlichen wurde der Besuch des Frauenhauses eingeschränkt: Nürnberg verbot ihn ganz und gar, Nördlingen war realistischer und untersagte den Klerikern nur, über Nacht dort zu bleiben.[10] Zumindest in Augsburg gab es jedoch in den ersten Jahren des 16. Jahrhunderts verdächtig wenige Fälle von verheirateten Männern, die in den Frauenhäusern angetroffen worden waren. Ebenso wie in anderen Städten stieg in Augsburg die Zahl der Angeklagten unmittelbar nach Ratsmandaten gegen Konkubinat und Ehebruch stark an.[11] Zum Vergleich muß man nur die zahlreichen Urteile in der Blütezeit der Zürcher Reformation gegen verheiratete Männer, die im Frauenhaus angetroffen worden waren, heranziehen, als der Rat seine evangelischen Grundsätze entschlossen in die Praxis umsetzte.[12] In Augsburg sah es zunächst anders aus: Reisende, ein Großteil der Kundschaft des Frauenhauses, konnten leicht abstreiten, verheiratet zu sein. Auf kleinliche Nachfragen wurde selbstverständlich verzichtet, wenn sich der Kaiser in Augsburg aufhielt oder der Reichstag in seinen Mauern tagte.

Bordelle waren eigentlich für eine bestimmte Gruppe von Männern bestimmt: für noch unverheiratete Gesellen und Lehrlinge. Das »freie Haus«, »gemeine Haus« oder »Frauenhaus«, wie es genannt wurde, war ein zentraler Teil ihrer Kultur. Wohlhabendere Männer konnten sich die Dienste einer Kurtisane leisten oder eine Geliebte aushalten. Die niedrigen Tarife der städtischen Frauenhäuser ermöglichten dagegen gewöhnlichen Lehrknechten und Gesellen den Bordellbesuch. Das Frauenhaus war der Ort populärer Vergnügungen aller Art: dort wurden alkoholische Getränke ausgeschenkt, man vergnügte sich beim Brettspiel, und vom Frauenwirt erwartete man, daß er nach berufsmäßigen Falschspielern Ausschau hielt.[13] Seine Funktion als Zentrum männlicher Geselligkeit (zusammen mit der Trinkstube oder Schenke) erklärt, warum bereits kaum zwölfjährige oder noch jüngere Burschen dort ein und aus gingen, wie der Ulmer Rat klagte.[14] Für viele war es das Vergnügen schlechthin, mit Arbeitskollegen ins Frauenhaus zu gehen, sich dort umzuschauen, derbe Späße zu treiben und ihre Phantasien auszuleben. Der Verkauf von Speisen und alkoholischen Getränken war eine wichtige Einnahmequelle des Frauenhauses. 1510 und 1512 hielt es deshalb der Ulmer Rat für notwendig, dem Frauenwirt zu verbieten, alkoholische Getränke außer Haus zu verkaufen, Trinkgelage zu veranstalten oder die Prostituierten und ihre Kunden zu zwingen, alkoholische Getränke zu überhöhten Preisen zu bestellen.[15] Bordelle waren eine Bühne für männliche Prahlerei und oft Schauplatz von Raufereien, obgleich ein Streit im Bordell die doppelte Strafe einbrachte.[16] An der Beliebtheit des Frauenhauses lassen sich die Unterschiede im »Freizeitverhalten« junger Männer und Frauen ablesen: zum Freizeitvergnügen der Männer gehörte es, Geld auszugeben, gemeinsam zu trinken oder in Banden nachts lärmend durch die Straßen zu ziehen, um eine Rauferei vom Zaun zu brechen oder der Angebeteten ein Ständchen zu bringen.

Das gesellige Leben der Frauen hing dagegen anscheinend nicht im gleichen Maße von der Verfügbarkeit von Bargeld ab. Sie scheinen die Zunftstuben oder andere Trinkstuben nicht so stark frequentiert zu haben; für ihre Freizeit waren die häuslichen Spinnstuben unter der Aufsicht älterer Frauen wichtiger. Frauen, die nachts allein durch die Straßen gingen, liefen Gefahr, für eine Prostituierte gehalten zu werden. Tanzvergnügen, Jahrmärkte und Kirchweih waren die Gelegenheiten, bei denen sich Männer und Frauen begegneten, aber sexuelle Kontakte waren nicht erlaubt.

So gab das Frauenhaus der Stadt die Möglichkeit, die Virilität der jungen Burschen zu verherrlichen, ihr Raum zur Entfaltung zu geben. Und zugleich konnte der Magistrat darauf bestehen, daß die jungen Männer nicht heiraten sollten, bevor sie nicht ihre Lehr- und Gesellenzeit absolviert hatten und in der Lage waren, Frau und Kinder zu ernähren. Aus der Sicht der Ratsherren sollte das Frauenhaus vorehelichen Beziehungen und verfrühten Eheschließungen vorbeugen und die »ehrbaren« Frauen der Stadt vor der überschießenden Sexualität junger Männer schützen.[17]

Die Prostituierten dagegen waren verfügbar, wurden als Gegenstand sexueller Phantasien und romantischer Vorstellungen präsentiert, aber sie waren ihren Kunden sozial nicht gleichrangig oder ebenbürtig. Als der Rat in Nürnberg entdeckte, daß die Prostituierten »sundere bulschafft, die sye nennen ir liebe menner«, anderen Freiern vorzogen, gebot er dem sofort Einhalt und ordnete an, die Frauen hätten jedem zahlenden Kunden zur Verfügung zu stehen.[18] Als »gemeine Frauen« durften sie keine unerwünschten Vorlieben entwickeln und Beziehungen unterhalten, die den Unterschied zwischen den ehrbaren Mädchen, die Ehefrauen werden konnten, und den freien, gemeinen Frauen zu verwischen drohten. Die »gemeinen Frauen« konnten nach dem Augsburger Stadtrecht keine Vaterschaftsklage erheben und nach dem Recht anderer Städte nicht einmal vergewaltigt werden, da sie doch allen Männern gemeinsam gehörten.[19] Für junge Burschen gehörten sexuelle Erfahrungen mit Prostituierten dazu, um ein richtiger Mann zu werden. Da diese Erfahrungen innerhalb von Jugendbanden gemacht wurden und städtische Prostituierte als gemeinsamer Besitz aller Männer galten, stärkten sie zugleich die Bande zwischen den Männern.[20]

Aus der Sicht der Prostituierten mochte das städtische Frauenhaus als eine Einrichtung erscheinen, die ihnen einen gewissen Respekt vermittelte und Schutz gab. Viele Maßnahmen der Obrigkeit waren zu ihrem Vorteil: in Ulm stand ihnen ein eigenes Bad zur Verfügung, und die Speisen, die sie erhielten, waren ganz genau vorgeschrieben; in Nördlingen war ein wöchentliches Bad in der Miete enthalten. Das obrigkeitliche Regime für die Prostituierten hatte also auch positive Aspekte. Zugleich aber unterstellte es die »gemeinen Frauen« der strengen Aufsicht des Frauenwirts. In Ulm ging seine Verfügungsgewalt über die Arbeitskraft der Frauen so weit, daß er von ihnen verlangen durfte, tagsüber Garn zu spinnen oder ihm Verdienstausfall anderwärtig zurückzuerstatten.[21] Wie gesehen, hatten die Frauen nicht das Recht, einen Kunden zurückzuweisen. Aus den Frauenhausordnungen, in denen die Tarife und Preise festgesetzt wurden, die der Frauenwirt für Speisen, alkoholische Getränke, Kleidung, Bäder und Miete von den Prostituierten verlangen durfte, wird deutlich, daß die Frauen das Bordell eigentlich gar nicht zu verlassen brauchten, um etwas einzukaufen. Daraus wurde häufig ein faktisches Ausgangsverbot, wie die zahlreichen Ratserlasse belegen, die dem Bordellwirt verboten, die Frauen am Verlassen des Frauenhauses zu hindern, selbst wenn es sich nur um den Kirchgang handelte.[22]

Ökonomischer Druck zwang die Frauen, weiter im Bordell zu arbeiten, und machte es schwierig für sie, das Frauenhaus zu verlassen. In einigen Städten hatten menstruierende oder kranke Frauen die Wahl, ob sie arbeiten wollten oder nicht, während es schwangeren oder ernsthaft erkrankten Frauen verboten war, ihr Gewerbe auszuüben.[23] Vor Feiertagen und während der Karwoche war das Frauenhaus geschlossen.[24] An diesen Tagen verdienten sie nichts, mußten aber für Nahrung, Miete und Kleidung aufkommen. Viele gerieten in einen Teufelskreis der Verschuldung, denn die Wirte ließen sie auf Kredit bei sich einkaufen (zu von ihnen festgesetzten Preisen); die Schulden zogen sie ihnen dann von ihrem künftigen Lohn ab. In Überlingen steckte der Frauenwirt beispielsweise von jeder Frau ein Drittel ihres Lohns in die eigene Tasche und zog vom Rest die Schulden ab. In Ulm kam das von den Frauen eingenommene Geld in einen Kasten und wurde wöchentlich verteilt: ein Drittel ging an den Bordellwirt, der auch Miete und Unterhalt verlangte. Zwar wurden Höchstmieten und -preise festgesetzt, aber es ist unklar, ob diese auch wirklich eingehalten worden sind. Die Frauen mochten ihre Auszahlung genau überprüfen, über ihr Einkommen besaßen sie nur eine minimale Kontrolle. In Überlingen wurden der Prostituierten nur Geschenke und das Geld von einem Kunden, der über Nacht blieb, direkt ausgezahlt. Dieses System machte es schwierig für sie, auf einen über Nacht bleibenden Freier zu verzichten. Und es war für sie von zentraler Bedeutung, dem Kunden zu gefallen, damit sie über die zusätzlichen Geschenke verfügen konnte. Eine Unpäßlichkeit genügte, und sie geriet mit dem Abzahlen ihrer Schulden in Rückstand und war gezwungen, einen neuen Vorschuß zu erbitten.[25]

Der Teufelskreis der Verschuldung wurde noch verschlimmert durch eine Praxis der »Geldleihe«, bei der Frauen als Pfand dienten. In den Quellen bleibt dieser Punkt undeutlich, doch muß man unausweichlich zum Schluß kommen, daß Frauen tatsächlich in dieses Gewerbe hinein verkauft und gezwungen wurden, das ihrem Verkäufer »geliehene« Kapital durch ihre Arbeit zurückzuzahlen. Die Geschichten mögen abenteuerlich klingen, aber sie belegen, daß man sich in den Rathäusern gewisse Sorgen darüber machte, mit welchen Methoden Nachschub für die Frauenhäuser beschafft wurde.[26] Doch die Besorgnis hielt sich in Grenzen. Die Augsburger Ordnung von 1428, die den Frauenwirt beschuldigte, er verbiete verschuldeten Prostituierten, das Frauenhaus zu verlassen, und habe »damit sünt uf sünd gemerett vnd gehaufet«, macht deutlich, daß für den Rat die »Sünde« nicht so sehr darin bestand, daß der Bordellwirt Frauen ankaufte, sondern daß er sie daran hinderte, sich zu bessern.[27] In Ulm, wo interessanterweise die Kirche diese Klage erhob, dekretierte der Rat, den Frauen sei es – unbeachtet, ob ihre Schulden bezahlt waren oder nicht – freigestellt, das Frauenhaus zu verlassen; jedoch nur gegen die Zahlung von einem Gulden, eine Summe, die eine Frau nicht so leicht aufbringen konnte. Beim Verlassen des Frauenhauses durfte sie nur die Kleider mitnehmen, mit denen sie gekommen war. Für eine stadtbekannte Prostituierte ohne Unterhalt und gewöhnlich ohne Ersparnisse muß es äußerst schwierig gewesen sein, außerhalb des Bordells eine Stellung zu finden und ein neues Leben zu beginnen. Kehrte sie jedoch zur Prostitution zurück, konnte der Wirt ihre Rückkehr ins Frauenhaus und die Zahlung aller Schulden verlangen.[28]

Die sogenannten »freien Frauen« hatten mithin nur geringe Verfügungsgewalt über ihr Leben und ihre Einkünfte. Sie mußten es daher für fast unmöglich halten, ein Bordell, in dem das Leben ihnen unerträglich erschien, zu verlassen und in ein anderes Frauenhaus zu gehen. Ihre Arbeit unterschied sich von anderen Tätigkeiten innerhalb der Stadtmauern, innerhalb derer eigentlich nach der Behauptung des Sprichworts »Stadtluft frei machte«. Lehrknechte, Dienstmägde und Gesellen mochten zwar auch in ihrer Freiheit eingeschränkt sein und Schwierigkeiten haben, einen ihnen unerträglich erscheinenden Meister zu verlassen. Prostituierte waren jedoch einer sehr viel strengeren Disziplin unterworfen. Es bestand nur geringe oder gar keine Aussicht darauf, daß sie selbst Bordellwirtin werden konnten. In Augsburg scheint der Frauenwirt in jener Zeit immer ein Mann gewesen zu sein. Schlimmer noch, sie konnten sogar eine per Vertrag abgetretene Arbeitskraft werden, die gezwungen war, Schulden abzuarbeiten, die sie nicht einmal selbst gemacht hatten. Ironischerweise arbeitete das städtische Frauenhaus, das so oft als stolzes Sinnbild einer gastfreundlichen und freigebigen Stadt dargestellt wurde, auf einer Grundlage, die das glatte Gegenteil des Idealbilds eines freien Bürgers war, der über seine eigene Arbeit und Arbeitskraft verfügte.

Neben der legalen Prostitution gab es noch eine freie Prostitution, die bis zu einem gewissen Grad von den städtischen Behörden geduldet wurde.

Nürnberg gestattete gelegentlich den städtischen gemeinen Frauen, die freien Prostituierten, die ihr Gewerbe verunglimpften und schädigten, zu attackieren und zu »züchtigen«.[29] In Augsburg wurde ein buntgemischtes Völkchen von illegalen Prostituierten, ihren Zuhältern und kleineren Bordellwirten jedes Jahr am Gallitag, zu Beginn des Winters, aus der Stadt gewiesen.[30] Dies geschah einige Wochen nach Sankt Michael, wenn die zuvor Verbannten, fahrendes Volk und Landstreicher, wieder in die Stadt kommen durften. Die Verbannung fiel auf den Tag der Sitzung des Großen Rats, auf der die Verteilung der Steuern für das nächste Jahr festgesetzt wurde.[31] Es war ein Reinigungsbrauch, ein öffentliches Schauspiel, bei dem die auf der Galliliste Stehenden beim Geläut der Sturmglocke aus der Stadt geführt wurden, doch kaum eine ernstzunehmende Polizeimaßnahme. Der für schuldig Befundene sicherte sich schon bald die Fürsprache eines angesehenen Bürgers und wurde begnadigt.[32] Tatsächlich tauchen regelmäßig dieselben Frauen auf der Liste der Missetäter auf: »Margret, die Hofiunckfrau hinter S. Steffan«, stand von 1515 bis 1520 beinahe jedes Jahr auf der Galliliste.

Die Maßnahmen in Augsburg wie in anderen Städten konzentrierten sich vielmehr darauf, lautstarkes Werben um Kunden und Störungen der öffentlichen Ordnung durch Straßenprostituierte einzudämmen und die Prostituierten säuberlich von »ehrbaren« Frauen zu unterscheiden. Prostituierte mußten ein breites grünes Band an ihrem Schleier tragen, sie durften keinen Kranz wie die Jungfrauen und auch keine seidenen Kleider tragen oder einen Rosenkranz bei sich haben.[33] Sie durften sich nicht auf der Straße von einer Dienstmagd begleiten lassen. Das sichtbare Zeichen – ein gelbes Band oder eine rote Kappe wie in anderen Städten – rückte die Prostituierten in die Nähe der Juden, die ebenfalls gezwungen waren, ein sichtbares, sie von allen anderen unterscheidendes Zeichen zu tragen. Juden und Prostituierte, so glaubte man, leisteten der Gemeinde wichtige Dienste, doch beide waren vom Bürgerrecht ausgeschlossen. Juden durften nach den Vertreibungen des 15. Jahrhunderts noch nicht einmal in der Stadt wohnen. Auf Geschlechtsverkehr zwischen Juden und Christen stand theoretisch die Todesstrafe.[34] In ähnlicher Weise versuchte man, Beziehungen zu Prostituierten zu unterbinden: Frauen, die freundschaftlichen Umgang mit ihnen pflegten, galten bald selbst als Prostituierte. Einem Mann, der eine zu enge Beziehung zu solchen Frauen hatte, der »mit leichtvertigen frawen behennckt« war, drohte der Ausschluß aus seiner Zunft.[35] Prostituierte galten als Stadtfremde, und Frauenhäuser durften keine einheimischen Frauen beschäftigen – obwohl viele einheimische Frauen zweifellos als freie Prostituierte arbeiteten.[36] Wie die Juden galten die Prostituierten in gewissem Sinn als Fremde. Juden wurden nach ihrem Tod vor der Stadtmauer beigesetzt, und der Frankfurter Rat drohte den Prostituierten damit, sie »im Graben«, in ungeweihter Erde, zu bestatten.[37] Eine zu enge Beziehung zu Juden oder Prostituierten konnte die Existenz des ehrbaren Stadtbürgers gefährden.

Tatsächlich kann man die symbolische Position der Prostituierten als eine klar definierte Randständigkeit beschreiben. Ratserlasse stellten sicher, daß die »ehrbaren« und die »unehrlichen« Frauen leicht auseinanderzuhalten waren.[38] Die städtische Topographie machte dies deutlich: in Augsburg lag eines der beiden Frauenhäuser an einem strategisch günstigen Ort – ganz am Rand der Stadt, an einem unbedeutenden Stadttor, doch nicht weit entfernt vom Stadtzentrum und bequem zu erreichen. In Hamburg und Straßburg beschränkte der Rat jeweils die freie Prostitution auf einige wenige Straßen.[39] Dennoch waren die Prostituierten Teil des kulturellen Lebens der Stadt: sie nahmen beim Schützenfest an Wettrennen teil und erschienen auch auf Hochzeiten und Tanzvergnügen.[40] In Wien tanzten sie mit den jungen Männern um das Johannisfeuer, und in Leipzig zogen sie zur Karnevalszeit in einer Prozession durch die Stadt, um diese, wie man sagte, vor der Pest zu schützen und die Fruchtbarkeit der Frauen zu erhalten.[41] Die Prostituierten hatten ihre eigenen Schutzpatrone – die hl. Afra von Augsburg war selbst von ihrer Mutter zur Prostitution als Tempeldirne gezwungen worden. In Ulm stifteten die Prostituierten allwöchentlich Kerzen und Leuchter in der Pfarrkirche, »zum Lobpreis und zu Ehren Marias und zum Trost für alle christlichen Seelen«. Die Formulierung macht deutlich, daß die Prostituierten in Gebet und Gottesdienst der Stadtgemeinde eingeschlossen waren.[42]

Aber diese öffentliche Akzeptanz war zweischneidig, denn sie diente auch dazu, die Frauen zu Gefangenen ihrer Identität als Prostituierte zu machen, zu einer besonderen Gattung von Frauen zu erklären. Gleichzeitig legitimierte das Angebot des Bordellbesuchs die gesellschaftliche Konstruktion der männlichen Lust als einer Triebkraft, die ein Ventil brauchte, wenn sie nicht zu Unordnung und Chaos führen sollte. Die Männer, die ihre ersten sexuellen Erfahrungen mit Prostituierten machten, unterschieden sich von den »gemeinen Frauen« in ihrer sozialen Stellung und ihrer psychischen Disposition. Prostituierte galten als unehrliche Frauen, die andere beflecken konnten. Das Ausmaß ihrer Unehrlichkeit wird in den verschiedenen Regelungen zu ihrer Überwachung deutlich. Nach dem Augsburger Stadtrecht von 1276 sollten die gemeinen Frauen vom Henker überwacht werden, der unehrlichsten Person in der ganzen Stadt.[43] Als 1532 in Regensburg der Frauenwirt starb, wurde er wie ein Verbrecher unter dem Galgen verscharrt, trotz des beträchtlichen Vermögens, das er angesammelt hatte.[44] In Wien wurden der Scharfrichter und der Büttel aus den Einkünften des

Frauenhauses entlohnt. All diese Mandate stellten die Prostituierten in eine Reihe mit den gesellschaftlichen Außenseitern und Unehrlichen, die den guten Ruf der Stadt beflecken und besudeln konnten.

Gerade ihre Randständigkeit gab den Prostituierten jedoch zugleich eine paradoxe Art symbolischer Freiheit. »An ettlichen orten kummen die gemeynen weiber auch auff die hochzeit«, nahmen den Bräutigam zum Spaß gefangen und ließen ihn erst nach Zahlung eines Lösegelds durch die Braut frei.[45] Sexuelles Fehlverhalten bestraften sie durch rituelle Entehrung der Missetäter. So gestattete der Nürnberger Rat den städtischen Prostituierten, ihre freien Konkurrentinnen mit Schimpf und Schande zu überziehen. Bei anderer Gelegenheit führten die Prostituierten eine Frau durch die Stadt, die im Frauenhaus beim Beischlaf mit ihrem Liebhaber erwischt worden war.[46] Freie Prostituierte konnten sich nachts leichter auf der Straße aufhalten als »ehrbare« Frauen. Obwohl sie sich eigentlich an die Kleiderordnung halten sollten, kleideten sie sich doch nicht so sittsam und züchtig wie die »ehrbaren« Frauen, sondern trugen auffällige und prächtige Kleider, die keineswegs ihrem sozialen Rang entsprachen.

Auch die Kirche billigte die Prostitution weitgehend. Diese Duldung geht auf Augustinus zurück; Thomas von Aquin erklärte ebenfalls, daß Prostituierte nötig seien. Er verglich sie in einer drastischen Analogie mit der Fäkaliengrube eines Palastes. Als einzelne waren sie schmutzig, aber ihre kollektive Aufgabe bestand darin, eine Stadt zu reinigen – ohne sie würde die Stadt schnell verderben.[47] Das Bild setzte die Prostituierten mit dem Schmutzigen, Üblen und Bösen gleich. Die männliche Sexualität erschien dagegen als ein einfaches natürliches Bedürfnis. So konnte man gestützt auf religiöse Autoritäten für die Duldung der Prostitution eintreten. Den Ordnungen Nördlingens und Nürnbergs war ein Vorwort vorangestellt, das die Existenz des Frauenhauses verteidigte und darauf hinwies, daß »umb vermeydung willen merers übels in der cristenhait gemeine weyber von der heilige Kirchen geduldet werden«.[48] Mit diesem Argument riet der Dominikaner Johannes Falkenberg der Stadt Krakau sogar zur Errichtung eines Frauenhauses. In einigen bischöflichen Städten erhielt die Kirche sogar einen Teil ihrer Einkünfte vom örtlichen Bordell.[49]

In den Beichtmanualen wurden Besuche bei Prostituierten unter die weniger schwerwiegenden sexuellen Sünden eingestuft. Ein Beichtspiegel ordnete sie in die zweite von acht Kategorien ein, nämlich als »Hurerei«: sie war schlimmer nur als Fornikation und stand auf einer Stufe mit wiederholtem nichtehelichen Geschlechtsverkehr. Ein anderes, in Augsburg gedrucktes Beichtbüchlein stufte »vermischunge alleyn mit offen weibern vmb dz gelt« ebenfalls in die zweite von acht Kategorien ein, über dem Geschlechtsverkehr von Unverheirateten, aber unterhalb der Ehebrecher, Verführer und Masturbierenden.[50]

Prostituierte konnten also sichtbar in der Kirche präsent sein – man denke nur an die von Prostituierten gestifteten Kerzen und Leuchter in Ulm. Schwieriger läßt sich jedoch feststellen, ob sie tatsächlich in die Kirche gingen und an der Messe teilnahmen. Die Frauenhausordnungen bestanden zwar darauf, daß sie das Recht dazu hatten. Daß dies eigens geregelt werden mußte, spricht jedoch eher dafür, daß sie in der Praxis daran gehindert wurden oder selbst beschlossen, nicht zur Messe zu gehen. Einige Städte befahlen den gemeinen Frauen, in der Kirche in einer abgeteilten Reihe zu sitzen, damit die »ehrbaren« Frauen nicht beleidigt oder die Männer abgelenkt würden. In Ulm gestattete man den Prostituierten eine jährliche Beichte, aber sie wurden dazu (eine demütigende Vorschrift) von den Bettelvögten zu einer besonderen Kirche gebracht. Selbst in der Kirche wurde eine Prostituierte daran erinnert, daß sie nicht wie andere Frauen war.[51]

PROSTITUTION UND DIE REFORMATION

Augsburg hatte den Prostituierten nicht gestattet, dem Gottesdienst beizuwohnen. Als sie 1520 in einem abgeteilten Bereich der St.-Moritz-Kirche auftauchten, um die Predigt des Doktor Speiser zu hören, war dies ein aufsehenerregendes Ereignis.[52] Spätestens 1522 wurde Speiser klar zum evangelischen Lager gerechnet. Als nun im Jahre 1526 Ostern nahte und Augsburgs lutherischer Prediger Johannes Frosch den Prostituierten die Beichte abnahm – konnte es ein besseres Zeugnis geben, welche Macht in der Predigt von Gottes Wort lag? Wir wissen nicht, was Frosch predigte, aber vermutlich hat er die Prostituierten aufgefordert, ihr Gewerbe aufzugeben – nicht, um sich hinter die Mauern des Klosters St. Magdalena zurückzuziehen, sondern um zu heiraten, genau wie die Reformatoren. In diesen frühen Jahren der Reformation war die Zeit vor Ostern ganz besonders bedeutungsschwanger. Auf das Osterfest, den Anlaß zur jährlichen Kommunion konzentrierten sich die Reformatoren mit ihrer Forderung, das Abendmahl in beiderlei Gestalt, mit dem Laienkelch zu feiern. Ostern bot auch Gelegenheit, mit oder ohne Erlaubnis der städtischen Obrigkeit neue Elemente in die Liturgie einzuführen. Die Prostituierten wurden also in einem Augenblick intensiver, breite Schichten erfassender Frömmigkeit und Erwartung zur Reue aufgefordert. Obgleich der Rat sich erst acht Jahre später für die Reformation aussprechen sollte und diese vollständig erst 1537 einführte, billigte er bei dieser Gelegenheit öffentlich Froschs Tat und ehrte ihn mit einem Geldgeschenk von einem Gulden.[53] Und in den folgenden Jahren, als einige wenige Prostituierte das Bordell verließen, unterstützte der Rat die Wiedereingliederung der Frauen und den Aufbau einer ehrbaren Existenz, indem er sie mit Kleidung versorgte – ein praktisches und zugleich symbolisches Geschenk, denn die auffälligen, prächtigen Kleider machten sie als Prostituierte kenntlich.[54] Mindestens eine der Frauen heiratete, von den anderen wissen wir nichts.[55] Im Jahr 1533 schien die Kehrtwende in der Haltung zur Prostitution vollendet. Die Frauenhäuser waren geschlossen, und die Frau eines früheren Frauenwirts schrieb an den Rat: »Wir danken beide täglich Gott dem Allmächtigen, loben und ehren ihn, weil [der Rat] meinem oben genannten Gatten geholfen hat, diesen sündigen Stand zu verlassen«. Selbst der Bordellwirt schien eingesehen zu haben, auf welchem Irrweg er sich befunden hatte – ein Eindruck, der nur getrübt wird durch die listige Feststellung seiner Frau im folgenden Satz ihrer Eingabe, »meine Herren vom Rat« würden ja auch auf keinen Fall die Wiedereröffnung des Frauenhauses gestatten.[56]

Die evangelischen Prädikanten waren an dieser Kampagne gegen die Prostitution, die in den 1520er und 1530er Jahren heftiger wurde, stark beteiligt. Ihre Argumentation bewegte sich auf verschiedenen Ebenen und hatte unterschiedliche Stoßrichtungen. Zunächst bildete die Kritik an der Prostitution nur einen Teil des Angriffs auf den Klerus. Sie griff Elemente der jahrhundertealten Feindseligkeit gegen Mönche und Priester auf und porträtierte die Kleriker als lüsterne Wesen, die anderen die Frau ausspannten.[57] In dieser Polemik wurde wenig Unterschied gemacht zwischen der Behauptung, Mönche seien häufig im Bordell zu finden, und den Vorwürfen, sie verführten verheiratete Frauen und Jungfrauen oder lebten im Konkubinat. Das war alles ein- und dasselbe, nämlich »Hurerei«. So forderte Johannes Strauss in einem Pamphlet gegen die Ohrenbeichte die Männer auf, mißtrauisch zu werden, wenn die Beichte ihrer Ehefrauen verdächtig lange dauerte.[58] Im Unterschied zu den evangelischen Pfarrern hatten Priester keine Ehefrauen und brachten deshalb die Frauen anderer Männer in Gefahr. Der Augsburger Prädikant Urbanus Rhegius zog gegen die scheinheiligen Kleriker zu Felde und deckte auf, was seiner Meinung nach »vnder dem grossen scheyn verborgen liget«, hinter dem ein Mönch seine wahren Absichten verberge: »Jr ist vol vnlauterer begyrd zu weyben tag vnd nacht ... vnd ist also aintweders ain haimlicher oder offentlicher hurer«.[59]

Diese Themen tauchen zugespitzt in einem Holzschnitt aus dem Jahre 1523 auf (siehe Abbildung 3). Auf den ersten Blick ist das Bild eine typische evangelische Anklage gegen den lüsternen Mönch. Der treuherzige Bauer

Abbildung 3 Leonhard Beck, Mönch und Magd, 1523 (Geisberg Nr. 140, Kupferstichkabinett SMPK, Berlin).

steht für den gemeinen Mann, den Anhänger der Reformation. Er ist der Akteur: dargestellt wird der Augenblick, in dem er entdeckt, daß der Mönch seine Tochter verführt hat. Man kann jedoch den Holzschnitt auch als Satire auf die Prostitution deuten, die sich ebenso stark gegen die beiden Frauengestalten wie gegen den Klerus richtet. Die Mutter, die sich von der Szene abwendet, versucht ihr Lächeln zu verbergen, indem sie eine Hand vor den Mund hält; dem Betrachter fällt ihr großer, prall gefüllter Geldbeutel auf. Ihre Tochter scheint vom Mönch betört zu sein, obgleich sie beteuert, wie sehr es sie reue, daß sie durch ihn ihre Jungfräulichkeit verloren habe. Die Füße der Mutter führen vom Mönch weg, als ob sie im Gegensatz zu ihrem Mann gerade weggehen wollte. Hat sie von dem Mönch Geld erhalten, versucht dieser nunmehr auch den Bauern mit einem Schweigegeld zu besänftigen? Der Künstler schöpft aus einem Bestand überkommener und weitverbreiteter Vorstellungen über die Prostitution und gibt zu verstehen, daß die beiden Frauen miteinander im Bunde stehen und es ihnen nur um das Geld des Mönchs geht.[60]

Die Verbindung von Antiklerikalismus und Prostitution war nicht auf literarische und bildliche Darstellungen beschränkt. Der Augsburger Rat befahl 1537 allen Männern, sich von ihren Kebsweibern zu trennen und wies diese an, die Stadt zu verlassen.[61] Solche Verfügungen waren im 15. und 16. Jahrhundert wiederholt erlassen worden.[62] Nunmehr jedoch versuchte der Rat, sie mit Nachdruck durchzusetzen: er bezahlte Spitzel, die über »verdächtige Personen« Bericht erstatteten, und belegte die für schuldig befundenen Männer mit hohen Geldstrafen. Besonderes Augenmerk richtete der Rat, der 1534 die ersten zögerlichen Schritte zur Einführung der Reformation getan hatte, auf die »Hurerei« von Priestern.[63] Zur gleichen Zeit kam es zu einer Reihe aufsehenerregender Prozesse, in denen Prostituierte ihren Umgang mit Klerikern gestanden und berichteten, wie eine Jungfrau in zartem Alter mehreren Geistlichen angeboten worden war. Diese Prozesse verstärkten die Tendenz, Priester als *die* Schürzenjäger und Besudler der Ehre der Stadt schlechthin anzusehen.[64]

Solche antiklerikalen Stimmungen kippten jedoch rasch um zu Angriffen auf die Prostituierten. Diese wurden schließlich mit den katholischen Priestern in einen Topf geworfen, und es waren die Konkubinen, die nach den Prozessen der Stadt verwiesen wurden. Bereits 1520 hatte Luther ausdrücklich vertreten, daß es in der christlichen Gesellschaft keine Bordelle geben solle: »Zu letzt / ist das nit ein yemerlich ding / das wir Christen / vnter vns sollen haltē freye / gemeyne frawen heüßer / ßo wir seynt alle zur keuscheit getaufft. Ich weyß wol was etlich datzu sagen / vnd nit eynis volcks gewonheit worden ist / auch schwerlich abtzubringen / datzu besser ein solchs / dan ehlich vnd jungfraw personen / odder noch ehrlicher zuschanden machen. Soltē aber hie nit gedēcken weltlich vnd Christlich regimēt / wie man dem selben / nit mit solcher heydnischer weyß mocht furkomen. noch angesehenere zuschanden zu machen.«[65]

Luther wandte sich hier (wenn auch vorsichtig) gegen das altehrwürdige Argument zur Verteidigung des Frauenhauses: daß es nämlich die Ehre ehrbarer Frauen schütze. Die Reformatoren kehrten das Argument auf subtile Weise um; sie vertraten die Ansicht, die Bordelle verursachten in Wirklichkeit das Übel, das sie angeblich im Zaum halten sollten. So entgegnete Johannes Brenz auf das Argument, es müsse öffentliche Frauenhäuser geben, um schlimmeres Übel zu verhüten: »wie aber wenn gemeine huheuser Schulen weren / darin man mehr arges vnd schandliches lernet / dann verhutet?« Hier stellten die Reformatoren den Eckstein der Theorie über die männliche Lust in Frage, die Prostitution damit rechtfertigte, daß die Lust der Männer eine anarchische, unzügelbare Triebkraft sei – man könne sie nur kanalisieren und in eine Richtung lenken, die für die Gesellschaft weniger zerrüttend sei. Zuweilen scheinen die evangelischen Pamphletisten sogar die Paradoxien der Denkmuster ihrer eigenen Gesellschaft über die Sexualität von Mann und Frau aufzuzeigen: »Hat ein obrigkeit macht ein frawenhauß zu erlauben on sünde / darein nit allein ledige gesellen (die doch schwerlich sünden) sonder auch Ehmänner gehn / vnnd woll solches dazu khein schand haben / sonder gerhumet sein /warumb erlaubt sie nich auch ein buben hauß / darein etwo die weyber / so alte / schwache / oder kheine mäner haben / gehn möchten?«[66] Wenn Frauen wirklich das sinnlichere Geschlecht waren, wie man im 16. Jahrhundert meinte, und Männer als stärker vernunftgeleitete Wesen eher in der Lage waren, ihre Lust im Zaum zu halten als Frauen, warum sollten dann keine Bordelle für Frauen zugelassen werden? Melchior Ambach trieb das Argument bis zu dieser *reductio ad absurdum*, um zu zeigen, wie widersinnig die Verteidiger des Frauenhauses argumentierten. Damit legte er jedoch zugleich den Finger auf die Widersprüche in der Auffassung von der Sexualnatur, die Männern und Frauen jeweils zugeschrieben wurde. Implizit plädierte er dafür, daß Männer ebenfalls als für ihre Sexualität verantwortliche Wesen zu betrachten seien.

Die Auffassung, daß der Geschlechtstrieb negiert oder zumindest in streng überwachte Bahnen gelenkt werden müsse, sollte die Gesellschaft nicht in Gefahr gebracht werden, tauchte freilich in der Forderung wieder auf, Männer und Frauen sollten jung heiraten. In den bereits zitierten Passagen lobten die Autoren gewöhnlich die Ehe als den von Gott eingerichteten »besseren Weg«. Die Ehe wurde als die einzig mögliche Lebensform angesehen, in der ein Christ seine Sexualität ausleben konnte. Die Reformatoren lehnten zwar Keuschheit als ein für alle Geistlichen bindendes Ideal ab, rieten aber allen Männern und Frauen, die sich nicht im heiratsfähigen Alter befanden, zur Enthaltsamkeit. Zwar hatte auch die vorreformatorische Kirche sexuelle Erfahrungen der Jugendlichen eigentlich nicht gestattet, aber sie ging andererseits auch nicht davon aus, daß junge Männer unberührt in die Ehe gingen. Genau dies jedoch erklärte die neue Kirche zum Ideal für alle Männer. Dies ist ein interessantes Beispiel dafür, wie die stark von den Klostererfahrungen (gegen die sie sich aufgelehnt hatten) geprägten Reformatoren in ihrem evangelischen Eifer letztlich ein mönchisches Ideal für alle predigten. Dabei glaubten sie aber nicht, daß man von den Männern und Frauen über längere Zeit Enthaltsamkeit erwarten konnte. Ihre daraus folgende Empfehlung, man solle jung heiraten, um den Gefährdungen zu entgehen, in die unbefriedigte Lust den Menschen bringe, brachte sie in offenen Gegensatz zur jahrhundertealten Tradition. Die traditionelle Lehrmeinung befürwortete späte Heirat und riet von einer Eheschließung ab, bevor der Mann nicht sein Handwerk erlernt hatte.

Je weiter sich die Ethik der Reformatoren entwickelte, um so mehr wurden die Prostituierten als böse, teuflische Versucherinnen angesehen, nicht mehr nur als Geschöpfe und Komplizinnen der Priester der alten Kirche, und um so stärker richteten sich Haß und Abscheu direkt gegen sie. Sie galten nicht mehr nur als eitel, selbstsüchtig, der Prunksucht und Völlerei verfallen, sondern, viel schlimmer, als böse und teuflisch. Bezeichnenderweise kam den Reformatoren für die Darstellung des Papsttums neben dem Ungeheuer der Apokalypse sogleich die Babylonische Hure in den Sinn (siehe Abbildung 4).[67] Das polemische Bild der herausgeputzten Buhlerin, die wie eine Edelfrau gekleidet auf dem siebenköpfigen Ungeheuer reitet, das Luthers Bibel schmückte und in Einblattdrucken auftauchte, war auch eine Vision der mächtigen Frau, die ihre Sexualität und die Reichtümer, die diese ihr eingebracht hatte, stolz zur Schau stellte. Vielleicht wurde der Betrachter an die Darstellungen von Frauen erinnert, die nicht auf Tieren, sondern auf Männern ritten – beispielsweise Phyllis auf dem Rücken von Aristoteles, der durch seine Liebe zu einer Frau zum Narren wurde (siehe Abbildung 5).[68] Die um diese Bildthematik – der Papst als Babylonische Hure – kreisende Rhetorik war stark mit einer Endzeitstimmung aufgeladen, der Hurenpapst

Abbildung 4 Die babylonische Buhlerin auf dem siebenköpfigen Ungeheuer (Biblia / das ist die gantze Heilige Schrift Deudsch. Mart. Luth. Wittenberg: Hans Lufft, 1534, Offenbarung des Johannes, Kapitel 17, hier in der Ausgabe Wittenberg 1547).

Abbildung 5 Peter Flötner, Bildzyklus über die Macht der Frauen, 1534 (Simson und Dalila; Bathseba und David; der Götzendienst Salomons; Aristoteles und Phyllis), hier: Aristoteles und Phyllis (Geisberg, Nr. 818, Inv. Nr. XV/1, 168-171, Kunstsammlungen der Veste Coburg).

ein Zeichen dafür, daß die Apokalypse nahe war. Die Prostituierte war nicht nur ein sündiges Wesen, sondern auch eine Bedrohung.

Die verschiedenen Ebenen der Verteufelung von Prostituierten kommen zusammen in Luthers Brandrede vor seinen Studenten gegen eine kurz zuvor in der Nähe Wittenbergs aufgetauchte Gruppe von Prostituierten. »Das ir wolt gar gewislich gleuben«, sagte Luther, »das der böse Geist solche hurn hieher sendet, die da gretzig, schebig, stinckend, garstig und frantzösisch [syphilitisch] sein«. Diese Frauen seien Mörderinnen, noch schlimmer als Giftmischerinnen, »denne eine solch gifftige frantzösische hur 10, 20, 30, etc. fromer leut kinder vergifften kan«; wäre er ein Richter, »so wolt ich ein solche gifftige frantzösische huren redern vnd eedern lassen«.[69]

Hier ist keinerlei Sympathie für die Prostituierte zu spüren; sie ist die Quelle der Sünde, nicht ihr Freier. Die Lustseuche steht für ihre Natur, und sie, nicht ihr Kunde, ist der Krankheitsherd. Ihre Ansteckung ist nebensächlich, die Übertragung der Krankheit auf »fromer leut kinder« provoziert Luthers Ausfälle.

Die Überwachung der Prostituierten

Als der Augsburger Rat die Frauenhäuser schloß, gab es bezeichnenderweise keine Äußerungen zu den gesundheitlichen Gefahren, die sie heraufbeschworen hatten.[70] Als der Rat in den 1530er und 1540er Jahren gegen die freie Prostitution zu Felde zog und die darin verwickelten Frauen bestrafte, wurden Geschlechtskrankheiten überhaupt nicht erwähnt. Statt dessen entwickelte der Rat eine neue Bestimmung der sexuellen Sünde, in der Elemente der stadtbürgerlichen Moralvorstellungen und der religiösen Rhetorik miteinander verschmolzen und die gerade in ihrer Ambiguität um so wirkungsmächtiger war.

Wie für das Zusammenleben der Augsburger insgesamt, das nun nach den Grundsätzen bürgerlicher Anständigkeit geregelt werden sollte, so bildete die Zuchtordnung von 1537 auch in dieser Frage den entscheidenden Wendepunkt. Die Prostitution wird darin in ganz anderer Weise behandelt als vor der Reformation. Die Zuchtordnung erwähnt Prostitution nicht namentlich, sondern spricht statt dessen von denjenigen, die Fornikation und Ehebruch begehen. Die Prostitution war nicht länger ein deutlich identifizierbares Gewerbe, sondern wurde zu diesen Vergehen gerechnet, und die Prostituierten wurden nicht mehr als eine besondere Kategorie von Frauen angesprochen. Die sexuelle Zucht, welche die gesamte Bürgerschaft halten sollte, war zugleich allumfassender und weniger deutlich definiert als vor der Reformation. Nunmehr galt jede sexuelle Beziehung außerhalb der Ehe als sündig, und jede Gelegenheit (z.B. ein Tanzvergnügen), bei der sich die beiden Geschlechter begegneten, konnte zur Sünde führen. Dieses Verhaltensideal stellte so hohe, absolute Ansprüche, daß der Rat gezwungen war, auch den Ehestand und die Beziehungen, die zwischen Ehemann und -frau, Eltern und Kindern, Meistern und Gesinde herrschen sollten, nach diesen Vorstellungen von der rechten Sittenzucht neu zu bestimmen. Die Zuchtordnung lief so auf den Versuch hinaus, den Haushalt zu ordnen, den unterschiedlichen Abstand zwischen seinen Mitgliedern zu betonen und die Rechte und Pflichten eines jeden zu definieren. Sie enthielt auch eine Ermahnung an alle Bürger, sich ihrem Stand gemäß zu kleiden, »damit Er für den / oder die / der Er oder Sy ist / erkennt werden möge«.[71]

Die Prostitution war zuvor als Entlastung und Ventil für den männlichen Sexualtrieb angesehen worden, als Schutz vor den Gefährdungen ungezügelter Lust. Sie schützte zugleich – wie alle Verteidiger der Prostitution betonten – die Ehre der Frauen innerhalb des Haushalts. Die Frauen, um die sich die Ratsherren sorgten, waren ihre eigenen Ehefrauen, Töchter und Mägde, und die sexuelle Bedrohung ging von den jungen Männern unter ihrem eigenen Dach aus. Da die Frauenhäuser nun geschlossen waren und die Prostituierten wie andere Frauen als Ehebrecherinnen oder in außerehelichen Verhältnissen lebende Frauen angesehen wurden, ist es nicht verwunderlich, daß die Grenzen innerhalb des Haushalts mit solcher Sorgfalt neu bestimmt wurden. Verständlich wird auch, warum ein Hauptanliegen der Reformation darin bestand, den Inzest neu zu definieren, zugleich enger zu fassen und strenger zu verfolgen und zu bestrafen.[72]

Die Bedeutung des neuen Ideals der Sittenzucht wurde indes erst wirklich entfaltet, als es in den Ermittlungen und Verhören in die Praxis umgesetzt wurde. Die Prozesse gegen Prostituierte gaben hierzu die beste Gelegenheit. Die letzte Ausweisung der Gallileute fand 1534 statt. Fortan begnügte sich der Rat nicht damit, die Prostituierten einfach zu ermahnen oder der Stadt zu verweisen, sondern unterzog sie einem systematischen Verhör. Diese Befragung wurde eingehender und detaillierter; in den 1540er Jahren kam es zu mehr als einem Verhör, bei dem häufig die Folter angewandt wurde.[73] Der Rat befaßte sich nicht so sehr mit den umherziehenden Prostituierten, die auf jeden Fall dem Rat leichter durchs Netz schlüpfen konnten, sondern interessierte sich besonders für die in der Stadt ansässigen Frauen, insbesondere aus dem Milieu der weniger angesehenen Zünfte. Aber die Verfolgung der Prostitution in den Jahren 1528-1548 war nicht gleichmäßig und durchgängig. Drei Höhepunkte lassen sich ausmachen: in den Jahren 1532-34, 1541-44 und 1547-48 sprach der Rat nicht nur mehr Verurteilungen aus, er verhörte auch eine größere Zahl von Verdächtigen (siehe Tabelle 3.1 und Schaubild 3.1). Die erste Zuspitzung liegt in der Zeit, als das städtische Frauenhaus geschlossen wurde und der evangelische Eifer seinen Höhepunkt erreichte. In den darauffolgenden Jahren fiel die Zahl der Urteile stark ab; 1537, im Jahr der vollständigen Einführung der Reformation in allen Bereichen der Gesetzgebung, gab es nur wenige Aktionen gegen Prostituierte. Die Zahlen stiegen in den Jahren 1541-44 vergleichsweise stark an, als der Rat von entschieden evangelischen Kräften und Zunftvertretern dominiert wurde und äußerst radikal gegen Tanzvergnügen, Spiel und volkstümliche Feste vorging. Die Verfolgungen blieben recht umfangreich, und ein letzter Höhepunkt wurde 1547-48 erreicht. Dies waren die schwierigen Jahre nach der Niederlage des Schmalkaldischen Bundes, und zugleich die Jahre, in denen der Reichstag in Augsburg tagte, der immer ein Anziehungspunkt für Frauen war, die als Prostituierte arbeiteten.

Die Prozesse gegen Prostituierte im zweiten Viertel des 16. Jahrhunderts lassen vor allem eine wahre Obsession für den elterlichen Hintergrund der angeklagten Frauen deutlich werden. So wurden im Prozeß gegen die der Prostitution verdächtigte Appolonia Strobel beide Elternteile vom Rat vor-

Tabelle 3.1: Strafverfolgung und Verurteilungen wegen Prostitution oder Verbindung mit Prostitution 1528-1548

Art des Vergehens	Männer	Frauen	Insgesamt
Überführt			
Prostituierte	1	66	67
Kuppler(innen)	7	28	35
Bordellwirte/innen	2	15	17
»Erlaubten sündliches Werk«	3	15	18
Insgesamt			137*
Verdächtig			
Prostituierte	–	20	20
Kuppler(innen)	6	19	25
Bordellwirte/innen	3	5	8
»Erlaubten sündliches Werk«	4	9	13
Insgesamt			66**

* Insgesamt wurden 110 Frauen verurteilt: sechs Frauen arbeiteten als Kupplerinnen und Prostituierte; vier als Bordellwirtinnen und Prostituierte; zehn als Kupplerinnen und Bordellwirtinnen; drei Prostituierte wurden überführt, »sündliches Werk« gestattet zu haben, ebenso vier Kupplerinnen.

** Anklage wurde gegen 58 Frauen erhoben: drei wegen Kuppelei angeklagten Frauen wurde zugleich Prostitution vorgeworfen; drei als Bordellwirtinnen verdächtigte galten auch als Kupplerinnen; eine Frau, der man vorwarf, sie habe »sündliches Werk« erlaubt, wurde auch der Kuppelei verdächtigt, eine andere als Bordellwirtin.

Quelle: Die Zahlen sind zusammengestellt aus StadtAA, Reichsstadt, Urg. 1528-48; RB 15, 16, 17, 18, 19, 20, 21, 22; Strafbuch des Rats I, II, III, IV; Prot. der Zuchtherren I, II, III, IV, V, VI, VII, VIII. Keine Quelle bietet eine vollständige Aufstellung über die Strafverfolgungen.

geladen und verhört. Ihren Vater fragte man, »Ob er nit gemerckht vnd gewisst hab das sein dochter vnerlichen sachen nachgangnen sei«, »Warumb er Jr gestatt hab, aus seinem hauss zughon, vnd darauss bei tag vnd nacht zesein«, »Warumb er sein dochter nit gebuerlicher weiss vmb Jr vnzucht gestrafft hab«.[74] Mit diesen Fragen wollte der Rat ihn nicht dazu zwingen, endlich die Wahrheit zu sagen, sondern ihm vor Augen führen, daß er als Vater versagt hatte. Am Tag darauf wurde er erneut verhört und mit der Folter bedroht, denn der Rat glaubte ihm nicht, daß er von den Missetaten seiner Tochter nichts gewußt habe. Appolonias Mutter wurden andere Fragen gestellt. Es sei wohlbekannt, daß ihre Tochter »ain vncristlich vnerbar leben füre«, hielt der Magistrat ihr vor und fragte sie, »warumb Sy solchs ain Zeythere gestattet vnd zugesehen hab«.[75] Der Rat versuchte sie zu dem Ge-

Schaubild 3.1: Prostitution in Augsburg 1528-1548

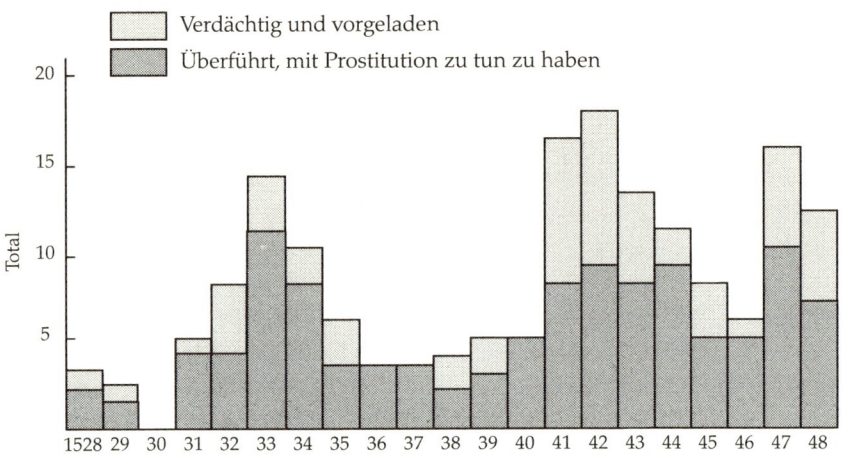

Quelle: Die Zahlen wurden zusammengestellt aus StadtAA, Reichsstadt, Urg. 1528-48; RB 15, 16, 17, 18, 19, 20, 21, 22; Strafbuch des Rats I, II, III, IV; Prot. der Zuchtherren I, II, III, IV, V, VI, VII, VIII.

ständnis zu bringen, daß sie von der Prostitution ihrer Tochter gewußt und davon profitiert habe. Bei ihrem zweiten Verhör wurde ihr vorgehalten, »Das sie Jnn irer ersten vrgiecht anzaig sie hab nit gewisst dz dauid Baumgartner mit Jrem dochter sündtliche Werckh getrieben oder sie Jrer Junckfrawschafft beraubt hab. dz sei nit glaublich dann sie Jne vor vnd nach dem sie miteinander zuschaffen gehapt Jnn Jrem hauss gesehen«. Und sie wurde getadelt, »wa sie ain erliche Mutter gewest het sie sollichi ding wol furkomen mogen«.[76]

Mit wahrer Hingabe widmete sich der Rat der Prostitution und ihren Ursachen – für ihn war das ein geradezu pathologischer Zustand. Der Grund für Appolonias Schande lag für den Rat darin, daß sich ihre Eltern nicht wie ein wirklicher Vater und eine echte Mutter verhalten hatten. Die Elternpflichten umfaßten für ihn auch religiöse Pflichten, und die Vater und Mutter zukommenden Aufgaben wurden sehr deutlich voneinander unterschieden. Lienhart Strobel mußte als Hausvater den Lebenswandel seiner Tocher überwachen und sie für jede sittliche Verfehlung strafen. Die Autorität der Mutter war dagegen gedacht als eine persönlichere und unmittelbarere Überwachungsinstanz. Der mütterliche Einfluß auf die Tochter bezog sich in den Augen des Rats direkt auf den sexuellen Bereich – die Mutter, nicht der Vater, wurde für den Verlust der Jungfräulichkeit ihrer Tochter getadelt, und der Rat drängte sie, doch zuzugeben, daß sie ihre Tochter verkuppelt habe. Hinter dieser Anschuldigung läßt sich vielleicht die Auffassung ausmachen, die in Leonhard Becks Holzschnitt zum Vorschein kommt – daß Mütter nur allzu begierig darauf seien, ihre Töchter zur Prostitution anzustiften, daß Mutter und Tochter unter einer Decke steckten und gemeinsam aus dem Gewerbe Gewinn schlügen.

Im Kern orientierte sich die Auffassung von der elterlichen Verantwortung an den wohlsituierten Bürgern. Lienhart Strobel war aber kein eingesessener Handwerker, sondern ein Tagelöhner, der seinen Arbeitstag auf dem Feld oder irgendwo in der Stadt verbrachte und nicht in der häuslichen Werkstatt. Seine Frau wusch zuhause für andere Leute und nähte, und auch Appolonia verdiente Geld, indem sie sich bei anderen Leuten als Näherin verdingte. Jedes Familienmitglied arbeitete unabhängig von den anderen, um das Überleben des Haushalts zu sichern. Lienhart Strobel erklärte, er könne nicht wissen, was tagsüber in seinem Haus vor sich ginge, und er sah nichts ungewöhnliches darin, daß seine Tochter über Nacht wegblieb oder eine bestimmte Zeit außer Haus lebte, wenn sie eine Anstellung als Näherin hatte. Strobel konnte kein allgegenwärtiger Patriarch sein, der über das Tun seiner Tochter und über ihre Jungfräulichkeit wachte, denn seine eigene Arbeit war ganz anders organisiert. Dennoch hatte er seine eigene Auffassung von guter Vaterschaft, die in seinen bestürzten und verworrenen Worten aufscheint, in denen er seine Vaterpflichten schildert: »Er hab sein Tochter allweg Zum guten gewisenn vnnd gehalltten. hab Sy darüber etwas vneerlichs gehandelt das wiss er nit«.[77] Seinen Worten fehlte die Überzeugung einer väterlicher Autorität, die ihrer Strafgewalt sicher war. Seine Sicht »unehrlichen« Verhaltens war zutiefst praktischer Natur und mehr auf die Einhaltung allgemeiner sozialer Verpflichtungen bezogen als nur auf das sexuelle Verhalten konzentriert. Er wies die Unterstellung zurück, er habe vom Einkommen seiner Tochter gelebt und betonte, »Er hab aber allweg sein gebürliche Zech bezalt« und nie von Einkünften aus unsittlichem Tun profitiert. »Seine Zeche zahlen«, diese seine praktische Metapher für ein anständiges Leben, war weit entfernt von der religiösen Terminologie des Rats: hier stießen zwei ganz unterschiedliche moralische Welten aufeinander.

Auch Appolonias Mutter verteidigte ihr Verhalten, aber ihre Antworten lassen einander widersprechende Verhaltensweisen sichtbar werden. Sie bestand darauf, zunächst nichts von der Beziehung ihrer Tochter zu dem Patrizier David Baumgartner gewußt zu haben; deshalb könne sie nicht dafür verantwortlich gemacht werden. Doch gleichzeitig gab sie zu, sie habe Baumgartner, als sie davon erfahren habe, ermahnt, er solle sein gegebenes Versprechen halten und ihre Tochter finanziell entschädigen, und ihm gedroht, sie werde seinem Vater schreiben. Ihre sorgsame Unterscheidung belegt, in welch unangenehmer Lage sie sich wußte: sie behauptete, mit der Liaison nichts zu tun zu haben, war aber zugleich fest davon überzeugt, daß ihrer Tochter eine finanzielle Entschädigung zustehe. Ähnlich versicherte Anna Stocklers verwitwete Mutter bei ihrem Verhör, sie habe ihre Tochter gerügt und geschlagen, sobald sie erfahren habe, daß diese mit Prostitution zu tun habe. Aber sie sei von den Einkünften ihrer Tochter abhängig, erklärte sie. Wäre sie zu streng, so fürchtete sie, würde Anna sie verlassen. Mit einem kasuistischen Argument behauptete sie, sie habe nicht einen Pfennig von den unehrlichen Einkünften ihrer Tochter erhalten, sondern nur von ihrem Lohn als Näherin gelebt. Wenn sie ihrer Tochter erlaubt habe, in das Haus eines Kunden zu gehen, so nur zum Nähen und aus keinem anderen Grund. Else Stockler vertraute dem Mann, der versprochen hatte, ihre Tochter nicht sitzen zu lassen.[78] Ihre Verantwortung als Mutter bestand in ihren Augen darin, ihrer Tochter eine gute Partie zu sichern. Beide Frauen und Mütter wußten, daß ihre Töchter nur hoffen konnten, der Tretmühle erbärmlich bezahlter Näharbeiten zu entkommen, wenn sie ihren Kunden »Zusatzdienste« anboten und sich so eine Mitgift zusammensparten.

Wie sehr auch Eltern wegen der Prostitution ihrer Töchter getadelt werden mochten, die wahrhaft Schuldigen waren in den Augen des Rats die Kupplerinnen.[79] Sie dingfest zu machen, war für den Rat am schwierigsten, und sie bestrafte er am härtesten. Dies wurde auf dramatische Weise im Fall der als Kupplerin angeklagten Agnes Veiheler deutlich: sie hatte für sechs Frauen gesellige Treffen arrangiert und ihnen Kunden zugeführt. Nur ein paar Jahre zuvor wäre sie mit großer Sicherheit zusammen mit den anderen Gallileuten einfach aus der Stadt gejagt worden. Nun aber, im Jahr 1533, wurde sie dreimal verhört, volle zwei Wochen eingekerkert und hart bestraft: sie wurde auf beiden Wangen gebrandmarkt, öffentlich ausgepeitscht, ihre Missetaten wurden auf dem Marktplatz verlesen, und schließlich wurde sie auf ewig aus der Stadt verbannt.[80] Die Prostituierten dagegen, mit denen sie zusammengearbeitet hatte, wurden nur aus der Stadt gewiesen. In diesem aufsehenerregenden Fall wurde Agnes Veiheler zur Hauptübeltäterin gestempelt. Er diente dazu, Frauen wie sie zur Wurzel allen Übels und zur Ursache für die sittenlosen Zustände zu erklären. Dazu mußte man Agnes Veiheler freilich ein beträchtliches Maß an Hinterlist und ruchloser Berechnung zuschreiben, obschon sie bei der Befragung als eine äußerst unbedarfte Frau erscheint, die selbst im Verhör nicht ihren naiven Stolz darüber verbergen konnte, mit so vornehmen Familien wie den Welser, Fugger und Meuting bekannt zu sein.

Die Gestalt der Kupplerin wurde in einem anderen Fall aus dem Jahr

1542 in noch grelleren Farben ausgemalt. Einer angeblichen Kupplerin namens Anna Hailigenmair warf man vor, sie habe ein junges Mädchen mit Gewalt geraubt und in ihrem Haus festgehalten. Das Mädchen durfte es angeblich nur verlassen, um als Prostituierte zu arbeiten.[81] Eine solche Beschuldigung rührte an tiefsitzende Ängste, die um die räuberische Natur der Frauen und um Kinderraub kreisten. Sie war eine äußerst eindringliche Darstellung der abscheulichsten Form des »Verkuppelns« – ein Verbrechen, das, wie es in der Zuchtordnung von 1537 heißt, so viele Formen annahm, daß man sie unmöglich alle beschreiben noch für jede die angemessene Bestrafung vorsehen könne.[82] Beim Verhör behauptete das vorgeblich entführte Mädchen jedoch, sie sei aus freien Stücken zu Anna Hailigenmair gegangen, weil ihre Eltern versuchten, sie zur Heirat mit einem Zimmermann zu zwingen und ihr die Erlaubnis zur Heirat mit einem Webergesellen verweigerten, mit dem sie sich die Ehe versprochen habe. Sie behauptete, immer noch unberührt zu sein und stritt ab, daß sie gedrängt worden sei, als Prostituierte zu arbeiten. Das Verhör Anna Hailigenmairs konzentrierte sich auf die Tatsache, daß sie bei dem Mädchen die Elternrolle usurpiert hatte. Sie wurde gefragt, »wie sie dorff ain dochter auss vnd auff dz lannd fuern on Jrer eltern wissen. Wie sie der Prunnenmairin dochter gen Gablingen gefuert hab«,[83] und beschuldigt, das Mädchen verkuppelt zu haben. Augenfällig ist hier der Zusammenhang zwischen der Verteidigung der elterlichen Gewalt, insbesondere bei der Wahl des künftigen Ehegatten, und dem Negativbild der Kupplerin als einer konkurrierenden bösen Mutter, die die Tochter anderen Männern anbietet. Der Rat verteidigte mit seiner ganzen Autorität das Recht der Eltern, zu bestimmen, wen ihre Tochter heiratete, in diesem Fall wie in anderen Fällen. Ein Jahr später erschienen Margarete Prunnenmair und Hans Hurlacher vor dem Ehegericht; auf Bitten beider Seiten wurde ihr Eheversprechen für null und nichtig erklärt, weil Margaretes Eltern die Erlaubnis zur Heirat verweigert hatten. Hurlacher hatte unterdessen eine andere Frau geheiratet.[84]

Die Ängste richteten sich zunehmend auf die Beziehung zwischen der Kupplerin und der Prostituierten, eine Art gefühlsgeladene, teuflische Umkehrung des Verhältnisses zwischen Mutter und Tochter. 1541 hielt der Rat der ebenfalls der Kuppelei verdächtigten Ursula Lemplin vor: »Dhweil sich die Catherina Ziglerin beclagt sie konne on sie die lemplin nit pleiben, soll sie anzaigen, was sie Jr gethon, vnnd ob sies nit bezaubert hab«.[85] In diesem Fall beschuldigte man Ursula Lemplin, sie habe das Mädchen eingesperrt und zu einem Edelmann gebracht. Aber der Rat hatte es auch hier mit einem Verhältnis zwischen den beiden Frauen zu tun, das nicht ausschließlich auf Zwang beruhte. Bezeichnenderweise stammte der Vorwurf der Hexerei von

Katharina Zieglers Mutter. Als Katharina nach acht Tagen, die sie mit Ursula Lemplin verbracht hatte, nach Hause zurückkehrte, »da hab« nach Katharinas Aussage »die lemplin zu Jrer muter gesagt, Sy wurd Jr kain gut thon vnnd nit bey Jr pleiben, Daruff jr muter geanntwurt, Wann Sy bey Jr nit plibe So must Sy sie etwan verzaubert haben, Das sey auch Jr der Katharina achtenns geschehen.«[86] Die Aussage zeigt eine frappierende Ähnlichkeit mit dem von Männern vorgebrachten Argument, die Frau habe sie bezaubert, wenn sie in Liebesgeschichten verwickelt oder in Gefühle verstrickt waren, die sie nicht begreifen und derer sie nicht Herr werden konnten.[87] So wie Männer den Bruch, den solche Affären in ihrem Leben bildeten, herunterspielen konnten, indem sie jede willentliche gefühlsmäßige Verstrickung leugneten und Verzauberung dafür verantwortlich machten, genau so versöhnte sich Katharina Ziegler mit ihrer Mutter, indem sie Ursula Lemplin beschuldigte, eine Hexe zu sein. Ihre Gleichsetzung der Kupplerin mit der Hexe ist ein wichtiges, wenn auch nur unterschwellig präsentes Element in der Vorstellung von der bösen, teuflischen Kupplerin.

Dieses Bild der Kupplerin spiegelt sich in den Zahlen der ergangenen Urteile und durchgeführten Verhöre. Von den 41 wegen Kuppelei Verurteilten in den Jahren 1528-1548 waren 35 Frauen; von den 25 der Kuppelei Verdächtigten, aber später Freigesprochenen waren 19 Frauen; und fast alle verurteilten oder verdächtigten Männer waren die Ehemänner von der Kuppelei beschuldigten Frauen.[88] Schaut man sich weiterhin diejenigen an, deren Familienstand bekannt ist, so wird deutlich, daß die übergroße Zahl derjenigen, die der Kuppelei überführt oder verdächtigt wurden oder in Bordellaffären verwickelt waren, verheiratet waren. Im Gegensatz dazu war die große Mehrheit der als Prostituierte verdächtigten oder überführten Frauen ledig (siehe Tabelle 3.2). Solche Zahlen bestätigten die Sicht des Rats, daß die Prostitution ein Gewerbe sei, in dem alleinstehende, unerfahrene (wenn auch nicht gerade unschuldige) »Töchter« – das Wort, das im 15. Jahrhundert so häufig für die städtischen gewerbsmäßigen Prostituierten gebraucht worden war – von bösen Müttern und Hexen verdorben würden.

Die Kupplerinnen selbst lehnten freilich diese Sicht ihrer Arbeit ab. Sie waren selbstbewußte Frauen – eine Kupplerin ging sogar soweit, daß sie die gegen sie verhängte Strafe ablehnte und sich kategorisch weigerte, die Stadt zu verlassen. Sie sagte, sie »hab gemaint die weil es Jungenn ledige madlin seien gewesnn es schade nit«, und führte zu ihren Gunsten an, sie habe nur »ledigs maidlin die zuuor Auch on nucz gewesen seien«, vermittelt.[89] Viele dieser Frauen arbeiteten gleichzeitig als Arbeitsvermittlerinnen für Dienstmägde und sahen die Kuppelei nur als Vermittlung einer spezifischen Arbeit für eine Frau an. Etliche Frauen rechtfertigten ihre Arbeit als Kupple-

Abbildung 6 Heinrich Vogtherr der Jüngere, Die Kupplerin, um 1537 (Geisberg Nr. 1469).

Tabelle 3.2: Familienstand der in Prostitution verwickelten Frauen, 1528-1548

	Unbekannt	Ledig	Verheiratet	Familie verlassen	Verwitwet	Insgesamt
Nur Prostituierte	8	32	7	9	2	58
Nur der Prostitution verdächtigt	3	5	4	3	1	16
Insgesamt	11	37	11	12	3	74
Prozent	15	50	15	16	4	100
Kupplerinnen usw.	17	4	22	6	3	52
Der Kuppelei verdächtigt usw.	14	1	20	4	3	42
Insgesamt	31	5	42	10	6	94
Prozent	33	5	45	11	6	100

Anmerkung: Die Gesamtzahl der Tabelle 3.2 unterscheidet sich von derjenigen in Tabelle 3.1, da hier Personen gezählt wurden, nicht Vergehen.

Quelle: Die Zahlen sind zusammengestellt aus StadtAA, Reichsstadt, Urg. 1528-48; RB 15, 16, 17, 18, 19, 20, 21, 22; Strafbuch des Rats, I, II, III, IV; Prot. der Zuchtherren I, II, III, IV, V, VI, VII, VIII.

rinnen damit, daß sie Geld verdienen mußten. So gab Juliana Godler zu, als Kupplerin zu arbeiten, erklärte jedoch, »Sy sey arm, vnnd hab nichtz. Vnnd sich also beholffen«.[90] Margarete Rupfenvogel versuchte ihre Tätigkeit als Kupplerin als vorübergehendes Abweichen vom rechten Weg zu entschuldigen: sie habe dies nur getan, als ihr Mann abwesend und sie ohne einen Pfennig gewesen sei. Ihre Selbstrechtfertigung konnte sich vielleicht auf die traditionelle Duldung von Kupplerinnen berufen, die dies nur taten, um über die Runden zu kommen. Der evangelische Chronist Jörg Preu schilderte den bekannten Fall der Agnes Veiheler und kommentierte mit einem gewissen Mitgefühl, »armut mueß blagt sein«.[91] Doch die gängigste Verteidigungsstrategie der Kupplerinnen gegenüber dem Rat bestand darin, zu behaupten, ihre Mädchen seien bereits verdorben gewesen, und sie hätten ihnen nur Arbeit besorgt. So behauptete Agnes Veiheler, eine andere Kupplerin habe die von ihr vermittelten Prostituierten bereits in die Sünde geführt.[92] Veronika Haug erzählte dem Rat, das Mädchen, das sie auf die schiefe Bahn gebracht haben sollte, sei niemals »fromm« gewesen, denn vor sechs Jahren habe sie bereits mit eigenen Augen gesehen, wie das Mädchen mit einem Gast in den Stall hinter einem Wirtshaus gegangen sei und ein Junge davor Schmiere gestanden habe.[93] Ihre etwas verworrenen Rechtfertigungen zeigen, wie weitgehend sie die Auffassung des Rats teilten, für den die Prostituierten gefallene Mädchen waren, »unnütze« Frauen. Vom Rat unterschieden sie sich nur darin, daß sie den Frauen eine größere Verantwortung für ihr Tun zuschoben. Für sie war die Prostitution eine Option, für die sich eine Frau aus guten Gründen entscheiden konnte, und kein Irrweg, auf den sie geraten war, weil die Eltern ihre Verantwortung nicht wahrgenommen hatten, sie von einem Mann verführt worden war oder eine Kupplerin sie in die Falle gelockt hatte. Aber es gab bestimmte moralische Grundsätze, die eine Kupplerin zu beachten hatte: sie legten alle darauf Wert, daß ihre Mädchen ledig und keine Jungfrauen mehr waren. Ironischerweise stimmten ihre Wertvorstellungen in diesem Punkt mit denen des Rats überein, denn sowohl der Rat wie die Kupplerinnen waren letztlich sehr viel mehr an der moralischen Gefährdung und dem Familienstand der Prostituierten interessiert als an der Sittsamkeit der Kunden.

Am deutlichsten entfaltete der Rat seine Auffassung von der Sexualität, vom Verbrechen und der Sünde jedoch in den Verhören der Prostituierten. Er arbeitete mit der religiösen Sprache der Sünde und versuchte, in den Frauen Schuldgefühle zu wecken. Zugleich bemühte er sich, sie zu zwingen, mit ihren eigenen Worten zu sagen, was geschehen war. Kehren wir zum Verhör von Appolonia Strobel zurück. Die erste Frage, die man ihr stellte, wurde mit folgenden Worten eingeleitet: »Nachdem kuntlich sey das Sy ain zeitlanng ain vnzuchtig gotlos lebenn geführt...«. Anschließend wurde sie aufgefordert, den zu benennen, der sie als erster zu dem unzüchtigen Tun gebracht habe.[94] Die Wortwahl war neu: bis zu den 1530er Jahren hätte man die Prostitution neutral als Gewerbe bezeichnet oder allgemein von *Buberei* gesprochen, das alle möglichen Formen des Fehlverhaltens abdeckte und keine religiöse Konnotation besaß.[95] *Unzüchtig* war dagegen im Kern ein Wort, das sich auf die sittliche Ordnung der Stadt bezog – Zuchtordnungen hießen die Ratserlasse, die das sittliche Verhalten der Bürger regeln sollten. *Unzüchtig* konnte Unordnung und sexuelles Fehlverhalten bedeuten. Unzucht war das Gegenteil von *Zucht*, jener sittlichen Ordnung, die der Rat in die Herzen der Bürgerschaft einpflanzen wollte. Das Wort »gottlos« fügte eine explizit religiöse Dimension hinzu; es bildete gleichsam den irdischen Widerhall des Gebots, daß kein Fornikator das himmlische Königreich betreten dürfe.

Die Befragung konzentrierte sich darauf, bei welcher Gelegenheit die Angeklagte ihre Jungfräulichkeit verloren hatte. »Wer war der erste?«, fragten die Räte Appolonia Strobel, und da sie an ihrer Antwort zweifelten, versuchten sie beim zweiten Verhör, die Glaubwürdigkeit ihrer Aussage zu erschüttern. Die Formulierungen, in denen sie sich auf ihren ersten Geschlechtsverkehr bezogen – »raubte ihr die Ehre«, »brachte sie zu Fall«, »schwächte sie« –,

Prostitution und moralische Ordnung

verweisen auf moralische Verderbnis und die Zerstörung ihrer Unversehrtheit. Der Rat verlangte von der Frau, auf die Frage »Wer war der erste?« zu antworten und damit an ihrer eigenen Verurteilung mitzuwirken.

»Dhweil sie der Junckfrauschafft beraubt, ist zuuermuten sie sei seithere nit frumme bliben«, hielt man Katharina Ziegler vor.[96] War die Frau einmal »gefallen«, so war nach Auffassung des Rats Promiskuität die unvermeidliche Folge. Prostitution wurde beschrieben als »sundlichen werkhen«, »unzuchtigs Leben« oder »vnErbern wanndel«. Die zentralen Begriffe sind hier Ehre, Zucht und Sünde. Gute Frauen waren »ehrbar«, »züchtig« oder »fromm«. *Fromm* meinte im Wortgebrauch des Rats, anständig zu leben und den Sittenkodex zu beachten; doch es meinte zugleich, den rechten Glauben zu haben. Frömmigkeit und sexuell züchtiges Verhalten wurden in den Augen des Rats zunehmend deckungsgleich.

Die Verhörtechniken stammten aus der Beichtpraxis, doch nun war es der Rat, der alle Einzelheiten des Geschehens hören wollte. Gegenstand und Ziel des Verhörs war die vollständige Enthüllung der sexuellen Lebensgeschichte der Frau, eine Art verbaler Entkleidung der Prostituierten, die sie dazu bringen sollte, selbst ihre Sündigkeit zu bekennen.[97] Die neue Morallehre unterschied scharf zwischen verheirateten Frauen und alleinstehenden Frauen, die als Prostituierte arbeiteten. Verheiratete Frauen wurden für schuldig befunden und gestraft, weil sie »den Eebruch mermals begangen« hatten, wie es im Ausruf hieß, der bei der Bestrafung verlesen und ausgehängt wurde.[98] Alleinstehende Frauen hingegen wurden des wiederholten nichtehelichen Geschlechtsverkehrs angeklagt. Das Vergehen wurde moralisch aufgeladen und zur sittlichen Verfehlung erklärt. Damit wurde die Prostitution nicht mehr als ein Gewerbe anerkannt. Statt dessen unterschied man nunmehr zwischen zwei Kategorien der Unzüchtigkeit. Umgekehrt gab es nun keine klare Unterscheidung mehr zwischen gewerbsmäßigen Prostituierten, Ehebrecherinnen oder ledigen Frauen, die ein Verhältnis mit einem Mann hatten.

Die logische Folge dieser Neubestimmung war, daß auch die Kunden der »gemeinen Frauen« Sünder waren. Tatsächlich begann der Rat, die Namen aller Kunden festzuhalten. In den 1540er Jahren bestrafte er eine Reihe von Männern, darunter einige bekannte Bürger. Konsequenterweise vertrat der Rat die Ansicht, daß Männer, die Prostituierte besuchten, von denen sie wußten, daß sie verheiratet waren, sich des Ehebruchs schuldig machten, auch wenn sie selbst Junggesellen waren.[99]

Obwohl es Berichte darüber gibt, daß prominente Evangelische wie der Stadtschreiber Martin Haid, der Humanist und Stadtarzt Gereon Sailer und der Patrizier Doktor Ulrich Jung des Verkehrs mit Prostituierten für schuldig befunden wurden, scheinen sie doch alle nichtöffentlich bestraft und gerügt worden zu sein.[100] Etwa ein Dutzend Männer wurden in den 1540er Jahren überführt und allem Anschein nach mit exemplarischer Härte bestraft. Anscheinend gehörten sie alle zu einer bestimmten Gruppe, in deren Zentrum drei Männer standen – Heinz Gunzburger, Hans Eggenberger und Anthoni Baumgartner.[101] Die beiden letzteren gehörten zu den neuen Patriziatsfamilien, während Gunzburger, ein Freund des Baumgartner-Clans, sich die Fürsprache eines Sekretärs von Karl V. sichern konnte. Die Baumgartners waren eine prominente katholische Familie, so daß man vermuten kann, daß andere Motive als Gerechtigkeit in der Verfolgung sexueller Verfehlungen den nunmehr streng evangelischen Rat dazu bewogen hatten, gegen sie vorzugehen. Überdies war von Eggenberger und Baumgartner bekannt, daß sie ihr Vermögen mit vollen Händen ausgegeben hatten: 1544 mußte Anthoni Baumgartner die Verwaltung seiner Güter abgeben.[102] Nur Eggenberger wurde einem strengen Verhör unterzogen, doch ohne Anwendung der Folter. Die Fragen, denen er sich stellen mußte, hatten mehr mit seiner finanziellen Mißwirtschaft zu tun als mit seinen sexuellen Verfehlungen.[103]

Obwohl alle diese Männer sehr hohe Geldstrafen erhielten, und obgleich der Rat verlangte, daß selbst bei überführten Patriziern »das getan werden sollte, was anderen in solchen Fällen getan wird«, wurden Männer in der Praxis nicht so streng bestraft wie Frauen. Männern gelang es häufiger als Frauen, Gefängnisstrafen in Geldbußen umzuwandeln.[104] Sie hatten es auch leichter, ihr Vergehen als einmaliges Straucheln und Abgleiten vom richtigen Weg darzustellen und eine vollständige Untersuchung ihres »sündlichen Lebens« in allen Einzelheiten zu vermeiden. Viele Männer, die der Rat als Kunden auflistete, scheinen nicht vorgeladen worden zu sein, und jene, gegen die er vorzugehen beschloß, gehörten zu einer ganz bestimmten Gruppe. Waren zuerst die Priester als Quelle des Übels ausgemacht worden, so wurden nunmehr verdächtige Katholiken, sich nicht ihrem Stand entsprechend verhaltende Patrizier und Verschwender zur Zielscheibe. Daß der Rat aber überhaupt beschloß, gegen die Kunden vorzugehen, bildete einen wichtigen Wendepunkt in der städtisch-bürgerlichen Einstellung zur Prostitution.[105]

Sünde in der reformierten Stadt

Die Prostitution wurde natürlich weder durch die Schließung des Frauenhauses abgeschafft noch durch einen Feldzug gegen Prostituierte und ihre Kunden, der durch widersprüchliche Einstellungen zur Sexualität geprägt

Prostitution und moralische Ordnung

war. Der Bevölkerungsdruck, niedrige Löhne und ein sich verengender Arbeitsmarkt für Frauen stellten sicher, daß es keinen Mangel an Frauen gab, die bereit waren, als Prostituierte zu arbeiten. Der Reichstag, der zahlreiche wohlhabende Besucher und ihr Gefolge in die Stadt brachte, war immer schon ein Anziehungspunkt für einheimische und fremde Prostituierte gewesen. Obwohl 1547 und 1548, als der Reichstag erneut in Augsburg tagte, die Verfolgungen zunahmen, wagte der Rat doch keine massive Ausweisung, sondern griff nur in einigen als besonders störend empfundenen Fällen ein.[106]

Ironischerweise förderte die Schließung des städtischen Frauenhauses die Zunahme der kleineren Bordelle und der freien Straßenprostitution, die den Frauen eine größere Kontrolle über ihr Gewerbe gab. Die von den Quellen bestätigte Dominanz von Frauen, die als Kupplerinnen, Prostituierte und Bordellwirtinnen arbeiteten, steht in deutlichem Gegensatz zur Tradition des von Männern geleiteten städtischen Frauenhauses. Die Frauen verloren sicherlich den Schutz der städtischen Einrichtung, in der der Frauenwirt und die städtischen Büttel rasch gegen junge Männer einschritten, die über die Stränge schlugen. In den privaten Bordellen wurden die dort arbeitenden Frauen vielleicht noch gnadenloser ausgebeutet als im städtischen Frauenhaus. Zudem war das Risiko, entdeckt zu werden, größer und die verhängten Strafen strenger. Trotz der Einstufung der Prostitution durch den reformierten Rat als außerehelicher Geschlechtsverkehr oder Ehebruch wurden gewerbsmäßige Prostituierte in der Praxis wie in der vorreformatorischen Zeit einfach der Stadt verwiesen.[107] Dagegen wurden Ehebrecherinnen und ledige Frauen, die ein Verhältnis mit einem Mann hatten, nach der neuen Zuchtordnung zu vier Wochen Gefängnis verurteilt, eine Strafe, die sie im Wortsinn in der Stadt festhielt. Die Ausweisung von Kupplerinnen und Prostituierten war nunmehr von Schandbräuchen wie öffentlicher Zurschaustellung und Auspeitschung begleitet. Ihnen ging ein strenges Verhör voraus, zu dem Folter und Kerkerhaft gehörten. Kupplerinnen wurden bekanntermaßen strenger bestraft als Prostituierte, sie wurden zusätzlichen Demütigungen unterzogen und seltener begnadigt.[108] Da sie als unverbesserliche Verbrecherinnen und Sünderinnen angesehen wurden und nicht als auf Abwege geratene Opfer, erschienen die erzieherischen Strafen wie die Moralpredigten, die der Rat beim Verhör den Prostituierten hielt, gegenüber den Kupplerinnen ziemlich sinnlos.

Die verhörten Prostituierten schienen indessen ihr Tun nicht als ein sexuelles Vergehen anzusehen, sondern als Arbeit. Es ist schwierig, in einem Protokoll die eigentliche Aussage der Angeklagten, die in der dritten Person erscheint, säuberlich zu unterscheiden von den Hinzufügungen und Verzerrungen durch den Schreiber, aber es ist doch auffällig, daß die Frauen niemals die moralischen Begriffe benutzten, die der Rat verwendete. Sie gebrauchten statt dessen neutrale Formulierungen wie »sie hatten mit ihm zu tun«, »das Handeln«, »die Sache«, um die sexuelle Transaktion zu bezeichnen.[109] Dies kontrastiert mit der Vertraulichkeit, mit der Männer von Prostituierten sprachen: sie nannten sie »die Hübschlerinnen«, »gemeine Töchter«, »schöne Frauen« und nannten sie bei ihren Spitznamen – eine Redeweise, die leugnete, daß Prostitution eine Arbeit war.[110]

Wenn Prostitution wirklich eine Transaktion war, müssen wir sie, um ihre Bedeutung zu verstehen, in Zusammenhang bringen mit anderen Formen des Tauschs von Sex gegen Geld im Augsburg des 16. Jahrhunderts. Ganz deutlich ist die Verbindung bei der Entschädigungssumme, die eine verführte Jungfrau nicht nur für die Niederkunft und die Kindesaufzucht verlangen konnte, sondern auch für »ihre Ehre« – einen Preis, den sie bestimmte.[111] Hier haben wir dieselbe Vorstellung, daß die Ehre einer Frau ein materielles Gut sei, das die Frau verkaufen und weggeben könne. Der Brauch, eine Entschädigung für verlorene Jungfräulichkeit zu zahlen, leitete sich von der Morgengabe her, welche die Braut am Morgen nach der Hochzeitsnacht erhielt.[112] Die verführte ledige Frau war folglich eine Jungfrau, die ihren guten Ruf verkauft hatte. Die Entschädigung, die sie erhielt, war so berechnet, daß sie innerhalb ihrer sozialen Schicht heiraten und die ihrer Ehre zugefügte Wunde zum Teil schließen konnte. Auch die Jungfräulichkeit der frischgebackenen Ehefrau wurde »verkauft«, aber sie gewann eine neue Ehre als Ehefrau, die nunmehr auf ihrer beständigen ehelichen Treue beruhte. Als Prostituierte war eine Frau »unehrlich«, denn sie hatte das Band zwischen Geld und Treue zu einem Mann gelöst. Aber die Verbindung zwischen Geld und sexuellem Besitz blieb bestehen, denn sie gehörte allen Männern.

Die Ähnlichkeit in der gesellschaftlichen Konstruktion der Prostitution und der Ehe ist frappierend: auf den ersten Blick Gegenmodelle, leiteten sie sich in ihrer Bedeutung voneinander ab und infizierten sich zugleich mit ihrem jeweiligen Gegenteil. Vielleicht gewann der Fall der Anna Hailigenmair, in dem zwei konkurrierende Mütter die Zukunft der Tochter verplanten – die natürliche Mutter bestand auf der Heirat mit einem Zimmermann, die angebliche Kupplerin und Ersatzmutter wollte sie, so wurde gemutmaßt, zur Prostituierten machen –, seine Brisanz zum Teil aus der zeitgenössischen Sicht, daß Ehe und Prostitution tatsächlich zwei ähnliche Formen der Übergabe von Frauen an Männer waren, ein Tausch von sexuellem Besitz gegen Bargeld.

Die Bedeutung der Prostitution

Das eigentümlichste Merkmal der spätmittelalterlichen Prostitution bestand darin, daß der Verkehr mit Prostituierten als eine Phase im Leben eines jungen Mannes angesehen und gebilligt wurde, als Teil seiner Initiation in die Welt der Männer und in das Eheleben.[113] Deshalb sagte man von älteren Männern, die ins Bordell gingen, sie benähmen sich »wie junge Burschen«. Die Prostitution verstärkte die Bande zwischen den Männern und definierte sexuelle Virilität als das wesentliche Merkmal des Mannes. Interessanterweise erscheint der Umgang mit Prostituierten als ein Spiegelbild des Ehelebens: Männer verbrachten zuweilen eine ganze Nacht mit einer städtischen Prostituierten; ein Mann konnte sagen, er habe sich »für eine Nacht mit einer Prostituierten vermählt«. Die jungen Männer sahen die Prostitution durch das Prisma der Ehe: der Umgang mit Prostituierten ermöglichte ihnen, die »Männlichkeit« verheirateter Männer zu erlernen und gleichsam durchzuspielen.

Die Jungfräulichkeit scheint sowohl für Prostituierte wie für ihre Freier geradezu eine Obsession gewesen zu sein – nicht verwunderlich angesichts der zentralen Rolle, die sie bei der Heirat und im Begriff der elterlichen Verantwortung spielte. Frauen verlangten beim ersten Mal mehr Geld, und Kupplerinnen forderten für Jungfrauen einen hohen Preis. In Augsburg war das Bordell unter dem Namen »Jungfrauenhof« bekannt, und eine Prostituierte trug den Spitznamen »Margret, die Hofiunckfrau hinter S. Steffan«. Aber die plumpe Ironie der Umgangssprache verweist vielleicht noch auf einen anderen Aspekt der Prostitution. Wie der Rat von der Prostituierten Antwort auf die Frage verlangte: »Wer war der erste?«, so bestätigte der Mann durch die Entjungferung einer Frau seine Männlichkeit, seine Fähigkeit, ihre sexuelle Unversehrtheit zu zerstören, sie ein für allemal abzustempeln, ihren Ruf für immer festzulegen. Von diesem höchsten Beweis der Mannhaftigkeit träumten vielleicht die Männer, selbst wenn eine erfahrene Prostituierte diesen Traum nicht erfüllen konnte.[114]

Die Schließung des städtischen Frauenhauses bedeutete, daß die sexuellen Triebe der Männer nicht mehr für unbeherrschbar gehalten wurden. Man vertraute vielmehr darauf, daß die Wollust des Mannes in die Zucht genommen und auf die Ehe hingelenkt werden konnte. Prostituierte wurden nicht länger als eine besondere Gruppe unehrlicher Frauen betrachtet, die geduldet und unter Kontrolle gehalten werden mußte. Tatsächlich gebrauchte der Rat in seiner neuen Sprache der Sittenzucht nicht ein einziges Mal mehr Ausdrücke wie »schöne Frauen« oder »gemeine Frauen«. Umgekehrt aber erforderte die Verwirklichung des neuen Ideals der Sittenzucht eine viel stärkere Überwachung durch die Obrigkeit. Von 1528 bis 1548 gab es mindestens 110 Verurteilungen im Zusammenhang mit Prostitution, und in mehr als 55 Fällen wurden Personen verdächtigt, etwas mit Prostitution zu tun zu haben, und aus diesem Grund verhört. Wieviele männliche Besucher eine Frau hatte, wer diese Männer waren und wann sie kamen, all dies wurde zum Indiz für verdächtiges Verhalten. Die Grenze zwischen Prostituierten und Nicht-Prostituierten verwischte sich. Da es keine Gruppe unehrlicher Frauen mehr gab, die sich deutlich durch ihren Wohnort und ihre Kleidung definierte, bestand nur ein geringer Unterschied zwischen Prostituierten, Unzüchtigen und Ehebrecherinnen – tatsächlich konnte jede Frau eine Prostituierte sein. Und wenn man auch der Prostituierten nicht immer die Schuld für ihre Missetaten geben konnte, so wurde jedenfalls die Kupplerin, die sie auf den Weg der Sünde brachte, zunehmend als eine Art »böser Mutter« angesehen. Wenn ältere Frauen soviel damit verdienten, »Töchter« zu prostituieren, wie konnte man dann gute Mütter von bösen unterscheiden? Oder wie konnte man sich selbst der Beweggründe einer natürlichen Mutter sicher sein? Der Feldzug gegen die Prostitution schürte rasch Mißtrauen und Verdacht gegen alle Frauen, gleich welchen Standes.

Aber diese Veränderungen in der Einstellung zur Prostitution waren stets umstritten und wurden nie völlig akzeptiert. Im Jahr 1562 ersuchte Nürnberg die Stadt Augsburg um Rat, ob man auch in Nürnberg das Frauenhaus schließen solle oder nicht. Der Augsburger Rat gestand in seiner Antwort ein, daß einige Leute die Schließung der Augsburger Häuser bedauerten.[115] Das altbekannte Argument zur Verteidigung der Prostitution, sie sei ein Schutz für die Frauen und Töchter »ehrbarer Leute«, wurde wieder hervorgeholt. Eine bleibende Hinterlassenschaft der Reformation jedoch scheint die obsessive Beschäftigung mit dem Sexualleben der Frauen zu sein. Während die neue Kirche die Bedeutung der individuellen Beichte abschwächte oder die Ohrenbeichte sogar abschaffte, verlangte nunmehr der Rat vollständige und wahrhaftige Rechenschaft über die Sünden der Frau. »Hure« war keine Berufsbezeichnung mehr für eine gewerbsmäßige Prostituierte, sondern eine moralische Kategorie: die Hure stand stellvertretend für die Wollust aller Frauen. Wenn sich ein dauerhafter Wandel in der Einstellung zur Sexualität ausmachen läßt, so liegt er darin, daß die Auffassung gestärkt wurde, man müsse die weibliche Lust als ungezügelt und dämonisch fürchten. Die Reformation, die zunächst eine für Männer und Frauen gleichermaßen geltende Sexualethik anzubieten und der verheirateten Frau eine neue Würde zu verleihen schien, verdächtigte am Ende alle Frauen, ob ledig oder verheiratet, allzeit bereit zu sein, ihrem wollüstigen Drang zu Ausschweifungen nachzugeben.

VIERTES KAPITEL

Hochzeiten und Heiratskontrolle*

Die Morallehre des reformierten Augsburg stellte die Ehe ins Zentrum der ökonomischen, moralischen und sozialen Ordnung, die sie errichten wollte. Für beide Geschlechter war Unabhängigkeit im Haushalt und in der Werkstatt an die Ehe gebunden. Für Männer war die Verbindung zwischen Ehe und Meisterschaft ein tiefverwurzelter moralischer Grundsatz. Seine Mißachtung führte selbst dann noch zu wütenden Protesten und zu Gewalt, als den Augsburgern klar wurde, daß ihre scheinbar so festgefügte überkommene städtische und häusliche Ordnung ins Wanken geriet. So löste der Versuch Georg Rolls im Jahre 1562, sich als Uhrmachermeister niederzulassen und Gesellen zu beschäftigen, die wie er selbst unverheiratet waren, einen großen Streit im Handwerk aus. Dieser gipfelte in einer Rauferei bei einer Hochzeit (wo sonst), zu der Roll als unehrlicher »Möchtegern-Meister« nicht eingeladen worden war.[1]

Dieser Streit zeigt, wie wichtig Hochzeiten und die mit ihnen verbundenen Zeremonien und Feste waren: sie bildeten eine Bühne, auf der konkurrierende Definitionen der Meisterschaft und der Stellung der Ehe dargestellt werden konnten. In den konkreten Formen der Hochzeitsfeierlichkeiten spiegeln sich indirekt bestimmte Aspekte des religiösen Wandels und der moralischen Reformbewegung in Augsburg. Indirekt, weil das Hochzeitsritual die Akteure zum Teil gerade wegen seiner überkommenen, traditionellen Bräuche fasziniert, die Kontinuität mit vergangenen Generationen herzustellen scheinen. Doch die Unveränderlichkeit dieses Bands zwischen den Generationen ist eine Illusion, auch Bräuche sind Veränderungen unterworfen und können ausdrücklich neu gestaltet werden, um neuen Glaubensvorstellungen und Bestrebungen Ausdruck zu verleihen. Der Wandel von Eheschließung und Hochzeitsfest im reformierten Augsburg gibt den Blick

---

* Dieses Kapitel ist eine überarbeitete Fassung von Roper (1985c) [World Copyright: The Past and Present Society, 175 Banbury Road, Oxford].

frei auf einige der von der Reformation bewirkten Veränderungen und deren Triebkräfte. Dies waren zum einen Veränderungen des institutionellen Gefüges in der Stadt: sie betrafen die neue Kirche, den Rat, die Zünfte und die Kontrolle, welche diese Körperschaften über ein soziales Institut ausüben wollten, das für sie jeweils eine andere Bedeutung hatte. Zum anderen ging es in den hier aufbrechenden Konflikten um die Beziehungen zwischen den Geschlechtern (was es hieß, ein Mann oder eine Frau zu sein) und darum, wie die sozialen Scheidelinien zwischen den Armen, den Reichen und der Mittelschicht deutlich gemacht oder in Frage gestellt werden konnten.

EHE UND MEISTERSCHAFT

Die Hochzeit war die Darstellung eines Tauschakts zwischen zwei Menschen: Braut und Bräutigam schenkten sich einander. Diese gegenseitige Schenkung wurde im Volksbrauch wie im religiösen Ritus deutlich gemacht. Ehemann und Frau tranken aus demselben Becher, aßen aus derselben Schüssel oder gaben einander die Hand, um ihre Vereinigung zu symbolisieren. Seinen deutlichsten Ausdruck fand ihr Bund im Austausch von Ringen und Gelübden am Kirchenportal. Für die Patrizier war der Trauring zwar nicht das kostspieligste Geschenk, doch seine zentrale symbolische Rolle war allgemein anerkannt. Johann Surgants für Priester bestimmtes *Manuale* enthält eine für die Hochzeitsgemeinde bestimmte Predigt über die Bedeutung des Rings. Der Ring wurde ihm zufolge am vierten Finger der linken Hand getragen, weil von dort eine Vene direkt zum Herzen führe. Er versinnbildlichte so die sexuelle und emotionale Vereinigung des Paares. Aus Gold gefertigt, dem wertvollsten Edelmetall, stand der Ring für die Nachkommenschaft, den größten Segen der Ehe. Und als unendlicher Kreis symbolisierte er die Unauflöslichkeit der Ehe.[2]

Während das Wechseln der Ringe ein reziproker Tauschakt war, unterschieden sich die Aufgaben, die Mann und Frau in der Ehe füreinander zu erfüllen gelobten, grundlegend voneinander. Zuweilen kamen diese Unterschiede explizit zur Sprache. Der Weber Hans Amman erklärte, nach dem kürzlichen Tod seiner Frau Margarete, die ihn mit zwei kleinen Kindern, darunter ein gerade 19 Wochen alter Säugling, zurückgelassen habe, wolle er eine ältere Dienstmagd heiraten, »dann ich der tröstlichen hoffnung, sie werdt mir meine khinder, treulich helffen erziehen, mein narung erspriessen, vnnd meinem hanndtwerckh beistendig sein«. Ein anderer Bittsteller äußerte etwa zur gleichen Zeit über eine Witwe, sie habe »vmb beförderung,

Irer täglicher Narung, vnd auch gemainen glaubigern zuguotem, bald zu der ehe gegriffen«.[3]

Die Redeweise verdeutlicht die intuitive Sicht der Akteure: für sie war die Ehe ein Geben und Nehmen, wobei Mann und Frau komplementäre Rollen hatten.[4] Der Witwer brauchte eine Frau, die für ihn kochte, ihm beim Garnspinnen und beim Zurichten des Tuchs half. Umgekehrt brauchte die Witwe einen Mann, der für ihren Lebensunterhalt sorgte. Im Kern war die Ehe eine Transaktion, ein Geschäft: der Mann verpflichtete sich, für eine Frau finanziell zu sorgen, die Frau dagegen, seine Kinder aufzuziehen, den Haushalt zu versorgen und ihm bei seiner Arbeit zur Hand zu gehen.

Während der Hochzeit fanden die unterschiedlichen, einander ergänzenden Aufgaben von Ehemann und Ehefrau ihren nichtverbalen Ausdruck in Geschenken, in der Kleidung und in bestimmten zeremoniellen Handlungen. Die Feierlichkeiten bewegten sich zwischen einem Geschlecht vorbehaltenen Zeremonien und von beiden Geschlechtern gefeierten Festen: sie schufen so den Unterschied zwischen den Geschlechtern ständig neu und reflektierten ihn. Die Definition und Bekräftigung der spezifischen Geschlechtscharaktere war so wichtig, daß nach der Augsburger Hochzeitsordnung von 1571 ein Bankrotteur die Demütigung erleiden mußte, sich zu den Frauen setzen zu müssen, wenn bei der Hochzeit ausgelassen die Ungleichheit zwischen den Geschlechtern gefeiert wurde.[5]

Ein patrizischer Bräutigam bedachte seine Angetraute mit den üblichen Gaben: dem Ehering, einer goldenen Kette, zwei Bechern und dem Hochzeitskleid – Geschenken, die in den persönlichen Besitz der Braut übergingen und zugleich die Freigebigkeit des Bräutigams zeigten. Der Schmuck war zum Teil vielleicht bestellt oder eigens in einer anderen Stadt gekauft worden; zum Teil handelte es sich um alten Familienschmuck. Er versinnbildlichte so den persönlichen Wohlstand und Rang des Bräutigams und die Ehrwürdigkeit seines Geschlechts; zugleich war er das sichtbare Pfand dafür, daß er bereit war, seine Frau ihrem Stand gemäß zu versorgen.[6] Die Braut überreichte ihrem künftigen Ehemann weniger zahlreiche und weniger wertvolle Geschenke: nicht mehr als zwei Hemden, zwei Handtücher und sechs »Fazetlin« waren einer Braut in Augsburg nach der Hochzeitsordnung von 1550 erlaubt. Theoretisch (in der Praxis sah es anders aus) nähte die Braut eigenhändig die Hemden und verzierte die Hemdkragen mit Stickereien. Damit zeigte sie, daß sie nähen, sticken und haushalten konnte und sehr wohl würdig war, die Wäsche des Haushalts zu pflegen und zu hüten. Die reich bestickten Hemden zeigten an, mit welchem Eifer und welcher Sorgfalt sie den künftigen gemeinsamen Haushalt führen würde.[7]

Auch das Hab und Gut, das Braut und Bräutigam in den neuen Hausstand mitbrachten, war unterschiedlich. Der Mann brachte sein Handwerkszeug ein, die Frau mußte Haushaltsgegenstände, eine »erbare fertigung«, wie es in den Eheverträgen hieß, mitbringen. Das konnten »nicht mer dann ain klain pettlin und ain küelin und sunst klain arm dinglach, als pfannen u. was alles nit zehen lb. wert« sein wie im Fall von Burkhart Zincks erster Frau oder aber Haushaltsgegenstände im Wert von über 100 Gulden, die Maria Schechner, Tochter des Bürgermeisters von München, ihrem Mann in die Ehe mitbrachte.[8]

Doch wie gelangten ein junger Mann und ein Mädchen in die Position von Meister und Meisterin, von Hausvater und Hausherrin? Für beide markierte die Heirat den Abschied von der Kindheit und der Abhängigkeit innerhalb eines Haushalts, den Eintritt ins Erwachsenendasein und die Gründung eines neuen, eigenen Hausstands. Für junge Männer war die Heirat der Zeitpunkt, an dem sie ökonomische Unabhängigkeit erlangten, das Bürgerrecht und die Zunftgerechtigkeit erhielten, politisch vollgültige Mitglieder der Stadtgemeinde und – nach Jahresfrist – steuerpflichtig wurden.[9] Der Kaufmann Lucas Rem heiratete erst, als er schon über dreißig Jahre alt war und sein eigenes ,Familienunternehmen gründen konnte.[10] Hieronymus Fröschel plante seine Heirat so, daß sie mit seiner Rückkehr nach Augsburg und der Gründung einer eigenen Anwaltspraxis zusammenfiel.[11] Für Angehörige der freien Berufe und Kaufleute wie für zünftige Handwerker fiel die volle sexuelle Reife des Mannes mit dem sozialen, finanziellen und politischen Erwachsensein zusammen; eine Ehefrau zu nehmen, bildete den Abschluß des Erwachsenwerdens.

Verfolgen wir einmal den Weg in den Hafen der Ehe, den Angehörige jener sozialen Gruppe nahmen, die im Augsburg der Reformation als das Rückgrat der sittlichen Ökonomie und der Ökonomie der Produktion der Stadt galten: den der Handwerker. Ging alles seinen geordneten Gang, so verlobte sich der junge Geselle, bestand die Meisterprüfung (nachdem er die in der Zunftordnung verlangten Gesellenjahre absolviert hatte), heiratete seine Braut wenige Monate nach dem Eheversprechen und machte seine eigene Werkstatt auf, in der er nun seinerseits unverheiratete Gesellen und Lehrlinge beschäftigte. Die Heirat markierte die Grenze zwischen der Zunft der Meister, die eine Ehefrau haben mußten, und den Gesellen, die keine Frau haben durften oder sollten. Die Hochzeit war das Übergangsritual vom Junggesellen- zum Ehestand. Beim *Undertrunk*, der das Eheversprechen bekräftigte, feierte eine nur aus Männern bestehende Gesellschaft mit dem Bräutigam. Acht von ihnen waren Gesellen aus der *Peer-group*, die der Bräutigam nun verließ, und dreiundzwanzig Gäste waren Meister – der Bräutigam war der vierundzwanzigste an ihrer Tafel. So war das Eheversprechen eventuell zugleich die Aufnahmefeier in die Zunft, denn der Umtrunk fand vielleicht in der Zunftstube statt, und Meister der Zunft fungierten beim Eheversprechen als Zeugen.[12] Anschließend zogen der junge Mann und die anderen Gesellen lärmend zum Haus seiner Braut und brachten ihr und ihren weiblichen Gästen ein Ständchen.[13] Die Junggesellen bildeten im Hochzeitszug eine Gruppe für sich und saßen beim Hochzeitsmahl an eigenen Tischen, getrennt von den Meistern. Der Hochzeitstanz, an dem jeder teilnehmen durfte, der vom frischgebackenen Paar geladen worden war, zelebrierte die genossenschaftliche Identität der Zunft. Er machte den Rangunterschied augenfällig, der nunmehr zwischen dem Bräutigam, der eine Ehefrau hatte, und den anderen Gesellen bestand, von denen jeder versuchte, bei der Hochzeit die Aufmerksamkeit eines Mädchen auf sich zu ziehen.[14]

Im Idealfall fielen also der Übergang zum gesellschaftlichen und der zum sexuellen Erwachsensein zusammen. Aber nicht immer ging dies so reibungslos vor sich. Je weiter das Jahrhundert voranschritt und eine wachsende Bevölkerung bei gleichzeitiger Verschlechterung der wirtschaftlichen Lage um Arbeit konkurrierte, um so schwieriger wurde es für Gesellen, Meister zu werden. Die Zeit, die ein Geselle arbeiten mußte, bevor er Meister werden konnte, wurde verlängert, und die Meister begannen darauf zu bestehen, daß nur Junggesellen das Meisterstück anfertigen durften.[15] Viele Handwerke wurden geschlossene Korporationen, die nur den Söhnen und Schwiegersöhnen von Meistern offenstanden.[16] Derartige Regelungen, die in verschiedenen Gewerben für eine bestimmte Zeit eingeführt wurden, sollten den Wettbewerb begrenzen und die Werkstatt als Produktionseinheit schützen. Doch im Ergebnis schufen sie eine Gruppe von Männern, die gezwungen waren, die Heirat vielleicht bis auf den Sankt-Nimmerleins-Tag hinauszuschieben, oder erhebliche finanzielle Schwierigkeiten in Kauf nehmen mußten, wenn sie sich verheirateten. Für eine Frau ohne jenes Zunftrecht, das ihren zünftigen Schwestern als eine Mitgift von Status und Beziehungen so gut zustatten kam und für jeden Nichtzünftigen, der ins Handwerk aufgenommen werden wollte, attraktiv sein mußte, waren sexuelle und emotionale Beziehungen zu Männern aufgrund dieser zünftischen Beschränkungen sehr gefährlich. Ein Paar ohne Bürgerrecht oder Handwerksgerechtigkeit, das im Augsburg der 1560er Jahre heiratete, mußte mit der sofortigen Ausweisung aus der Stadt rechnen. Da die Überprüfungen und die Aufnahmebedingungen in die Gewerbe strenger wurden, scheiterten immer mehr Männer an dieser Hürde und verlängerten damit die Zeit zwischen Eheversprechen und Hochzeit über die üblichen wenigen Monate hinaus.[17] Manche Paare waren gezwungen, ihre Hochzeit um mehrere Jahre aufzuschieben, denn sie mußten warten, bis der junge Mann Meister geworden war.[18] Die vielen Eingaben von Verlobten, die in dem Sinn »verheiratet« waren, als die vermögensrechtlichen Vereinbarungen über Mitgift, Morgengabe usw. bereits getroffen worden waren, die aber nicht zusammenleben oder Hochzeit halten konnten, zeigen, welches Leid derartige Regelungen bewirkten. So bat nach längerem Warten ein Brautvater die Ratsherren, sie mögen doch seinem zukünftigen Schwiegersohn gestatten, »Jtz malls hochzeit zuhaben, volgendts, nach den dreyen ... maisterstuc furzugeben dann auß beweglichen Ursachen, mit der nochzeit, lenger nit khan verzogen werden«.[19] Vermutlich war die Frau schwanger. Die Verlobung, ursprünglich nur ein Vorspiel zur Hochzeit, war zu einer eigenständigen Festlichkeit geworden und das Verlobtendasein zu einer Phase in dem spannungsreichen und ungewissen Übergang zu Ehe und Meisterschaft.

Diese Entwicklung stand jedoch in völligem Gegensatz zu dem Verständnis der Ehe, das die Reformation propagierte. Die Reformatoren plädierten dafür, daß junge Männer frühzeitig heiraten sollten, um den Gefährdungen zu entgehen, in die sie durch unbefriedigte Lust geraten konnten. In Eberlin von Günzburgs imaginärem Idealstaat *Wolfaria* sollten nach dem Willen des Autors Mädchen mit 15 und Jungen mit 18 Jahren heiraten.[20] (Dagegen sprechen einige Handwerksordnungen der 1550er und 1560er Jahre von einem Mindestalter von 20 Jahren für den Erwerb der Meisterschaft, bei Meistersöhnen sogar von 22 Jahren; andere legten Ausbildungszeiten von vier, ja sogar bis zu zehn Jahren fest und verlangten zusätzlich eine Tätigkeit von festgelegter Dauer im Handwerk.[21]) Die Reformatoren meinten, ein junger Mann solle mit Erlangung der Geschlechtsreife nach einer Ehefrau Ausschau halten und nicht erst dann, wenn er eine gewisse finanzielle Sicherheit erreicht habe. Es ist vielleicht bezeichnend, daß 1568 eine Flugschrift Leonhard Culmanns in Augsburg nachgedruckt wurde.[22] Seine Kritik richtete sich vor allem gegen die Auffassung, man solle nicht heiraten, bevor der Mann nicht finanziell unabhängig sei. Rechte Christen, so mahnte Culmann, sollten heiraten, sobald sie sich sexuell dafür reif hielten. Was Nahrung und Auskommen anginge, so sollten sie auf Gott vertrauen und finanzielle Nöte als eine von Gott gesandte Prüfung annehmen. Ihre sexuelle Natur machte es Culmann zufolge den Männern unmöglich, nicht in Sünde zu verfallen, solange sie keine Ehefrau nähmen.

Diese Argumente richteten sich direkt an das Augsburg der 1560er und 1570er Jahre, in denen der Rat Maßnahmen traf gegen »vil liderlicher / vnbedächtlicher vnd fürwitziger Heyrat / durch frembd Eehalten vnd einkumen leüt«[23] (so der Rat 1543), die nicht in der Lage seien, für ihren Unterhalt zu sorgen und der städtischen Armenfürsorge zur Last fielen. Die Abschreckungspolitik gegen frühe Heirat erreichte zwar im letzten Viertel des 16. Jahrhunderts ihren Höhepunkt, aber ihre Wurzeln lagen in den Jahren der Reformation. So hatte der Rat 1529 verfügt, wer Bürger werden wolle, müsse auch die Zunftgerechtigkeit erwerben,[24] und 1535 mußten Neubürger ein Vermögen von mindestens 50 Gulden (Weber mindestens 30 Gulden) nachweisen.[25] Seit 1543 durfte jemand, der kein Vermögen besaß oder nicht mindestens zehn Jahre in der Stadt gedient hatte, nicht das Bürgerrecht erwerben oder sich häuslich niederlassen,[26] und ab 1563 verlangte der Rat Bürgen.[27] Im selben Jahr begannen die Ratsherren, alle Heiratswilligen, die nicht zur städtischen Elite der Kaufleute und Patrizier gehörten, zu examinieren. Der Magistrat überprüfte, ob das Paar für seinen Lebensunterhalt sorgen konnte und ob der Mann die von seinem Handwerk verlangte Lehr- und Gesellenzeit absolviert hatte. Stammte keiner der beiden aus Augsburg und verfügten sie nicht über ausreichenden Besitz, so untersagte man ihnen die Gründung eines Hausstands und wies sie aus der Stadt.[28]

Von 1564 bis 1568 wurde 209 examinierten Paaren nur unter der Bedingung gestattet, in Augsburg Hochzeit zu halten, daß sie sofort nach der Trauung die Stadt verließen und ihren Start ins Eheleben anderswo versuchten – d.h. eines von zehn Paaren, die in diesen fünf Jahren in Augsburg heirateten, wurde aus der Stadt gewiesen.[29] Diese Brautpaare hatten so enge Bindungen an die Stadt, daß sie unbedingt offiziell in Augsburg Hochzeit halten wollten. Wahrscheinlich gab es aber sehr viel mehr Paare, die nach der Trauung die Stadt und ihre Anstellung verließen, ohne überhaupt um den Heiratsdispens nachgesucht zu haben.

Mit dieser Regelung versuchte der Rat, eine gewisse Kontrolle über die Bevölkerungsentwicklung auszuüben, indem er eine Art umgekehrter Migration beförderte und Zuzügler aus dem Umland, wenn sie heirateten, wieder dorthin zurückschickte. Durch diese Steuerung der Zuwanderung entsprechend dem Arbeitskräftebedarf versorgte sich Augsburg mit billigen Dienstboten und Knechten, die nur für eine bestimmte Zeit in der Stadt bleiben und sich deshalb wohl leicht in Haus und Werkstatt ihres Dienstherrn eingliedern und unterordnen würden. Für die Gewerbe, die einen Überschuß an Meistern fürchteten, und für den Rat, der die neuen Haushalte junger, sorglos in den Tag hinein lebender, im Handwerk unerfahrener Paare für die in seinen Augen wachsende Zahl der Armen und die Überlastung der städtischen Armenfürsorge verantwortlich machte, war die Heiratskontrolle und die Steuerung der Migration eine bequemer Ausweg aus der Krise, in der sich die Stadt befand. Sie wirkte sich auf das Heiratsverhalten aber offensichtlich so aus, daß die Heirat noch stärker als ein geschäftsmäßiger Austausch von Gütern angesehen wurde. Die Zahl der Heiraten zwischen Bürgern und Nichtbürgern blieb folglich konstant hoch und belief sich auf fast zwei Drittel aller 1564 bis 1568 geschlossenen Ehen (siehe Tabelle 4.1).

Der Rat antwortete auf die andauernde Krise mit dem Versuch, die Zuwanderung noch weiter einzuschränken. Er setzte sich sogar dafür ein, daß die Witwen und Bürgerstöchter eine Art stadtbürgerlicher Endogamie betreiben sollten, und machte ihre Heirat mit »frembd herkhommenden handtwerchs gesellen«, »so sie doch wol Erliche Burgers Sun bekhomen möchten«, für die wirtschaftliche Misere und die Übervölkerung der Stadt verantwortlich.[30] Tatsächlich gab es ein leichtes Übergewicht der Heiraten von Bürgerinnen mit Nichtbürgern, so daß man (wenn auch mit ziemlich dürftigen Argumenten) den Frauen vorwerfen konnte, ihr Heiratsverhalten ermögliche die Zuwanderung von Männern. Aber diese Zahlen waren dem Magistrat wohl kaum bekannt, und so mußte sich der Rat damit begnügen, einfach die Frauen anzuprangern, die mit der Wahl ihrer Ehepartner die städtische Wirtschaft zerrütten würden. Ironischerweise schrieb er damit den Frauen eine Unabhängigkeit bei der Wahl ihres zukünftigen Gatten zu, die seiner eigenen Auffassung darüber, wie sich eine Frau zu verhalten habe, völlig widersprach. Gleichzeitig machte er die Sexualität, vermittelt durch die Heirat, zum eigentlichen Ort, von dem der Stadtwirtschaft Gefahr drohte. Die Bedrohung der Stadtgemeinde konnte nur durch die städtische Heiratskontrolle abgewendet werden.

Tatsächlich spiegeln sich in der Aufforderung des Rats, die Augsburger Frauen sollten sich ihre Ehegatten innerhalb der Stadtmauern suchen, nur die Prioritäten wider, die die Elite der Patrizier und Kaufleute selbst bei der Suche nach Ehepartnern setzte – eine Elite, die in den 1560er Jahren zur beherrschenden politischen Kraft in der Stadt geworden war. Sie praktizierte schon seit langem das Konnubium in ihren Reihen und schloß in ihrer

Tabelle 4.1: Bürgerrecht und Heiratsverhalten 1564-1568

	Bürger								
	Frauen	%	Männer	%	Beide	%	Keiner	%	Insgesamt
1564	150	31	137	29	193	40	–	–	480
1565	138	29	148	32	181	39	1	0	468
1566	139	38	109	30	109	30	8	2	365
1567	118	35	98	29	115	34	9	2	340
1568	123	32	116	30	136	35	11	3	386
Insgesamt	668	33	608	30	734	36	29	1	2039

Quelle: StadtAA, Reichsstadt, Hochzeitsprotokolle I, 1563-69.

großen Mehrheit endogamische Ehen. Heirat war das wichtigste Mittel, um Kaufleute in die vornehme, von Angehörigen der Kaufmannselite gebildete und mit dem Patriziat eng verbundene Gesellschaft der *Mehrer* aufzunehmen und deren Mitgliedschaft aufzufrischen.[31] Endogamische Ehen gewährleisteten mithin für die vornehmen Augsburger Geschlechter den optimalen Tausch von hohem sozialen Rang gegen einen wohlgefüllten Beutel. Dagegen hatte bei den zünftigen, deutlich zur Exogamie neigenden Handwerkern ihr spezifisches soziales und ökonomisches Gut – die Mitgliedschaft in Zunft oder Handwerk sowie das Bürgerrecht – den größten Wert nicht für Einheimische, sondern für diejenigen, denen diese Rechte fehlten: die Fremden. Beide, die Elite und die »gemeinen Leute«, sahen zwar die Heirat als ein Mittel des sozialen und ökonomischen Austauschs an, aber sie tauschten unterschiedliche »Güter«. Die Aufforderung des von der Elite dominierten Augsburger Rats zur Endogamie ergab sich aus einer auf familiäre Allianzen gerichteten Heiratspolitik, die anderen Regeln gehorchte als das Heiratsverhalten der Handwerker und bei diesen wohl nur auf geringe Resonanz stieß.

Umgekehrt einte die Politik der städtischen Heiratskontrolle und der Beschränkung der Zuwanderung von Fremden, die keine Einheimischen heirateten, den Rat und die Zünfte (die nach 1555 zunehmend divergente, ja miteinander unvereinbare religiöse und soziale Interessen repräsentierten) in einer im Kern konservativen Beschwörung des Ideals der Einheit von Haushalt und Werkstatt. In den wenigen Fällen, in denen man zwei Nichtbürgern gestattete, nach ihrer Heirat in der Stadt zu bleiben, wurde die Klausel hinzugefügt, sie dürften keinen »aigen Rauch« haben (d.h. keinen eigenen Hausstand gründen), oder sie könnten bleiben, solange sie in Dienst stünden.[32] In seiner vollkommensten Form beschwor indes der von den Zünften beherrschte Rat der 1530er und 1540er Jahre das Ideal des einträchtigen Zusammenlebens in Haushalt und Werkstatt. Es war die Sprache des evangelischen Glaubens von Laien und Stadtbürgern, die noch widerhallt in der Brandrede des Rats von 1562 gegen »jtem Die Junge Vnerfahrne, vnd die Jr hanndtwerch, etwo noch nit gar ausgelernet, oder gleich nach den Ler Jaren. vnd Ee sie zuuor ob Jrem hanndtwerck ain Zeitlanng gewanndert. sich zusamen verpflichten vnd vereelichen. vnd das noch beschwerlicher vnd unleidlicher, one Vatter, Muetter. Jrer vormunder oder freundt. Rat. wissen vnd willen, liederlich vnd leichtferttigelichen. selbst verheurathen, sich dabey vermessenlich one alle scheu oder scham. offenlich vernemen vnd hören lassen, ain E. Rat muesse Sy, im Spital oder Allmuesen seckhen, mit weib vnd khindern fueren, vnd erhalten«.[33]

In diesem Punkt schien die Auffassung der evangelischen Geistlichen von der Ehe der Ansicht des weltlichen Rats diametral zu widersprechen. Die ironische Pointe lag aber darin, daß die Reformatoren, die der weltlichen Obrigkeit die Ehegerichtsbarkeit übertragen hatten, damit zugleich die Tendenz des Rats und der Zünfte verstärkten, die Heirat als ein Instrument der Sozial- und Bevölkerungspolitik einzusetzen. Die wieder zugelassene katholische Kirche konnte nach 1548 nur wenig tun, um diese Tendenz umzukehren, denn der Druck, so zu heiraten, wie es das jeweilige Handwerk wollte, wurde im Rahmen der städtischen Politik ausgeübt, außerhalb der Reichweite der Kirche.

VOM MÄDCHEN ZUR EHEFRAU

Eine Frau aus einer zünftigen Handwerkerfamilie ging einen anderen Weg vom Mädchen zur Herrin über einen Haushalt als ein Handwerkersohn ins Erwachsenendasein. Wie ihr Ehemann wechselte sie von der Gemeinschaft lediger Mädchen in eine neue *Peer-group* verheirateter Frauen. Doch im Unterschied zu ihm brachte ihr die Ehe keine finanzielle Unabhängigkeit. In gewissem Sinn erlangte sie mit der Heirat nicht die volle gesellschaftliche Reife. Als Witwe kam sie dieser am nächsten, doch selbst der Witwenstand verlieh ihr keine politischen Rechte.

Während der Brautwerbung und der Hochzeit blieb die Braut passiv. Während ihr der junge Mann den Hof machte und ihr vielleicht nachts ein Ständchen brachte, hatte sie im Haus zu bleiben. Denn die Straße war der Schauplatz des Nachtlebens junger Männer, ein junges Mädchen dagegen, das man nachts außer Haus antraf, hätte man für eine Prostituierte gehalten. Wenn der junge Mann ins Haus ihrer Eltern kam und förmlich um ihre Hand anhielt, war sie vielleicht nicht einmal anwesend.[34] Erst wenn sich die Eltern mit dem Bewerber einig geworden waren, wurde sie in die Stube gebeten, und der junge Mann bat sie um ihre Hand. Beim Hochzeitszug wurde sie von zwei Männern zur Kirche geführt, und selbst in der Brautkammer wurde sie von ihrem Vater oder einigen Verwandten dem Bräutigam übergeben. Die Hochzeitsbräuche unterstrichen ihre Passivität und stellten sie der aggressiven Sexualität junger Männer gegenüber.

Das am stärksten mit der Braut verbundene Symbol war der Brautkranz. Er brachte die Freude und das Frohlocken über die Hochzeit zum Ausdruck und versinnbildlichte zugleich die Jungfräulichkeit der Braut. In Augsburg erschien die Braut bei der Verlobung und bei der Hochzeit mit einem Kranz vor dem Bräutigam. Während des Hochzeitszuges zur Kirche trug sie ihr

Haar gelöst und unbedeckt, bis auf den Brautkranz oder die Brautkrone. Ihre Altersgenossinnen, die ledigen Mädchen, verteilten Kränze an alle Gäste. Es ist schwer zu entscheiden, ob der Kranz immer schon dafür gestanden hatte, daß die Braut dem Bräutigam ihre Jungfräulichkeit schenkte oder erst später diese symbolische Bedeutung erhielt, als Teil des schon vor der Reformation begonnenen Feldzugs der Kirche gegen sexuelle Beziehungen vor der Hochzeit. Dies war ein Feldzug beider Konfessionen: in protestantischen wie in katholischen Gegenden wurden Frauen, die vor der Hochzeit mit ihrem Partner geschlafen hatten, gezwungen, mit einem Strohkranz oder einem hinten offenen Kranz durch die Straßen zu gehen und so ihre »Schande« öffentlich zur Schau zu stellen.[35] In den 1590er Jahren interpretierte ein evangelischer Prädikant den Kranz als Zeichen der Keuschheit der Frau; mit dem Kranz gebe sie diese ihrem Ehemann in die Hand. Der Kranz erinnere ihn an seine Verpflichtung, sittsam und züchtig zu leben.[36] In dem von Sebastian Franck in seinem *Weltbůch* beschriebenen Volksbrauch wurde der Kranz offenkundig symbolisch mit der Jungfräulichkeit gleichgesetzt: beim Betreten der Brautkammer »bitt man der braut jr scheppel / krantz oder Junckfrawzeychen ab. So muß sie als dann weynen vorschand / auß gewonheyt / wann sie es nicht gern thet / sie were sunst keyn Jungkfraw.«[37] Schleier und Haube, die Kopfbedeckungen der ehrbaren verheirateten Frau, traten nun an die Stelle des Kranzes.

Läßt sich die Übergabe des Kranzes als Symbol für den vollständigen sexuellen Besitz der Frau durch den Mann deuten, so war ihr Gegenstück die Morgengabe des Bräutigams. Die Morgengabe, ein weit ins Mittelalter zurückreichender Brauch, bildete im 16. Jahrhundert nicht mehr einen so bedeutenden Teil des Heiratsgutes wie in früheren Zeiten. Doch scheint sie in Augsburg ihre symbolische Bedeutung bewahrt zu haben und dies nicht nur innerhalb der Elite. Eine ganze Reihe von Paaren, die aus der Schicht der zünftigen Handwerker kamen und kein großes Heiratsgut hatten, hielten weiter an diesem Brauch fest. Der Wert der Morgengabe lag zumeist zwischen 10 und 20% des Werts der Widerlegung (die Summe, gewöhnlich in Höhe der Mitgift, die ein Mann in die Ehe einbrachte). Dafür gab es jedoch keine eindeutigen Regelungen, die Morgengabe konnte sogar soviel wert sein wie die Widerlegung.[38]

Die Morgengabe wurde am Morgen nach der Hochzeitsnacht überreicht, gleichsam als Preis für die Jungfräulichkeit der Braut. Umgekehrt konnten Frauen, deren »Blumen«, »Ehre« oder Mädchenschaft von einem Verführer »geraubt« worden war, eine Entschädigung für den Verlust des Guts verlangen. Die Jungfräulichkeit hatte einen Preis, wie ein materielles Gut: nicht weil sie für sich genommen ein materielles Gut war, sondern weil sie für das vollständige sexuelle Verfügungsrecht stand, das ein Mann über eine Frau erlangen konnte. Nach der Heirat verwandelte sich die »Ehre«, die sie ihm in der Hochzeitsnacht geschenkt hatte, in ihre neue Ehre als Ehegattin, und die Morgengabe könnte so ihren neuerworbenen Rang als Hausherrin versinnbildlichen. Aber sie blieb nur so lange im persönlichen Besitz der Ehefrau, wie diese sexuelle Treue bewies: wurde die Ehe vom geistlichen Gericht aufgelöst, so mußte die Frau nach dem Augsburger Stadtrecht die Morgengabe zurückgeben, wenn sie dafür verantwortlich war, daß die Ehe für nichtig erklärt wurde.[39]

Die Metaphorik der Volksbräuche scheint sich zwar auf die Passivität der Braut und die aggressive Männlichkeit des Bräutigams zu konzentrieren, aber sie versinnbildlicht gleichzeitig auch, wie verletzlich und gefährdet die männliche Potenz war. Die Hochzeitsnacht war ein Augenblick voller Gefahren, denn sie war der Zeitpunkt für einen eifersüchtigen Verehrer, Rache zu nehmen, sei es öffentlich durch eine Katzenmusik oder heimlich durch Nestelknüpfen, um den Mann impotent zu machen.[40] Überdies mußte den Vereinbarungen im Ehevertrag zufolge erst die sexuelle Vereinigung vollzogen worden sein, bevor die vermögensrechtlichen Regelungen gültig wurden, und Impotenz war sowohl nach protestantischem wie katholischem Eherecht ein hinreichender Grund für die Auflösung der Ehe.

Die Braut selbst konnte als sexuelles Wesen für den Mann bedrohlich erscheinen. Die sexuelle Vereinigung fand auf weiblichem Territorium statt, in dem Bett, das die Braut als wichtigsten Bestandteil ihrer Aussteuer mitbrachte. Das Bett wurde oft von der Mutter an die Tochter vererbt. Der breite Rahmen konnte mit individuellen Motiven bemalt oder geschnitzt sein; es war mit Matratzen und Federbetten ausgepolstert, die von der Braut mitgebracht wurden, die Kissen und Nackenrollen steckten in leinenen Bezügen, welche die Braut vielleicht selbst gewebt und genäht hatte.[41] In der Kammer, in der das Bett stand, würde sie später niederkommen und im Wochenbett bleiben. Um die eheliche Vereinigung zu vollziehen, mußte der Mann weiblichen Raum betreten und so physisch und symbolisch den Verlust seiner eigenen Virilität und Identität riskieren.

Vor der Reformation konnte die Hilfe der Kirche als Schutz gegen dämonische Einflüsse von außen angerufen werden. Der Priester schwenkte in der Brautkammer das Weihrauchgefäß, verteilte gesegnetes Wasser und Salz und half so, unheilvolle Kräfte unwirksam zu machen.[42] Auch die Gäste unterstützten das frischgebackene Paar. Wenn sich die Eheleute in die Brautkammer zurückgezogen hatten, tranken sich die Gäste beim Ansingwein zu und ermutigten Braut und Bräutigam durch ihren Gesang. Bei diesem fröhlichen, vom Brautpaar spendierten Trunk wurden Zoten gerissen und zweideutige Lieder gesungen. Man kann sie als Mittel deuten, um böse Geister abzuschrecken. Und über das andere Geschlecht zu lachen, baute auch sexuelle Ängste ab. Die Reformatoren schafften das Segnen der Brautkammer als papistischen Aberglauben ab, und der reformierte Stadtrat verbot den Ansingwein als unziemlichen, Unruhe stiftenden Brauch. Doch dieser ließ sich nur schwer ausrotten; 1550 wurde es den auf eigene Kosten Hochzeit Feiernden (für gewöhnlich Angehörige der Elite) wieder erlaubt, ihren Gästen den Ansingwein zu offerieren.[43] Und die katholische Kirche führte für ihre Gläubigen in Augsburg das Segnen von Bett und Brautkammer wieder ein.[44]

Bei der Hochzeit übliche Wettspiele mit sexueller Bedeutung lassen widersprüchliche Einstellungen zur männlichen und weiblichen Sexualität deutlich werden. Die jungen Burschen veranstalteten ein Löffelrennen zur Braut und stellten so spielerisch die wetteifernden, aktiven Elemente der Männlichkeit dar, die – wie wir noch sehen werden – auch sonst bei Festen im Vordergrund standen. In manchen Landschaften entführten Sebastian Franck zufolge Prostituierte den Bräutigam und verlangten von der Braut ein Lösegeld. Dieser Brauch versinnbildlichte vielleicht den Abschied des Bräutigams von der sexuellen Promiskuität, die bei jungen Männern toleriert wurde, und seinen Eintritt in ein monogames Leben: statt mit einer ganzen Gruppe von Frauen seine Sexualität ausleben zu können, durfte er jetzt nur noch eine einzige Frau besitzen. Doch dieses Spiel stellte zugleich in suggestiver Weise dar, daß der Mann Sklave der sexuellen Macht der Frau war. In anderen Gegenden, schreibt Sebastian Franck, nähmen die Braut und die jungen Mädchen die jungen Männer gefangen und verlangten Lösegeld. Dies ist eine faszinierende Umkehrung des Nürnberger Fastnachtsbrauchs (der auch in Augsburg bekannt war), bei dem mannbare Mädchen, die im vergangenen Jahr nicht geheiratet hatten, zum »Eggenziehen« durch die Straßen gezwungen wurden.[45]

Selbst die in den frühneuzeitlichen Hochzeitsbräuchen scheinbar so klar definierten Rollen von Ehemann und Ehefrau wurden zum Gegenstand des Streits und dies just bei der Trauung, die sie doch gerade mit dem kirchlichen Segen versehen sollte. In der Schöpfungsgeschichte, der Geschichte vom Sündenfall oder in den oft ausgewählten Abschnitten der Paulusbriefe über die rechte Beziehung zwischen Ehemann und Ehefrau – die von der reformatorischen Liturgie so leicht dem Haushaltsideal ihrer eigenen Zeit angepaßt werden konnten – wurde Männlichkeit mit Autorität, Weiblichkeit mit Gehorsam assoziiert. Die Hochzeitspredigt, die als wichtigster Teil der reformierten Trauung die Brautmesse ersetzte, verkündete in Ulm beispielsweise folgende Botschaft: »Der Mann soll wissen / das Gottes ordnung vnnd will ist / das er seiner haußfrawen haubt seye / darumb er auch jr vnd dem gantzen haußgesicht mit christlichem ernst vnd gutem exemple soll vorstehn / sy zu aller zucht vnd erberkait ziehen / weib vnnd kind ernehren«. Die Ehefrau sollte »allweg gedenckenn / das sy Gott der Herr selbs vnder des mans gewalt verordnet hat«.[46] Doch ausgerechnet beim sakralen Höhepunkt des Gottesdienstes, wenn die Ehegelübde ausgetauscht wurden, kam ein Volksbrauch ins Spiel, der eine ganz andere Sicht des Ehelebens vermittelte: die Frau, der es gelang, ihrem Mann auf den Fuß zu treten oder beim Ringanstecken die eigene Hand oben zu behalten, würde im Haus das Sagen haben.[47] Und eine Frau war töricht, wenn sie nicht versuchte, als erste im Bett zu sein oder nicht während der Hochzeit Senf und Dill im Schuh trug. Ein niederdeutscher Reim besagt: »Ich habe Senf und Dill / Mein Mann muß dun wie ich will.«[48]

EHE UND EIGENTUM

Die Heirat bedeutete, daß Besitz in andere Hände überging, und die Hochzeitsbräuche stellten diesen Übergang sinnbildlich dar. Frauen hatten zwar das Recht auf eigenen Besitz, aber der Austausch von Gütern bei der Heirat war nicht symmetrisch. Traditionsgemäß stellten die Brauteltern die Aussteuer (Fertigung) und die Mitgift (Heiratsgut), die künftig vom Bräutigam verwaltet wurden. Bei den Reichen zahlten die Eltern des Bräutigams oder dieser selbst die Widerlegung. Dieser Besitz ging jedoch nicht direkt in die Hände der Frau oder ihrer Familie über. Zusammen mit der Mitgift wurde die Widerlegung vom Ehemann verwaltet. Dieser war verpflichtet, sie als den Teil seines Besitzes zu wahren, der an die Frau ging, falls er vor ihr starb und die Ehe kinderlos geblieben war. Nur über die Morgengabe konnte die Frau direkt verfügen. Die güterrechtlichen Regelungen wurden mithin im Unterschied zur Einwilligung von Mann und Frau in die Ehe im wesentlichen ausschließlich zwischen Männern getroffen.[49]

Die Höhe von Heiratsgut und Widerlegung hing sehr stark vom sozialen und ökonomischen Rang ab. Die 59 erhaltenen Eheverträge von Paaren, die von 1520 bis 1559 heirateten, zeigen ein deutliches Verhaltensmuster (siehe Tabelle 4.2 und 4.3). Eine große Gruppe zünftiger Handwerker gab Mitgiften von weniger als 100 Gulden, während für eine zweite Gruppe die Mitgiften zwischen 100 und 1 000 Gulden lagen. In diesen beiden Gruppen gab es keine Patrizier, sie bestanden im wesentlichen aus wohlhabenden zünftigen Handwerkern. Tausend Gulden – dies war wohl eine unverrückbare soziale

Tabelle 4.2: Höhe des Heiratsgutes 1520-1559 (in Gulden)

Unter 100	18
100-499	9
500-999	4
1 000-4 999	18
5 000-8 000	5
Insgesamt	54*

* Fünf weitere Verträge machen keine Angaben über Heiratsgut und Widerlegung.

Quelle: StadtAA, Reichsstadt, Fasz. Hochzeiten 1463-1729; SKUK 14.1; US Lit. Personenselekt.

Tabelle 4.3: Sozialstatus der Brautpaare, die 1520-1559 Mitgiften von 1 000 Gulden oder mehr erhielten

	Bräutigam	Braut
Patriziat	3	7
1538-39 ins Patriziat aufgenommen	5	5
Mitglied der Mehrer	4	2
Nicht aus Augsburg	3	2
Kaufmann	3	1
Mitglied einer Zunft bzw. eines Handwerks	5	6
Insgesamt	23**	23

* Je fünf von den Brautleuten, die Mitgiften oder Widerlegungen von 1 000 Gulden und mehr erhielten, kamen nur aus zünftigen Handwerkerfamilien; ihr Ehepartner war jeweils entweder stadtfremd oder kam ebenfalls aus einer Handwerkerfamilie.
** Von diesen 23 Hochzeiten wurden 16 in den Hochzeitsbüchern der Bürgerstube eingetragen.

Quelle: StadtAA, Reichsstadt, Fasz. Hochzeiten 1463-1729; SKUK 14.1; US Lit. Personenselekt.

Scheidelinie: kein Patrizier aus den alten Geschlechtern oder den 1538 neu aufgenommenen Familien gab oder erhielt eine Mitgift, die unter 1 000 Gulden lag. Doch man findet in dieser Gruppe auch etliche Kaufleute und angesehene Zunfthandwerker (gewöhnlich diejenigen, die Zunftämter innehatten), die zumeist, aber nicht immer, Patrizierkinder heirateten. Fast alle, deren Heiratsgut mehr als 1 000 Gulden betrug, erreichten, was als das Merkmal schlechthin dafür galt, daß sie den Aufstieg in die Augsburger Elite geschafft hatten: ihre Eheschließungen wurden in die Hochzeitsbücher der Bürgerstube aufgenommen – Beweis dafür, daß sie das Recht hatten, sich in der Welt der Patrizier zu bewegen.[50]

Nicht alle Augsburger waren vermögend genug, einen förmlichen Ehevertrag abzuschließen: sie taten einfach, so beschrieb der Stadtschreiber Franz Köhler ihre Gebräuche, ihr Hab und Gut zusammen.[51] Obgleich ihr gemeinsamer Besitz, wurde er nunmehr vom Mann als dem Haushaltsvorstand verwaltet. Selbst wenn die Eltern der Braut zu arm waren, um eine Mitgift zahlen zu können, versuchten sie zumindest, ihrer Tochter ein Bett in die Ehe mitzugeben. Die städtische Stiftung für arme Töchter, die gegründet worden war, um bedürftigen Paaren die Heirat zu ermöglichen, bedachte das ausgewählte Paar mit zehn Gulden. Das war genug, um sich ein Bett zu kaufen und noch etwas übrig zu behalten.[52]

Das Eheversprechen, das etwa eine Woche nach der Klärung der güterrechtlichen Fragen geschlossen wurde, bekräftigte feierlich den dort beschlossenen Austausch von Heiratsgut und Widerlegung. In manchen Städten wurde es in der Kirche geschlossen; in Augsburg war bisweilen ein Geistlicher beim Austausch der Eheversprechen anwesend, der dabei nicht unbedingt Chorrock oder Stola tragen mußte.[53] Bei dieser Zeremonie versprach der Brautvater dem Bräutigam (oder dessen Eltern) seine Tochter. Der schriftlich aufgesetzte Vertrag, in dem das Heiratsgut, die Widerlegung, die Morgengabe und die Aussteuer genau spezifiziert wurden, war vorher zwischen den Brauteltern und dem Bräutigam ausgehandelt worden und wurde nun geschlossen.[54] Die öffentliche Bekanntgabe des Ehekontrakts und der Austausch von Eheversprechen zwischen Braut und Bräutigam wurden mit einem Trunk begangen; wie Käufer und Verkäufer besiegelten beide Parteien per Handschlag die Vereinbarung. Ein Bräutigam aus der Oberschicht bedachte seine künftige Frau bei dieser Gelegenheit mit Schmuck, der bisweilen wertvoller war als der Ehering.[55] Mit der Verlobung galt das Paar als Braut und Bräutigam, und die beiden konnten die Angehörigen der Familie ihres künftigen Ehepartners als Verwandte ansprechen.[56]

Das Eheversprechen machte die Heirat nicht zwingend, aber aus der Vereinbarung erwuchsen bindende Verpflichtungen. Die Auseinandersetzung des reformierten Theologen Martin Bucer mit dem Ulmer Rat über das Eheversprechen geben einen Eindruck davon, wie ernst der Rat die Verlobung nahm. Martin Bucer bewertete das Eheversprechen aus der Sicht des Kirchenmannes und meinte, es solle nur als eine finanzielle Vereinbarung angesehen werden. Wenn beide Parteien »ein mergliche rew, vnd vnwillen« empfänden und keine sexuelle Vereinigung stattgefunden habe, sollten sie die Verlobung vor dem Ehegericht lösen können. Diese empfohlene Reform des Eherechts, einer von einer ganzen Reihe von Vorschlägen Bucers, stieß sofort beim Ratssyndikus auf Kritik. Er äußerte sein Unverständnis und deutete die Empfehlung Bucers taktvoll so, dieser müsse sich wohl auf so ernste Gründe für die Lösung des Versprechens beziehen, daß sie die Nichtigkeit oder Auflösung einer Ehe rechtfertigen würden. Es ist nicht verwunderlich, daß der Magistrat dem Ratschlag des Ratskonsulenten folgte. Die finanziellen Vereinbarungen waren keineswegs eine reine Formsache, sondern bindende Verpflichtungen, weil das Zusammenführen von Besitz und Gütern ein so grundlegendes Element der Heirat war.[57]

Bei der Hochzeit stellten die Eheleute das soziale Prestige zur Schau, das bereits der Ehevertrag und die Höhe der Mitgift deutlich gemacht hatten: durch die Präsente, die Hochzeitskleider und das Hochzeitsfest. Bei den Kaufleuten und Patriziern waren die Hochzeiten die kostspieligsten Feste in ihrem ganzen Leben, weitaus kostspieliger als Beerdigungen oder die Feste anläßlich der Geburt oder Taufe von Kindern. Felicitas de Taxis ließ sich 1552 ihr Brautkleid und die Geschenke über 200 Gulden kosten.[58] Raphael Sättelin von Haldenburg gab über 600 Gulden aus, als er 1523 die Patrizierin Elisabeth Herwart heimführte.[59] Lucas Rem schließlich wandte 1517 für seine Hochzeit, auf die er zu Recht stolz war, fast 1 000 Gulden auf, davon fast ein Viertel für die Tafelfreuden. Zum Vergleich: die Brauteltern übernahmen zwar die Hälfte der Ausgaben für das Hochzeitsfest, aber Lucas Rems Mitgift betrug nur 3 000 Gulden.[60]

Die Hochzeiten, über die wir am meisten wissen, sind die Hochzeiten der Reichen. Der Augsburger Rat erließ zwar 1532 eine Hochzeitsordnung, die als die strengste jemals erlassene Ordnung empfunden wurde und übertriebenem Luxus bei den Hochzeiten Einhalt gebieten sollte. Auch die folgenden, auf dem Höhepunkt der Reformation erlassenen Ordnungen (insbesondere die stark zunftbürgerlich geprägte Ordnung von 1540) ermahnten die Augsburger, ihre Hochzeit ohne übermäßigen Prunk zu feiern. Doch die Angehörigen der Augsburger Elite entzogen sich zunehmend den strengeren Vorschriften. Die Ratsordnungen und die unterschiedlich prall gefüllten Geldbeutel sorgten dafür, daß die Hochzeiten der Reichen länger dauerten, prächtiger waren und mit mehr Gästen gefeiert wurden als die Hochzeiten der Ärmeren. Fremde und kirchliche Würdenträger wurden z.B. bei der erlaubten Zahl von Gästen nicht berücksichtigt. Dies begünstigte natürlich die reicheren Bürger, Kaufleute und Patrizier, die über weitgespannte Beziehungen zu Verwandten und Freunden außerhalb der Stadt verfügten. Schon die Ankunft der auswärtigen Gäste war ein eindrucksvolles Schauspiel: in Nürnberg ritt ihnen der Bräutigam mit einer Schar junger Männer entgegen und eskortierte sie in die Stadt. Seit 1540 gestattete die Augsburger Ordnung, ihnen zu Ehren kleine Bankette zu geben.[61] Auf jeden Fall konnten die reicheren Bürger durch eine einfache Eingabe beim Rat ihre Befreiung von der harten Luxusgesetzgebung erreichen. Als die Patriziergeschlechter der Honold und Vetter um die Erlaubnis für eine weitere Gästetafel baten, wurde ihnen dies ohne Umstände gestattet. Dagegen wurde eine gleichlautende Eingabe zweier gewöhnlicher Bürger schroff abgelehnt mit dem Hinweis, sie hätten sich an die Hochzeitsordnung des Rats zu halten.[62]

Bei einer richtigen Hochzeit bog sich die Tafel unter der Menge und Vielfalt von Speisen. Es mußte genug übrigbleiben, um diejenigen, die nicht zur Hochzeit kommen konnten, zu beschenken und den Rest an die Armen, an schwangere Frauen und an die Nachbarn zu verteilen. Die Kirche und der Rat versuchten wiederholt, die überbordenden Tafelfreuden einzuschränken und die Freigebigkeit umzulenken auf das Almosengeben. Mit nicht sehr großem Erfolg,[63] denn selbst die milden Gaben dienten mehr der Zurschaustellung des Reichtums als dazu, ein Zeugnis christlicher Barmherzigkeit abzulegen. Die Bitte der Kirche, der ehrbaren armen Hausväter zu gedenken, wenn man selbst die Ehe einging, verhallte ungehört. Es erregte eben sehr viel mehr Aufsehen, alle Gaffer und Schaulustigen öffentlich zu bewirten wie z.B. Hans Baumgartner, der den Armen »spielachsupen, pfeffer und mueß durcheinander geschuett« auftischen ließ, statt der Armenstiftung eine diskrete Spende zu überreichen, wie es die Kirche und der Rat befürworteten.[64]

Die Hochzeiten ärmerer Leute, bei denen es weder Heiratsgut, Morgengabe noch Widerlegung gab, konnten sich mit der Prachtentfaltung der Kaufleute und Patrizier nicht messen, aber auch bei den anderen Stadtbewohnern scheint es Brauch gewesen zu sein, verschwenderisch Hochzeit zu halten. Der Ulmer Rat hielt es für notwendig, den Bürgern zu verbieten, ihr Hab und Gut zu versetzen, um die Hochzeit zu bezahlen.[65] In Augsburg, wo die weniger wohlhabenden in Schenken feiern konnten, in denen die Gäste ihr Essen selbst bezahlten, mußte der Magistrat ausdrücklich untersagen, den Wirt zu bestechen, damit er bessere und teurere Kost als von der Hochzeitsordnung erlaubt auftischte.[66]

Solch sichtbarer Luxuskonsum stand natürlich in scharfem Gegensatz zur Politik des Magistrats, sparsames Wirtschaften zu fördern und die Verschwendung der Mittel der Stadt und des Guts der einzelnen Bürger zu verhindern. Der Rat antwortete damit, Ordnungen gegen verschwenderische Hochzeiten zu drucken. Im 16. Jahrhundert gab es elf Neufassungen solcher Ordnungen, die mehrfach nachgedruckt wurden. Der Rat verließ sich nicht allein auf das gedruckte Wort, sondern ließ die Ordnungen jedes Jahr in den Zunfthäusern und in der Patrizierstube verlesen.[67] Ein besonderer Ausschuß des Rats überwachte die Einhaltung der Ordnung, befragte Gäste und Gastgeber, um sicherzustellen, daß nicht zuviel für Präsente ausgegeben worden war, daß die Zahl der Gäste nicht die erlaubte Zahl überschritten hatte und daß keine zusätzlichen Feste veranstaltet worden waren.[68] Die Hochzeitsordnungen selbst, die im Laufe des Jahrhunderts immer detaillierter wurden, waren ein geradezu paradox überladenes Monument althergebrachter Bürgertugenden – der Schlichtheit und der Mäßigkeit. Denn der zur Schau getragenen Ablehnung von Verschwendung und Prunksucht zum Trotz akzeptierte der Rat, daß seine eigenen Mitglieder die gesetzten Grenzen überschritten und statt dessen lieber die Strafe für die Übertretung zahlten. Die Hochzeitsordnungen bildeten gleichsam einen Rahmen, der soziale Unterschiede sanktionierte, und innerhalb dessen die Verletzung der Regeln selbst wiederum ein Zeichen für einen bestimmten sozialen Rang war.

Um 1575, mit der Vertiefung und Ausdifferenzierung der sozialen Unterschiede, begannen die Hochzeitsordnungen unterschiedliche Festlegungen für Patrizier, Kaufleute und das gemeine Volk zu treffen. Ein Patrizier durfte bis zu 150 Gulden für die Trauringe ausgeben, Kaufleute nur die Hälfte dieser Summe und das gemeine Volk nicht mehr als 3 Gulden. Den Reichen, die auf ihre Kosten Hochzeit hielten, wurden mehr Gäste gestattet als denjenigen, deren Gäste das von ihnen Verzehrte selbst bezahlten.[69] Die Ordnung des Hochzeitszuges zur Kirche, die Ordnung beim Tanz und selbst die Tischordnung begann der Rat per Dekret festzulegen. Die Hochzeiten wurden zum Schaubild des städtischen Sozialgefüges, in dem jeder einzelne seinen oder ihren Platz in der Stadtgesellschaft ablesen konnte.[70]

ELTERN, VERWANDTE UND HEIRATSERLAUBNIS

Eine Heirat war nicht nur ein Bund zwischen zwei Menschen, sie brachte auch zwei Familienverbände zusammen. In einer Gesellschaft, in der Heiraten häufig von den Eltern der Brautleute arrangiert wurden, spielten das Prestige, der Besitz oder Geschäftsbeziehungen, die durch die Heirat entstehen konnten, eine große Rolle bei der Partnerwahl. Das neue Geflecht der Verwandtschaft und Verschwägerung, das durch die Heirat geknüpft wurde, wurde durch das Hochzeitsfest öffentlich sichtbar, denn die Festlichkeiten bezogen zwei verschiedene Kreise von Gästen und Zuschauern ein: einerseits den Verwandten und Verschwägerten, andererseits den Arbeitskollegen, Gleichaltrigen und Nachbarn.

Traditionell fanden die Verlobung, der Hochzeitszug und der Hochzeitstanz vor einem größeren Kreis statt, denn das Paar konnte dazu einladen, wen es wollte (ob verwandt oder nicht). Beim »Undertrunk« kamen die Altersgenossen von Braut und Bräutigam zusammen, ebenso beim nach Geschlechtern getrennten Umtrunk der Burschen und Mädchen nach dem getrennt genommenen Brautbad des Bräutigams und der Braut.[71] Die Feste jedoch, für die am meisten aufgewendet wurde und bei denen die Tafel am reichsten gedeckt war – das Mahl und der Tanz nach dem Eheversprechen und die eigentliche Hochzeitsfeier – waren in erster Linie Feste für die Verwandtschaft des Paares.

Erstaunlicherweise gibt es in den Hochzeitsordnungen des Rats keine eindeutige Definition, wer zur Verwandtschaft zählte. Die Ratspolitik schwankte im 16. Jahrhundert ohne irgendeine ausmachbare klare Tendenz zwischen der Einschränkung der zugelassenen Gäste auf nahe Verwandte (ein Versuch, die Zahl der Hochzeitsgäste zu begrenzen) und der Erweiterung des Kreises der zugelassenen Verwandten, vermutlich auf Druck der Bevölkerung. Die untere Grenze der zu einer Hochzeitsfeier zugelassenen Gäste wurde 1532 erreicht,[72] als in der strengsten Ordnung gegen verschwenderische Hochzeiten vorgeschrieben wurde, daß nur die Eltern des Paares, die Großeltern, Brüder und Schwestern und deren Ehegatten eingeladen werden durften. Doch nur vier Jahre später gab der Rat nach und gestattete Onkeln und Tanten, Nichten und Neffen sowie Vettern und Basen ersten und zweiten Grades die Teilnahme an der Hochzeit.[73]

Wie immer man die Verwandtschaft auch definieren mochte, sie war nicht für alle Augsburger gleich weitläufig und gleich wichtig. Ihr Gewicht hing bis zu einem gewissen Grad von der gesellschaftlichen Stellung ab: Dienstmägde, die auf der untersten Stufe der sozialen Hierarchie standen und zumeist aus dem Augsburger Umland rekrutiert wurden, und fremde Gesellen besaßen wahrscheinlich keinen Verwandtenkreis in der Stadt. Der Rat erkannte dies ausdrücklich an und gestattete ihnen, auch nicht mit ihnen verwandte Gäste einzuladen, damit sie – ohne Verwandte in der Stadt – nicht dazu verdammt waren, eine gar zu armselige Hochzeit feiern zu müssen. Angehörige der Zünfte veranstalteten am Abend der Verlobung lieber einen »Undertrunk« für ihre Handwerkskollegen als ein Fest für die Verwandten.[74] In der zweiten Hälfte des 16. Jahrhunderts deckten sich jedoch für viele, die Meister wurden, zunehmend die Verwandtschaft und das Beziehungsgeflecht innerhalb der Zunft. So erwarben im Brauhandwerk von 1562 und 1570 nur 10 Bierbrauer die Gerechtigkeit, 28 erbten sie von ihren Eltern und 30 heirateten ins Gewerbe ein.[75] Das Schmiedehandwerk zeigt ein ähnliches Bild: zwischen 1532 und 1574 hatten nur 28% der Schmiede im Handwerk die Gerechtigkeit erworben, ein Anteil, der 1552-1560 auf 23% und 1561-

1569 auf 13% sank. Alle übrigen hatten entweder Eltern, die schon die Gerechtigkeit besaßen, oder heirateten ins Handwerk ein.[76]

So unterschiedlich die Bedeutung der Verwandtschaft in der Augsburger Gesellschaft war, so verschieden war auch der Grad elterlicher Einmischung in der Eheanbahnung. Am einen Ende der Verhaltensskala gab es Eltern und Verwandte, die weitgehend unabhängig von den Wünschen des zukünftigen Paares eine Ehe arrangierten. Als Felix Platter nach Basel zurückkehrte, waren die Verhandlungen über seine Heirat bereits weit vorangeschritten; seine verwirrten Gefühle nach seiner ersten förmlichen Begegnung mit seiner zukünftigen Braut hielt er im Tagebuch fest: »Legten uns also mit seltzamen gedancken fir mein person an die ruh.«[77] In einigen Fällen war die Rolle der Eltern wenig mehr als förmliche Zustimmung zu einer Heirat, die von den beiden Brautleuten bereits beschlossen worden war. Elias Stegherrs Vater erwähnt in einem Brief an seinen Sohn, »so schreibstu vnns wie das du ein Erlichen thochter vnnder handen habest« und kann nichts anderes tun als ihm zu glauben, daß sie eine gute Partie sei.[78] Am anderen Ende der Skala konnte ein Paar ohne irgendwelche Rücksicht auf die Eltern oder sogar gegen ihren ausdrücklichen Wunsch beschließen, zu heiraten.

Läßt sich mithin ein Zusammenhang postulieren zwischen Wohlstand und sozialem Status und der Beteiligung von Eltern und Verwandten bei der Auswahl des Ehepartners? Eine einfache Korrelation sicherlich nicht. Die Mutter Barbara Kupfereisens bemühte sich nicht weniger intensiv als reiche Eltern darum, für ihre Tochter eine Ehe zu arrangieren (mit einem Pfeifer), obwohl die Familie ihr noch nicht einmal ein Bett in die Ehe mitgeben konnte.[79] Kinder reicher wie armer Leute waren nicht immer mit der Wahl ihrer Eltern einverstanden. Augsburgern aller sozialer Gruppen mochte wohl bewußt sein, daß eine Heirat oft der beste – oder einzige – Weg zur Erlangung eines anerkannten oder höheren sozialen Status war. Aber dies schloß Liebeswerben nicht aus: dabei konnten sich Menschen ineinander verlieben, deren Ehe sowieso sozial akzeptabel war, aber bisweilen konnte solche gegenseitige Zuneigung das soziale Ansehen völlig ruinieren.

Dennoch war eine Übereinkunft zwischen den Eltern nicht der einzige gesellschaftlich anerkannte Weg, eine Ehe zu kontraktieren. Das förmliche Vorgehen, Brautwerbung und Eheversprechen, verschaffte dem Recht von Eltern und Verwandten Geltung, darüber zu entscheiden, wen ihre Kinder heirateten. Doch daneben gab es eine Reihe von traditionellen Bräuchen, mit deren Hilfe man dem anderen Geschlecht den Hof machen und es umwerben konnte.

Die Augsburger Prediger beklagten sich darüber: »in wingklen«, wenn sie betrunken waren, »hinderrugkhs vnd Ausserhalb Irer Elter«[80] würden junge

Leute einander umwerben und die Ehe vorschlagen. Meistens, aber nicht immer, ergriff der junge Mann die Initiative und fragte etwa: »Agnes wilt mich nemen zum Sacrament der hayligen wieß got auffgesetzt hatt im Baradeiß so sprich Ja«; oder »Appel Jch Rynng euch das Jr mein Eelichs weib seiet«. Aber auch das Mädchen konnte den ersten Schritt tun und sagen: »Beut mir dein hand du mein Eelicher man seiest vnd ich dein Eelichen Weib.«[81] Es gab zwar keine bestimmte, vorgeschriebene Form für den Heiratsantrag, aber die Anträge folgten bekannten Mustern und erinnerten an die Worte, die bei der kirchlichen Trauung gesprochen wurden. Diese heimlichen Eheversprechen wurden auf dem Feld, im Haus oder gar, als Vorbedingung für den Beischlaf, im Bett geschlossen. Der Mann gab vielleicht ein Pfand für sein Versprechen, etwa eine Münze, ein Band oder eine Haarspange, und die beiden bekräftigten ihren Bund symbolisch dadurch, daß sie aus einem Becher tranken. Gewöhnlich besiegelten sie den Kontrakt durch Handschlag, wie es die Parteien bei der Verlobung taten; manchmal kam das Paar anschließend zu einem Trunk mit seinen Freunden zusammen.

Die Lehrmeinung der vorreformatorischen Kirche hatte den ohne Zustimmung der Eltern kontraktierten Winkelehen eine gewisse Unterstützung gegeben. Da das Sakrament auf dem freien Austausch von Eheversprechen beruhte, war die elterliche Erlaubnis für die Eheschließung verfahrensmäßig nicht notwendig. Wie gesehen, erklärte die Kirche zwar solche Ehen für unrechtmäßig und bedrohte jene, die sie schlossen, mit der Exkommunikation, aber diese Ehen galten weiterhin als gültig. Die vom (vorreformatorischen) Augsburger Diözesangericht 1535 und 1536 (für das 16. Jahrhundert sind nur Akten und Urteile aus diesen beiden Jahren erhalten, darunter sind fast keine Fälle aus der Stadt selbst) verhandelten Fälle waren zumeist Klagen wegen nicht eingehaltener Eheversprechen.[82] Das Gericht wies die allermeisten dieser Klagen mit der Begründung ab, es fehlten die zwingend vorgeschriebenen zwei Zeugen für das Eheversprechen. Im Gegensatz dazu waren beim nach der Reformation in Augsburg eingerichteten Ehegericht die Klagen wegen nicht eingehaltenen Eheversprechens in den Jahren 1537 bis 1546 nicht mehr die häufigsten Fälle (siehe Tabelle 4.4), und das städtische Ehegericht neigte im Unterschied zum Offizialat eher dazu, umstrittene Eheversprechen als gültig anzuerkennen.

Das reformierte Ehegericht behandelte also solche Streitfälle um angebliche Eheversprechen flexibler, aber andererseits wollte es das Prinzip aufrechterhalten, keine Ehe anzuerkennen, die nicht von den Eltern gebilligt worden war. Das Zivilrecht hatte schon lange den Eltern das Recht zuerkannt, über die Heirat ihrer Kinder zu bestimmen. Nach dem Augsburger Stadtrecht konnten Eltern (wie in vielen anderen Städten) Kinder enterben,

Tabelle 4.4: Vor dem geistlichen und dem städtischen Ehegericht verhandelte Fälle

	Geistliches Gericht vor der Reformation 1535-36		Städtisches Ehegericht nach der Reformation 1537-46	
	Anzahl	%	Anzahl	%
Streit um den Ehevertrag	315	69	74	25.0
Ehehindernis	67	15	1	0.5
Scheidung	45	10	86	29.0
Entschädigung für verlorene Jungfräulichkeit oder Kindbett-Unterstützung ohne Heiratsverpflichtung	22	5	58	20.0
Impotenz	6	1	1	0.5
Bigamie	–	–	4	1.0
Erlaubnis zur Wiederverheiratung	–	–	12	4.0
Vermischte oder unklare Fälle	–	–	59	20.0
Insgesamt	455	100	295	100

Quelle: Ordinariatsarchiv Augsburg, Prot. des bischöflichen Konsistoriums; StadtAA, Reichsstadt, Ehegerichtsbuch 1537-46.

die ihre Wünsche mißachteten.[83] Gesellschaftliche Ausgrenzung konnte die Folge sein: Anna Pfister, die sich weit unterhalb ihres Standes verheiratete, erhielt danach keinen Zutritt mehr zur patrizischen Trinkstube und wurde nicht zum Bürgertanz eingeladen.[84] Wenn auch die ambivalente Haltung der alten Kirche zu Winkelehen wahrscheinlich in den meisten Fällen den Einfluß der Eltern nur wenig minderte (hinter vielen Klagen vor den geistlichen Gerichten wegen nicht eingehaltener Eheversprechen stand wahrscheinlich ein Einspruch der Eltern[85]), so stärkte sie doch zumindest die Verhandlungsposition von Paaren, die zur Heirat entschlossen waren und hofften, ihre Eltern würden nachgeben und eine Mitgift beisteuern.

Die Reformatoren dagegen machten die Einwilligung der Eltern zur Vorbedingung für eine gültige Ehe. Die Pflicht, den Wünschen der Eltern Folge zu leisten, leiteten die Augsburger Reformatoren aus der frühchristlichen Praxis, den Worten des hl. Paulus und dem Gebot ab, Vater und Mutter zu ehren. Sie erhoben damit den Respekt vor den Eltern in den Rang eines religiösen Gebots und betrachteten es als Verdienst der Reformation, diesen Respekt wiederhergestellt zu haben. Auf den Einwand, »Es ist gar Nahent die halb Stat on bewilligung Ellteren oder phlegern zusamen komen«, erwiderten sie, dies sei »jn der Zeit der vnwissenhait« so gewesen, vor der Zeit des christlichen Magistrats, »der gehorsam der Ellteren widerumb aufgericht« habe.⁸⁶ Die Reformatoren erkannten an, daß es wechselseitige Pflichten gab: Eltern sollten ihre Kinder nicht zu Ehen zwingen, »da Sy weder willen nnoch ain muet hin haben«,⁸⁷ noch sie daran hindern, überhaupt zu heiraten. Im nachreformatorischen Augsburg, in dem nach der Zuchtordnung die Pflicht der Kinder darin bestand, ihren Eltern »alles billichen gehorsams / in vnnderthänigkait / auch aller zucht vnd Gottes forcht« zu erweisen, hatten heiratswillige Paare die Einwilligung ihrer Eltern nachzuweisen, bevor sie die Ehe eingehen durften.⁸⁸ Waren Eltern gegen die Eheschließung, so konnten sie versuchen, die Verbindung vom reformierten Ehegericht auflösen zu lassen. Tatsächlich erklärte das Gericht in vierzehn der sechzehn von 1537 bis 1546 verhandelten Fälle (siehe Tabelle 4.5) das Eheversprechen für null und nichtig, obwohl beide Parteien aussagten, sie hätten einander die Ehe versprochen. Das Ehegericht erhielt einen so weitgehenden Spielraum bei der Entscheidung über die Gültigkeit einer Ehe, daß es sogar bereits vollzogene Ehen wieder auflösen konnte.⁸⁹

Der Rat stellte bei der Frage der Anerkennung einer Ehe die soziale Nützlichkeit in den Vordergrund und war folglich auch eher bereit, eine Entschä-

Tabelle 4.5: Eingeklagte Eheversprechen vor dem geistlichen und dem städtischen Ehegericht

	Geistliches Gericht 1535-36		Städtisches Ehegericht 1537-46	
	Anzahl	%	Anzahl	%
Klage der Frau	176	56	42	57
Klage des Mannes	139	44	7	9
Eltern verweigern die Zustimmung zur Heirat	–	–	16	22
Unklar	–	–	9	12
Urteile Eheversprechen für ungültig erklärt	263	83	57	77
Keine Entscheidung/unklar	40	13	2	3
Eheversprechen für bindend erklärt	12	4	15	20
Insgesamt	315	100	74	100

Quelle: Ordinariatsarchiv, Augsburg, Prot. des bischöflichen Konsistoriums 1535-36; StadtAA, Reichsstadt, Ehegerichtsbuch 1537-46.

digungszahlung für Frauen anzuordnen, die ihre Jungfräulichkeit verloren hatten oder Unterstützung für ihr Kind brauchten. Fast alle Frauen, die vor dem städtischen Gericht auf Entschädigung klagten, erhielten diese auch zugesprochen, während vor dem geistlichen Gericht nur etwas mehr als die Hälfte der Klägerinnen erfolgreich waren (siehe die Tabellen 4.6 und 4.7).

Das reformierte Ehegericht hatte zwar den Rechtsanspruch auf förmliche Eheschließung nach vollzogenem Beischlaf abgeschafft. Gerade diese engere Verknüpfung sexueller Beziehung und Eheverpflichtung führte aber erstaunlicherweise dazu, daß sehr viel mehr Frauen vor dem städtischen Ehegericht als vor dem Offizialat auf Entschädigung klagten, ohne sich auf ein vorher gegebenes Eheversprechen zu beziehen.[90] In diesem Punkt hatte die Ratspolitik in Fragen der Ehe, der Ordnung des Haushalts und der Kontrolle der Sexualität genau die gewünschte Wirkung. Sie schrieb die Einmischung

Tabelle 4.6: Von Frauen vorgebrachte Entschädigungsklagen vor dem geistlichen und dem städtischen Ehegericht

	Geistliches Gericht 1535-36		Städtisches Ehegericht 1537-46	
	Anzahl	%	Anzahl	%
Nur Eheversprechen	86	43	21	21
Eheversprechen und verlorene Jungfräulichkeit	35	18	10	10
Eheversprechen, verlorene Jungfräulichkeit und Kindbett-Unterstützung	55	28	10	10
Eheversprechen und Kindbett-Unterstützung	–	0	1	1
Gesamtzahl der eingeklagten Eheverspechen	176	89	42	42
Nur Entschädigung für verlorene Jungfräulichkeit	2	1	19	19
Entschädigung für verlorene Jungfräulichkeit und Kindbett-Unterstützung	16	8	13	13
Nur Kindbett-Unterstützung	4	2	23	23
Gesamtzahl der Entschädigungsklagen ohne Eheversprechen	22	11	58	58
Gesamtzahl	198	100	100	100

Quelle: Ordinariatsarchiv, Augsburg, Prot. des bischöflichen Konsistoriums 1535-36; StadtAA, Reichsstadt, Ehegerichtsbuch 1537-46.

Tabelle 4.7: Urteile in Entschädigungsfällen vor dem geistlichen und dem städtischen Ehegericht

	Geistliches Gericht vor der Reformation 1535-36		Städtisches Ehegericht nach der Reformation 1537-46	
	Zugebilligt	Verweigert	Zugebilligt	Verweigert
Nur verlorene Jungfräulichkeit	21	16	24	5
Verlorene Jungfräulichkeit und Kindbett-Unterstützung	33	38	23	–
Nur Kindbett-Unterstützung	4	–	21	6
Zahlungsgrund unklar	–	–	3	–
Insgesamt	58	54	71	11

Quelle: Ordinariatsarchiv, Augsburg, Prot. des bischöflichen Konsistoriums 1535-36; StadtAA, Reichsstadt, Ehegerichtsbuch 1537-46.

der städtischen Obrigkeit in die Heiratskontrolle fest und trennte zugleich die dauerhaften, ordentlich geschlossenen Ehen, die der Rat befördern wollte, scharf von den privaten, umstrittenen Eheversprechen und den unzulässigen sexuellen Beziehungen mit ihrem verworrenen, undurchschaubaren Knäuel von Behauptungen und Gegenreden.

Die Betonung der notwendigen Zustimmung der Eltern zur Heirat war indes nur der Kernpunkt eines sehr viel weiter gespannten Feldzugs, um das Institut der Ehe den Erfordernissen der stadtbürgerlichen Gesellschaft unterzuordnen. Durch die zwischen der elterlichen Gewalt und der städtischen Obrigkeit gezogene Analogie war es einfach, vom Appell, Kinder müßten bei der Partnerwahl ihren Eltern gehorchen, zu dem Argument überzugehen, die Bürger müßten ihre Wahl der Ehepartner von der städtischen Obrigkeit überprüfen lassen. Bezeichnenderweise ließ der Rat auf seine Klage, die liederlichen, leichtfertigen Heiraten junger Leute seien für das wirtschaftliche und soziale Elend der Stadt verantwortlich, den Angriff auf das folgen, was »noch beschwerlicher vnd vnleidenlicher« war, nämlich daß sie »one Vatter, Muetter, Jrer vormunder oder freundt. Rat wissen vnd willen« heirateten. Das seien die Leute, fuhr der Rat fort, die »one alle scheu oder scham. offenlich vernemen vnd hören lassen, ain E. Rat muesse Sy, im Spital oder Allmuesen seckhen, mit weib vnd khindern fueren, vnd erhalten«.[91] Auf diese Weise wurden diejenigen, die ohne Erlaubnis heirateten, mit denen gleichgesetzt, die sich weigerten zu arbeiten, Almosen erschlichen und sich gegen das Gemeinwohl vergingen. Als ein ausführlicher Fragebogen für die »gemeinen Leute«, die in Augsburg heiraten wollten, ausgearbeitet wurde, enthielt dieser nicht nur Fragen über den Besitz und die beruflichen Fertigkeiten des Paares, erfragt wurde auch, ob sie die Erlaubnis der Eltern zur Heirat hatten oder nicht.[92] So betrieb der Rat vor der Veröffentlichung der Bestimmungen des Trienter Konzils zu Heirat und Ehe, aber lange nach der Wiedereinführung des Katholizismus in der Stadt (1548) eine Politik hinsichtlich der Gültigkeit der Ehe, die der katholischen Lehrmeinung völlig widersprach. Sie bezog ihre Kraft aus einer Auffassung von der Ehe, die ihren vollständigsten Ausdruck in den Jahren der Reformation gefunden hatte, als die evangelischen Strömungen trotz unterschiedlicher – religiöser oder stadtbürgerlicher – Akzente in der Argumentation darauf hingearbeitet hatten, die wirksame Kontrolle von Ehe und Heirat durch die weltliche Obrigkeit zu rechtfertigen und mit einer sakralen Aura zu umgeben.

Aber diese Politik wurde nicht einfach vom Rat einem widerspenstigen Volk aufgezwungen.[93] Die Anziehungskraft einer derartigen Vision ging sehr tief, denn sie rührte an die Sehnsucht nach einer wohlgeordneten städtischen Welt, in der die Unterschiede zwischen den Aufgaben und Pflichten von Mann und Frau klar bestimmt waren. In einer solchen Welt hing die Sicherung der »Nahrung« eines jeden Haushalts davon ab, daß jedes Haushaltsmitglied seine Pflichten korrekt erfüllte: der Mann mußte sein Handwerk verrichten, die Frau ihm beistehen und gehorchen, für aller Leib und Wohl sorgen. Daß es im Alltag hart war, sein Leben zu fristen, und daß ein einwandfreier Lebenswandel keine ökonomische Sicherheit garantierte, nahm dem Mythos nichts von seiner Verführungskraft. Und obwohl die Hochzeitszeremonie den Frauen keineswegs verborgen hielt, daß die Ehe Gehorsam bedeutete und oft schwierig, mühselig und hart war, verhieß der Hafen der Ehe doch gleichzeitig auch Schutz und Sicherheit. Die Worte, die in der Hochzeitspredigt wie in der Ermahnung des Rats erklangen – Hausfrieden, Freundschaft, geziemender Gehorsam – beschworen ein Gefühl von Wärme und Geborgenheit. Die Unterschiede zwischen den Geschlechtern mochten als Garant individueller und gesellschaftlicher Eintracht empfunden werden. Diese Beschwörung der Ordnung konnte nicht nur beim Rat oder den niedergelassenen Handwerkern Anklang finden, deren Interessen sie ganz offensichtlich diente, sondern auch bei den Ausgeschlossenen, die nichts sehnlicher wünschten als ihre Aufnahme in eine imaginäre Gemeinschaft, in eine vollkommene Stadt.

FÜNFTES KAPITEL

Sittenzucht und Ehezwist

Die Ehe stand im Zentrum der neuen reformierten Ordnung, doch gerade in der Ehe gab es häufig Zank und Streit, und es waren Eheleute, die sich in den Augen des Rats oft höchst ungebührlich betrugen. Im Institut der Ehe wollte der Magistrat die natürliche, komplementäre Hierarchie von Männlichkeit und Weiblichkeit am tiefsten verankern. So heißt es in der Zuchtordnung in paulinischen Worten, daß die »Eegemahel beyainander in der forcht Gottes / hôchster liebe vnd ainigkeit leben / Ja ain Mensch sein / also / das der Man das Weib / wie sich selbs / lieben / Vnd herwiderumb / das Weib den Man / als jr haupt / vorraugen haben / vnd fôrchten sollen«.[1] Welche zentrale Rolle aber die Ehe in der Vorstellung des Rats von der rechten Ordnung einnehmen mochte und welchen Symbolwert sie in der Sittenlehre des evangelischen Glaubens auch hatte – die Ratspolitik in Ehefragen war uneinheitlich und widersprüchlich, ihre praktische Umsetzung konfus.

Da die Ehe in einer auf Haushalt und Werkstatt beruhenden Kultur, die den Meister vom Gesellen und die Hausherrin vom Gesinde unterschied, so eng mit dem sozialen Status und der sozialen Hierarchie verbunden war, bildete die wohlgeordnete Ehe den entscheidenden Baustein für die gesellschaftliche Ordnung. Im Alltag aber, wenn der Rat über die unzähligen Ehestreitigkeiten zu Gericht saß, sah es anders aus: da schlugen Ehemänner ihre Frauen, Frauen beschimpften ihre Ehemänner, es gab Männer, die ihren Frauen nicht wie »zimblich Ir leibliche narung geben« wollten oder das Geld vertranken. Die alltäglichen Erfahrungen des Rats ließen von seinem Idealbild der natürlichen Autorität des Hausvaters und des untertänigen und gehorsamen Weibs nicht mehr viel übrig. Schlimmer noch, der Rat untergrub mit seiner Spruchpraxis sein eigenes Idealbild von der rechten Ehe .

Dieser Widerspruch zwischen Wunschbild und Wirklichkeit legt entscheidende politische Zwangslagen im Augsburg der 1530er und 1540er Jahre offen. In dieser Zeit lavierte der Rat in seinem politischen Selbstverständnis zwischen einem obrigkeitlichen und einem gemeindlichen Verständnis seiner Macht. Als er nun selbst die Aufgabe übernahm, Eheleute für liederliches Betragen zu bestrafen, und insbesondere, als er begann, Ehemänner und Meister zu bestrafen, drohte seine Einmischung in Haushalt und Ehe das mühsam geschlossene bruderschaftliche Bündnis zwischen dem Rat und den zünftigen Handwerkern zu zerbrechen. Die Ehe war vermutlich der gemeinsame moralische Nenner zwischen Rat und Zünften, aber zugleich auch das Thema, an dem die schärfsten Differenzen zwischen ihnen sichtbar wurden.

DER RAT ALS EHERICHTER

Das Durcheinander in der Ehepolitik des Rats entstand zum Teil dadurch, daß sich diese Politik auf unterschiedliche, ja miteinander unvereinbare Traditionen bezog. Über Ehestreitigkeiten urteilten ursprünglich verschiedene Instanzen, die Kirche und die Zünfte ebenso wie der Rat. Auch Nachbarn oder bekannte Ratsherren hatten zuweilen als informelle Schlichter fungiert. 1537, nachdem der Augsburger Rat die Gerichtsbarkeit von den geistlichen Gerichten übernommen hatte, versuchte er (wie zuvor andere Bereiche des sexuellen und sozialen Lebens) auch die Überwachung von Heirat und Ehe neu zu ordnen. Wie andere evangelische Magistrate in Oberdeutschland und in der Eidgenossenschaft richtete er ein Ehegericht ein und erlaubte unter bestimmten Bedingungen die Scheidung.[2] Bei Ehestreitigkeiten war jedoch die Kontrolle nicht so einfach. Die Ratspolitik in Ehefragen schwankte unschlüssig zwischen drei verschiedenen Vorstellungen von der Ehe: der überkommenen religiösen Sicht, welche die Ehe als sexuelle Vereinigung betonte; einer von den Zünften beeinflußten Auffassung von der Ehe, in deren Zentrum die gemeinsame Arbeit, die Ehre und die Beziehungen in Werkstatt und Laden standen; und schließlich seiner eigenen pragmatischen Tradition des Schlichtens von Ehezwist und Besitzstreitigkeiten, bei dem praktische Erwägungen es zuweilen unabdingbar machten, eine »Scheidung« von Eheleuten zu dulden, die einfach nicht mehr zusammenleben konnten.

Diese Vermengung unterschiedlicher Traditionsstränge wird augenfällig in der Gesetzgebung über Ehestreitigkeiten. Alle Traditionen stimmten darin überein, daß Ehebruch eine Sünde sei, und als solche wurde sie in der Zuchtordnung von 1537 angeprangert (als »gottloses Übel«) und mit vier Wochen Gefängnis bestraft (von denen drei in eine hohe Geldstrafe umgewandelt werden konnten). Diese Strafbestimmung spiegelte die ältere zünftische Sicht des Ehebruchs als einer öffentlichen Sünde wider: sie mußte bestraft werden, weil sie die Beziehungen innerhalb des Haushalts zerrüttete. War aber der Fehltritt gesühnt, sollte das Paar wieder in Frieden zusammenleben und arbeiten. Die evangelische Theologie vertrat jedoch eine etwas andere Auffassung. Für evangelische Theologen wie Martin Bucer, der den Rat bei der Ausarbeitung der Zuchtordnung beriet, war die sexuelle Vereinigung die Grundlage der Ehe. Der Ehebruch zerriß diese Bande ein für allemal, selbst wenn derjenige, dem Unrecht getan worden war, seinem Ehepartner vergeben sollte. Diese Auffassung ging in das neue städtische Eherecht ein: Ehebruch war nunmehr nicht nur (wie für die geistlichen Gerichte vor der Reformation) ein Grund für die Trennung der Eheleute, sondern ein Scheidungsgrund – eine Möglichkeit, die in der Zuchtordnung jedoch vorsichtigerweise nicht erwähnt wurde.

Ehebruch war eine Sünde und stand auf einer Stufe mit Fornikation und Gotteslästerung. So eindeutig und klar konnte die Zuchtordnung jedoch nicht zu den anderen Faktoren Stellung beziehen, durch die aus einer rechten eine liederliche Ehe werden konnte. Wie immer der Rat die Tat auch definieren mochte, sich gegen »die Stellung und Pflichten von Eheleuten« zu vergehen war weder ein Verbrechen noch recht eigentlich eine Sünde. Während ein gehörnter Ehemann theoretisch die Scheidung erwirken konnte und damit die Möglichkeit, sich wieder zu verheiraten, hatte der Ehepartner, dessen Gatte nur »ungehorsam« oder gewalttätig war oder sich »ungebührlich benahm«, nicht die geringste Handhabe, die Scheidung zu erlangen. Der Grund dafür lag zum Teil darin, daß in die Rechtsprechung des Rats die Grundsätze des kanonischen Rechts eingegangen waren. Dieses erkannte »normale« Gewalt im Haus nicht als Trennungsgrund an, noch weniger einen einfachen Verstoß gegen die Regeln eines einträchtigen Ehelebens. Gleichzeitig arbeitete der Rat jedoch mit weltlichen Charakterisierungen wie »fried«, »[un]pillich«, »[un]recht« und »sich geburlich halten« und machte damit deutlich, daß er nicht nur (wie bisher) bei zerrütteten Ehen einzugreifen gedachte, sondern schon bei »Liederlichkeit«. Im Unterschied zu Ehebruch, Prostitution oder Gotteslästerung, bei denen es sich eindeutig um eine Sünde handelte und die Strafe feststand, gab es für liederliche Ehen keine allgemeingültigen rechtlichen Regelungen. Ein Urteil konnten nur unter Berücksichtigung der jeweiligen Umstände und des Verhaltens jedes einzelnen Ehemannes und jeder einzelnen Ehefrau gefällt werden.

In den Augen des Rats war die Ursache für Ehezwist, daß der eine oder der andere Ehepartner sich böswillig gegen die natürliche Ordnung in der Ehe verging. Genauso wie der Magistrat Prostituierte, ihre Eltern und die

Kupplerinnen nach dem ersten Mal ausfragte, bei dem sie vom rechten Weg abgekommen waren und dann von ihnen verlangte, alle begangenen Verbrechen oder Sünden zu bekennen, genauso nahm er bei einem Ehestreit an, konkrete Verfehlungen und tadelnswerte Handlungen hätten ihn ausgelöst und seien für liederliche Ehen verantwortlich. So bezeichnete er in seiner Ordnung von 1537 derartiges Verhalten als »unrecht« (ein aufschlußreiches Wort, das einen eher juristischen als moralischen Beigeschmack hat). Er warnte die ihm untergebenen Bürger davor, eine jener Taten zu begehen, die seiner Meinung nach zu liederlichen Ehen führten, und drohte allen Eheleuten, die sich in der Ehe etwas zuschulden kommen ließen, mit angemessener Bestrafung. Ein solches Verständnis des menschlichen Fehlverhaltens als korrigierbarer Fehltritt ließ sich kaum mit Luthers Auffassung von der unausrottbaren Sündhaftigkeit des Menschen vereinbaren. Sie konnte sich aber sowohl auf das ältere Herkommen mit seiner Betonung bürgerlicher Anständigkeit stützen als auch auf die Morallehre Martin Bucers – natürlich übertragen vom Bucerschen Modell der Kirchenzucht zu einer Sittenzucht, die fest in den Händen der weltlichen Obrigkeit lag.[3] Der Zuchtordnung von 1537 lag eine durch und durch weltliche Auffassung darüber zugrunde, wann eine Ehe zerrüttet sei und aus welchen Gründen. Diese ließ sich nur schwer mit den rechtlichen Kategorien in Einklang bringen, mit denen das vom Rat selbst eingesetzte Ehegericht arbeitete. Die von der Zuchtordnung skizzierte Bandbreite des Fehlverhaltens in der Ehe war sehr viel größer. Ein Ehemann wurde bestraft, wenn er seine Frau verließ »oder Sy sunst in annder weg / vnchristlich / vngebührlich halten / oder mit jr handeln wurd«. Für die Frauen wurde ein ganzer Katalog aufgeführt: »Wa ain Weib jrem Man nit wolt in aller gehorsame vnd liebe vnnderthänig sein / jr Haussgesind vnd kind / helffen [...] oder etwas wider jres Mans Person Gůt / Ere / oder leib fürnemen / oder sich sunst vngebürlich vnd sträflich halten wurde [...]«.[4] Das Verhalten der Frau wurde also mit sehr viel mehr Verboten; sie legten die entscheidende Pflicht der Ehefrau zum Gehorsam umfassend und in alle Richtungen aus. Selbst das Hab und Gut des Ehemanns war für sie unantastbar, während ihrem eigenen Besitz kein Schutz gewährt wurde.

Eine Ehe wurde mithin durch deutlich festmachbares Fehlverhalten zu einer liederlichen Ehe, aber diese Fehltritte waren keine Verbrechen. Von Ehebrechern einmal abgesehen, ließen sich Missetäter in der Ehe schwieriger identifizieren als Prostituierte oder Diebe, und ein solcher Übeltäter konnte nicht in der gleichen Weise als Ausbund von Verruchtheit an den Pranger gestellt oder, um dem Gesetz Genüge zu tun, aus der Stadt gewiesen werden. Die meisten wegen Fehlverhaltens vorgeladenen Paare wurden nur verwarnt, dann wurden sie »widerumb zusammengesprochen« in einer Art weltlicher Wiederholung der kirchlichen Trauung, bei der ein Priester das Paar »zusammensprach«. Diejenigen, deren Betragen in der Ehe so unerträglich war, daß sie vielleicht an den Pranger gestellt und der Stadt verwiesen wurden, wie der jähzornige Gregori Frei Weisser, waren notorische Störenfriede. Ihre maßlose Rohheit war eher eine peinlich getreue Parodie auf das rechte Betragen des Hausvaters als das Verhalten eines wirklichen, psychopathischen Gewaltverbrechers.

Der Chronist Jörg Preu spickte seine Aufzeichnungen zwar regelmäßig mit den Namen und den Geschichten von Ehebrechern, Prostituierten und Kupplerinnen, die aus der Stadt gewiesen wurden, aber gewalttätige Ehemänner erwähnte er nicht. Ihre Verbannung war für die Stadt eher peinlich, keine reinigende Tat, und ihre Geschichten waren kein pikanter Stoff für eine Chronik.

Folglich wurde im Gegensatz zur Tendenz der Ratspolitik in allen anderen Bereichen der Policey und Sittenzucht die Überwachung liederlicher Ehen durch die Zuchtordnung in der Praxis sehr viel unüberschaubarer und unklarer. Die streitenden Parteien konnten – wie bisher – zu den Einungern gehen (eine Schlichtungsinstanz für kleinere Streitfälle) oder zum neugeschaffenen Ehegericht, sie konnten sich an die Zuchtherren wenden oder aber direkt an den Rat.[5] Dieses unsystematische Nebeneinander von Instanzen spiegelt die Unschlüssigkeit des Magistrats in der Frage wider, was liederliches Betragen in der Ehe eigentlich war: eine Sünde, ein Verbrechen, ein läßliches Vergehen, das mit einem Tadel abgegolten werden konnte, oder aber eine schwerwiegende Verfehlung, die mit einem richterlichen Urteil geahndet werden mußte. Wie dem auch sei, eifrige Bürgermeister setzten weiterhin regelmäßig Vergleiche auf und schlichteten weiterhin zwischen streitenden Eheleuten auf einer weniger förmlichen Grundlage. So wurde die Beilegung von Ehezwist zur ständigen Aufgabe aller möglichen städtischen Gremien und Amtsträger und nahm die Arbeitskraft und Zeit der wichtigsten städtischen Beamten in Beschlag.

Das Durcheinander der Instanzen spiegelt sich auch darin, wann und in welcher Absicht Männer und Frauen sich an die vorhandenen Gremien wandten. Die betrogenen Ehepartner sorgten zwar dafür, daß der Ehemann oder die Ehefrau vor dem Rat zu erscheinen hatte und wegen Ehebruch bestraft wurde. Nur eine Handvoll jedoch brachte den schuldigen Ehepartner vor das Ehegericht und erwirkte die Auflösung der Ehe – was sie nach der evangelischen Theologie der Ehe und nach dem weltlichen Eherecht hätten tun können. Die meisten beschieden sich mit der ihrem Partner auferlegten Strafe, versorgten ihn im Gefängnis mit Speis und Trank und betrieben nach der Verbüßung der Strafe weiter zusammen mit dem Ehepartner eine Werkstatt. Andererseits zogen unzählige Eheleute vor das Ehegericht, klagten auf Scheidung, obwohl sie nur Rohheit und liederliches Betragen vorbringen konnten, die vom Ehegericht einfach nicht als ausreichende Scheidungsgründe anerkannt wurden. Neben Ehebruch war nur eine Klage wegen böswilligen Verlassens zulässig, und dies erst dann, wenn es sich um eine mindestens mehrjährige Abwesenheit handelte. Dieser Einsatz der verfügbaren Rechtsmittel deutet nicht so sehr auf eine notorische Unkenntnis des Scheidungsrechts hin, sondern eher darauf, daß die Kläger etwas anderes anstrebten – einen Neuanfang ihrer Beziehung, unterstützt durch die Zwangsmittel der Ratsobrigkeit.

Die liederlichen Ehen kosteten den Rat so viel Zeit (sie beschäftigten sogar die beiden Bürgermeister) und gaben so viel Anlaß zu Streit, weil sie offenlegten, daß die Ehe bei weitem nicht der erträumte Garant der Eintracht in Haus und Werkstatt war, sondern vielmehr eine ihrem Wesen nach unbeständige Verbindung. Der Streit in der Ehe brachte den ungleichen Status von männlichen und weiblichen Interessen an den Tag und machte deutlich, auf welch tönernen Füßen die in den Augen des Rats natürliche, komplementäre Rangordnung von Mann und Frau stand. Einmal sprach der Rat in paulinischen Worten von Mann und Frau als einem Fleisch, im nächsten Atemzug jedoch griff er zu einem anderen Bibelwort und stellte sie als Haupt und Körper dar, als rangmäßig verschiedene Glieder. Bei anderer Gelegenheit sprach der Rat davon, daß Hab und Gut der Eheleute beiden gemeinsam gehörten (wenn auch unter der Kontrolle des Ehemannes), sie ihre Arbeit gemeinsam verrichteten und deren Früchte miteinander verzehrten. Dabei wurden die an sich schon unklar bestimmten unterschiedlichen Aufgaben von Mann und Frau in einer einheitlichen Vorstellung von der *Nahrung* verschmolzen, die ganz bewußt nicht zwischen männlicher und weiblicher Arbeit unterschied. Durch sein Eingreifen in die Beziehungen zwischen liederlichen Eheleuten war der Rat gezwungen, die Ungleichheiten zwischen Ehemann und Ehefrau aufzudecken. Je mehr er die Frau lehren wollte, wie sie nun ihrem Mann dabei helfen sollte, der Werkstatt die Nahrung zu sichern, um so stärker bestimmte er ihre Arbeit als eine von der ihres Mannes deutlich unterschiedene Tätigkeit. Je nachdrücklicher der Magistrat dem Ehemann befahl, »sein gwin« gerecht mit seiner Frau »zu teilen«, um so offensichtlicher wurde, daß die Frauen nicht die gleiche Verfügungsgewalt über Geld und materielle Güter besaßen wie die Männer.

Als die Zuchtordnung von 1537 die Aufgabe des Rats dem feudalen Verständnis von Schutz und Schirm entsprechend als die Pflicht bestimmte, die ihm untergebenen Bürger »zu schützen«, mußte dieses obrigkeitliche Verständnis das bruderschaftliche Bündnis des Rats mit den zünftigen Handwerkern sprengen. Statt seine Autorität aus dem genossenschaftlichen Zusammenschluß von Zunftbürgern und Wählern abzuleiten und als gemeindliche zu verstehen, sah sich der Rat selbst als eine Obrigkeit, die wie die anderen feudalen Gewalten außerhalb der Stadt die Pflicht hatten, die Schwachen zu schützen. In der Ehe war aber der schwächere Teil nur allzu oft die Ehefrau; das Eingreifen des Rats in Ehekonflikte führte dazu, mit seiner Autorität zwischen den Meister und Hausvater und dessen Ehefrau zu treten – eine Einmischung, die von den zünftigen Handwerkern ganz und gar nicht gern gesehen wurde. Der Haushalt, der doch die unantastbare Grundeinheit der Stadtgesellschaft bilden sollte, wurde zum Feld der Nachforschungen und Ermittlungen des Rats. Die natürliche Hierarchie patriarchalischer Beziehungen wurde als keineswegs naturgegebenes Menschenwerk und als zuweilen höchst ungerecht entlarvt. Und die Rede von dem »einen Fleisch«, das die Eheleute bilden sollten, entpuppte sich als beschönigendes Blendwerk, das die reale Ungleichheit in den Beziehungen zwischen Mann und Frau verdeckte.

Mochte sich der Rat auch sträuben, die verschiedenen Formen liederlichen Verhaltens in der Ehe genauer zu bestimmen und nach Kategorien zu ordnen, die Flut der ihm vorgebrachten Fälle konfrontierte den Magistrat mit immer gleichen Anklagepunkten. Sie drehten sich hauptsächlich um die Beziehungen in der Werkstatt, die Verfügungsgewalt über das Geld, das sexuelle Verhalten, Ehebruch und Gewalttätigkeit. Diese Themen waren der springende Punkt des Machtgefälles zwischen Mann und Frau.

Trinken, Arbeit und Geld

Bernhart Hartman nahm einen »steckhenn, darinnen sey ein nagel gesteckht«, gab seiner Frau damit »etlich straich« und ohne nachzuschauen, ob er sie verletzt hatte, ließ er sie blutend zurück, schwang sich auf sein Pferd und verließ die Stadt. Er wurde vor den Rat geladen und sollte erklären, warum er das Blutvergießen nicht gemeldet hatte, wie es bei jeder blutigen Rauferei Pflicht war. Hartmann gab nun seine Version des Streits und des vorausgegangenen Wortwechsels. Er habe nach dem »steckhenn« gegriffen, weil sie ihn zuvor einen Spitzbuben, Dieb und Halunken genannt und einen Topf nach ihm geworfen habe. Er stellte seine Vergeltungsaktion zum Teil als gerechte Bestrafung dar, argumentierte aber andererseits damit, er »hab sich also Leybs not weren muessen«: sie habe ihn gepackt, in eine Ecke gezogen, so in die Schamteile getreten, daß diese immer noch geschwollen seien, und so festgehalten, daß ein Nachbar sie habe auseinanderbringen müssen. Vom Rat gefragt, ob er sie nicht etwa habe umbringen wollen – schließlich sei er weggelaufen, ohne nach ihrer Verletzung zu schauen – und ob er etwa nicht gesagt habe, er würde sie am liebsten totschlagen, leugnete er die Tötungsabsicht und behauptete, er könne sich nicht mehr erinnern, was er gesagt habe. Sicherlich, gab er zu, habe er bei Tisch einiges getrunken; aber er verlangte, es sollten Zeugen gehört werden, die seine Version der Geschichte bestätigen würden. Er fügte hinzu, er sei früher schon einmal nach Hause gekommen, da sei seine Frau nicht daheim und die Betten und fast der ganze Hausrat verschwunden und verkauft gewesen. Und er bekräftigte, er habe ihr wohl Geld gegeben, um Fleisch und Brot zu kaufen, doch sie habe ihn die Einkäufe machen lassen. Er beendete seine Aussage mit den markigen Worten, er wolle auf keinen Fall mehr mit seiner Frau zusammenbleiben, weil sie einen so üblen Lebenswandel habe.[6]

Für Hartman, der seine äußerst brutalen Schläge so heftig verteidigte (obwohl er zögerte, sie ausschließlich als Teil seiner hausväterlichen Pflicht hinzustellen, seine Frau für ihre böse Zunge zu bestrafen), war der Grund für seinen Wutausbruch die verbale und physische Gewalttätigkeit seiner Frau und ein schon länger schwelender Streit um Geld und Besitz. Obwohl ihr Streit in Hartmans spektakuläre Gewalttat mündete, war doch der Inhalt des Streits ganz alltäglich, und trotz ihrer Rohheit ähnelte seine Schilderung des Tathergangs in fast banaler Weise den Geschehnissen, die mit schöner Regelmäßigkeit vor den Rat getragen wurden. Wie gewöhnlich ging Trinken dem Streit voraus – und war für den Rat, wie man aus seinen Fragen ablesen kann, der Grund für die Handgreiflichkeiten. Wie Hartman betonte und dem Rat nahelegte, war der Hintergrund der Gewalttat, daß seine Frau zuvor Möbel und Hausrat aus dem Haus geschafft und verkauft hatte – eine Auflösung der Gütergemeinschaft, die er ihr nicht vergeben konnte und die immer noch an ihm nagte. Die Beleidigungen seiner Frau, die ihn als Spitzbuben, Dieb und Halunken beschimpft hatte, zogen seinen guten Ruf als rechtschaffener Bürger und fleißiger Handwerker in einem ehrbaren Gewerbe in den Schmutz. Zu Hartmans Gunsten zählte, daß er nach Aussage eines Zeugen »ain grober fromer Mensch« war, der »sein heislin bisheer gepessert das sein weder verspillt Noch verdruncken« hatte. Der Zeuge hatte »auch khain mangl gesehen. den er seiner hausfrawen gelassen«.[7] Diese Aussage zu seiner Verteidigung zählte genau das auf, was Handwerker und Magistrat gleichermaßen als die Pflichten eines verheirateten Mannes ansahen.

Am Ende wurden Hartman und seine Frau – wegen ihrer »turbulenten Ehe« dem Rat wohlbekannt – zwar ein weiteres Mal ermahnt, sie sollten in ehelicher Eintracht getreulich zusammenleben, doch die Zeugenaussagen und die wiederholten Moralpredigten bestätigten nicht das positive Wunschbild vom friedlichen Zusammenleben eines Ehepaares in seinem Haus. Sie legten vielmehr die tiefgreifenden und oft unlösbaren Konflikte zwischen Mann und Frau offen, die zu diesem blutigen Streit geführt hatten. Hartman hatte sich geweigert, seiner Frau Geld zu geben, damit sie Brot und Fleisch kaufen konnte. Damit war die bis zum letzten Löffel reichende Zwiespältigkeit in den ehelichen Besitzverhältnissen angesprochen. Denn theoretisch gehörte zwar das Hab und Gut der Eheleute beiden gemeinsam, aber es war in Wirklichkeit der Ehemann, der den Besitz verwaltete und über ihn verfügte. Diese Ambiguität konnte zu erbittertem Rechtsstreit führen, wenn einer der Eheleute – wie vielleicht Hartmans Frau – schon einmal verheiratet gewesen war. So klagte eine der von ihr beigebrachten Zeugen: »zu dem er auch Jn dem Jrn Syzt nymbt die haußzins ein, vnnd gibt Jr nichtz dauon«. Hartmans Frau zufolge hatte der Streit nicht mit ihren Beleidigungen begonnen, sondern mit Hartmans Verlangen, sie solle ihm Geld geben – wo sie doch keines besaß. Um Geld und um die Kontrolle über das Bargeld drehte sich der Streit zwischen Mann und Frau. Er konnte nicht durch die vage und vieldeutige Formel vom gemeinsamen Besitz unter der Autorität des Ehemanns gelöst werden.

Wie in Hartmans Fall endete dieser Widerstreit der Meinungen zuweilen in der buchstäblichen Auflösung des gemeinsamen ehelichen Besitzes. Der Mann oder die Frau begannen damit, alle Wertsachen aus dem Haus zu schaffen. Damit erklärte man auf dramatische Weise, daß man jedes Vertrauen in die Fähigkeit des anderen verloren hatte, für den Lebensunterhalt zu sorgen und zu wirtschaften. Vor allem Frauen griffen zu dieser Taktik und räumten wie Bernhart Hartmans Frau das Haus leer, nahmen die Betten, Bettwäsche, Töpfe und Pfannen, Geschirr und alles mit, was sich versetzen ließ.[8] Diese Gegenstände waren oft der Teil des ehelichen Besitzes, den die Frau als Teil ihrer Mitgift in die Ehe mitgebracht hatte. Sie standen ganz handfest und greifbar für die Arbeit der Frau im Haushalt. Diese Trennungsbräuche deuten darauf hin, daß es neben der Ideologie vom gemeinsamen Besitz in der Ehe eine andere, stillschweigende und unausrottbare Auffassung gab, wonach manche Güter dem Mann, andere Besitztümer und Gegenstände dagegen der Frau gehörten – selbst im Handwerkermilieu, in dem es keine vertraglich vorbehaltenen Besitztümer gab und eigentlich alles beiden Eheleuten gemeinsam gehörte.

Der Rat war bei jedem Anzeichen von Verschwendung alarmiert, welche die Wirtschaft der Stadt untergraben und deren in seinen Augen begrenzte Ressourcen vergeuden könnte. Folglich wurde die Frage der Kontrolle des

Mannes über den gemeinsamen Besitz dann höchst ärgerlich und peinlich, wenn Ehemänner ihr Hab und Gut verschwendeten. Der Magistrat, der sich schwer damit tat, männliche Autorität einzuschränken, war sehr vorsichtig damit, Männern, die sich als unfähig erwiesen hatten, ihre finanziellen Angelegenheiten zu regeln, die Kontrolle über die Finanzen zu entziehen. Selbst wenn der persönliche Besitz der Frau von einem skrupellosen Ehemann verschleudert wurde, und selbst wenn die Familie der Frau mächtig genug war, den Rat aufzufordern, gegen den Ehemann vorzugehen, zögerte dieser einzugreifen. Gewöhnlich ermahnte er nur die Eheleute, nicht über ihre Möglichkeiten zu leben. Sperrte die Familie der Frau den Zugriff des Mannes auf die Mitgift, versuchte der Rat normalerweise, eine gütliche Einigung herbeizuführen, wobei der Ehemann die Kontrolle über das Geld erhielt, aber versprechen mußte, vernünftig damit umzugehen.[9]

Manchmal war jedoch der Abscheu des Rats vor verschwenderischen Männern, jenen sozialen Parias, die er (zusammen mit den Faulenzern und Arbeitsscheuen) weitgehend für die Armut in der Stadt verantwortlich machte, stärker als seine Unterstützung der Autorität des Hausvaters. Ehemännern wie Bernhart Hartman wurde tatsächlich befohlen, ihren Ehefrauen ein festgelegtes Haushaltsgeld zu geben, eine einschneidende Einschränkung ihrer Verfügungsgewalt über das Haushaltseinkommen. Kein geringerer als der geizige Patrizier Doktor Ambrosi Jung wurde angewiesen, seiner Frau zwei Gulden pro Woche zu geben, damit diese »prot, fleisch vnd visch kauffen vnd also die kuchen vnderhalten« könne.[10] In anderen Fällen, wenn beim Ehemann Hopfen und Malz verloren schien, bestand die Strafe des Magistrats darin, der Frau die Verfügungsgewalt über die Einkünfte und den Besitz der Eheleute zuzusprechen. Durch die Ausweisung eines Taugenichts schränkte der Rat in der Tat dessen Möglichkeiten ein, den Haushalt in seiner materiellen Existenz zugrunde zu richten – und dazu, dies war den Bürgern wie dem Rat klar, würde es unausweichlich kommen. Jorg Pawhof wurde vom Rat schließlich aus der Stadt verbannt – ein Versuch, das zu retten, was vom Besitz noch übriggeblieben war.[11] Gregori Frei Weisser, dessen Frau der Rat zustimmend als ein »fromb arbaitsam vnnd ainfeltig weib« bezeichnete, wurde am Ende wegen seines gotteslästerlichen, verschwenderischen und sonstigen liederlichen Lebenswandels aus der Stadt gewiesen. Damit wurde die Ehe faktisch aufgelöst und die Frau erhielt die wenigen noch verbliebenen Besitztümer. Doch dies war eine einschneidende und seltene Lösung, und der Rat war darauf bedacht, seine Unterstützung der Frau in diesem Fall sorgsam damit zu begründen, daß acht ehrbare Männer gegen Gregori Frei Weisser ausgesagt hätten.[12]

Für gewöhnlich bewirkten die frommen Ermahnungen der Obrigkeit freilich wenig: Bartholome Stierpaur, dem zuerst das Ehegericht, dann der Rat befohlen hatten, seiner Frau Haushaltsgeld zu geben, tat nichts dergleichen, sondern verlangte weiterhin Geld von ihr. Sie behauptete, er gebe ihr »nit mer dann ain pfennig Jns haus« und kaufe ihr manchmal nur ein halbes Pfund Schmalz für volle vierzehn Tage, und selbst das müsse sie ihm mit vielen Bitten abringen. Außerdem würde er, klagte sie dem Ehegericht, ihr gesamtes Hab und Gut verkaufen und ihr dabei kein Mitspracherecht einräumen, was er von rechts wegen nicht tun dürfe. Er sei, so behauptete sie, äußerst gewalttätig, schlage, trete und beschimpfe sie, »das Es ainem Vich (dem man Zuuor nichts zuessen geben will) geschweigen ainem menschen vnleydenlich ist«.[13] Abschließend bat sie das Gericht, es solle ihr »alls ain Cristenliche oberkait gnedigklich behelffen«, damit sie »auß sollichen Jammer, vnd Elend kome«. In diesem Fall verweigerte der Rat die Scheidung und tat nichts, um ihr Eigentum zu sichern oder sie selbst zu schützen. Wieder einmal drohte er mit der Verbannung, unternahm aber nichts und wiederholte seine wohlmeinenden Ratschläge an das Ehepaar – mit der Zeit fadenscheinig und hohl gewordene Moralpredigten.

Verantwortungsloser Umgang mit Geld war jedoch kein rein männliches Laster. In Äußerungen, die sich stark aus der alten, in der religiösen wie weltlichen Tradition lebendigen Verbindung von Frauen mit Lust und Luxus speisten, beklagten sich die Männer und der Magistrat über die Verschwendungslust und Arbeitsunwilligkeit der Frauen. Die Kritik entzündete sich insbesondere daran, daß Frauen ohne vorherige Erlaubnis ihrer Ehemänner Schulden machten – obgleich von Männern im umgekehrten Fall nicht verlangt wurde, daß sie die Zustimmung ihrer Frau einholen, bevor sie sich verschuldeten.[14] Für den Rat war dies eine äußerst schwerwiegende Form von Ungehorsam, bei der sowohl die Grundsätze weiblicher Unterordnung wie jene des sorgsamen Umgangs mit dem ehelichen Besitz mißachtet wurden. Ohne zu zögern befahl er einer solchen Frau, im Hause zu bleiben – er verhängte eine Art Hausarrest. Damit nahm er ihr die Bewegungsfreiheit, die sie nach seiner Ansicht mißbraucht hatte, indem sie Schulden gemacht hatte. Diese Haltung war doppelt widersprüchlich, weil die wirtschaftliche Tätigkeit der Frau von ihr verlangte, eine bestimmte Zeit außerhalb des Haushalts zu verbringen, und weil die weibliche Ökonomie auf einem Kreditsystem beruhte, in dem Frauen Habseligkeiten für kurze Zeit versetzten, Güter bis zum Verkauf lagerten und sogar Kleider ins Pfandhaus brachten, als Sicherheit für kleinere Anschaffungen und den Einkauf von Rohmaterial. Bei Männern war der Magistrat gelegentlich bereit, dies anzuerkennen, so daß unter Hausarrest stehende Männer davon befreit werden konnten, wenn ihre Arbeit verlangte, daß sie auf Reisen gingen.[15] Handwerker und

Rat waren also über Schulden machende Frauen einer Meinung, aber diese Übereinstimmung widersprach häufig der Lebenswirklichkeit in Handwerkerhaushalten.

Die zweite wesentliche Stütze der Eintracht in der Ehe war die gemeinsame Arbeit, die in einer gleichsam natürlichen Arbeitsteilung zwischen Mann und Frau aufgeteilt wurde. Abstrakt gesehen war dies klar und deutlich: die erste und hauptsächliche Domäne der Frau war das *Haushalten* im weitesten Sinne, der Mann dagegen hatte die Pflicht, für die Familie zu sorgen. Beim Ehestreit ging es häufig zunächst einmal darum, was eine Ehefrau oder ein Ehemann herkömmlicherweise zu tun hatte. Bartholome Seiz klagte, daß seine Frau sich weigere, für seine Freunde zu kochen, manchmal auch für ihn; er meinte, »es sej Jm Je nit leidlich, das Jne sein weib sin Essen vorhalten wolte«.[16] Ein anderer Ehemann verließ seine Frau, »vmb das sie baß lerne haußhalten«.[17] Ein dritter begründete die schlechte Behandlung seiner Frau mit dem vielsagenden Vorwurf, sie gebe ihm nie neue Bettlaken.[18] Diese Klagen wurden von den Ehemännern erhoben, weil in ihren Augen die Ehefrau ihre Pflicht versäumt hatte, und sie erwarteten, daß der Rat genauso dachte. Frauen dagegen verweigerten Dienste im Haushalt, wenn sie meinten, ihr Ehemann sorge nicht für die Familie. Margaret Schnitzer versuchte ihre Bigamie damit zu rechtfertigen, daß ihre erste Ehe faktisch nicht mehr existiere, »dann er Jr dem schlair ob dem kopff verthann. dazu Sy vnd Jre Khinder wo fromb leuth nit gewesen, hungers sterben lassen«.[19] Der Verkauf des Schleiers, der mit der Ehrbarkeit der Ehefrau eng verbunden war, machte augenfällig, daß die gegenseitige Verpflichtung aufgehoben war. Margaret Schnitzer gab ihrem Mann nichts zu essen und schloß das Brot vor ihm weg, weil sie und ihre Kinder quasi alleinstehend waren, von der Fürsorge lebten und dem vagabundierenden Ehemann nichts schuldeten. Doch diese Klagelieder zementierten nicht nur die Auffassung, die von Mann und Frau in der Ehe erwarteten Dienste seien »naturgegebene Aufgaben«. Derartige klischeehafte, je nach Geschlecht unterschiedliche Vorwürfe unterstützten eine Auffassung von den Pflichten im Ehestand, die sie nicht so sehr als natürliche Konsequenz der unterschiedlichen Natur von Mann und Frau ansah, sondern eher als Ausfluß einer Art geschäftlicher Vereinbarung zwischen den Geschlechtern, deren Bruch den anderen von seinen Verpflichtungen entband. Tatsächlich gab das Verhalten des Rats selbst in diesem Fall einer solchen Auffassung Nahrung: zwar verfolgte er Margaret Schnitzer wegen Bigamie, aber der Rat hatte den ersten Schritt getan, indem er ihren Ehemann nach einer langen Reihe von Verfehlungen und gescheiterten Versöhnungsversuchen aus der Stadt gewiesen und damit faktisch die Ehe beendet hatte.

Der erbitterte Streit über die Verteilung der Arbeit zwischen den Eheleuten konnte sogar den geschlechtsspezifischen Charakter der Arbeit selbst in Frage stellen. In einem langen und erbitterten Streit mit seiner Frau über verschiedene Dinge erboste Simon Streib anscheinend vor allem die Unwilligkeit seiner Frau zu »arbeiten«, d.h. ihm durch Flachsspinnen bei seiner Weberarbeit zu helfen. Ihre Weigerung behindere ihn bei seiner Arbeit und verlangsame den Arbeitsrhythmus. In seinen eigenen Worten: »Sein weib, well nichts arwaiten, noch Jme Jm haußhelffen, Sag auch offenlich sie hab Jn darumb genumen, das sie feirn vnd thuen mug was sie gelust.« »Damit Er sie aber schreckh, vnd zu einer arwait bring«, tat er so, als wolle er eines ihrer Kleidungsstücke verkaufen. Mit diesem Vorgehen zerstörte er symbolisch die Gütergemeinschaft als Vergeltung dafür, daß sie in seinen Augen ihrer Pflicht, die Last der Arbeit mit ihm zu teilen, nicht nachkam. Aus den Verhören und Zeugenaussagen geht indes hervor, daß Anna Streib in Wirklichkeit für eine ganze Schar von Kindern aus einer früheren Ehe sorgte, einen Haushalt führte, in dem mindestens fünf Erwachsene lebten, und darüber hinaus Streib bei der Arbeit half. Da die Arbeit im Haushalt »unsichtbar« war, konnte Streib seine Frau als faul ansehen. Die vage Formulierung der Aufgaben der Ehefrau – »Haushalten und Beistehen bei der Nahrung« – ließ unklar, wie nach Meinung von Mann und Frau die Aufgaben innerhalb des ehelichen Haushalts genau verteilt werden sollten. Die Kinder, die mit dem Mann um die Liebe der Frau wetteiferten und von der »richtigen« Arbeit ablenkten, wurden so zur Zielscheibe von Streibs Zorn: zum handgreiflichen Streit kam es, als er sich einfach die für ein krankes Kind bestimmte »besondere« Suppe schnappte und sie mit dem Argument selber verspeiste, ihm stünde das beste Essen und die größte Liebe zu, schließlich würde er das Geld nach Hause bringen.[20] Martin Horner schlug seine Frau, denn sie sei »ain pose hauserin [...] dann sie Jmmer dar mit der guncl auß geen vnd gellt zur Zech haben welle, das lig Jr mer an dann das haushalten«.[21] Zwar ging es im Streit von Bernhart Hartman hauptsächlich um den Besitz, aber untergründig spielte auch die Aufteilung der Arbeit eine Rolle. Der Streit darüber, wer über das Bargeld verfügen sollte, drehte sich auch darum, wer für den Einkauf der Lebensmittel verantwortlich war. Hartmans Entlastungszeuge stellte ihn als einen vorbildlichen, arbeitsamen und dem Glücksspiel abholden Handwerker dar. Eben diesen Ruf hatte nach Hartmans Aussage seine Frau beschmutzt, indem sie ihn als einen unehrlichen »Lauren, dieb, Bößwicht« beschimpfte, als einen »Verräter«, der den Tod verdiene und keinen Anspruch auf die politischen Rechte als Bürger und Wähler habe.

Die sehr unklar definierten Aufgaben der Frau im Haushalt, die Vermengung von Arbeit und Freizeit wird vielleicht am augenfälligsten in der

Spinnstube. Einerseits war dies eine Form gemeinsamer Heimarbeit – das Flicken und Ausbessern von Kleidern und Nähen von Kleidern für den Haushalt oder für andere Leute –, zugleich aber auch eine Form weiblicher Geselligkeit: die Spinnstube war auch ein Gesprächskreis. So wie sich die Frauen ausmalten, was die Männer in Schenken und Trinkstuben taten, so wurde umgekehrt die Spinnstube zum Ort männlicher Vorstellungen darüber, was Frauen wohl dort gemeinsam treiben mochten. Es ist nicht verwunderlich, daß dies oft sexuelle Phantasien waren und die Spinnstube als Ort galt, an dem unbeschreibliche Orgien gefeiert wurden: *Gunkelstube* war ein doppelsinniges Wort, das Spinnstube und/oder Bordell bedeuten konnte.[22] Wenn der Magistrat eine gewisse Sympathie für eine so überlastete Frau wie Anna Straib zeigte und ihrem Mann brüsk entgegnete, »Daß er clag vnnd sag sein weib sei faul vnd hauße vbel, das erfynnde sich auch nit, darumb sei es lautter mutwill vmb Jne«, so stellte er implizit den zünftischen Begriff der Arbeit in Frage, der Streib solches Selbstvertrauen gab und ihn so sicher machte, daß er seiner ehelichen Pflicht, für die Familie zu sorgen, voll und ganz nachkäme. Allerdings ging diese Revision des zünftischen Arbeitsbegriffs nicht sehr weit: der Rat war weniger geneigt, die Spinnstube von Martin Horners Ehefrau als Arbeit anzusehen, und scheint das Klagelied des Ehemannes akzeptiert zu haben.

Mißtrauen und Argwohn gegenüber der Arbeit von Frauen außer Haus und ihren Geselligkeitsformen waren der Grund, weshalb sich Wutausbrüche von Männern häufig daran entzündeten, wo und wie ihre Ehefrau den Tag verbracht hatte. Sie verübelten ihrer Frau, daß sie ohne ihre Erlaubnis das Haus verlassen oder daß sie umgekehrt Besucher (insbesondere männliche Besucher) ins Haus gelassen hatte, wenn ihr Mann nicht daheim war. Diese Dispute bezogen sich auf die Kontrolle des häuslichen und städtischen Raums und der Bewegung der Frauen in Haus und Stadtraum. Die Ehemänner erklärten ihr Verhalten damit, sie seien dagegen, daß eine Frau ohne Zustimmung ihres Mannes die Haustür öffne oder daß sie ein unabhängiges Leben außerhalb des Hauses führe. Weibliche Beschäftigungen galten immer als leichtsinnig, müßig oder – schlimmer noch – als sexuelle Ausschweifung, die unausweichliche Folge des Müßiggangs. Manchmal führte das zu ganz unvermittelten Ausbrüchen von Eifersucht und Neid: Steffan Karg sagte, er habe seine Frau geschlagen, als er das Barett sah, denn es symbolisiere für ihn ihr leichtfertiges, von ihren »gelusten« bestimmtes Leben und erinnere ihn daran, daß er wie ein Sklave zu der von ihm so verhaßten harten Arbeit gezwungen war.[23] Lucas Müller schlug seine Frau, weil sie eine bestimmte Zeit des Tages außer Haus verbrachte und dann (seiner Meinung nach) nicht arbeitete. Einmal, als sie ein paar goldene Knöpfe mitnahm und zum Nähen in das Haus von Doktor Marschalk ging, deutete Müller ihre lange Abwesenheit, ihre Ausstaffierung und insbesondere die goldenen Knöpfe als Beweis dafür, daß sie zu einem heimlichen Liebestreffen gegangen sei, und weigerte sich zu glauben, daß sie Marschalks Tochter das Sticken beigebracht habe. Er schlug sie so hart, »also das Jr das angesicht mit pluet vberrunnen«.[24] Hier vermischt sich die fixe Idee, eine Frau habe nur ihre Sexualität im Sinn, mit der Angstvorstellung, daß sich seine Frau außerhalb der Grenzen des Haushalts frei bewege – eine Freiheit, die er, an seine Arbeit als Gürtelmacher gefesselt, als liederliche Vergnügungssucht wahrnahm. Als er vom Rat verhört wurde, verlangte er wütend, man solle sie ein halbes Jahr bei ihrem Vetter behalten, damit sie »lerne hausen«. Männern fiel es schwer, sich ihre Ehefrauen nicht als sexuell verführbare, lustvolle Wesen vorzustellen. Doch machten gerade die ökonomischen Strukturen der Werkstatt es für Frauen unmöglich, mit den Kindern und Dienstmägden im Haus oder der Wohnung eingeschlossen zu bleiben, ja sie verlangten geradezu von ihnen, Besucher und Kunden zu empfangen, Arbeitskräfte einzustellen oder Waren zu verkaufen. In einer Kultur, die so stark die Sittsamkeit und Züchtigkeit der Ehefrau betonte, zugleich aber Frauen als launenhafte, unbeständige Wesen ansah, einer Kultur, die Geschichten, Bilder und Lieder liebte, die ausmalten, was Frauen in der Abwesenheit ihrer Ehemänner trieben,[25] in einer solchen Kultur konnte der doppelte Druck, den ein weibliches Arbeitsleben, das sich nicht hinter die Mauern des Hauses verbannen ließ, und die Vorstellung, nicht überwachte Frauen liefen Gefahr, sich einem ausschweifenden Leben hinzugeben, Männer dazu bringen, ihre vielfach bedrängte patriarchalische Autorität mit Gewalt durchsetzen zu wollen.

Der endlose Streit um das Geld und die Aufteilung der Arbeit zeigen die festverwurzelte Auffassung, daß die Arbeit und Kultur der Männer und die der Frauen völlig verschieden waren. So verschieden, daß sich der Zorn des Mannes oft als Angriff auf den Gegenstand äußerte, der – wie das Barett von Steffan Kargs Frau oder die goldenen Knöpfe der Ehefrau Lucas Müllers – sowohl Weiblichkeit als auch all das versinnbildlichte, was die Männer an ihrem eigenen Leben haßten. Der Rat wiederholte als Antwort auf das endlose Klagelied über die handgreiflichen Streitereien zwischen Eheleuten zwar nur immer wieder seine frommen Sprüche über einträchtiges Eheleben – gegründet auf eine im wesentlichen zunftbürgerliche Konzeption des imaginären Haushalts, in dem der Meister die Arbeit der Ehefrau, der Dienstboten und Gesellen bestimmte und überwachte. Aber allein durch seine Einmischung in den Ehezwist brachte er das untergründig schwelende Konfliktpotential zwischen Mann und Frau ans Tageslicht. Wenn der Rat die

Arbeit von Männern und Frauen genau spezifizierte oder Männern befahl, ihre »Nahrung« mit ihrer Frau zu teilen, wurde darin ein Verständnis von Arbeit und Geld deutlich, das eben jene Vorstellung untergrub, wonach männliche und weibliche Interessen in der Ehe unvermeidlich zu einer Einheit verschmelzen würden. Mit seinem konkreten Eingreifen drohte sich der Magistrat potentiell vom zünftischen Begriff der Arbeit als die Männern vorbehaltene Ausübung eines Handwerks oder Gewerbes zu entfernen.

Ein wesentlicher Streitpunkt war das Trinken. Der Rat, der ständig über die durch »Übertrinken« verursachte Störung von Ruhe und Ordnung besorgt war, geriet hier mit den zünftigen Handwerkern in Konflikt, für die der

Abbildung 7 Georg Pencz (?), Der Ehebruch, um 1532 (Geisberg Nr. 827). Der Ehemann im Narrenkostüm wird von seiner Frau betrogen; er hält die Hand vor Augen, um nicht zu sehen, was vor sich geht (schaut aber, worauf der Text hinweist, durch die Finger). Haben Frauen erst einmal Geschmack an Männern gefunden, so sind sie unersättlich, wie die Katze unter dem Tisch. Dem Bild ist ein langes Gedicht beigegeben.

Abbildung 8 Erhard Schoen, Die Treue der Weiber, um 1530 (Geisberg Nr. 1155).

Verzehr alkoholischer Getränke ein wesentlicher Teil ihres geselligen Lebens war. Geradezu rituell begannen die Kläger ihren Bericht über den Streit zwischen Ehemann und Frau damit, daß der Mann aus der Schenke kam. Für Frauen bündelte sich im Trinken der Streit darüber, wer über die Arbeit bestimmte und über das Geld verfügte, denn es machte sichtbar, wer die Haushaltskasse in den Händen hatte. Für Frauen, die es als ihre Aufgabe ansahen, den Haushalt zu versorgen und sicherzustellen, daß die Einkünfte für das Nötigste reichten und gerecht verteilt wurden, bildete das Trinken der Männer in der Schenke eine Zielscheibe ihrer Wut angesichts der Schwierigkeiten, mit dem Haushaltsgeld über die Runden zu kommen.

Außerdem war die Wirtshausgemeinschaft eine mit dem Haushalt konkurrierende soziale Gruppe. Die Trinkstube bot den Männern Raum und Gelegenheit zu klatschen, Neuigkeiten über Angelegenheiten des Handwerks oder Gewerbes auszutauschen. Die Schenke war der Ort, an dem Tagelöhner erfahren konnten, wo es Arbeit für sie gab. Im Wirtshaus konnten die Männer über Politik und Glaubensdinge diskutieren. Es war kein Zufall, daß Zünfte ihre eigenen Trinkstuben hatten, in denen die Atomisierung der Arbeitswelt selbständiger kleiner Werkstätten gemildert und der zünftische Zusammenhalt gestärkt werden konnte. Männer tranken fast immer ohne ihre Frauen, und die zwischen Trinkkumpanen geschlossenen Bande konnten wirklich sehr stark sein, überlappten sie sich doch mit den Verbindungen innerhalb der Zunft oder mit gemeinsamen Interessen von Gewerben wie denen der Bäcker und Brauer oder der Metzger und Gerber. In den Augen der Frauen war das Wirtshaus der Ort, an dem Männer über ihre Frauen herzogen und sich gegenseitig aufstachelten, sie hart anzupacken. Hans Griss wurde beschuldigt, er habe mit seinen Trinkkumpanen ausgeheckt, seine Frau zu schlagen, während die Männer einer anderen Trinkrunde in der Zunftstube der Bäcker voreinander prahlten, wie sie mit ehebrecherischen Frauen umspringen würden.[26] Für die Frauen war der Gang ins Wirtshaus ein egoistisches Vergnügen der Männer. Sie klagten häufig, die Männer würden Zeit und Geld »hinter dem wein« vergeuden – Klagen, die sich mit einer generell feindseligen Einstellung zur männlichen Wirtshauskultur vermengten, die den Männern eine kollektive außereheliche Identität bot, im Gegensatz zu ihrer eigenen, nie endenden »Arbeit« im Haus.

Auch der Rat war der Wirtshauskultur feindlich gesonnen und hatte lange versucht, das Trinken der Männer – für ihn eine Hauptquelle des Lasters – zu kontrollieren. In diesem Punkt stimmte er mit der Ansicht der Frauen über die Ursache von Ehestreit überein. Zunehmend betrachtete er die männliche und die weibliche Kultur als getrennte und einander feindlich gegenüberstehende Lebens- und Geselligkeitsformen statt als einträchtiges gemeinsames Leben im Haushalt. In Ulm ging der Feldzug gegen das »Übertrinken« so weit, daß der Verkauf alkoholischer Getränke nach dem Läuten der Nachtglocke verboten wurde.[27] In Straßburg dekretierte der Rat, übermäßiger Alkoholgenuß sei kein Grund, sich nicht mehr daran zu erinnern, was man getan habe – im Gegenteil, er brachte eine zusätzliche Strafe ein.[28] Trunkenheit, so der Augsburger Rat, führe zur »verstellung der Edlen Vernunfft / in vihische vnsinnigkait / verderbung der Selen / leibs / lebens / Eren vnd Guts«.[29] Die Wirtshäuser seien auch der Ort, an dem man am ehesten gegen die Obrigkeit zu murren beginne. Diese Vermutung wurde genährt durch die Entdeckung, daß die Verschwörung zur Absetzung des Augsburger Rats im Jahre 1524 bei Zechgelagen ausgeheckt worden war.[30] Trinken, so meinte der Rat, bedrohe unausweichlich das wirtschaftliche Auskommen des Haushalts und lasse die Zahl derjenigen anwachsen, die von der Fürsorge leben. So unterstützte der Rat häufig aufgebrachte Ehefrauen gegen ihre trinkenden Männer, die sie der Verschwendung und mangelnden Vorsorge beschuldigten. Der Magistrat versuchte, den Alkoholkonsum einzudämmen, indem er den von der Fürsorge lebenden Männern den Wirtshausbesuch untersagte und Männer von den Freundeskreisen fernzuhalten suchte, die ihm als höchst verdächtig erschienen. Häufig belegte er einen Missetäter mit dem Wirtshausbann, im Glauben, dies würde ihn zu einem braven und züchtigen Mann machen.

Frauen wurden selten der Trunkenheit beschuldigt; in den wenigen Fällen trinkender Frauen wird deutlich, daß diese nicht in Gesellschaft tranken.

Der Rat als Eherichter

Die als Gewohnheitstrinkerin angeklagte Anna Krug trank eher allein zu Hause als im Wirtshaus.[31] Galt das »Übertrinken« der Männer, wie ernst es der Rat auch nahm, in den Augen der Allgemeinheit als Kavaliersdelikt, so wurde Trunkenheit bei Frauen als äußerst schwerwiegendes Vergehen angesehen. Keiner der Nachbarn Anna Krugs sagte für sie aus, denn ihr Trinken schuf keine sozialen Bande. Und sie selbst überzeichnete bei der Beschreibung ihrer eigenen Person noch ihre Isolation und Randstellung: »man kondte nichts dann schannd vnnd lasster von Jr sagen. des were sie voll. vnnd schem sich desselben nichts«.[32] »Voll« zu sein – im doppelten Sinne, voll des Alkohols und der obrigkeitlichen Moralpredigten satt – war die völlige Umkehrung der Vorstellungen des Magistrats. Gleichzeitig betonte sie, sie gebe nur das durch die Herstellung von Spielkarten selbstverdiente Geld fürs Trinken aus und habe die Einkünfte ihres Mannes oder sein im Haus befindliches Bargeld nie angerührt. Männer fühlten sich zu solchen Rechtfertigungen nicht bemüßigt, denn sie waren überzeugt, das Geld, das sie fürs Trinken ausgaben, sei ihr im Schweiße des Angesichts verdientes Geld – allen Versuchen des Rats zum Trotz, sie vom Gegenteil zu überzeugen.

Insgesamt gesehen wurde Trunkenheit jedoch als ein genuin männliches Laster angesehen. Als der Augsburger Rat ernsthaft versuchte, das Trinken unter Kontrolle zu bringen, beschrieb er folglich in der Zuchtordnung von 1537 Trunkenheit als die öffentliche Sünde, die den Mann der Vernunft beraube und ihn »viehisch« werden lasse, d.h. jene Fähigkeit zunichte mache, die einen Mann in die Lage versetze, das »Haupt« seiner Ehefrau zu sein. In den Feldzug gegen das Trinken flossen andere Anklagepunkte gegen liederliche Männer mit ein: gegen Männer, denen man nicht zutrauen konnte, als Hausväter für Zucht und Ordnung zu sorgen; die das Geld zum Fenster hinauswarfen; die politische Unruheherde und Störenfriede waren. Wenn er jedoch Trunkenbolde verhörte und ihnen klarzumachen versuchte, auf welche abschüssige Bahn sie geraten waren, wurde klar, daß viele Männer nicht in der Lage waren, die Aufgaben wahrzunehmen, die der Rat als ihre Verantwortung als Mann und Hausvater ansah – und nicht nur die von der Fürsorge lebenden Nichtsnutze, denen der Rat den Wirtshausbesuch untersagte, sondern auch zünftige Handwerker. Was sollte der Rat mit dem Weber Hans Eisenprecht machen, der, wenn er »voll Weine« war, »sein weib vbel geschlagen [...] vnd gantz Vnschicklich gehalten« hatte und mit der ganzen Nachbarschaft so im Streit lag, daß keiner seiner Nachbarn für ihn aussagen wollte?[33] Oder mit dem Weber Steffan Enngelmair, der seine Frau durch die Straßen jagte, wenn er »mit wein vberladen« war, die Nachtwächter, die ihn festnahmen, beschimpfte und am nächsten Tag seine Mißachtung der Zuchtherren dadurch bewies, daß er einfach nicht vor Gericht erschien?[34]

Diejenigen, die der Obrigkeit eine Nase drehten, sie verhöhnten und durch die Trinkerei »viehische Leidenschaften« ihr Handeln bestimmen ließen, waren kaum vorbildliche Hausväter, und der Rat strafte sie für ihre Vergehen. Trunkenheit und insbesondere die Leidenschaft für Branntwein waren so weitverbreitet, daß der Rat die für das männliche Arbeitsleben so zentrale Wirtshauskultur kritischer unter die Lupe nahm und beispielsweise zu wissen begehrte, wer genau Eisenprechts Trinkkumpane gewesen seien, damit er sie als Mittäter belangen konnte. Zudem entfremdete der bohrende Zweifel des Magistrats an der Fähigkeit mancher zünftiger Handwerker, »Haupt« in ihrem Hause sein zu können, den Rat zunehmend den Zünften und ließ ihn noch mehr darauf drängen, das Recht zur Bestrafung von Trunkenbolden den Zünften weg und in die eigenen Hände zu nehmen. 1538 hatte der Rat das Recht der Zünfte, nach eigener Satzung Vergehen zu strafen, auf kleinere Trunkenheitsdelikte eingeschränkt und sich vorbehalten, selbst in zunftinterne Angelegenheiten einzugreifen, wenn sich die Zünfte bei der Bestrafung als zu »nachsichtig« erweisen sollten.[35]

Gewalt in der Ehe

Am augenfälligsten waren die Widersprüche in der obrigkeitlichen Idealisierung des Ehelebens jedoch in der Haltung des Rats zu gewalttätigem Streit zwischen Mann und Frau. Demonstrativ und unnachgiebig unterstützte der Rat das Recht des Ehemanns, seine Frau, Dienstboten und Kinder zu züchtigen. Er übertrug gleichsam sein eigenes Selbstverständnis auf die Position des Hausvaters und setzte das Verhältnis des Ehemanns zu seinem Haus mit der Beziehung zwischen Rat und Stadtgemeinde gleich: als von Gott eingesetzte Obrigkeit waren beide auch verantwortlich für die Sünden ihrer Untergebenen und Untertanen. Der Vater hatte nach Ansicht des Rats nicht nur das Recht, sondern die Pflicht, seine Kinder für ihre Bosheit zu strafen – wie wir gesehen haben, bestand Lienhart Strobels Schuld im Hinblick auf seine »unzüchtige« Tochter Appolonia gerade darin, dies nicht getan zu haben.[36] Ebenso hatte der Ehemann die Pflicht, seine Frau für Ehebruch zu bestrafen. Tat er dies nicht, so war er mitschuldig, ein Komplize. Dies nicht nur, weil man annahm, er habe für sein »untätiges Zuschauen« Geld erhalten, sondern wegen seiner Unfähigkeit zu strafen und die Ordnung wiederherzustellen – eine Unfähigkeit, die der aktiven Beteiligung am liederlichen Leben gleichkam. Dagegen beschuldigte der Rat nur selten eine Ehefrau als Mitschuldige, wenn ihr Mann ein Verhältnis mit einer anderen Frau hatte, selbst dann nicht, wenn es sich um die Verführung oder Vergewaltigung einer

Dienstmagd handelte, die der Ehefrau nicht entgangen sein konnte. In der obrigkeitlichen Version der häuslichen Verhältnisse übte sie zwar über ihre Töchter Autorität aus, hatte aber weder Macht über ihren Ehemann noch war sie für seine Taten verantwortlich.

Der Rat wußte sehr gut um den engen Zusammenhang zwischen der Aufrechterhaltung von Zucht und Ordnung und der Anwendung von Gewalt. Sicherlich versuchte er diejenigen, die wegen ihrer Vergehen vor dem Rat erscheinen mußten, zu einem frommen Leben anzuhalten, aber er war sich zugleich bewußt, daß sein letztes Mittel physische Gewalt war – ob dies nun systematische Folter hieß, um aus dem Angeklagten ein volles Geständnis herauszupressen, oder körperliche Bestrafung in der Öffentlichkeit: Auspeitschung, Verstümmelung oder im schlimmsten Fall die Hinrichtung. Der Rat war mithin prädisponiert, bei den Ehemännern die Anwendung von Gewalt zur Aufrechterhaltung der Ordnung im Haushalt zu rechtfertigen. Wie der satirische Holzschnitt »Die Zähmung des Löwen« bildlich zeigt, liefen Männer, die sich von weiblicher List umgarnen und an der Nase herumführen ließen, Gefahr, selbst von Frauen dominiert zu werden, eine fürchterliche sexuelle Demütigung. Der König der Tiere mußte seine Pranken gebrauchen.[37]

Gleichzeitig machte den Rat sein tiefsitzender Verdacht, ärmere Handwerker, vor allem Tagelöhner seien gewalttätig und arbeitsscheu und kaum tugendhaft und züchtig, argwöhnisch gegenüber diesen Männern und gewillt, ihren Ehefrauen in einem Streit beizuspringen. Er versuchte, den Raufereien und Schlägereien zwischen Männern ein Ende zu bereiten und Ordnung in das wilde Treiben auf den Straßen der Stadt zu bringen, indem er gegen diejenigen vorging, die seiner Meinung nach für die Unruhe und Störungen der öffentlichen Ordnung verantwortlich waren, gegen aufsässige Rüpel aus den Unterschichten. Genau diese Gruppe von Männern machte er auch als Quelle der Gewalt in der Ehe fest. (Männer aus der städtischen Elite konnten sich dagegen ähnlich verhalten, ohne solche Befürchtungen auszulösen: Simon Manlich aus einer alteingesessenen nichtpatrizischen Kaufmannsfamilie heiratete Marina Herbrot, Tochter des gefürchteten, wohlhabenden Zunftpolitikers Jakob Herbrot; er wurde nie wegen Trunkenheit, Verschwendung oder Beleidigung seiner Frau bestraft, obwohl all diese Vergehen in dem privaten Vergleich genannt werden, den die Eheleute 1545 vor dem Rat abschlossen.[38])

Trotz seiner Idealisierung der Ehe und der emotionalen und Arbeitsbeziehungen im wohlgeordneten Handwerkerhaushalt blieb der Rat ironischerweise zutiefst pessimistisch hinsichtlich der Möglichkeit eines einträchtigen Ehelebens. Er war davon überzeugt, daß Gewalt in der Ehe letztlich unver-

Abbildung 9 Heinrich Vogtherr der Ältere, Zähmung des Löwen (Geisberg Nr. 1431, Kupferstichkabinett SMPK, Berlin).

meidbar sei. Mindestens siebzig Männer wurden vor dem Rat oder den Zuchtherren angeklagt, weil sie ihre Frau geschlagen hatten, und wurden postwendend zu ihren Frauen zurückgeschickt. Umgekehrt erreichten nur fünf Scheidungsklagen wegen Grausamkeit in der Ehe das Ehegericht, und keine von ihnen wurde positiv beschieden.[39] Häufig war Gewalt gegen die Ehefrau nicht der Grund für die Festnahme des Angeklagten, sondern tauchte nur als ein nebensächlicher Anklagepunkt im Verlaufe des Verhörs auf – eine Tatsache, die vermuten läßt, daß keineswegs alle Fälle selbst schwerer Gewalttätigkeit verfolgt worden sind. Wie wir sehen werden, behandelten die wiederholten Moralpredigten an streitende Paare Gewalt in der Ehe als etwas, das zwar bedauerlich sei, aber nun einmal zum Leben dazugehöre.

Die Vorstellung des Rats von der rechten und notwendigen Zucht im Haushalt beeinflußte auch seine Äußerungen über die Beziehungen zwischen den Eheleuten. So belehrte er die Männer, sie sollten ihre Frauen in rechter Weise züchtigen.[40] Strafen, das Wort, das sowohl der Rat als auch viele der vom ihm verhörten Männer in diesem Zusammenhang verwendeten, war auch das Wort, das der Rat für seine eigenen Versuche gebrauchte,

Der Rat als Eherichter

Abbildung 10 Hans Leonhard Schäufelein, Der Windelwäscher, 1536 (Geisberg Nr. 1107, Inv. Nr. I 86, 222, Kunstsammlungen der Veste Coburg). In dieser Darstellung vertauschter Rollen muß der Mann die Windel waschen, während die gut gekleidete Frau, die einen wohlgefüllten Beutel trägt, ihm drohend einen langen Stock vorhält.

Zucht und Ordnung durchzusetzen. Das Wort Strafen konnte eine mündliche Ermahnung und Rüge oder eine Körperstrafe bedeuten – immer hatte es den Beiklang, daß die Bestrafung gerecht sei. Folglich mußte es einen »Grund« dafür geben, oder, wie der Magistrat vielen Männern ins Gewissen rief, der Mann sollte sie nicht »ohne Ursache« strafen.[41] Umgekehrt wurden

Frauen, die es ihren Männern mit gleicher Münze heimzahlten oder sie mit Worten verspotteten, vom Rat nie als *strafend* beschrieben, selbst wenn der Rat ihre Kritik an ihren dem Alkohol verfallenen und faulen Männern teilen mochte. Ihre untergeordnete Stellung innerhalb des Haushalts machte ein solches Handeln unzulässig; nur wenige Frauen stellten denn auch ihr Verhalten so dar. In den Äußerungen des Rats und der beschuldigten Männer wurde die aufsässige Rede der Frauen vielmehr als eine Art verbaler Gewalt dargestellt. Die physische Gewalt der Männer war nur die postwendende, unvermeidliche Antwort darauf.[42] Auch die angeklagten Männer versuchten nicht abzustreiten, daß sie ihre Frauen geschlagen hatten, im Gegenteil, sie verteidigten ihr Handeln als »Bestrafung« im Rahmen der Autorität des Ehemanns.

Die Wirklichkeit der Ehestreitigkeiten, mit denen sich der Rat beschäftigen mußte, hatte jedoch wenig zu tun mit dem Ideal maßvoller und leidenschaftsloser Ausübung gerechter Autorität, das der Rat propagierte. So stellte der Rat die Frauen als verbale, die Männer als physische Angreifer dar. Hingegen zeigen die Schilderungen von Ehestreitigkeiten, daß beide Geschlechter, Frauen und Männer, physische Gewalt anwandten. Überdies räumte der Rat, indem er verbale Beleidigung und Schlagen fast in einem Atemzug nannte, stillschweigend ein, daß die »Züchtigung« der Frauen durch ihre Männer eben nicht maßvoll und ordentlich erfolgte: vielmehr ergriffen Männer wie Frauen irgendeinen Gegenstand, der gerade zur Hand war: Töpfe, Pfannen, Küchenmesser, Krüge usw. In diesen Fällen setzten die Männer ihren ganzen Körper ein, ihre größere Körperkraft, blieben nicht maßvoll und beherrscht, sondern traten, schlugen, boxten, ja bissen ihre Frauen. Ihre Schilderung der Bestrafung wird an diesem Punkt oft völlig verworren: im strengen Verhör leugneten sie gewöhnlich nicht, daß sie zugeschlagen hatten, aber sie bestritten, es heftig oder mit einem Schlagwerkzeug getan zu haben.

Tatsächlich versah die städtische Gesellschaft des 16. Jahrhunderts die Männer mit einem Insignium, einer Art kulturellem Phallus: die Männer der Stadt durften eine Waffe tragen. Häufig griffen Männer bei einem solchen Streit zur Waffe, schlugen mit der flachen Seite des Schwerts zu und fügten so zwar keine Stich- oder Schnittwunden, wohl aber Quetschungen und Prellungen zu. Für den Rat war dies ein schwerwiegender Mißbrauch, um so ernster, wenn die Waffe aus der Scheide gezogen worden war. Die Waffe war mehr als ein Symbol, das Schwert war eine soziokulturelle phallische Macht. Waffen wurden gewöhnlich vom Vater an den Sohn weitergegeben, und die reichen Verzierungen auf den Schwertern von Adligen zeigen, wie stark die Waffe Ausdruck der Persönlichkeit ihres Besitzers sein konnte.[43] Zur Verteidigung der Stadt mußten alle männlichen Einwohner irgendeine Waffe besitzen, und die Befähigung, Waffen zu tragen, war im Gegenzug verbunden mit dem Recht, eine politische Stimme in den Angelegenheiten der Stadt zu haben und mit Männlichkeit und Erwachsensein.[44] Umgekehrt konnte der Rat einem liederlichen Mann als Teil seiner Strafe das Tragen einer Waffe verbieten, eine schimpfliche Strafe, eine soziale Kastration.

Das Wechselspiel zwischen den Erwartungen des Rats und den Annahmen von Männern und Frauen über männliches und weibliches Verhalten vertiefte die Unterschiede in der Körperlichkeit von Männern und Frauen, im Einsatz ihres Körpers, wie er in den Verhören geschildert wurde. Zum Teil wegen der engen Verbindung, die zwischen einem Mann und seinem Schwert gezogen wurde, und der Auffassung, ein Mann zeige Ärger und Wut ganz unvermittelt und direkt physisch, tendierten die Aussagen der Männer und Frauen vor dem Rat zur stilisierten Darstellung von Geschlechterrollen. Sie folgten bestimmten Konventionen: Frauen, die nicht das Recht zu strafen hatten, konnten nicht einfach aussagen, daß sie zurückgeschlagen hatten – oder sie wagten bei einem Streit gar nicht erst, einfach zurückzuschlagen. Ihr Zögern und ihre Hemmungen werden deutlich, wenn sie sich als still und passiv leidende Frauen darstellen, die ohne Gegenwehr die Schläge ihres Ehemannes erduldet hatten. Simon Streibs Ehefrau, die beim Rat wohlwollendes Gehör fand, räumte zwar ein, daß ihr Ehemann manchmal »wild« sei, erwähnte jedoch mit keinem Wort, daß er sie geschlagen hatte und bat nur, »vnnd wo Er mit den khinden ain mitleid hett, wolt sie noch gern ain gotleid tragen«.[45] Nur wenn sie sich als Opfer benahmen, konnten Frauen mit dem »Schutz« des Rats rechnen, der in der Zuchtordnung von 1537 den Schwachen versprochen wurde.

Damit wurde zwar die natürliche Ordnung, wonach die Frau dem Mann untertan sei, bekräftigt. Doch das ungeheure Leid von Frauen und die Brutalität der von den Männern geschilderten »Züchtigungen« waren in ihrer Maßlosigkeit allzu unangenehm und peinlich – insbesondere, weil sie obrigkeitliche Tendenzen in der Machtausübung des Rats in beunruhigender und übersteigerter Weise auf der Ebene des Haushalts widerspiegelten. Die Mühe, die es kostete, Frauen, die sich selbst als Opfer darstellten, hausväterlicher Zucht zu unterwerfen, bezeugte nur, wie umstritten die Ordnung zwischen den Geschlechtern in Wirklichkeit war. Schlimmer noch, durch sein Eingreifen zugunsten der Schwachen mußte der Magistrat geradezu zwangsläufig die Autorität des Hausvaters und Meisters untergraben und sich folglich eher mit der Ehefrau als mit dem Mann verbünden, der glaubte, seine politischen Interessen würden vom Rat verkörpert. Durch seine Einmischung in die häusliche Sphäre wurden die Konsequenzen des zunehmend deutlicher werdenden Selbstverständnisses des Rats, sich als Obrigkeit und nicht als Sprecher der gemeinschaftlichen Rechtsprechung zünftiger Handwerker zu sehen, augenfällig – zum großen Verdruß der Zunfthandwerker.

Die Versuche des Rats, die Grenzen akzeptabler Gewaltanwendung zu bestimmen, verstrickten ihn in aufschlußreiche Widersprüche. Denn während er einerseits die Pflicht von Ehemännern verteidigte, ihre Frauen und Kinder und das Gesinde zu züchtigen, sah er andererseits bestimmte Formen der Gewaltanwendung als unerträglich an. Die neuen, im Gefolge der Reformation eingerichteten Zuchtgerichte ermöglichten Frauen, solche Fälle viel einfacher und schneller vor Gericht zu bringen. Häufig ging der Rat so vor, daß er einen »Frieden« zwischen den beiden Parteien verkündete, der stillschweigend anerkannte, daß sich Mann und Frau miteinander im Krieg befanden. Zugleich war damit die Wiederholungstat nicht mehr nur ein Fehlverhalten gegenüber der Ehefrau, sondern wurde zu einem Vergehen wider die Autorität des Rats erklärt. Für diese Verfehlung konnten Männer mit kurzen Gefängnisstrafen oder Verbannung bestraft werden. Wurde jedoch – wie im Fall von Gregori Frei Weisser, der nicht weniger als fünfmal mit seiner Frau versöhnt worden war, sich der »schweren Gotteslästerei« schuldig gemacht und Ermahnungen aller städtischen Instanzen mißachtet hatte – ihr Ungehorsam und ihre Aufsässigkeit gegen jede Autorität als äußerst schwerwiegend angesehen, so schnitt man ihnen die Zunge ab.[46] Der Rat verlangte nunmehr von einem Ehemann, der seine Frau verletzt hatte, dies dem Bürgermeister am nächsten Tag zu melden, so wie es die Männer tun mußten, die an blutigen Raufereien auf der Straße beteiligt waren. Wie leicht ein wütender, vom Züchtigungsrecht gegenüber seiner Frau überzeugter Ehemann in aufsässige Reden verfallen konnte, zeigt der Fall von Bernhart Hartman. Er verkündete lauthals, »er wöllt sie mit fuessen tretten. ob Jme gleich 4 Burgermaistere vnnd räte ob den kopff sessen« – ein Ausbruch, der es ihm nicht gerade erleichterte, seine Sache vor dem Rat zu vertreten.[47]

Doch die Ermahnungen des Rats, »Eerlich vnd wol miteinander zu hausen«, und die sorgfältig von ihm aufgesetzten Vereinbarungen, die in einer Art Wiederverheiratungsritual noch einmal das Paar »zusammensprachen«, verloren mit der Wiederholung an Wirksamkeit und Überzeugungskraft. Wenn Paul Scheiffelhut zum vierten Mal innerhalb eines Jahres wegen eines Ehestreits vorgeladen wurde oder Hans Kranich und seine Ehefrau zum fünften Mal in fünf Jahren vor dem Gericht erschienen und jedesmal die gleichen Beschwerden vorbrachten, klangen die frommen Moralpredigten des Rats nur noch hohl.[48] Die feste Überzeugung des Magistrats, der Ehezwist würde durch das »üble Leben« von einem der beiden Eheleute verursacht und könne durch Bestrafung des Schuldigen beigelegt werden, führte angesichts der Realitäten zu einer Art neuer »Arbeitshypothese« des Rats. Diese wird in den Verhaltensmaßregeln deutlich, die beiden Eheleuten auferlegt werden: daß nämlich der Fehler wahrscheinlich auf beiden Seiten lag. Damit vollzog der Rat jedoch eine Kehrtwende, denn er gab nicht mehr dem strafbaren Vergehen von einem der beiden Eheleute die Schuld am Streit in der Ehe, sondern führte die Brüchigkeit ehelicher Eintracht auf die Natur der Ehe als Institution zurück. Folgerichtig konnte er sich nur noch mit der vagen und schwächlichen Bitte an die Streithähne wenden, »friedlich und wol miteinander leben und einander als ehrliche Weiber und Männer« zu halten. Manche Eheleute gaben sich mit diesem Vorgehen des Rats nicht zufrieden und zwangen ihn, Farbe zu bekennen: Magdalena Dirrenberger, der man mit der Verbannung drohte, falls sie sich nicht mit ihrem Mann vertragen würde, zog es vor, lieber die Stadt zu verlassen als mit ihm zusammen zu leben![49] Eine solche praktisch vollzogene Scheidung war sicherlich nicht das, was der Rat im Sinn hatte.

Es gelang dem Magistrat mit seiner Politik auch nicht, die Gewalt aus der Ehe zu verbannen. Er griff nur punktuell ein, und wenn er dies tat, bekräftigte er in seinen Äußerungen und Urteilen nachdrücklich das Recht und die Pflicht des Mannes, seine Frau und die Hausgenossen zu züchtigen. Bernhart Hartmans Frau sah in ihrer Verzweiflung nur noch einen Ausweg, als sie den Rat bat, »Sy von dem Mann zu schaffen dann sy wiss nit bei Jme zubeleiben Solt sy aber Widerumben zu Jme geschafft werden, wurde sy verursacht, von hauss vnd hof Jn das Ellendt zu geen.«[50] Richteten (wie gewöhnlich) Verwarnungen bei streitenden Eheleuten nichts aus, war das einzige Strafmittel die Verbannung, eine Strafe, die den Haushalt auseinanderbrechen ließ, die wirtschaftliche Existenz des schuldigen wie des unschuldigen Ehepartners vernichtete, eine Wiederverheiratung unmöglich machte und ein Hohn war auf die frommen Worte des Rats über eheliche Eintracht. Ließ sich der Bann nicht durchsetzen, konnte der Rat nur eine weitere papierne »Versöhnung« ausfertigen und akzeptierte damit stillschweigend, daß es auch weiterhin zu Fehltritten und Verfehlungen in der Ehe kommen würde und diese nicht Verbrechen waren, die eindeutig beim Namen genannt, genau bestimmt und ein für allemal bestraft werden konnten.

Mehr noch, die städtischen Gremien untergruben durch ihre Einmischung in die private Beziehung zwischen Ehemann und Ehefrau gerade jene Wertvorstellungen, die sie eigentlich hüten und bewahren wollten. Eigentlich nahmen sie zunächst nur die Vermittlerrolle wahr, die traditionell Nachbarn oder angesehene Bürger eingenommen hatten. Als sie jedoch ihre *gute Polizey* in die Ehe selbst auszudehnen suchten, wurden damit manche Männer und Frauen eher gegenüber der städtischen Obrigkeit rechenschaftspflichtig als gegenüber dem eigenen Ehepartner.[51] Der Haushalt wurde ein Bereich der öffentlichen und amtlichen Polizei und Rechtspflege. Ehestreit wurde zum Bruch des Stadtfriedens, und Ehemänner mußten sich rechtfertigen, wenn sie ihre Frau schlugen, die Ausübung ihres Züchtigungsrechts erklären und erläutern. Tatsächlich sah man das Eingreifen des Rats als einen Angriff auf männliche Vorrechte an. Gregori Frei Weisser meinte gegenüber dem Rat, die ständigen Klagen seiner Frau beim Rat über seine Gewalttätigkeit seien doch nur ein Trick, seine Verbannung aus der Stadt zu erwirken. Sie habe öffentlich gesagt, »Sie wolle Jne Auß der Stat pringen«.[52] Und Narcis Müller appellierte gegenüber dem Rat wütend an gemeinsame männliche Interessen: »Trutz wo Jne ain man ain Laid thue Man können Si wol Jn die Eysenn legen. daruff Sie sich verlassen, vnnd die menner so hefftig plagenn, wie Jme von der seinen geschehe. Vnnd Er achtet fur gut, das man den weibern nit souil luffts ließ.«[53] Hier wurden die Beziehungen zwischen Mann und Frau als ständiger, anarchischer Kriegszustand gesehen, in dem ein aus Männern bestehender Rat seinen Brüdern beizustehen habe. Wie weit sich der Rat mittlerweile von einer solchen Vorstellung von einem bruderschaftlichen Bund mit den zünftigen Handwerkern entfernt hatte, wurde in seinen beständigen, wenn auch zögerlichen Versuchen sichtbar, auch die Männer zu Zucht und Ordnung zu rufen.

Ehebruch

Die Zünfte, der Rat, die Prädikanten und die Bürger stimmten darin überein, daß Ehebruch, das »gotlose übel«, wie ihn die Zuchtordnung von 1537 nannte, eine schwerwiegende Sünde und ein strafwürdiges Verbrechen sei. Die Bestrafung von Ehebruch hatte lange in der Zuständigkeit der Zünfte gelegen, weil Ehebruch die Einheit zwischen sexuellen und Produktionsbeziehungen zerstörte. Die scheinbar einheitliche Auffassung über den Ehebruch, auf deren Grundlage zünftige Handwerker, Prediger und der Magistrat tätig wurden, wurde jedoch in der Praxis unterschiedlich ausgelegt. Die Prädikanten, für die sexuelle Treue der erste und wichtigste Bestandteil der Ehe war, beurteilten den Ehebruch von Mann oder Frau gleich schwerwiegend. Martin Bucer, dessen Ansichten großes Gewicht hatten und der sich während der Phase der offiziellen Einführung der Reformation in Augsburg aufhielt, sah sexuelle Beziehungen als so untrennbar zur menschlichen Natur gehörig an, daß er nicht nur Ehen durch Ehebruch als faktisch aufgelöst betrachtete, sondern sogar vorschlug, sowohl der schuldige wie der unschuldige Ehepartner sollten sich wieder verheiraten können, um neuen Sünden vorzubeugen.[54] Nur wenige evangelische Prediger waren bereit, so weit zu gehen. Aber die Stoßrichtung ihrer Lehre widersprach in ihrem Kern der älteren zünftischen Auffassung von Ehe und Haushalt.

Denn zünftige Handwerker sahen die Ehe auf Haushalt und Werkstatt bezogen als eine sexuelle und zugleich als eine Produktionsbeziehung an. Für den Nürnberger Dichter Hans Sachs lautete das Rezept für eine glückliche Ehe folgendermaßen:

> Derhalb ein jung man sich nit saum,
> Behalt erstlich sein weib im zaum,
> Ziech sie fürsichtig und vernüfftig,
> Das sie im sein arbeyt zukünfftig,
> Nicht thu unützlich verzeren,
> Sonder helff in getrewlich nehren
> Mit arbeyt, die eym weib zustehe!
> Darmit mag er dann dester ehe
> Kummen zu rhu und guter narung.[55]

Bisweilen trat die Arbeit mit ihren Anforderungen in der Ehe an die erste Stelle. Ein Ehemann bat, seine ehebrecherische Frau straflos davonkommen zu lassen, weil er sie bräuchte, »damit sy Jrem kleynen kindlein vnnd mir auswarten moge dann dise hanndlung [die Anklage wegen Ehebruch] mich sonnst Jnn grossen vnfal vnd nachtail pracht hatt meines hanntwercks halb«.[56] Auch hier ist das Fortleben der älteren, überkommenen Bestimmung der »öffentlichen Sünde« augenfällig, wonach offener, öffentlicher Ehebruch (insbesondere, wenn das ehebrecherische Paar zusammenlebte) als Sünde galt, »heimliche« Beziehungen dagegen als im Kern nicht strafwürdig und über die Beichte zu regeln. Mit »öffentlich« war ein Zustand gemeint, in dem die sexuellen und die Produktionsbeziehungen der Werkstatt gestört waren; diese Situation mußte, so dachte man, zur Störung der öffentlichen Ordnung führen. Das Fortbestehen solcher Einstellungen läßt sich selbst noch 1544 feststellen, als die Zuchtherren einwilligten, Gregori Bair nicht über seinen Ehebruch mit der Frau Hans Schweikers zu verhören, »dieweill sonst niemanndt der sachen wissen«, wie die Frau darlegte. Sie bat den Rat, »mitl vnd weg furzunemen damit sJ beJ heislicher Ern erhalten werden möcht dann Jr vätter sej Zunfftmaister Venebergers Eeleiplicher bruder gewesen«.[57]

Dieser Begriff der öffentlichen Sünde konnte zu ganz unterschiedlichen Haltungen zum Ehebruch führen, abhängig vom sozialen Status des Mannes und der Frau, die darin verwickelt waren. Wenn die Zünfte vor der Reformation die Bestrafung ihrer ehebrecherischen Mitglieder verlangten und sie für unehrlich erklärten, hatten sie die Männer im Sinn, deren Ehebruch die Arbeitsbeziehungen beeinträchtigte und es für die Meisterfrau unmöglich machte, als Hausherrin zu wirken – nicht aber heimliche Verhältnisse zwischen Meister und Magd. Solche Affären, die keinen Bruch in der nach sozialem Rang und Geschlecht geordneten Hierarchie der Unterordnung im Haushalt mit sich brachten, wurden von den zünftigen Handwerkern nicht als ernste Angelegenheit betrachtet. War das Feuer erst einmal erloschen oder wurde die Frau schwanger, gab es einen allgemein anerkannten Verhaltenskodex ehrbaren Betragens, um das Verhältnis zu beenden und für die Frau das zu tun, was als recht und geziemend galt. War sie vorher unberührt gewesen, so wurde ihr eine Entschädigung für den Verlust der Jungfräulichkeit gezahlt, ihre Ausgaben für Niederkunft und Wochenbett wurden vom Mann beglichen, man einigte sich auf eine finanzielle Unterstützung für das Kind, und die Frau erhielt Geld für ihren Anteil an der Kindesaufzucht. Solche Arrangements, zuweilen in Form eines Vertrages, boten der Frau ein Mindestmaß an Schutz, für den Mann hingegen einen Weg, das Verhältnis zu beenden, indem er sich per Vertrag der emotionalen und materiellen Verpflichtungen, die aus der Liaison erwachsen waren, entledigte – letztlich genauso wie bei einem Vertrag, mit dem er eine Magd anstellte.[58] Da der Mann in der Rolle des Kostenerstatters und Geldgebers, die Frau in der Rolle der Empfängerin war, stellten diese Vereinbarungen zugleich das als gerecht empfundene Verhältnis in den Klassen- und Geschlechterunterschieden wieder her.

Die zwiespältigen, ja widersprüchlichen Traditionen einer zünftischen und einer evangelischen Auffassung vom Ehebruch, auf die sich der Magistrat bezog, führten zur fortwährenden Unklarheit darüber, was nun genau als jenes »gottlose Übel« zählte. Während die vorreformatorische Ordnung diejenigen aus der Stadt gewiesen hatte, die unverheiratet zusammenlebten,[59] bot die neue Zuchtordnung von 1537 eine sehr viel weiter gefaßte Bestimmung dieser Sünde. Sie bezog auch Verhältnisse ein, bei denen das Paar nicht zusammenlebte oder sogar nur eine heimliche Liebesbeziehung unterhielt. Vorher hatten die wenigen empörenden Fälle von »Ehebruch« zur Ausweisung und zum sofortigen Ehrverlust geführt, wodurch Mann und Frau sogleich aus dem Kreis ihrer Arbeitskollegen ausgeschlossen wurden.[60] Nunmehr sollten aber nach dem Text der Zuchtordnung selbst »heimliche« Beziehungen mit Gefängnis bestraft werden. Der Rat, die Arbeitskollegen und der betrogene Ehepartner sollten also diese Beziehung als ehebrecherisches Verhältnis zur Kenntnis nehmen, den Ehebrecher mit seiner beschmutzten Ehre wieder in die Zunft aufnehmen – alle sollten und mußten lernen, mit dem Missetäter wieder zusammenzuleben. Der Rat bewegte sich zögerlich und unsicher zwischen diesen beiden ganz verschiedenen Bestimmungen des Ehebruchs: mal bestrafte er verheiratete Männer, die mit ihren Dienstmägden geschlafen oder Prostituierte besucht hatten, ein andermal ging er darüber hinweg. Diesem widersprüchlichen Verhalten lag eine tiefgreifendere Unsicherheit darüber zugrunde, wie man eheliche Treue und den Platz sexueller Beziehungen in der Ehe zu definieren habe. Vor der Reformation vertraten die Geistlichen die Auffassung, die Eheleute müßten ihre ehelichen Pflichten gegeneinander erfüllen, obwohl in der Praxis durch die lange Liste von Tagen, an denen Geschlechtsverkehr untersagt war (an Feiertagen, während der Menstruation, nach der Geburt, während des Stillens) über die Beichte eine sittliche Ordnung und Zucht errichtet wurde, die Frauen, die sich ihren Ehemännern verweigerten, eine ganze Reihe von Mitteln an die Hand gaben.[61]

Die evangelischen Prädikanten unterstrichen mit ihrer positiven Haltung zu sexuellen Beziehungen die Erfüllung der ehelichen Pflichten sogar noch stärker. Der evangelische Glaube im Volk mit seinen antiklerikalen Tendenzen arbeitete sehr stark mit Andeutungen: etwa, daß Frauen bei ihren langen Beichten mit dem Priester wohl nichts Anständiges täten; oder es wurde gesagt, die Frauen würden die männliche Autorität untergraben, indem sie gegenüber dem begierig lauschenden Priester beklagten, daß ihr Ehemann im Bett kein großer Held sei. Hatte es der Rat dagegen mit den Klagen wütender Ehemänner über ihre Frauen zu tun, die sich ihnen verweigerten – ihre Frau würde »Jnne eeliche werckh nit verfolgen wollen«, »sie hab sich so selczam gestellt. Das es nit sein mogenn« oder »Wann er leipliche werck mit Jr ye zu zeiten zepflegen gegert mit fuessen von Jr gestossen«[62] –, ging er zumeist stillschweigend über sie hinweg. Der Rat unterstützte den Anspruch der zünftigen Handwerker nicht, wonach sie ein einklagbares Recht auf die sexuellen Dienstleistungen ihrer Frauen hätten.

In der Praxis verhielt sich das städtische Ehegericht genauso wie das Offizialat und entsprechend dem Herkommen. Es befaßte sich mit illegitimen Beziehungen, forderte die Frau auf, eine angemessene Summe als Entschädigungszahlung zu nennen und zwang widerstrebende Männer, ihren Verpflichtungen nachzukommen. Obwohl sie sich nach dem Wortlaut der Zuchtordnung des Ehebruchs schuldig gemacht hatten, sahen die Männer solche außerehelichen Beziehungen weiterhin nicht als Ehebruch im vollen, schwerwiegenden, öffentlichen Sinn an, denn sie hielten sie nicht für einen Verstoß gegen die Beziehungen in Haus und Werkstatt. Manchmal, aber durchaus nicht immer, wurden verheiratete Männer vom Rat für ihren Ehebruch bestraft. Genauso klagten nur ganz wenige Frauen aus diesem Grund auf Scheidung,[63] obwohl mehrere derartige Fälle vor den Rat kamen, bei denen eine Ehefrau mit der Geliebten ihres Mannes unter einem Dach lebte. In einer solchen Situation, in der Eifersüchteleien und Streit darum, ob die Ehefrau oder die Dienstmagd im Haus das Sagen habe, zu großem Krach führen konnten, überließen es die Männer den Frauen, den Streit auszutragen. Bezeichnenderweise griffen die Frauen in diesen Fällen eher zur Taktik, ihre Gegnerin in Verruf zu bringen oder lächerlich zu machen – indem sie nächtliche Katzenmusiken organisierten oder sich auf indirekte Weise rächten, indem sie Männer aufstachelten, ihre Rivalin zu schlagen –, anstatt die Angelegenheit direkt vor den Rat zu bringen. Hans Geisselmairs Dienstmagd stieg einfach auf seinen Hochzeitswagen und weigerte sich herunterzuspringen, bevor sie nicht für das Verhältnis mit ihm eine Entschädigung erhalten hatte;[64] Matheis Dietls Magd beschmierte am Tage vor dessen Hochzeit die Hauswand, blieb bei ihm in Stellung und sah zu, wie die Ehe langsam zerrüttete.[65] Ein mächtiger, einflußreicher Herr und Meister dagegen konnte eine Dienstbotin sehr leicht davon abbringen, auch nur das Geringste zu unternehmen: der Patrizier Laux Ravensburger mußte seiner Magd nur mit einem Prozeß drohen, und schon ließ sie alle Anschuldigungen fallen.[66]

Wenn jedoch die Hausherrin ein Verhältnis mit einem sozial unter ihr stehenden Mann innerhalb des Haushalts oder mit einem sozial gleichrangigen Mann außerhalb des Hauses hatte, war gewöhnlich das Resultat für den Haushalt und das Liebespaar katastrophal. Eine solche Liaison untergrub die Autorität und beschmutzte die Ehre des Meisters, entehrte ihn und – blieb der Fehltritt ungestraft – seine Zunft. Die Behauptung, er sei nicht der erste, der seinem Weib beigelegen habe, wurde als Beleidigung des Mannes und nicht der Frau verstanden. Für zünftige Handwerker war der Ehebruch der Frau Diebstahl, die Entführung von Weib und Ehre. In gewisser Hinsicht – und die Männer hatten wenig Einfluß darauf – hing ihre Ehre zumindest zum Teil von der sexuellen Treue ihrer Ehefrauen ab. Dies war ein grundlegender Punkt der Unsicherheit, der vielleicht erklären und erhellen mag, weshalb die um die Überwachung ihrer Frauen kreisenden Phantasievorstellungen der Männer so oft in dem Versuch endeten, sie physisch im Haus festhalten zu wollen – eine Phantasievorstellung, die der Rat insgeheim teilte, wenn er ehebrecherische Frauen gelegentlich unter Hausarrest stellte. Ein solches kollektives Messen mit zweierlei Maß in Fragen der Sexualmoral fand bei den evangelischen Zunfthandwerkern starke Unterstützung. Es ist aufschlußreich, daß die für die Reformation eintretenden Männer, die sich bei dem gescheiterten Aufstand von 1524 am Perlachturm versammelten, die Freilassung »des Kürschners« forderten, eines Mannes, der wegen Mordes an seiner – vermeintlich untreuen – Frau eingesperrt worden war.[67] Für evangelische Zunfthandwerker war er kein Verbrecher, sondern ein Mann, der zu Recht die Frau bestrafte, die seine Ehre in den Schmutz gezogen hatte.

Frauen, die sich ihrer Verantwortung nicht einfach entledigen und ein Verhältnis per Vertrag beendigen konnten, hatten es schwerer, eine Beziehung auf der Ebene einer Gelegenheitsliaison zu belassen oder ihre Entwicklung zu steuern. Häufig entschlossen sie sich dazu, die Stadt zu verlassen und damit den Haushalt aufzulösen. Da die Ehre und soziale Stellung einer Frau weniger von ihrer Arbeit als vielmehr davon abhing, eine ehrbare und sittsame Ehefrau zu sein, konnte ein solches »Durchbrennen« sie zur Hure abstempeln und beide Partner einer illegitimen Beziehung in ein Vagabundenleben treiben. Hans Deylhoffer, der früher Schneider gewesen war und dessen Schwester mit einem Goldschmied (eines der angesehensten Augsburger Gewerbe) verheiratet war, wurde als Bettler bezeichnet, als er 1532 nach Augsburg zurückkehrte. Er hatte sich geweigert, sich von seiner Geliebten zu trennen und war gezwungen worden, die Stadt zu verlassen – nun war er ein gebrochener Mann.[68] Frauen mit Kindern standen vor schwerwiegenden Entscheidungen, denn obwohl sie versuchten, ihre Kinder mitzunehmen, machte die Härte des Lebens auf der Straße dies oft unmöglich. Ein Paar, das ein Wickelkind bei sich hatte, mußte es bei einem Gastwirt zurücklassen. Ein anderes Kind war nach Aussage des Vaters auf der Reise mit seiner Mutter, die den Ehemann und die Stadt verlassen hatte, erfroren. Das heulende Elend, das von ihren Kindern getrennte Mütter ergriff, mag viele Frauen wieder in die Stadt zurückgetrieben haben.[69] Die Prozesse gegen jene Frauen, die – sichere Bestrafung vor Augen – nach Augsburg zurückkehrten, machen deutlich, wie stark und unerträglich diese Spannungen waren: viele Paare hielten es nur ein paar Monate außerhalb der Stadt aus.

Obwohl der Rat demonstrativ – in gut evangelischer Weise – den Ehebruch von Männern und von Frauen für gleich schwerwiegend erklärte, zeigte er doch in der Praxis sehr viel mehr Interesse für die Fälle, in die eine verheiratete Frau verwickelt war. Er versuchte in den Verhören von Männern und Frauen die Natur des zum Ehebruch führenden liederlichen Triebes aufzudecken, den Frauen zu entlocken, warum und wie sie »gefallen« waren, und sie anschließend dazu zu bringen, ihre Sünden zu bekennen. In einem der ganz seltenen ausführlichen Briefe von Frauen wandte sich Agnes Axt 1542 in Worten an den Rat, von denen sie wußte, daß sie den Ratsherren wohlgefällig waren. In der flüssig, von erfahrener Schreiberhand (die sicher nicht die ihre war) niedergeschriebenen Eingabe bekannte sie: »Wiewol Jch Arms gefanngens weibspild wider Gott, Euer gnadenn, als ain gerechte Oberkhait, Meinen frumen hausswirth, vnnd Allte Vatter vnnd Muetter, vnnd ain gannze fraindschafft [Verwandtschaft], aus blödigkhait vnnd verlassung der gnaden Gottes mich laider wider die Weiplich Erberkhait vergessen vnd gesündet hab [...].«[70] Die Reihenfolge der Selbstanklagen stellt Gott, die weltliche Obrigkeit, den Ehemann, ihre Eltern und die Verwandtschaft innerhalb einer absteigenden Ordnung der Autoritätsausübung an den ihnen zustehenden Platz – sie alle waren durch ihren Verstoß gegen die weibliche Ehre oder Keuschheit beleidigt und angegriffen worden. Der Brief bekräftigt diese weltliche und göttliche Ordnung und stellt die Bittstellerin selbst als Untergebene an ihren Platz. Es ist die »weibliche Ehre«, die sie vergessen hat. Doch obwohl sie ihren eigenen bösen Willen zugibt und gesteht, aus eigenem Antrieb gesündigt zu haben, stellt sie sich im Brief zugleich als ein passives Geschöpf dar, das einfältig und »blöd«, aber nicht gerissen und böse ist – eine »gefallene« Frau, aber keine Frau, die bewußt von der göttlichen Gnade abgefallen war. Und sie bat um Erbarmen wegen ihrer weiblichen Schwäche. Nunmehr, so schien es, hatte sich Agnes Axt neu gekleidet, ins Gewand rechten fraulichen Betragens, eine Bekehrung und Reue, die als echte Zerknirschung des Herzens hätte erscheinen können, wäre sie nicht eine plötzliche Kehrtwende gegenüber Agnes Axts vorherigem frechen und aufsässigen Benehmen gegenüber Rat und Ehemann gewesen. (Zuvor hatte sie zugegeben, daß sie an dem Patrizier Anthoni Baumgartner Gefallen gefunden habe und mit ihm geschlafen hätte, wenn sie nicht gestört worden wäre; und sie hatte auf Vorhaltungen, sich schon früher ungehörig betragen zu haben, entgegnet, ihr Ehemann behandle sie hart und grausam.) Ihr Ehemann, der sich zu dieser Petition äußern sollte, war völlig verwirrt und mußte den Magistrat um Rat fragen, ob er wohl diese vermeintlich geläuterte Ehefrau wieder in seinem Haus aufnehmen solle! Dieses Schauspiel konnte sicherlich niemanden täuschen. In einem Fall wie diesem drohte das Verhör, das doch eine Sünderin zum rechten Betragen als Ehefrau zurückführen wollte, zur Farce zu werden.

Tatsächlich lag das Problem zum Teil darin, daß sexuell erfahrene verheiratete Frauen in den Augen des Rats nicht als sittsam und unterwürfig, sondern als sexuell unersättlich galten. Im Unterschied zu jungen Prostituierten sah der Rat solche Frauen nicht so sehr als unschuldige Opfer, die von liederlichen älteren Frauen verdorben worden oder männlichen Verführungskünsten zum Opfer gefallen waren, sondern als eigenverantwortliche Verführerinnen und Versucherinnen. Die verheiratete Anna Sommer, die vom »jungen Gunzburger«, einem stadtbekannten Schürzenjäger, verführt worden war, wurde dreimal unter Folter über die »vielen Männer und Studenten, mit denen sie Ehebruch begangen hat« befragt – trotz ihrer heißen Schwüre, es sei einzig und allein Gunzburger gewesen. Der Rat weigerte sich, sie als Opfer von Gunzburgers Verführungskünsten anzusehen und stempelte sie zu einer Frau mit zügellosem Lebenswandel.[71]

Auch für die Männer verkörperten sexuell erfahrene Frauen mächtige Begierden, die lüsterne Ehefrau war ein Gemeinplatz der Volkskultur. Das Erstaunliche an der Redeweise, in der Männer insbesondere ihre Gefühle ausdrückten, wenn sie sich zu einer ehebrecherischen Beziehung äußerten, ist ihr Gefühl der Machtlosigkeit. Häufig beschuldigten Männer die Frauen, sie hätten sie verhext, beschrieben ihre eigenen Gefühle als eine von außen oder gar wider ihren Willen wirksam werdende Kraft. Stoffel Burckhart sagte seiner Geliebten, er könne einfach nicht von ihr fernbleiben, obwohl er wisse, daß dies ein Akt des Ungehorsams gegenüber der Obrigkeit sei und ein unmoralischer dazu.[72] Hans Gabler berichtete, daß er bis nach Venedig gegangen sei, um sich aus der Beziehung mit seiner Geliebten zu lösen, es dort aber nicht ausgehalten habe, »der vrsach, der gablerin hab Jme es gethann, das er auff vorgeend handlung so er leiplicher werck dieweil er Jr knecht gewesen mit Jr gepflogen Also wider heraus«, und in die Heimatstadt zurückgekommen sei.[73] Eine Frau, die verzweifelt versuchte, ihren fremdgehenden Mann zu behalten, fragte eine weise Frau um Rat, die ihr sagte: »Euer Man zeucht [zieht] nicht gern, er zeucht das Im sein herzt im leib Pluettet, Er muess aber thun, vnnd sy [seine Geliebte] hab Ims drey mall zuessen geben [...]«. Im Ton des Volkslieds oder Märchens rezitierte die Ehefrau seine tragische Abschiedsrede, als er sie verließ: »Mein hertzliebs weib, Es muess sein, Ich wollt mir lieber das haupt lassen abschlagen, dann das Ich von dir vnnd meinen khinden soll ziechen, Es khan aber laider nimer sein, Ich muess von dir, Ich muess mein leben darumb geben, vnnd den zug thon.«[74] Christian Hefelein erklärte: »Er hab des Schuchsters weib [...] nit muessig konnden geen, dessgleichen sy auch nit, er wiss nit wie es nur ain ding [sic].«[75] Alle diese Frauen besaßen sexuelle Erfahrungen, und ihr Begehren wurde als eine mächtige, unwiderstehliche Kraft vorgestellt, die hervorgezaubert werden konnte, um Männer unter ihre Fuchtel zu bringen.

Diese Sicht von verheirateten Frauen als potentiell männermordenden Sexualwesen war gang und gäbe. Wenn die Morallehre der Reformation nach Stephen Ozments Ansicht eine verheiratete Frau nicht zur »Magd oder gewöhnlichen Dienerin ihres Ehemannes« stempele, so war ihr Grundton doch wohl kaum der von Ozment charakterisierte: die Ehefrau als »Hausmutter«, die sich einer »Stellung mit großer Autorität und gleicher Achtung« erfreue.[76] Tatsächlich fehlt bezeichnenderweise jeder Hinweis auf Mutterschaft: Verheiratete Frauen werden in ihrer Eigenschaft als Ehefrauen und dem damit verbundenen Gehorsam angesprochen, nicht als (potentielle) Mütter. Die zunehmende Obsession des Rats, liederliches Verhalten von Männern zu korrigieren und zu strafen, führte ihn dazu, ein System rechtlicher Regelungen und Instanzen zu schaffen, das Frauen sehr viel mehr Zufluchtsmöglichkeiten gegen gewalttätige Ehemänner bot – jedoch nur als Teil der Pflicht des Rats, den Schwachen Schutz zu bieten, auf der Basis der Unterordnung der Ehefrau unter ihren Mann. Dieser Schutz hing jedoch davon ab, ob sich die Ehefrau züchtig und sittsam betrug.

Schließlich warf der Ehebruch, wie alle strittigen Fragen zwischen Männern und Frauen, die Frage nach dem Geltungsbereich der Ratsgerichtsbarkeit und nach der Unversehrtheit der Sphäre des Hauses auf; aber er tat dies in einer besonders einschneidenden Form. So versuchte zum Beispiel der Weber Martin Frosch, die peinliche Angelegenheit (den Ehebruch seiner Frau) selbst ins reine zu bringen. Nach seiner Schilderung warnte er zuerst förmlich Lienhart Numenbeck, sich von seiner Frau fernzuhalten, »dan es gienge reden Vmb darab er kein gefallen het«.[77] Auf diese verbale Ermahnung antwortete Numenbeck mit der Drohung, Frosch vor den Rat zu bringen, um seinen Namen von dieser Beschuldigung reinzuwaschen, oder sich mit ihm auf dem Lechfeld zu treffen, um die Angelegenheit durch ein Duell aus der Welt zu schaffen. Froschs Darstellung gibt zu verstehen, daß der Angriff nur von Numenbecks Seite kam, und er läßt seine Reaktion auf die Affäre ziemlich passiv erscheinen, ein Eindruck, dem durch Numenbecks Schilderung des Geschehens nicht widersprochen wird.

In einer Eingabe an den Rat spielte Frosch weiter die Bedeutung des Ehebruchs und den Anteil seiner Ehefrau daran herunter; er betonte (und stellte die Sache damit beinahe als Vergewaltigung hin), seine Frau sei dazu »yberlistiget vnd woll halb benottiget«[78] worden – eine seltsame Formulierung, denn alle anderen Verhöre legen nahe, daß sie eine willige Partnerin gewesen war! Im weiteren erklärte Frosch, er habe ihr vergeben und bat, sie aus dem Fall herauszulassen, »damit sy Irem kleynnen kindlein vnnd mir ausswarten moge dann dise hanndlung [der Ehebruch] mich sonnst Jnn grossen vnfal vnd nachtail pracht hatt meines hanntwercks halb«.[79] Dies zeigt die sehr deutliche Vorstellung, daß die Haushaltsökonomie den Vorrang vor moralischer Vergeltung hatte. Nun, da er seiner Frau vergeben hatte, sah er eigentlich nicht mehr, welche Rolle der Magistrat noch in dieser »häuslichen« Angelegenheit zu spielen habe.

Die Einmischung des Rats in diese Affäre bleibt in aufschlußreicher Weise ambivalent. Er hatte die Liaison aus der häuslichen Sphäre an sich gezogen und durch bohrende Fragen versucht, alle Einzelheiten der Beziehung zwischen Lienhart Numenbeck und Walpurg Frosch ans Licht zu bringen. Doch er hielt jäh inne, als eigentlich das Paar hätte verhört werden müssen, tat dies erst, als ihre beiden Aussagen miteinander übereinstimmten, und verurteilte sie nur zu einer einwöchigen Gefängnisstrafe, eine Nachsicht, die er in den Jahren nach 1537 nicht so leicht gezeigt hätte. Lienhart Numenbeck verlor all seine Ehre, ihm wurde untersagt, bei allen ehrvollen Gelegenheiten anwesend zu sein, er durfte bei Wahlen nicht kandidieren oder wählen, durfte Gasthäuser nicht mehr betreten und keine Waffe tragen, und schließlich wurde ihm befohlen, sich von Froschs Haus fernzuhalten. Auch Walpurg Frosch verlor all ihre Ehre und wurde angewiesen, sechs Monate lang im Haus zu bleiben und es außer zur Teilnahme am Gottesdienst nicht zu verlassen.[80] Damit schuf der Rat so etwas wie eine »Verbannung innerhalb der Stadtmauern« und zwang die beiden Liebesleute, jeder für sich unter seinem Dach zu leben. Während zu dieser Zeit die vorgesehene Strafe für Ehebruch Verbannung aus der Stadt heißen konnte, entschied sich der Rat eher für den Erhalt des Haushalts als für strenge Bestrafung. Doch selbst die Zuchtordnung von 1537 konnte solche Konflikte nicht aus der Welt schaffen: 1539 wurde Anna Sommer, die mehrfach mit Hans Gunzburger Ehebruch begangen hatte und deren Ehemann sich für sie einsetzte, so bestraft, als ob es sich nur um einen Fehltritt gehandelt hätte, und zu sechs Monaten »innerer Verbannung« verurteilt.[81] Das Bestreben, den Haushalt aufrechtzuerhalten, konnte die Oberhand gewinnen gegenüber der strikten Anwendung der vorgesehenen Strafe für die Sünde, die der Rat so scharf verurteilte.

Was Frosch und Sommer beide vermeiden wollten, war eine genaue Untersuchung des Haushalts, denn diese würde unausweichlich (trotz des erklärten Ziels des Rats, die Ehre schützen zu wollen) nicht nur die Ehre der Ehebrecher(innen) zerstören, sondern auch die Ehre und Autorität des Meisters und die Integrität des Haushalts. Selbst im Fall der allergrößten Sünde gegen die Ehe vollführte die Ratspolitik einen Drahtseilakt zwischen einem von den Zünften beeinflußten Pragmatismus, der den Haushalt als Wirtschaftseinheit zu erhalten suchte, und einem Selbstverständnis des Rats als strafende Instanz, die in den Haushalt eindrang und argwöhnisch in seinen Angelegenheiten herumschnüffelte. Wenn die Ratsbüttel, die Nachtwächter über die Grenzen der vermeintlichen Privatsphäre hinweggingen und in das Haus eindrangen, war ihre Neugier weitaus ungehemmter als die der ängstlichen und behutsamen Nachbarn, die zögerten, die Schwelle des Hauses zu überschreiten. Diese Neugier zerstörte den »Hausfrieden« für immer.

Seine Ehepolitik schien dem Rat zu ermöglichen, die naturgegebenen Rollen von Mann und Frau zu preisen und zu verewigen. Doch ihre praktische Umsetzung lenkte das Augenmerk vielmehr auf die Unzulänglichkeiten der Ehe und unterstrich die potentiellen Interessenkonflikte zwischen Mann und Frau. Die patriarchalische Autorität erwies sich als brüchig, und die Hausväter waren oft schwache, gewalttätige Männer, denen man nicht die Bürde der Autorität aufladen konnte. Der Magistrat orientierte sich eigentlich an einem zünftisch beeinflußten Ideal der Ehe und des Haushalts. Sein Eingreifen in diesem Bereich führte jedoch dazu, sein Mißtrauen in die Handwerker und Zünfte zu verstärken. Es ließ eine Unordnung deutlich hervortreten, für die er weder ein weltliches noch ein geistliches Heilmittel besaß.

SECHSTES KAPITEL

Die Reformation und die Frauenklöster

NONNEN

Das spirituelle Leben einer Klosterfrau wurde in einer zugleich sozialen wie sexuellen Metapher gefaßt: die Nonne war die Braut Christi. Dies war mehr als ein zufälliger Vergleich, denn die Lebensbedingungen der Nonnen, ihre Lebensweise, ihr spezifischer Andachtsstil und auch ihr Bild in der Phantasie der Menschen des 16. Jahrhunderts waren durch ihren paradoxen Status bestimmt. Die Nonne war verheiratet; aber ihr »Gatte« brachte ihr nicht die Integration in die Familie eines Ehemannes. Sie war mit einer Gruppe von Frauen verbunden durch ein Gelübde, das jede zur Braut Christi und sie alle zu Mitschwestern machte; aber das Kloster, das mit der Sprache der Verwandtschaft operierte, schuf zugleich eine Reihe von Beziehungen, die zu den städtischen Verwandtschaftsstrukturen in Widerspruch standen. Gleichzeitig waren die Entscheidung für ein Kloster oder Stift und das Amt, das sie dort bekleidete, weitgehend durch familiäre Beziehungen bestimmt. Ihre weltliche Familie gewann aus ihrer Berufung zum Klosterleben geistlichen Trost, sicherte ihren Rang und materiellen Status. Schließlich war die Nonne zugleich verheiratet und Jungfrau – sie hatte einen zwiespältigen sexuellen Status, der ihre soziale und symbolische Stellung entscheidend bestimmte.

Häufig ist das Klosterleben für Frauen als eine Alternative zur Ehe dargestellt worden. Das Leben als Ehefrau war somit nicht die einzige gesellschaftlich anerkannte Rolle für eine Frau.[1] Inwieweit ein Mädchen in der Praxis auch immer an der Entscheidung selbst beteiligt gewesen sein mochte, ins Kloster zu gehen, war für junge Mädchen eine theoretische Wahlmöglichkeit. Ob dieser Weg auch wirklich gangbar und möglich war, wurde freilich entscheidend durch den sozialen Status des Mädchens bestimmt. In einer großen Stadt wie Augsburg mit seinem Damenstift und seinen sieben Klöstern und Konventen war nur Platz für 150-200 Klosterfrauen. Ungefähr zehn Plätze waren für Frauen aus der Stadt unerreichbar: das Damenstift

St. Stephan wurde durch adlige Frauen von außerhalb der Stadt besetzt.[2] Von den verbliebenen Plätzen waren zumindest siebzig, wahrscheinlich noch mehr, durch Frauen besetzt, deren Familien die städtische Elite bildeten: die alten Patriziergeschlechter, die 1538 ins Patriziat aufgenommenen Familien und die Angehörigen der Mehrer. Die aus den freilich bruchstückhaften Quellen gewonnenen Angaben darüber, wie viele Klosterfrauen es zwischen 1517 und 1548 in Augsburg gab, zeigen dies deutlich (siehe Tabelle 6.1). Von den 136 Frauen, über die wir etwas wissen, kamen 67 (etwa die Hälfte) aus den alten oder den kooptierten Patriziergeschlechtern, den Mehrern, Kaufmanns- oder gutsituierten zunftbürgerlichen Familien. Ein Vergleich dieser Zahl mit der Gesamtzahl von 319 Eheschließungen und Wiederverheiratungen innerhalb dieser erweiterten Elite zwischen 1517 und 1548 macht deutlich, daß diese Zahl zwar klein, aber doch signifikant ist.[3] Der Einfluß der Elite auf die städtischen Frauenklöster war sogar größer als es den Anschein hat, denn es gab wesentlich mehr »fremde Nonnen« als die neun aus guter Familie stammenden Ordensschwestern, über die wir Informationen besitzen. Insgesamt gesehen stammten höchstens etwa fünfzig Nonnen aus den Reihen der Krämer und Handwerker oder sozial tieferste-

Tabelle 6.1: Sozialer Status der Nonnen in den Frauenklöstern, 1517-1550

	Sankt Martin	Sankt Margareta	Horbruck	Sankt Ursula	Sankt Stephan	Maria Stern	Sankt Nikolaus	Sankt Katharina	Insgesamt
Alte Patrizier-Geschlechter	1	1	–	1	–	2	3	7	15
1538-39 ins Patriziat aufgenommen	–	–	–	–	–	4	6	12	22
Mehrer	1	2	3	–	–	2	1	9	18
Kaufmanns-Gilden	–	–	–	–	–	–	–	6	6
Andere Zünfte	–	–	2	–	–	–	2	2	6*
Stadtfremder Adel	–	–	–	–	6	–	–	–	6
Nicht aus Augsburg	–	4	–	–	–	1	–	–	5
Andere/Unbekannt	6	8	10	1	2	8	1	22	58
Insgesamt	8	15	15	2	8	17	13	58	136

* Zwei der Ordensfrauen stammten aus Familien der Elite, die 1368 das Patriziat verlassen und sich den Zünften angeschlossen hatten.

henden Gruppen, trotz ihres sehr viel größeren zahlenmäßigen Anteils an der Gesamtbevölkerung.

Dieses soziale Profil kontrastiert mit dem männlicher Kleriker. Beim Weltklerus reichte die soziale Zusammensetzung von den Adligen des Domkapitels, die mit den Stiftsdamen von St. Stephan auf einer Stufe standen, über die Kanoniker der Moritz-, Georgs- und der Heiligkreuzkirche, die bisweilen aus Familien der städtischen Elite kamen, bis zu den Vikaren und Kaplanen von sehr bescheidener sozialer Herkunft.[4] Dagegen waren in den städtischen Klöstern, insbesondere bei den Bettelorden, sozialer Rang und Augsburger Herkunft nicht so entscheidend für die Aufnahme. Die Nonnen bildeten eine sozial homogenere Gruppe mit ähnlichem sozialen Hintergrund. Gleichwohl gab es klare soziologische Unterschiede zwischen den Klöstern: die franziskanischen Konvente rekrutierten im 16. Jahrhundert aus eher ärmeren Familien, obgleich die Priorinnen insgesamt gesehen sozial höhergestellt waren, während anscheinend fast alle Mönche des benediktinischen Nikolausklosters aus der Elite kamen. Das größte, am stärksten mit der Stadt verbundene Kloster war das von den Dominikanern gegründete St.-Katharina-Kloster. Es war gleichsam ein Mikrokosmos der städtischen Elite, fast alle führenden Familien der Stadt waren in ihm vertreten.

Diese Rekrutierung reproduzierte die Scheidelinien innerhalb der Elite. Von den 136 Frauen, über die wir Angaben in den Quellen haben, stammten fünfzehn aus den alten Patriziergeschlechtern der Stadt, weitere zweiundzwanzig Nonnen aus den Familien, die 1538 ins Patriziat aufgenommen wurden. Achtzehn Ordensschwestern kamen aus den Familien der Mehrer, der erweiterten Elite, zu der viele Kaufleute gehörten, die sich über Heiraten und sonstige soziale Beziehungen mit dem Patriziat assimilierten. Zwei Klosterfrauen entstammten den Familien, die im weiteren Sinne zur Elite gehörten, sich aber 1368 dafür entschieden hatten, nicht mehr beim Patriziat zu bleiben, sondern sich in die Zünfte zu begeben. Unterhalb der Elite gab es eine Gruppe von Familien, die man als obere Mittelschicht bezeichnen könnte: Kaufmannsfamilien, die nicht zu den Mehrern gehörten, und angesehene zunftbürgerliche Familien. Diese Schicht ist schwieriger auszumachen und abzugrenzen, aber zumindest von sechs Nonnen wissen wir, daß sie aus Kaufmannsfamilien kamen. Da die Kaufleutezunft selbst die Mitgliedschaft auf die Familien zu beschränken suchte, die untereinander heirateten und die Zunftmitgliedschaft an ihre Nachkommen vererbten, war sie zu einer erlauchten Gruppe von 36 Familien zusammengeschrumpft. Vier Ordensschwestern kamen aus Familien, die aufgrund ihrer politischen Ämter zu den angesehenen zunftbürgerlichen Familien gezählt werden können.[5]

Die Klosterfrauen bildeten also eine Elite besonderer Art. Mit fünfzehn Nonnen waren die sieben alten patrizischen Geschlechter anteilsmäßig sehr viel stärker in den Konventen vertreten als die achtunddreißig Familien, die 1538 ins Patriziat aufgenommen worden waren, oder als die viel größere, fluktuierende Gruppe der fünfzig bis hundert Familien, die zu den Mehrern gehörten. Mit nur etwa zehn Nonnen waren die angesehenen zünftigen und Kaufmannsfamilien am wenigsten präsent.

Aber diese Elite wurde zugleich durch die Reformation tief gespalten in diejenigen, die sich zu den evangelischen Lehren bekannten (und Zwinglianer, Lutheraner, Schwärmer oder Täufer wurden), und jene, die dem alten Glauben treu blieben. Da die mit den neuen Lehren sympathisierenden Klosterfrauen das Kloster verließen, stammten die dort verbleibenden Nonnen immer stärker aus der nach 1537 am meisten bedrohten Gruppe – aus den Familien, die sich am wenigsten zur Reformation hingezogen fühlten und deren Loyalität zur Stadt mit einem gewissen Argwohn und Mißtrauen betrachtet wurde. Ihre Entfremdung vom städtischen Leben fand ihren dramatischen Ausdruck darin, daß eine Reihe dieser Familien 1546 Augsburg verließ, zu einem Zeitpunkt, als die Stadt in höchster Gefahr schwebte.[6] Doch die erweiterte Elite bildete zugleich die Gruppe, die nach der Augsburg 1548 vom Kaiser aufgezwungenen Verfassung die städtische Politik über Jahrhunderte hinweg als eine geschlossene herrschende Gruppe bestimmen sollte.[7]

Die Stärke des Widerstands der Klöster gegen die Reformation verstärkte und bündelte die Spaltungen innerhalb der Elite. Bisweilen brachen Familien einfach auseinander: Etwa, als beispielsweise Bernhart Rem seine Schwestern aufforderte, das Kloster zu verlassen, oder als Felicitas Peutinger das St.-Katharina-Kloster verließ, obwohl ihre Eltern unbeirrt am alten Glauben festhielten.[8]

Für die Bürgerschaft hatte der Feldzug zur Aufhebung der Frauenklöster und zur Wiedereingliederung der Nonnen in das Leben der Stadt mithin einige seltsame und widersprüchliche Untertöne. In den ersten Jahren der Reformation konnten die Nonnen, die ins weltliche Leben zurückkehrten, mit offenen Armen aufgenommen werden, und die Wiedereingliederung aller Klosterfrauen schien nur eine Frage der Zeit. Das Weiterbestehen der Klöster in den 1530er und 1540er Jahren war jedoch die augenfälligste und nachdrücklichste Erinnerung an die Gräben, die die Stadt durchzogen – religiöse, soziale und politische Trennlinien. Die Klöster zogen in mehrfacher Hinsicht Groll und Argwohn auf sich. Für die evangelischen Handwerker standen sie für das ständische Privileg, die Macht der »Herren«, wie sie Jörg Preu in seiner Chronik nannte, für den alten Glauben und seine unchristliche Werkgerechtigkeit, aber auch für die Macht von Frauen. So ist es nicht verwunderlich, daß einer der Hauptschwerpunkte der Ratspolitik nach 1537 das Problem der Frauenklöster war.

Die Aufhebung der Frauenklöster

Ende der 1530er und in den 1540er Jahren war der Rat entschlossen, auf die Schließung der Frauenklöster hinzuarbeiten. Er versuchte, mit den Nonnen Vereinbarungen über ihre materielle Absicherung in der Zukunft zu treffen und die Einkünfte und den Besitz der Klöster in wohltätige städtische Stiftungen umzuwandeln oder in bestehende Stiftungen einzubringen. Wo dies nicht möglich war, trachtete er danach, die Nonnen von der Unterstützung männlicher Ordensangehöriger abzuschneiden und den schrittweisen Niedergang des Klosters zu befördern – oder zumindest seine Kontrolle durch weltliche, städtische Behörden zu erreichen. Die Ratspolitik stand unter dem Stichwort »Integration«, ihr Ziel war die Eingliederung der Nonnen in die städtische Gemeinschaft und die Abschaffung von Klöstern, Stiften usw. als alternativen Machtzentren in der Kommune. Da sich die Frauenklöster als weniger aufnahmebereit für die Lehren der Reformation erwiesen, wurden sie zur Hauptzielscheibe des Feldzugs zur Reinigung der Stadt von aller »Papisterei«. Wie wir sehen werden, lagen dieser Politik bestimmte Ansichten über die soziale Hierarchie und die Geschlechterrollen zugrunde. Diese Politik war jedoch keineswegs neu und nicht allein die unmittelbare Konsequenz der Reformation. Ihre Wurzeln lagen in den Versuchen des Rats im 14. und 15. Jahrhundert, die religiösen Institutionen in die Kommune einzubeziehen, sie zu besteuern und stärker zu überwachen.[9] Damals hatte der Rat darauf gedrungen, Laien als Pfleger der Klostergüter einzusetzen, und die Ordensangehörigen aufgefordert, Bürger der Stadt zu werden. Der Versuch, den Erwerb des Bürgerrechts zu erzwingen, war weitgehend gescheitert. Hinsichtlich der Überwachung durch Laien war der Rat dagegen erfolgreicher, insbesondere bei den Frauenklöstern. Dies lag zum Teil vielleicht daran, daß die Bande der Stadt mit den Frauenkonventen immer schon stärker gewesen waren als mit den Männerklöstern.[10] Die Pfleger mischten sich unterschiedlich stark in das Klosterleben ein, vor allem bei Grundstücks- und Pachtgeschäften sowie der Verwaltung der Klostergüter. In einigen Konventen übten sie auch eine gewisse Kontrolle in Fragen der Klosterzucht aus.[11]

Hundert Jahre später ging der Rat ähnlich vor. Zur vollständigen Einführung der Reformation gehörte 1537 die Ausweitung der Klosteraufsicht auf die Ernennung der Priorinnen. Außerdem erweiterte der Rat die Befug-

Die Reformation und die Frauenklöster

nisse der Gemeindepröpste über die Pfarrkirche und das Damenstift in St. Stephan und setzte »Rechtskonsulenten und rechte Pfleger« für Maria Stern, St. Martin und St. Margareta ein.[12]

Die Pröpste und Pfleger übernahmen schrittweise nicht nur jene Aufgaben, die Frauen aus juristischen Gründen nicht wahrnehmen konnten (zum Beispiel den Abschluß von Pachtverträgen), sondern zunehmend die Rolle der männlichen Ordensangehörigen gegenüber den Klosterfrauen. Angesichts der Auflösungserscheinungen, die sich durch die Reformation bei den Frauenklöstern zeigten, konnte diese stärkere Einmischung des Rats mit der Funktion des »Notbischofs« gerechtfertigt werden, die die weltliche Obrigkeit nach dem Willen der Evangelischen gegenüber den Pfarrkirchen wahrnehmen sollte.[13] Ironischerweise erschwerte jedoch gerade diese Erweiterung seiner Schutzfunktion auf die Frauenklöster dem Rat den Umgang mit den Nonnen, als 1537 die Reformation vollständig eingeführt wurde. Er konnte zwar die katholischen Geistlichen und die Stiftsdamen von St. Stephan, die das Bürgerrecht nicht erwerben wollten, aus der Stadt weisen, aber mit den Nonnen von St. Katharina und St. Nikolaus, die das Bürgerrecht seit altersher besaßen, konnte er nicht so verfahren.[14]

Das Ideal bürgerlicher Rechtschaffenheit und die evangelische Morallehre verlangten auch, daß die Mitglieder der Stadtgemeinde einen einheitlichen Glauben haben, allesamt Predigt und Gottesdienst besuchen und zumindest in der Öffentlichkeit »Einmütigkeit« zeigen sollten. Die ersten Schritte dazu wurden 1534 getan, als der Rat eine Reihe von Kirchen schloß und den Nonnen untersagte, geistlichen Beistand von ihren Ordensbrüdern zu empfangen.[15] 1537 verabschiedete er eine neue Kirchenordnung, der zufolge der Gottesdienst in allen Kirchen in der gleichen Weise gefeiert werden sollte. Den Nonnen wurde untersagt, die Messe zu hören, zur Beichte zu gehen oder das Abendmahl zu empfangen.[16] Kein Anzeichen der »Papisterei« sollte es fürderhin in der gerade erst evangelisch gewordenen Stadt geben, die von der geistlichen Fornikation des falschen Glaubens wie von geschlechtlicher Sünde gereinigt war. Als überflüssig betrachtete Kirchen wurden geschlossen, die Kirchentüren mit Ketten versperrt[17] oder gar wie die Martinskirche einfach abgerissen und daraus ein Platz gemacht, »darauff man das gren kraut und sallat und solich ding fail hat«.[18]

Alle Nonnen wurden nunmehr dazu gezwungen, das eine Wort Gottes zu hören, genauso wie zehn Jahre zuvor die im Irrtum befangenen Täufer.[19] Auf Weisung des Rats mußten die Nonnen des St.-Katharina-Klosters sich die Predigt des Ratsprädikanten Wolfgang Musculus anhören, in Anwesenheit des Bürgermeisters und seines Gefolges.[20] 1537 befahl der Rat, daß den Ordensschwestern des St.-Nikolaus-Klosters »das wort gottes auch verkundt werden solle«.²¹ Selbst zu diesem Zeitpunkt scheint der Rat noch auf die Kraft des Wortes vertraut zu haben, um die Nonnen zum evangelischen Glauben zu bekehren, ähnlich wie Luther in den ersten Jahren der Reformation auf die Bekehrung der Juden gehofft hatte. Als die Ordensschwestern jedoch nicht konvertierten, wurde die Abweichung in Glaubensdingen mit bürgerlichem Ungehorsam gleichgesetzt, eine Entwicklung, die sich bereits in den Prozessen gegen die Täufer ablesen läßt. Rasch begann der Rat die Nonnen des St.-Nikolaus- und des St.-Katharina-Klosters als »widerspenstig« zu bezeichnen oder schlimmer noch mit dem Vorwurf zu belegen, der schon den Beiklang des Aufruhrs hatte, sie seien »gantz ungehorsam«.²² In den Augen des Rats waren einige Klosterfrauen »guthertzig«, andere dagegen »hartneckig« – ein Gegensatz, der treffend die den Frauen zugeschriebenen Eigenschaften Hochmut und Sanftmut mit einer feindseligen oder gefügigen Haltung gegenüber den Beschlüssen des Rats verknüpfte.²³

Tatsächlich lag der Rat nicht ganz falsch mit seiner Befürchtung, Abweichungen in Glaubensfragen könnten zur Entfremdung von der Bürgerschaft und letztlich zu Aufruhr führen. Es ging das Gerücht um, das außerhalb der Mauern liegende St.-Nikolaus-Kloster habe die Herzöge von Bayern um Schutz ersucht.²⁴ Das Kloster war eines der wenigen Gebäude in einer unbefestigten Vorstadt vor dem Roten Tor, das den Abriß des Viertels im 14. Jahrhundert (weil die Vorstadt im Fall der Besetzung durch einen Gegner zu einer strategischen Bedrohung für die Stadt hätte werden können) überlebt hatte.²⁵ Ob an dem Gerücht nun etwas dran war oder nicht, es bestätigte jedenfalls die schlimmsten Befürchtungen des Rats. Auf das Gerücht hin ließ der Rat die Nonnen auf schimpfliche Weise auf Karren in die Stadt bringen. Sie wurden in dem zu einem anderen Orden gehörenden St.-Katharina-Kloster einquartiert. Diese Behandlung machte augenfällig, was die Politik der »Integration« der Frauenklöster in die mauerbewehrte Stadt bedeuten konnte.²⁶

Doch dies war nur das herausragendste und denkwürdigste Ereignis. Ironischerweise wurden alle Bemühungen der Klosterfrauen, ihre Unabhängigkeit in der Stadt dadurch zu festigen, daß sie außerhalb Unterstützung suchten – von ihrem Orden, katholischen Fürsten, aus Rom oder vom Kaiser –, zwangsläufig als feindseliger Akt angesehen, der sie noch weiter der Stadtgemeinde entfremdete. Als sich das St.-Katharina-Kloster 1526 seine Privilegien vom Papst bestätigen ließ, 1530 einen kaiserlichen Schutzbrief erhielt und 1534 damit drohte, sich statt unter den Schutz des Rats unter kaiserliche Protektion zu stellen, bestärkten diese Manöver den Rat nur in seinem Argwohn und Zweifel an der Loyalität des Klosters. Wie tief dieser Argwohn saß, zeigte sich einige Jahre später, als der Rat befahl, daß die

Nonnen des St.-Katharina- und des St.-Nikolaus-Klosters nur mit Erlaubnis der Pfleger Besucher empfangen dürften, um »pöse anschlege wider ein erbern rat zuvorkumen«.[27]

Wie die Einquartierung der Benediktinerinnen von St. Nikolaus im dominikanischen St.-Katharina-Kloster zeigte, lief die Politik der religiösen Vereinheitlichung der Stadt darauf hinaus, die spezifische Tradition und Eigenart der Orden und das monastische Ideal überhaupt frontal anzugreifen.[28] Der Rat war sich dessen voll und ganz bewußt. 1534 kommentierte sein Rechtskonsulent: »Und wiewol man sagen möcht auff babstische art, sie weren nit ains orden und fuegten nit zusamen, so ist doch gewisslich ware, dass weder die gleicheit noch ungleicheit der claider christen macht.«[29] Diese bösartige Bemerkung erkannte unausgesprochen an, welche zentrale Rolle das Habit als Erkennungszeichen des Ordens für dessen Identität und Gemeinschaftsgefühl spielte. Mit seinem hierarchischen Gefüge und dem ihn tragenden und stützenden Netzwerk, die beide über die Stadt hinausreichten, galt der Orden als unvereinbar mit der auf den Stadtraum begrenzten, einhellig akzeptierten Form des »christlichen Lebens«, die als einzig mögliche, allgemeingültige Lebensform angesehen wurde. Bisweilen äußerte sich dieser unüberbrückbare Gegensatz als simpler Zusammenstoß zwischen konkurrierenden Gerichtsbarkeiten. So forderte das von Doktor Franciscus Frosch aus Straßburg angeforderte Gutachten den Rat auf, gegen das St.-Katharina-Kloster und die Dominikaner vorzugehen, weil sie sich gegen die Autorität, die Herrschaft und die Aufsichtsgewalt des Rats vergingen.[30] In Kloster und Stadt hatte dieselbe Treue zur Obrigkeit zu herrschen.[31]

Im Argwohn gegenüber der klösterlichen Selbstverwaltung schwang auch das Unbehagen darüber mit, daß Frauen die Verfügungsgewalt über Liegenschaften und andere Güter besaßen.[32] In einer Schrift aus dem Jahre 1534 vertrat der Verfasser die Ansicht, es gezieme sich nicht, daß eine Frau an der Spitze eines Klosters stünde. In einem Briefwechsel mit Martin Bucer über die Klöster behauptete Gereon Sailer, »eine Weibsperson ist von Gemut und Leib viel schwacher, verfuhrlicher und beweglicher«.[33] Derartige Ansichten über die Unfähigkeit von Frauen, irgendeine Autorität auszuüben, standen hinter dem Beschluß, Pfleger zu benennen. Sie schienen sich zu bestätigen, als die Nonnen des St.-Klara-Klosters zur Horbruck vor dem Stadtgericht erklären mußten, sie könnten »aus etlichen vnnsern mannglen, vnnd geprechen, [ihr Kloster] nit mer mugen fursehen noch vnnderhallten«. Sie übertrugen ihr gesamtes Klostergut samt Einkünften, Renten und Forderungen dem städtischen Findelhaus.[34] Beim Vertragsabschluß war kein Vertreter des Franziskanerordens anwesend. Diese Transaktion bildete den Höhepunkt der städtischen Übernahme der Kontrolle über die Frauenklöster.

Tatsächlich beweisen die erhaltenen Klosterarchive keineswegs etwa die Unfähigkeit der Ordensschwestern in wirtschaftlichen Angelegenheiten. Ganz im Gegenteil, hier war ein dynamisches, kapitalistisches System aufgebaut worden, das seine Einkünfte aus Anlagen bei Handelsunternehmen gewann, und nicht etwa eine auf Sicherheit bedachte, niedrige Erträge abwerfende Politik betrieben worden. Das Horbruck-Kloster hatte 1 600 Gulden bei Raimond, Anthoni & Hieronymus Fugger angelegt, und das Kloster St. Ulrich und Afra zahlte ihm eine jährliche Zinsrente von 35 Gulden. Weitere neun, mit Landbewohnern abgeschlossene Schuldverschreibungen waren verpfändbar und ablösbar; offenkundig erst vor kurzem gegegebene Kredite.[35] Die Schuldner kamen aus dem Augsburger Umland, doch nicht aus den Gebieten, in denen das Kloster Land besaß. Dies weist darauf hin, daß es sich um ein ausgedehntes und mit Risiko operierendes kommerzielles Beziehungsgeflecht handelte. Insgesamt betrug der Wert dieser Schuldverschreibungen beinahe 2 950 Gulden und brachte wohl jährliche Einkünfte von mindestens 100-150 Gulden – eine beträchtliche Summe, wenn man sie mit den 400 Gulden vergleicht, die das sozial exklusivere Kloster St. Martin im Jahre 1551 einnahm.[36] Außer seinen Schuldverschreibungen besaß das Kloster auch einen bescheidenen Landbesitz, dreizehn Bauernhöfe in Göggingen, Hirblingen, Herbertshofen, Mertingen, Ried, Kleinkitzighofen und Maingründel, die sicherlich ebenfalls ihr Scherflein zu den Einkünften des Klosters beitrugen.[37] Obwohl das Kloster seinen Grundbesitz in Erlingen (nicht weit von Herbertshofen) verkauft hatte, behielt es weiterhin beträchtlichen Streubesitz im Norden, Westen und Südwesten Augsburgs. Das Kloster selbst, das sich an die innere Stadtmauer anschmiegte, in der Nähe des Lech und mitten in einem Handwerkerviertel (1533 waren ein Schmied und ein Färber seine Nachbarn[38]) gelegen war, muß einige Reichtümer besessen haben. Der Chronist Clemens Sender schätzte, daß es allein 2 500 Gulden an Bargeld besaß.[39] Alle diese Güter sollten zum Unterhalt eines Klosters dienen, in dem nur neun Nonnen lebten, das mithin bei weitem nicht voll belegt war.[40] Die Quellen zeichnen kaum das Bild eines armen oder heruntergewirtschafteten Klosters: Da im Kloster zur Horbruck die Einmischung der Laien in die Klosterverwaltung am weitesten vorangeschritten war, wäre dies auch der Gipfelpunkt der Ironie gewesen.[41]

Der Preis, den der Rat für die Einziehung dieser Klostergüter und Besitztitel zugunsten seines Findelhauses zahlte, war nicht besonders hoch. Jede Nonne erhielt eine jährliche Pension von 50 Gulden, insgesamt würden sich die Ausgaben für den Rat damit, so kalkulierte man, auf 4500 Gulden belaufen. Für die Nonnen war eine Annuität dieser Größenordnung wahrscheinlich mehr, als ihnen der Besitz eingebracht hätte, den viele Nonnen in das

Kloster, das sich weitgehend nicht aus der Elite rekrutierte, mitgebracht hatten. Sie sicherte ihnen ein bescheidenes, aber doch angenehmes Auskommen.[42] Für den Rat jedoch war diese Vereinbarung ein ausdrücklicher Erfolg. Er hatte durch den Landbesitz des Klosters den Einfluß im Umland erworben, den die Ratspolitik in diesen Jahren sehr stark anstrebte. Ihm war es gelungen, ein Frauenkloster zu schließen, und dies ohne sofort anfallende hohe Ausgaben.[43]

Dieser Erfolg bestimmte das künftige Vorgehen des Rats gegenüber Frauen- wie Männerklöstern. Fortan versuchte der Rat, den Besitz eines Klosters zugunsten einer städtischen Fürsorgeeinrichtung einzuziehen und vergab im Gegenzug Pensionen an die Nonnen oder Mönche. Die Kosten der Säkularisierung lagen freilich bei den Frauenklöstern sehr viel höher.[44] Erstens verließen weniger Nonnen als Mönche aus eigenem Entschluß das Kloster, der Rat mußte folglich höhere Annuitäten anbieten. Zweitens erwiesen sich die Klosterfrauen als gewiefte und harte Verhandlungspartnerinnen. Und die gängige Vorstellung, Frauen könnten ihren Lebensunterhalt nicht selbst verdienen, zwang den Rat, den Ordensschwestern eine Annuität anzubieten, die ihren sozialen Status absicherte. Mönche hingegen konnten immer ein Handwerk erlernen oder anderswo Prediger werden. So blieb der Rat erfolglos, als er Ende der 1530er Jahre den aufsässigen Nonnen von St. Nikolaus eine solche Vereinbarung vorschlug.[45] Erfolgreicher war er, wenn auch mit erheblich höheren Kosten, bei der Aufhebung des reicheren und mächtigeren Dominikanerklosters St. Margareta und bei der Übertragung der Klostergüter an seinen Nachbarn, das städtische Heiliggeistspital: ein treffliches Beispiel für eine gelungene Integration, war doch das Kloster selbst in der Krankenpflege tätig.[46] Und erst 1546 überzeugte er schließlich die letzte Nonne des St.-Martin-Klosters, eine Annuität anzunehmen und ihm die Klosterschlüssel auszuhändigen.[47]

Die Kosten dieser Politik waren im Falle des St.-Margareta-Klosters außerordentlich hoch. Die Bereitschaft des Rats zu solchen finanziellen Opfern beweist, welchen Vorrang er der Lösung dieses Problems beimaß. Aufgrund ihres höheren sozialen Rangs konnten sich die Ordensschwestern von St. Margareta eine großzügigere jährliche Pension vom Rat erwirken: 100 Gulden jährlich für jede von ihnen, außerdem ein jährliches Fest, das Nutzungsrecht des Klostergartens, einen Teil der Fahrnis des Klosters und ein Handgeld von 30 Gulden für jede Nonne.[48] Die zehn Annuitäten wären wohl auf dem Finanzmarkt etwa 10 000 Gulden wert gewesen. Da die Nonnen aber noch sehr lange lebten, mag der Magistrat schließlich etwa 28 000 Gulden gezahlt haben. Das Spital versprach auch, die Nonnen ihr Leben lang mit Lebensmitteln zu versorgen. Wegen der Inflation stiegen die Kosten für die Versorgung mit Nahrungsmitteln und wurden 1574 auf 9 904 Gulden geschätzt.[49] Somit erwarb der Rat mit einer Gesamtausgabe von fast 40 000 Gulden nur einige Herrschaften im Umland, konzentriert auf die Dörfer Eppisburg und Riedsend, wo das Kloster die örtliche Gerichtsbarkeit besaß, und Streubesitz in Dörfern eines Landstreifens im nördlichen Teil des Dreiecks Augsburg-Dillingen-Donauwörth.[50] Außer seinen recht beträchtlichen Liegenschaften besaß das Kloster einige Grundstücke und Gerechtsame in der Stadt, aber praktisch keine Zinseinkünfte.[51] Selbst das Klostergebäude erwies sich für das Spital als von begrenztem Wert. 1574 beklagten sich die Spitalverwalter: »Dauon die Armen kain nutzung, sonnder vil mer zu vnnderhaltung dess grossens gepews vncosten vnd schaden haben.« Für den Rat indes brachte die Vereinbarung einen doppelten Gewinn. Er hatte seine Kontrolle über das Umland erweitert, ein wichtiges Ziel seiner Politik – möglicherweise machte die Lage der Grundherrschaften in der Nähe der Bischofsresidenz Dillingen diese für den Rat besonders attraktiv, konnte er doch von dort aus auf den Bischof Druck ausüben. Und er hatte sich eines mächtigen Klosters entledigt, dessen Güter nunmehr zugunsten des städtischen Spitals eingezogen waren.[52]

Doch selbst dort, wo die Einziehung und Überführung der Klostergüter nicht so weitgehend gelang, wurde die Frage der Kontrolle über die Klostereinkünfte rasch zu einem Streitpunkt zwischen dem Rat – oder dessen Vertretern, den Pflegern – und den Nonnen. 1537 wurden die gesamten Archive des Sternklosters und des St.-Nikolaus-Klosters beschlagnahmt und im Rathaus deponiert. Zwei Jahre später verlangte der Rat vom St.-Stephan-Kloster, es solle alle Besitztitel und Urkunden zusammen mit einer Liste seiner Güter übergeben. Im Weigerungsfall, drohte er, würden alle Titel und Ansprüche für null und nichtig erklärt.[53]

Der zweite strittige Punkt, in dem sich die Ansicht, Frauen seien unfähig zur Ausübung einer Befehlsgewalt, und der Wunsch, die Klöster in die städtische Verwaltung einzugliedern, trafen, war die Frage der Ämter in den Klöstern. Hier konnte die bloße Idee, Frauen könnten Machtpositionen innehaben, als unchristlich angesehen werden, als gegen die rechte Ordnung gerichtet, in der die Frau dem Manne untertan zu sein hatte. Eine anonyme Denkschrift an den Rat aus dem Jahre 1534 brachte diese Auffassung besonders klar zum Ausdruck. Ihr Verfasser erklärte, daß Gott die Frau dem Mann als ihrem Haupt untertan gemacht habe und begründete dies mit ihrer schwächeren Natur. Ganz folgerichtig stellte er die Frage: »Wie soll nun das gut thun, das weyber sich zusamen thunt, in ein besonnders lebenn, also, das sie sich, wider gottes ordnung, Ja wider die nattur, in ein gehorsam eins weybs begeben, die da weder vernunfft noch verstanndt hat zuRegieren, es

Die Reformation und die Frauenklöster

sey auch in göttlichen, oder weltlichen sachen, die nit solte Regieren sonnder regiert werden.«[54]

Festgefügte Ansichten eines »Laien«, was rechtes christliches Leben sei, liegen dieser Kritik am Klosterwesen zugrunde und ermöglichen die entschlossene Ablehnung der – in seinen Augen – irrigen Meinung, Frauen könnten eine Befehlsgewalt ausüben, wo und in welcher Form auch immer. Natürliches und göttliches Recht, die evangelische Auffassung von der Familie verboten Frauen jedwede Autoritätsausübung und untersagten ihnen jede Funktion außerhalb des Hauses.

Derartige Auffassungen fanden zunehmend Widerhall in der Ratspolitik. Schon 1528 hatte sich der Rat angemaßt, Priorinnen in ihrer Position zu »bestätigen«.[55] Nach 1537 fühlte er sich jedoch stark genug, direkt einzugreifen: 1539 setzte er Felicitas Endorfer einfach ab und an ihrer Stelle Anna Ravenspurger ein, und drohte damit, die Priorin des St.-Nikolaus-Klosters ebenfalls abzusetzen.[56] 1543 bestimmte der Rat, die Pfleger des St.-Katharina-Klosters müßten eine neue Priorin benennen und fügte noch hinzu, »doch acht ain Ersame Rate die Reihingin für die tuglichst«, ein klarer Hinweis auf seine direkte Beteiligung bei der Auswahl der Priorin.[57] Klöster, die ihre Priorinnen selbst wählten, wurden gemaßregelt.[58] Der Rat wußte genau, auf wen seine Wahl fiel: Anna Ravenspurger kam aus einem Patriziergeschlecht, ihre Schwester war eine höhere Ordensschwester im selben Kloster.[59] Gegenüber weniger mächtigen Klöstern zeigte er eine ähnliche Kombination von grober Einmischung und gerissenem Vorgehen. Einerseits wurde 1537 die Oberin des Sternklosters vom Rat einfach ihres Amtes enthoben. Andererseits schickte er 1543 die alten und neuen Bürgermeister zum Kloster St. Ursula, um die Nonnen zu überzeugen, eine Ordensschwester aus dem Patriziergeschlecht der Ilsung als ihre Oberin anzunehmen.[60]

Trotz des auf sie ausgeübten Drucks akzeptierten die Klöster nur widerwillig das Recht des Rats oder der Pfleger, Klosterämter zu besetzen. 1541 mußten die Nonnen von St. Nikolaus ausdrücklich gewarnt werden, nicht ohne Beteiligung des Rats eine Priorin zu wählen, obgleich der Rat schon 1536 bei der Wahl der Oberin klargemacht hatte, daß er an der Auswahl beteiligt zu sein wünsche.[61] Für den Rat war eine wohlgesonnene Priorin entscheidend für seine Mitsprache in den Klöstern, die nicht überzeugt werden konnten, sich aufzulösen. Weiterhin stellten die Maßnahmen das Kloster und seine Priorin unter den direkten Schutz der Stadt und machten die Priorin zu einer Art städtischer Amtsperson, die gegenüber dem Rat rechenschaftspflichtig war. Auf der anderen Seite war für die Ordensschwestern die Wahl einer Priorin eine Angelegenheit des Klosters, die im Prinzip allein in ihrer Hand lag. In den Dominikanerklöstern zum Beispiel war die Auffassung der Mönche ganz klar, daß die *electio tamen Priorissae libere pertinet an conventum*.⁶² Der Rat bestätigte nicht einfach die freie Entscheidung des Klosters, sondern mischte sich in die Auswahl der Priorin ein. Dies konnte kaum als Übernahme der Aufgaben ausgegeben werden, die früher die Dominikanermönche wahrgenommen hatten. Nach dem Tod der Priorin aus dem Geschlecht der Ilsung bestimmte der Rat sogar, die Nonnen von St. Ursula sollten fortan überhaupt keine Priorin mehr haben. Und 1539 begrenzte der Rat die Zahl der Ämter im St.-Katharina-Kloster auf die Priorin, die Gegenschreiberin und die Schaffnerin – ein massiver Angriff auf die klösterliche Zucht und Hierarchie.⁶³

Ein weiterer Aspekt mag den Rat zu solch entschlossenem Vorgehen bewogen haben, die Priorinnen selbst zu benennen und die Besetzung anderer Ämter zu kontrollieren, zugleich aber so zu tun, als sei er gar nicht interessiert daran, sich in Wahlen innerhalb der Klöster einzumischen. In der politischen Bürgergemeinde wurden Ämter grundsätzlich durch Wahlen besetzt. Dies war ein entscheidendes symbolisches Element, unabhängig davon, wie weitgehend der Ausgang der Wahl bereits durch die Dauer der Ratszugehörigkeit, den sozialen Rang usw. vorherbestimmt sein mochte. Ein politisch aktiver Bürger und zünftiger Handwerker zu sein, hieß das Recht auszuüben, einen Vertreter seiner Zunft in den Rat zu wählen. Männlichkeit und politisches Bürgerrecht waren miteinander verknüpft und wurden im Wahlakt zum Ausdruck gebracht. Gewählt wurde in jeder Zunftstube hinter verschlossenen Türen – Fremde und Frauen mußten draußen bleiben. Je höher die Ebene innerhalb der politischen Hierarchie, desto kleiner war die Zahl der Wähler, die einen Amtsinhaber bestimmten. Somit waren die politisch mächtigsten Männer auch diejenigen, die an den meisten Wahlen teilnahmen.⁶⁴

Frauen waren von dieser Form politischer Aktivität völlig ausgeschlossen, und kein einziges der Ämter, das sie innerhalb der Stadtgemeinde ausüben konnten, scheint durch Wahl besetzt worden zu sein.⁶⁵ Die Klöster waren die einzigen Einrichtungen in der Stadt, in denen Frauen in ein Amt gewählt wurden. Selbst in den Seelhäusern, den ausschließlich für Frauen bestimmten weltlichen Fürsorgeeinrichtungen, entschied allein der Herr des Seelhauses, nicht seine Insassinnen, über die Aufnahme von Frauen und bestimmte die »Meisterin«. Ein halb laizisiertes, in die Stadtgemeinde eingegliedertes Kloster, in dem Frauen gleichwohl weiterhin Amtsinhaberinnen wählen und bestimmen konnten, war unvorstellbar, politisch und theoretisch ein Widerspruch in sich. Frauenklöster konnten nicht in das städtische politische Gefüge als eine Art »Unterzunft« eingebaut werden. Ihre internen Entscheidungsprozesse brachen mit der Gleichsetzung von Männlichkeit, politischem Bürgerrecht und Wahlrecht.

Die Reformation und die Frauenklöster

Die Eingliederung der Frauenklöster in die Stadt rief folglich unterschiedliche stadtbürgerliche Auffassungen über die Mann und Frau angemessenen Sphären auf den Plan und aktivierte sie. Aus stadtbürgerlicher Sicht war allein schon die Vorstellung problematisch, eine Frau könne alleinstehend sein. Alleinstehenden Frauen war es theoretisch untersagt, »aigen Rauch«, das heißt ihren eigenen Hausstand zu haben, es sei denn, sie erwarben das Bürgerrecht. Sie mußten entweder eine Stellung als Dienstmagd in einem Haushalt annehmen, heiraten, in einem Haushalt zur Miete wohnen oder aber die Stadt verlassen.[66] Die entscheidende – wiewohl unausgesprochene – Bedingung war natürlich sozio-ökonomischer Natur: um Bürger zu werden, mußte man einen Besitz von mindestens 50 Gulden und die Mitgliedschaft in einer Zunft nachweisen. Der Rat wollte damit der Zunahme selbständiger Haushalte von Handwerkerinnen oder Frauen aus noch ärmeren Schichten entgegenwirken.[67] Klosterfrauen bildeten, sollten sie in dieses soziale Gefüge eingegliedert werden, eine ernstzunehmende Ausnahme, ihre Existenz war anormal. Sie waren eine Gruppe unverheirateter Frauen, die gemeinsam ihren »aigen Rauch« hatten. Doch sie waren eigentlich keine richtigen Bürgerinnen, und ganz gewiß nicht Angehörige eines ordentlichen Haushalts. Die einzige vergleichbare gesellschaftliche Einrichtung im städtischen Gefüge war das städtische Frauenhaus, ein frühes Opfer der Reformation.[68]

Die Einschränkung der Möglichkeiten für alleinstehende Frauen, einen eigenen Hausstand zu haben, war ein anderes Mittel, mit dem die Stadt unverheirateten Frauen den Weg zu einer eigenen Werkstatt verbaute. In jedem Falle konnte eine Frau, die nicht von ihrem Vater oder über ihren Ehemann die Zunftgerechtigkeit erhalten hatte, diese Vorbedingung des Bürgerrechts nicht erwerben. Die nicht unwichtige Rolle der Nonnen in der städtischen Produktion widersprach überdies den evangelischen Auffassungen darüber, was einer Frau geziemte. Wir wissen, daß das St.-Katharina-Kloster eine eigene Weberei betrieb und wie das St.-Margareta-Kloster eine so große Backstube besaß, daß fromme Stifter bei ihnen Brot backen ließen, das an die Armen verteilt werden sollte.[69] 1517 hatte Wilhelm Rem ausdrücklich diese beiden Klöster und das Spital beauftragt, aus dem von ihm gestifteten Korn Brot zu backen und zu niedrigem Preis an die Armen zu verteilen, »dann die becken büchen arg und übelbachen brott« und verlangten dafür einen zu hohen Preis.[70] In diesem Fall war die Klosterbackstube ein Wirtschaftsunternehmen, das die Preise der Bäckermeister unterbot, ihnen das Gewerbe streitig machte und ihnen die Kundschaft wegnahm. Es war vielleicht kein Zufall, daß ausgerechnet ein Bäckerjunge 1523 eine Predigt im St.-Margareta-Kloster unterbrach und einen kleinen Aufruhr anzettelte.[71]

Waren Frauenklöster anormale Einrichtungen im städtischen Raum, so waren Nonnen, die überzeugt werden konnten, das Kloster zu verlassen, noch viel anormalere Wesen. Theoretisch trachteten die Reformatoren wie der Rat danach, einen Ehemann für sie zu finden – eine Lösung, die diese Frauen wieder in einen Haushalt eingegliedert hätte. Doch dem Rat war wohl klar, daß für viele Klosterfrauen, insbesondere jene, die nicht schon in den ersten Jahren der Reformation das Kloster verlassen hatten, eine Heirat einfach nicht möglich war. Viele ehemalige Ordensschwestern, darunter mehrere, die aus freien Stücken das Kloster verlassen hatten, lebten weiter mit anderen Frauen in einem Haushalt zusammen: Von zwei Nonnen, die 1537 das Sternkloster verlassen hatten, wissen wir, daß sie bis 1553 unverheiratet in einem Haus in der Jakobervorstadt zusammenlebten.[72] Von den zweiundzwanzig namentlich bekannten Nonnen, die aus eigener Entscheidung das Kloster verließen, heirateten sieben, doch von fünf Frauen wissen wir, daß sie keinen Ehemann nahmen. Die Mitgift, die Klosterfrauen bei ihrem Eintritt mitgebracht hatten, fiel im Falle einer Heirat an das Kloster. Mehrere Frauen versuchten jedoch, das Kloster auf Rückerstattung zu verklagen und wurden vom Rat dabei unterstützt. Schon vor der vollständigen Einführung der Reformation lieh der Rat 1535 der Stiftsdame Katharina von Fridingen, die Paul Phrygius heiratete, 15 Gulden und unterstützte ihre Forderung nach Entschädigung gegenüber dem Stift.[73] Die Klöster wiesen jedoch regelmäßig derartige Forderungen zurück, und es dauerte oft Jahrzehnte, bis die Klägerin auch nur einen Pfennig sah. Und selbst wenn die Mitgift zurückgezahlt wurde, sie war häufig sehr viel geringer als die, auf die ihre weltlichen Blutsschwestern hoffen konnten. 1538 und 1539 befahl der Rat dem St.-Nikolaus-Kloster, Nonnen aus den Geschlechtern der Ulstett und Rem die 100 Gulden zurückzuzahlen, die sie bei ihrem Eintritt ins Kloster mitgebracht hatten – das heißt zehn Jahre, nachdem die beiden Frauen das Kloster verlassen hatten. Beide Ordensschwestern kamen aus Familien, die 1538 ins Patriziat aufgenommen worden waren; die Mitgiften für Frauen dieser Schicht lagen regelmäßig bei 3 000 Gulden oder höher.[74] Dieser Unterschied in der Versorgung der Töchter vergrößerte sich noch dadurch, daß Familien häufig alle verfügbaren Einkünfte als Mitgiften für ihre Töchter verplant und vergeben hatten und deshalb nicht einfach später eine Mitgift für eine Tochter erhöhen konnten, die sie nicht als Erbin vorgesehen hatten. Ordensschwestern verzichteten deshalb oft bei ihrem Eintritt ins Kloster auf ihre Erbansprüche und begnügten sich mit einem geringeren Erbteil. Solche Vereinbarungen ließen sich nur schwer rückgängig machen, wenn die Frauen später das Kloster verließen. Deshalb war für eine ehemalige Nonne eine Heirat mit einem sozial gleichgestellten Mann schwierig zu bewerkstelligen.

Bezeichnenderweise waren zu erwartende erbitterte Besitzstreitigkeiten in den Familien eines der Hauptargumente, das Johann Rehlinger 1534 ins Feld führte, als er dem Rat riet, Kleriker nicht von ihrem Ordensgelübde zu entbinden.[75]

Selbst überzeugte Anhänger der evangelischen Lehren mußten wohl erkennen, daß es unwahrscheinlich war, daß ins weltliche Leben zurückgekehrte Klosterfrauen heirateten. Viele Nonnen aus dem Kloster zur Horbruck beispielsweise waren ältere Frauen, die sich folglich noch weniger mit dem Eheleben anfreunden konnten, selbst wenn sich ein Ehemann für sie gefunden hätte. Der Rat gab dies unausgesprochen zu, wenn er Klosterfrauen nicht etwa einmalig eine bestimmte Summe schenkte, sondern eine jährliche Rente für sie aussetzte und so langfristig ihren Lebensunterhalt sicherte. Trotz der starken Tendenz in der frühneuzeitlichen Stadt, Witwen und alleinstehende Frauen als Gegenstand der Fürsorge anzusehen, konnten sich ehemalige Nonnen zumindest ein eigenes Einkommen sichern.

Ein letzter Aspekt dieser als anormal empfundenen Seite des Frauenklosters muß noch erwähnt werden. Frauen waren bei städtischen öffentlichen Zeremonien auffällig abwesend. Sie nahmen, obschon Bürgerinnen, nicht am jährlichen Schwur des Bürgereids teil. Nach den zeitgenössischen Darstellungen waren sie nicht als Gruppe präsent, wenn der Kaiser bei seinem Einzug öffentlich willkommen geheißen wurde.[76] Gesellen und Lehrlinge feierten ihren Dänzeltag, die männlichen Bürger veranstalteten Umzüge, gleichsam »politische Prozessionen« – Frauen hingegen hatten solche gemeinsamen Bräuche nicht.[77] Damit soll nicht gesagt werden, Frauen wären von jedem Ritual ausgeschlossen gewesen: Sie spielten eine herausragende Rolle bei Hochzeiten, die Trauer um Verstorbene war hauptsächlich ihre Angelegenheit, und die Geburt eines Kindes wurde zuallererst im Kreise der Frauen gefeiert. Aber dies waren keine städtischen, politischen Rituale. Sie gliederten Frauen nicht in die *Polis* ein, gaben ihnen keine Rolle in der politischen Stadtgemeinde. Die zeremonielle Aktivität der Nonnen – ihr besonderes Habit, das vom St.-Katharina-Kloster so gepflegte Choralsingen, ihre sichtbare Präsenz als Gruppe beim öffentlichen Gottesdienst – stand somit in Widerspruch zu einem bedeutsamen, althergebrachten Merkmal des öffentlichen politischen Brauchtums. Es war deshalb schwierig für den Rat, sich eine Gruppe von Frauen, die als verschworene Gemeinschaft handelte, auch nur vorzustellen. Der Rat thematisierte dieses Problem in einem Satz des Entwurfs einer Ordnung für das St.-Katharina-Kloster. Darin erwähnt er, wie schwierig es sei, »Zorn Neidt hass vnnd vnainikait vnnter so viel frawen« zu verhindern.[78]

Die Logik der Einschließung

Der entscheidende Faktor für die Politik des reformierten Rats und für die Feindseligkeit des gemeinen Volks gegenüber den Frauenklöstern war ihre Sicht der Sexualität der Nonnen, die zu einander widersprechenden Verhaltensweisen führten. Die erste gründete auf der Überzeugung, die Jungfräulichkeit sei ständig bedroht durch lüsterne Kleriker und führte zur Forderung, den Schutz der Frauenklöster zu verstärken. Im St.-Katharina-Kloster wurden die »vollen wachter« entlassen und durch »geschickt[e]« ersetzt. Seit 1539 waren Besucher nur noch mit Erlaubnis des Rats zugelassen.[79] Der Magistrat übernahm schrittweise selbst die Verwaltung und Aufsicht über Klosteranlagen wie das St.-Ursula-Kloster: Im Januar und März 1541 gestattete er Frau Schellenberger und Frau Ilsung, die Nonnen in diesem Kloster zu besuchen.[80] Die Befürchtungen richteten sich insbesondere gegen Mönche, die als die zügellosesten Kleriker angesehen wurden. Bereits 1526 verfügte der Rat, daß Dominikanermönche nicht in den Frauenklöstern dabei sein durften, wenn es um die Jahresabrechnung oder andere weltliche Dinge ging. 1531 verbot der Rat den Dominikanern, das St.-Katharina-Kloster zu visitieren. Sie durften dort nur die Messe lesen, das Abendmahl halten und die Beichte abnehmen. Und 1537, als er die Wächter auswechselte, befahl der Rat auch den Mägden und Dienstboten des Klosters, einen Treueid gegenüber dem Rat zu schwören. Damit sollten ihre Bindungen zu den Klosterfrauen gelockert werden.[81] In einer Gesellschaft, in deren Klatsch und Geschichten über Liebesbeziehungen zwischen Nonnen und Mönchen häufig Mägde und Knechte in Klöstern als Mittelsleute und Zuträger fungierten, war der in dieser Vereidigung der Dienstboten untergründig präsente Vorwurf nur allzu deutlich. Solche Vermutungen wurden genährt durch eine Reihe von Skandalen, in die Mönche, insbesondere Dominikaner, verwickelt waren. 1538 untersagte man den Nonnen von St. Nikolaus jeden Besuch und verschloß die Klosterpforte. Damit wurde eine striktere Einschließung verordnet, als sie die Nonnen (die nicht strenge Observanz gelobt hatten) je gekannt hatten.[82] Bei solchen Entscheidungen stellte sich der Rat als »väterlicher Beschützer« dar, der die Jungfräulichkeit seiner »Töchter« hütet und bewacht. Ironischerweise führte dieses Bemühen zu einer sehr viel strengeren Einschließung als die Reformen der Minderbrüder in der Mitte des 15. Jahrhunderts. Am deutlichsten wird dies in der Ordnung des Ulmer Rats für die *Sammlung* in Ulm, die 1536 aus einem Konvent der Franziskanerterziarinnen in eine städtische Stiftung umgewandelt worden war. Niemand durfte fortan das Kloster ohne Erlaubnis verlassen. Den Frauen war nur die Teilnahme am

Die Reformation und die Frauenklöster

evangelischen Gottesdienst gestattet, sie durften nicht einmal das Kloster verlassen, um Verwandte zu besuchen.[83]

Diese Beschützermanie hatte eine lange Tradition. 1441 hatte der Augsburger Rat die Dominikaner bei ihren Bemühungen tatkräftig unterstützt, den Nonnen des St.-Katharina-Klosters eine strengere Einschließung aufzuerlegen. Es waren vom Rat bezahlte Maurer und Werkleute, die die vergitterten Fenster zumauerten und die Klostermauern erhöhten. Dabei trafen sie auf energischen Widerstand der Nonnen, die angeblich die Werkleute mit Stangen und Bratspießen in die Flucht schlugen und sich hilfesuchend an den Bischof wandten.[84] Mehr als hundert Jahre später, 1563, führte die Priorin Susanna Ehlinger, unterstützt von Petrus Canisius, dem Theologen der Gegenreformation, wieder strenge Einschließung und eine Schweigeregel ein, wiederum mit dem stillschweigenden Einverständnis des Rats.[85] Beide Episoden veranschaulichen, wie die Sorge um die Jungfräulichkeit der Klosterfrauen in Regelungen mündete, die ihr Handeln überwachten und ihre Bewegungsfreiheit einschränkten – und den erbitterten Widerstand der Ordensschwestern hervorriefen. Die sexuelle Unberührtheit männlicher Kleriker hingegen, die weder als potentielles Gut der Stadt noch als von Kräften außerhalb des Klosters bedroht angesehen wurde, führte nicht zu einem solchen Beschützerreflex. Für Männerklöster wurde keine derartig strenge Abschließung angestrebt.

Aufschlußreich ist der Vergleich mit dem städtischen Frauenhaus. Die sexuelle Verfügbarkeit der Prostituierten wurde als ein städtisches Gut angesehen. Das Bordell galt zugleich beim Empfang auswärtiger Gäste als Schauplatz städtisch-bürgerlichen Zeremoniells und als Vergnügungsort, an dem die jungen Männer der Stadt ihre Lust ausleben konnten, die andernorts den Frieden und die Ordnung in der Stadt hätte gefährden können. Auch hier war die Einschließung eine strittige Frage. Der Rat hatte den Frauenhauswirt wiederholt angewiesen, seinen Frauen nicht zu verbieten, das Haus zu verlassen, wenn sie zum Gottesdienst gehen wollten. Und er hatte dem Wirt verboten, sie gegen ihren Willen im Frauenhaus zu behalten. Doch wollte der Rat trotz seines Einspruchs gegen die Einschließung diese offensichtlich nur lockern und nicht etwa abschaffen.

Die Jungfräulichkeit der Nonnen konnte man ebenfalls als ein Gut und einen Kraftquell der Stadt ansehen, die es zu bewahren galt, nutzten doch das fromme Leben der Ordensschwestern, ihre Keuschheit und ihre Gebete der gesamten Kommune. Natürlich richteten sich diese Bemühungen auf bestimmte Klöster stärker als auf andere. Das St.-Katharina-Kloster, das am engsten mit dem Patriziat und der Elite der Stadt verbunden war, war auch das Kloster, um dessen Reinheit sich der Rat am meisten bemühte. Das von stadtfremden adligen Damen besetzte Stift St. Stephan hingegen führte weiterhin unbehelligt sein sehr viel weniger strenges Klosterleben.

Die zweite, der Beschützermanie widersprechende Haltung des Rats und des gemeinen Volks gegenüber den Nonnen bestand darin, die Klosterfrauen selbst als mächtige sexuelle Wesen anzusehen. Sie waren unberührte Frauen, gleichsam für immer auf der Schwelle zwischen Tochter- und Ehefrauenstand, zugleich jedoch Bräute Christi. Diese sexuelle Zwischenstellung machte sie anziehend und gleichsam unwiderstehlich. Ein Kloster voll solcher Frauen bündelte die ambivalenten Aspekte ihrer Position als Frau – zwischen Ehefrau, Schwester und Tochter – und war deshalb ein magnetischer Anziehungspunkt für männliche Sexualphantasien. Für die Vertreter der evangelischen Lehren, die den Glauben ablehnten, Nonnen seien die Bräute Christi, machte der nicht klar definierte Status der Klosterfrauen sie zur sicheren Zielscheibe für Klatsch und sexuelle Anspielungen. Franciscus Frosch etwa riet dem Rat, die Frauenklöster zu reformieren. Dies sei Teil seiner Pflicht, für »Zucht« bei der Bürgerschaft zu sorgen, »dann was christenlichen zucht, bisher durch verstehung der munchen, bey den frawen Clostern gespürt vnnd befunden worden sey, das ist laider, so offenbar, das es kain verrern [weiteren] beweisens bedarff«.[86] Ähnlich betonte der unbekannte Verfasser einer Denkschrift die sehr viel größere Schwäche und Verführbarkeit der Frauen und mutmaßte, »was Ellenden, Jamers sich muss in frawen clostern Zutragen Jn Jrrigen gewissen in haimliche Brennen haimlichen schweren, Lästern dauon nit zureden ist, dann ye vnleugbar das ain weybsbild, vil beweglicher, verfurlicher und furwiziger jst, dann mans personen«.[87] Das Bild des zügellosen, lüsternen Mönchs wurde hier auf den Kopf gestellt: Die Nonnen und nicht die Mönche seien von unstillbarer sexueller Lust beherrscht, und die Frauenklöster seien »tausendmal schlimmer« als Männerklöster.

Selbst die Gegner der Evangelischen mochten diese Einschätzung der »Closterleut« teilen. Johannes Rehlinger riet dem Magistrat nachdrücklich, Regularkleriker nicht von ihren Gelübden zu entbinden oder sie zu ermutigen, »zu raitsen [reisen], heraus zugieen, vnd den wollust der welt (zu dem allem dann, on das die natur genaigt ist) destermer zuprauchen, auch sich ettwann nit allain in vnerlich lasterliche sachen, als in verpottne vnzimliche vnkeuschaiten, vnd andere sunde zugeben [...]«.[88] Seiner Ansicht nach bestand der einzige Weg für den Rat, solchem Übel vorzubeugen, darin, die Einschließung in den Klöstern, Stiften und Konventen zu verschärfen.

Nonnen, die ihr Kloster verlassen hatten, galten folglich als sexuell stark gefährdet, sowohl durch ihre eigene Lust als auch durch das Begehren anderer, das sie auf sich zogen. In den Anfängen der Reformation, als die ersten Nonnen die Klöster verließen, war Luthers große Sorge, Ehemänner für sie zu finden – eine Sorge, die er bei den Mönchen, die ihr Kloster verließen, nicht hatte. Tatsächlich war er selbst zu dieser Zeit nicht überzeugt, heiraten zu müssen. Eine Schilderung von der Ankunft der Nonnen durch einen Schüler Luthers fängt die Mischung von Erregung und Befürchtung ein: »Ein Wagen voller Nonnen ist gerade in der Stadt eingetroffen, die alle mehr auf Heirat aus sind als auf sonst irgendetwas. Möge Gott ihnen Ehemänner verschaffen, damit nicht Schlimmeres geschieht.«[89]

Auch in Augsburg argumentierte Bernhard Rem, der einzige Weg für eine Nonne, die ihr Kloster verlassen hatte, ihre natürliche Fleischeslust in geordnete Bahnen zu bringen, bestünde darin, Ehefrau und Mutter zu werden. In einer Reihe von Sendbriefen (die als Flugschriften veröffentlicht wurden), in denen er seinen Ordensschwestern riet, das Kloster zu verlassen und ein wirklich gottesfürchtiges, frommes Leben zu beginnen, ist die sexuelle Verdächtigung stets präsent. Für Bernhard Rem waren die Frauen Müßiggängerinnen und ihre Untätigkeit ein Ansatzpunkt für die Versuchungen des Teufels. Er setzte den Mangel an evangelischem Eifer mit sexueller Zügellosigkeit gleich und behauptete, die Ordensschwestern würden sich weigern, die Bibel zu lesen, obwohl das Lesen der Heiligen Schrift die Fleischeslust dämpfe. Weiter argumentierte er, der zweite Feind der Ordensschwestern sei ihr »aygen flaisch«; wenn eine Schwester die seltene Gnade der Keuschheit nicht empfangen habe, müsse »sy brinnen in begird«. Das Kloster wurde als eine Art sexuelles Treibhaus gesehen, in dem alle religiösen Exerzitien der Nonnen eine sexuelle Färbung erhielten.[90]

Anstelle des Klosters propagierte er das Ideal des christlichen Standes als Ehefrau: »ain eefraw / die jrem kindlin alltag seine windelen weschet / den brey einstreicht / jr hausswurt zuóssen gibt / die kinder im schwayss irs angesichts ernôrt«, die wirklich glaube und ein einfaches Vaterunser bete, werde eher in den Himmel kommen als eine Nonne. Bernhart Rem konnte sich kein anderes Lebensziel für ein Frau vorstellen als die Ehe. Gekennzeichnet wurde der Ehestand allein durch die Hausarbeit der Frau, so daß der Dienst für andere, und nicht beispielsweise eigenständiges Studium von Gottes Wort, als einziges Mittel der Frauen erschien, ihre geistlichen Pflichten zu erfüllen. Hinter seinen Ermahnungen lag die unausgesprochene Annahme, wenn eine Frau nicht verheiratet sei, würden ihre Begierden sie unfähig machen, den Verlockungen des Teufels zu widerstehen.[91]

Diese Sprache übernahm der Rat in seiner reformierten Ordnung für das St.-Katharina-Kloster, die 1539 per Ratsdekret eingesetzt wurde. Sie zitierte den »Muessgang« der Frauen als eine Ursache des »Bösen« und empfahl die Lektüre der Heiligen Schrift, um menschliche Gelüste zu dämpfen und die Erbschaft Adams dem Geist wahren Glaubens zu unterwerfen.[92]

Diese unterschiedlichen Auffassungen prallten auch während eines Aufruhrs im St.-Margareta-Kloster im Jahre 1523 aufeinander. Der Aufruhr entzündete sich an der Frage, ob Frauen zur hl. Margareta beten und um Beistand während der Schwangerschaft bitten sollten. Daraus wurde rasch ein Wechsel sexueller Beleidigungen. Eine Nonne drehte die Anschuldigung der Zügellosigkeit um und meinte, wenn die Bürger Urbanus Rhegius und die anderen evangelischen Prediger einluden, sollten sie vorsichtig sein, denn die Prediger hätten doch nur eines im Sinn, sie »minnten den burgern ire weiber«. Die Erwiderung stellte den behaupteten Ehebruch durch die evangelischen Prediger als Beleidigung der männlichen Bürger dar und stempelte die Bürgerfrauen zu Mittäterinnen.[93] Darauf entgegnete eine Frau weltlichen Standes, die Nonne hätte doch gar nichts dagegen, verführt zu werden, nur wolle sie keiner haben – eine Beleidigung, in der sich die Meinung, Nonnen seien sexuell unersättlich, mit dem Spott über ihr unansehnliches Äußeres mischte.

Die katholische Kirche hatte der Frau, die zugunsten des klösterlichen Lebens auf ihre Sexualität verzichtete, eine besondere geistliche Stellung gesichert. Ihr sexuelles Opfer konnte als um so bedeutender und verdienstvoller betrachtet werden, als die Jungfräulichkeit einer Frau als sozial wertvoller galt als die eines Mannes. Als Nonne wurde sie zur Braut Christi, schied aus dem sozialen Geflecht der Verwandtschaft aus und übernahm eine besondere, sakrale Funktion. Doch ihre Sexualität war nicht eigentlich aufgegeben, sondern verwandelt in eine Passion für Christus, die ihr intensiv sexuell geprägte und mütterliche Andachtsformen und Gebete ermöglichten. Sie konnte sich als die Geliebte Christi imaginieren oder sich in einer Macht und Beschützerkraft ausdrückenden Vision mit der Mutterschaft Marias identifizieren. Wegen ihrer eigenen Weiblichkeit und der Männlichkeit Christi ließ sich eine solche Beziehung in einer Sprache ausdrücken, die sehr viel unmittelbarer, weniger metaphorisch war als die Andachtssprache für Männer, für die sie durch eine soziale Erfahrung der Männlichkeit vermittelt war.[94]

Die Reformation hob die Bedingung auf, ein Priester müsse unverheiratet und sexuell enthaltsam sein, und löste die Verbindung zwischen sexueller Reinheit und der Befähigung zu einem geistlichen Amt. Für die Reformatoren gab es einerseits keinen Unterschied zwischen Christen – alle konnten gleichermaßen, unabhängig von ihrem sexuellen Status, Gott dienen –, andererseits erkannten auch die Reformatoren an, daß die Verkündigung von Gottes Wort ein Amt war. Nicht alle Christen waren geeignet, dieses Amt auszuüben, und die zu diesem Amt berufenen bildeten weiterhin etwas Besonderes. Für die Frauen jedoch zerstörte die Auflösung der Verbindung zwischen Jungfräulichkeit und Heiligkeit den besonderen Andachtsraum, den ihnen die vorreformatorische Kirche eingeräumt hatte. War der Nexus zwischen Jungfräulichkeit und Heiligkeit aufgehoben, wurde auch die Kraft einer unmittelbaren, sexuell geprägten religiösen Sprache geschwächt. Protestantische Frauen stellten sich Christus nur selten als Kind vor. Luther meinte, Maria sei ein Wesen wie jede andere arme christliche Seele und leugnete damit, daß ihre Weiblichkeit irgendeine besondere Bedeutung hätte.[95] Auf der anderen Seite sah man die irdischen Frauen als unausweichlich sexuell bestimmte Wesen an, die unfähig seien, sich dem Drängen der Fleischeslust zu verweigern. Nur in der Ehe könnten sie ihre Lust bändigen.

Die Frauenklöster nach der Reformation

Von den Frauenklöstern, die es vor der Reformation gegeben hatte, überlebten nur vier (St. Margareta, das Kloster zur Horbruck, St. Nikolaus und St. Martin) nicht die Zeit bis zur Wiedereinführung des katholischen Glaubens. Das St.-Katharina- und das Sternkloster blieben während der gesamten Zeit weiter bestehen. St. Nikolaus und St. Martin hatten bis zum Vorabend der Niederlage Augsburgs im Schmalkaldischen Krieg Bestand. Selbst noch Anfang der 1550er Jahre wurden Frauen, die sich als Nonnen des Benediktinerklosters St. Nikolaus bezeichneten, im St.-Katharina-Kloster einquartiert.[96] Dagegen überlebte kein einziges der Männerklöster diese Zeit. Die Gründe für diesen verblüffenden Unterschied müssen in zwei Richtungen gesucht werden: erstens in dem Gefühl weiblicher Gemeinschaft, das ein Frauenkloster über persönliche oder soziale Unterschiede hinweg vermitteln mochte; und zweitens im weiteren Sinn in der geschlechtsspezifischen Arbeitsteilung in der Gesellschaft, in der das Kloster seinen Platz hatte.

Wieviele Nonnen verließen nun in den 1520er, 1530er und 1540er Jahren ihr Kloster? Es ist schwierig, zu genauen Zahlen zu gelangen. 1526 zählte das St.-Katharina-Kloster 56 Nonnen, doch einige Jahre später war die Zahl auf 24 Nonnen gesunken und sollte vielleicht bis auf ein Dutzend schrumpfen.[97] Bereits 1524 verließen neun Ordensschwestern das Kloster zur Horbruck: nur neun Schwestern waren übriggeblieben, als sie 1533 das Kloster dem Rat übergaben.[98] Im St.-Martin-Kloster gab es 1546 nur noch eine einzige Nonne, 1547 in St. Ursula nur noch zwei Ordensschwestern.[99] Die von mir durchgesehenen Archivalien über einzelne Nonnen zeigen, daß in den

1530er Jahren noch mindestens 55 Nonnen in den Klöstern verblieben waren (ohne die Schwestern aus dem größten Kloster St. Katharina). Wenn wir diese Zahl mit den 150-200 Nonnen vergleichen, die nach Rolf Kiesslings Schätzungen im 15. Jahrhundert in Augsburg lebten, und davon die 50 Nonnen des St.-Katharina-Klosters abziehen, so erhalten wir eine »Überlebensrate« von mindestens 50%. Der große Exodus der Nonnen begann erst Ende der 1530er Jahre, und selbst am Ende der 1540er Jahre müssen noch mindestens 20-30 Nonnen in Augsburg gelebt haben.[100]

Wie wir gesehen haben, heirateten nicht alle Nonnen, die das Kloster verließen: einige erhielten Leibrenten, andere führten ein halbklösterliches Leben im Haus von Verwandten weiter, wie es der päpstliche Dispens von 1539 den Nonnen von St. Katharina gestattete.[101] Manche Klöster waren ganz eindeutig mit älteren Ordensschwestern belegt. Fast die Hälfte der Schwestern, die das Kloster zur Horbruck verließen, starben innerhalb der folgenden sechs Jahre, und der Chronist Clemens Sender bezeichnete eine Schwester in St. Nikolaus als alte Nonne.[102] Doch die Beisetzungsdaten, die Baumann für die Nonnen des Sternklosters angibt, weisen darauf hin, daß sie in der Reformationszeit mittleren Alters waren. Hingegen waren alle Nonnen, die St. Margareta 1538 verließen, ungefähr zwanzig Jahre später noch am Leben.[103] Viele Frauen waren also, als sie das Kloster verließen, noch in arbeitsfähigem Alter und hatten noch viele Jahre »in der Welt« vor sich.

Für Mönche, die das Kloster verließen, gab es die Möglichkeit, ein Handwerk zu erlernen oder ihre theologische Ausbildung zu nutzen, »umzuschulen« und evangelische Prediger zu werden. Eine solche Möglichkeit des Transfers ihrer religiösen Berufung in das neue Leben gab es für Nonnen nicht. Die Arbeiten, für die sie das Klosterleben ausgebildet hatte, waren Armenfürsorge und Krankenpflege, Spinnen und Weben, einfache Schreiber- und Notariatstätigkeit und Nadelarbeit.[104] Einige Zweige der Weberei und Schneiderei, die nicht zünftischer Kontrolle unterlagen, waren ehemaligen Nonnen wohl nicht verschlossen. Doch die Almosenverteilung und die Umsetzung der Armenordnung lagen fest in den Händen der von Männern gebildeten Stadtverwaltung, selbst wenn katholische Auffassungen über das Almosengeben mit der städtischen Armenfürsorge durchaus vereinbar waren. Eine städtische Anstellung als Notar blieb Frauen selbstverständlich versagt. Und obgleich es möglich gewesen sein mochte, daß ehemalige Nonnen sich als freie Schreiber mit Schriftsätzen für Schreibunkundige gelegentlich etwas Geld verdienten, den Beruf eines Notars durften sie nicht ausüben. Die Schließung der Klöster schränkte folglich für die Nonnen das Feld erlaubter Tätigkeiten ein.

Die tiefgreifendsten Auswirkungen der Klosterschließungen auf die von den Nonnen ausgeübten Tätigkeiten waren jedoch in der Krankenpflege zu beobachten, der Hauptaufgabe von Klöstern wie St. Margareta. Die Krankenpflege war eine Aufgabe, der sich Frauen aus den unterbürgerlichen Schichten und Nonnen unterschiedlicher sozialer Herkunft widmeten. Sie sahen sie als frommes Werk an. Doch ihr Ansehen sank, die Krankenpflege galt als zu niedriger Dienst und war zu schlecht bezahlt, als daß sie für eine ehemalige Nonne eine mögliche Option gewesen wäre. Welchen Einschnitt das sinkende Ansehen des Berufs für Krankenpflegerinnen bedeutete, zeigt die lange, umständliche Verteidigungsschrift einer Frau weltlichen Standes, die vor und nach der Säkularisierung im St.-Margareta-Kloster ein Amt ausgeübt hatte. Die Schreiberhand ist nicht die eines mir bekannten Notars, die Schrift ist stockend und ungelenk.[105] Die Verfasserin ist von der Bedeutung ihrer Arbeit überzeugt, betont, welche Fertigkeiten zu ihrer Ausübung nötig seien und ist weit entfernt davon, sie mit irgendeiner Dienstbotentätigkeit gleichzusetzen.

In ihrer Beschreibung der Arbeit der Klosterfrauen gehörten Krankenpflege und Armenfürsorge untrennbar zusammen. Die Nonnen stellten sicher, daß Bedürftige Almosen aus dem Besitz von verstorbenen Insassinnen erhielten, sie verteilten für den Lebensunterhalt notwendige Dinge, hielten alles in guter Ordnung und kochten für die Schwerkranken. Kontinuität war in ihren Augen unabdingbar, denn nur dann verstanden die Frauen den »Brauch« – ein Wort, in dem der Hinweis auf eine handwerkliche Ausbildung mitschwingt, das sich aber zugleich auf das Idiom von Sitte, Herkommen und Ordnung bezieht. Sie rechtfertigte ihre Eingabe damit, sie sei »allein zum Besten der Armen und für den *allten breych*« – die Grundsätze, die nach ihrer Aussage einst an der Mauer des Heiliggeistspitals auf Tafeln geschrieben waren. Junge Nonnen waren zunächst auf Probe im Spital aufgenommen worden, und die Aufgabe des alten Brauchs hatte zur Anstellung einfacher »Mägde« geführt, die unterschiedlich qualifiziert waren, nicht lange blieben und denen es an jener Hingabe mangelte, die (dies deutet die Verfasserin nur an) ihre religiöse Berufung den Nonnen gab. Aber genauso offen und freimütig schilderte sie die ökonomischen Gründe für den Niedergang: die Lebensmittel eingeschlossen, erhielten die Nonnen nach ihrer Schätzung 100 Gulden im Jahr, während den Mägden Dienstbotenlohn gezahlt wurde. Doch unabhängig davon wandte sie sich dagegen, daß »den Mägden« derartige Löhne gezahlt würden, »dan es ist vor den Armen woll so vill güttz widerfaren von ainer closterfrawn als ietzunder von zwo oder drey megtten«. Sie argumentierte zugleich mit den Idealen christlicher Barmherzigkeit und der erforderlichen ordentlichen Schwesternausbildung

– ein wohlkalkulierter Versuch, die Frömmigkeit der Nonnen in weltliche Begriffe zu übersetzen.

Nach ihrer Darstellung war das Spital eine Einrichtung, in der die einzelnen Arbeiten, die Verantwortlichkeiten und die mit ihnen verbundene Weisungsbefugnis nach dem Geschlecht vergeben wurden. »Ausgebildete« Klosterfrauen, die durch ihre soziale Herkunft und ihren religiösen Status einen gewissen Respekt einflößten, durch Dienstmägde zu ersetzen, die sich weder auf das eine noch auf das andere berufen konnten, bedeutete folglich eine tiefgreifende Veränderung im Machtgleichgewicht zwischen Männern und Frauen in der Krankenpflege – oder, wie die Bittstellerin es erlebte, ihre vollständige Unterordnung unter männliche Amtspersonen.

Doch nicht nur die Arbeitsteilung im weltlichen Bereich wurde durch die Reformation einschneidend verändert, sondern auch die geschlechtsspezifischen Frömmigkeitsformen. Für die Evangelischen konnte das Gebet für andere nicht deren Seelenheil befördern, und Nonnen wurden nicht mehr als besondere Gruppe angesehen, die für die ganze Gemeinde betete. So war eine der ersten Zielscheiben der reformatorischen Kritik die ewigen Messen für das Seelenheil der Toten, die sowohl von Frauen- wie von Männerklöstern gelesen wurden. Die Galluskapelle, in der die Nonnen von St. Stephan viele ihrer Votivmessen hielten, wurde 1534 abgerissen. Den Nonnen wurde von ihren Pflegern verboten, weiterhin Seelenmessen zu halten.[106] Die besonderen religiösen Gaben der Klosterfrauen waren Gebet und Gesang. Insbesondere das St.-Katharina-Kloster war stolz auf seinen Choralgesang. Die Nonnen hielten 1517 sogar vor Tagesanbruch eine Probe ab, um sicherzugehen, daß das Gewölbe ihrer neuen Kirche auch nicht die Akustik beeinträchtigte. (Bezeichnenderweise deutete der Chronist dies – vielleicht ganz bewußt – als ein Beispiel für die losen Sitten des Klosters.[107])

Die Evangelischen waren für ihre Vorliebe für das Singen der Psalmen bekannt, doch scheint es in ihrer Choraltradition keinen Platz für reine Frauenchöre gegeben zu haben – im Gegensatz zu Chören von Männern oder Laienkongregationen. Statt dessen scheinen in der evangelischen Liedpflege die Schüler der Deutschen Schule die Hauptrolle gespielt zu haben: Sie sangen bei feierlichen Anlässen die Psalmen.[108] Nach 1537, als die Nonnen des St.-Katharina-Klosters ihres Rechts beraubt wurden, ihre Priester und Beichtväter selbst zu bestimmen, hielten sie durch den Gesang des Sanctus am Meßamt fest.[109]

Nonnen konnten ihre religiöse Berufung durch die Einteilung der Zeit, Andachtshandlungen und ein besonderes Habit zum Ausdruck bringen – Merkmale, Handlungen und Ordnungen, die zugleich ein starkes Gemeinschaftsgefühl ausdrückten. Daraus folgte, daß um die scheinbar banalen

Fragen der Ordenstracht, des Glockenläutens und des Kirchenschmucks einige der erbittertsten Kämpfe zwischen dem Rat und dem Kloster ausgefochten wurden. 1534 war es St. Katharina und St. Nikolaus immer noch gestattet, ihre Klosterglocke zu läuten. Für St. Nikolaus, das außerhalb der Stadtmauern lag, war dies ein geringfügiges Zugeständnis des Rats.[110] Für das St.-Katharina-Kloster jedoch schlugen die Glocken die Stunden nach katholischer Zeiteinteilung, für die Nonnen ebenso wie für die Stadtbewohner im Schatten des Kirchturms. Sein Glockenklang zeigte die Offizien an und begleitete die Elevation der Hostie, anstatt evangelische Predigten anzukündigen. Da man den Kirchenglocken besondere Macht gegen Übel und Böses zumaß, war die Frage ihrer Kontrolle von besonderer Bedeutung. 1537, als ein einheitlicher Gottesdienst durchgesetzt wurde, übertrug man die Verantwortung für die Glocken den Klosterpflegern, die mit dem Glockengeläut die evangelischen Predigten ankündigten, welche die Nonnen fortan hören mußten.

Eine der ersten Forderungen eines jeden reformierten Rats an die katholischen Frauenklöster der Stadt war, die Ordensschwestern sollten ihr Habit ablegen und statt dessen »ehrbare weltliche Kleider« tragen – eine Einmischung des Rats, die häufig auf energischen Widerstand der Nonnen stieß. 1537 wurde den Nonnen verboten, ihre »Kutten« zu tragen, wie der Ratsschreiber ihre Ordenstracht verächtlich nannte, und für die Schwestern des St.-Katharina-Klosters wurden auf Kosten der Stadt Kleider angefertigt. Als Antwort darauf verschafften sich die Nonnen ein Privileg, wonach sie ihr Habit unter den neuen Kleidern tragen durften.[111] Mochten die Evangelischen auch weiter vertreten, daß Kleider keine Christen machten, für die Ordensfrauen war das Recht, ihr Habit zu tragen, sehr wichtig. Die Ordenstracht war das einzige für Frauen verfügbare religiöse Einheitsgewand, das sichtbare Erkennungszeichen ihres Ordens und ihres besonderen Standes. Evangelisch gewordene Mönche hingegen konnten statt der Mönchskutte das Predigerkleid, den Talar, überstreifen. Die Ordenstracht entsexualisierte die Frauen in einer Gesellschaft, in der Ehestand und sozialer Status durch Kleidung kodiert waren. Es drückte die gegenseitige Verbundenheit der Nonnen aus und war das augenfälligste Zeichen dafür, daß sie zu einem Orden gehörten, einer über die Stadt hinausreichenden Gemeinschaft. Die von der Stadt gestellten »ehrbaren Kleider« belegten mithin für jede einzelne Nonne ihre »Integration« in die städtische Gemeinschaft und zeugten von der fortschreitenden Säkularisierung der Stadt.

Die Reformation brach auch mit einer Glaubenspraxis, die den Gott geweihten Frauen einen besonderen religiösen Status gab, eine Verfügungsgewalt über übernatürliche Kräfte. In einer religiösen Welt, in der Gegenstände mit bestimmten übernatürlichen Kräften ausgestattet sein konnten, war es den Nonnen selbst möglich, ohne die Anwesenheit eines Priesters einen Teil dieser sakralen Macht zu vermitteln. Im Kloster Maria Stern gab es ein wundertätiges Bild der Jungfrau Maria, und besondere Andachtsformen mögen auch mit der Margaretenkirche verbunden gewesen sein, galt doch die hl. Margareta als Schutzheilige bei der Niederkunft. Über fünfzig Jahre nach der Schließung der Kirche war die Erinnerung an die Klosterheilige bei den Katholiken immer noch so lebendig, daß sie um die Öffnung der Kirche baten.[112] Die Verfügungsgewalt über den Kirchenschmuck und das liturgische Gerät warf ähnliche Fragen auf: Lag sie in der Hand der Nonnen, oder hatten sie sich in religiösen Angelegenheiten unterzuordnen? 1534 lagen die Nonnen von St. Stephan darüber mit ihren Pflegern im Streit. Die Wächter hatten die Monstranzen und Abendmahlskelche der Kirche beschlagnahmt, darunter eine silberne Monstranz, die in der Fronleichnamsprozession mitgeführt wurde. St. Stephan war eine Pfarrkirche. Somit warf der Disput die Frage auf, wieweit die katholischen Nonnen über die Form des Gottesdienstes in der Pfarrgemeinde bestimmen dürften – die beschlagnahmten Schalen, Kelche und Monstranzen symbolisierten allesamt die zentrale Stellung der Hostie für die katholische Frömmigkeit.[113] Der Zwischenfall jedoch, der am dramatischsten sowohl die Grenzen wie auch die Bedeutung der sakralen Rolle der Nonnen veranschaulichte, spielte sich im St.-Katharina-Kloster ab. Zu diesem kam es kurz nachdem den Dominikanermönchen verboten worden war, im Kloster die Messe zu lesen, und den Nonnen befohlen worden war, die traditionell von ihnen selbst bestimmten Kaplane durch einen vom Rat bestätigten evangelischen Prädikanten zu ersetzen. Da man ihnen Seelsorge und geistlichen Beistand verweigerte, feierten die Nonnen eine »Trockenmesse« ohne Hostie und Wein. Dem Chronisten Clemens Sender zufolge waren einige Nonnen durch das Fehlen der Hostie so geängstigt und gepeinigt, daß sie ohnmächtig wurden.[114] Die bemerkenswerte Liturgie der *missa sicca* zeigt, wie entschlossen die Nonnen waren, alles in ihrer Macht stehende zu tun – ja beinahe Männern vorbehaltene priesterliche Funktionen wahrzunehmen –, um ihre gewohnten Formen der Glaubenspraxis und des Gottesdienstes beizubehalten. Aber sie macht auch deutlich, wie begrenzt ihre Rolle in der Andachtspraxis war: in einer auf die Hostie zentrierten Devotion konnte ihre Funktion nicht so weit gehen, daß sie selbst das Allerheiligste, die Hostie, in die Hand nahmen.

Es ist häufig behauptet worden, das Klosterleben habe die Frömmigkeit der Nonnen genauso stark männlicher Kontrolle unterstellt wie die evangelischen Andachtsformen.[115] Sicherlich waren für die geistliche Anleitung und Überwachung der Klosterfrauen männliche Kleriker verantwortlich, doch läßt sich dies auch als eine Garantie aufmerksamer geistlicher Betreuung durch männliche Kleriker interpretieren. Damit wurde ein spezifisch weiblicher Frömmigkeitsstil aufgewertet und gepflegt. Nonnen waren sicher, daß sie eine besondere pastorale Betreuung erhielten, regelmäßig beichten und das Abendmahl nehmen konnten und (theoretisch) eine Art Unterrichtung in Glaubensdingen erhielten, die für die überwiegende Zahl ihrer in der Welt lebenden Schwestern nicht verfügbar war. Zwischen dem Beichtvater und einer Nonne konnten sich enge Bande des Respekts und der Zuneigung – vielleicht Liebe – entwickeln. Es scheint nicht so, als ob evangelische Prädikanten (und sei es nur in der Theorie) daran interessiert waren, das Frömmigkeitsleben der Frauen zu pflegen und weiterzuentwickeln. Mit ihrer Predigt vor den Ordensschwestern wollten sie die Nonnen überzeugen, in die Welt zurückzukehren, in eine Welt, die eine Art gemischtgeschlechtliche städtische Kongregation war. Daß die Pläne scheiterten, einen Prediger zu benennen, der sich besonders um die große Gruppe der Nonnen des St.-Katharina-Klosters kümmern sollte, weist darauf hin, von welch untergeordneter Bedeutung die geistliche Entwicklung der Frauen für die Evangelischen war.[116] Die weiterbestehenden Gruppen von Nonnen wurden als Laienkongregationen angesehen und wie andere Laien geistlich angeleitet, sie gehörten nicht mehr zur Welt einer spirituellen Elite. Sie hatten keinen besonderen Anspruch auf die Zeit des Prädikanten – das wäre in der mit sexuellem Klatsch geschwängerten Atmosphäre der frühen Reformation wohl auch unklug gewesen. Vielleicht ergibt sich daraus ein Hinweis, um die intensive seelsorgerische Tätigkeit Caspar Schwenckfelds gerade bei Frauen in Augsburg und in anderen Städten zu erklären. Seine Korrespondenz zeigte jenes ernsthafte Augenmerk auf die geistliche Entwicklung der Frauen, die zuvor der katholische Klerus geboten hatte.[117]

Nach 1537 folgte das seltsamste Kapitel in der Geschichte der Augsburger Frauenklöster. Zum Entzücken von Chronisten wie dem leidenschaftlich evangelischen Jörg Preu wurden die stolzen Ordensfrauen des St.-Katharina-Klosters gezwungen, die Ratsprädikanten anzuhören. Wie Preu berichtet, waren die Nonnen erst feindselig und ablehnend, doch beim zweitenmal »ist den frauen das wort Gottes bas eingegangen«.[118] Preus spöttischer Tonfall rührt zum Teil von seiner feindseligen Einstellung gegenüber den »großen Hansen«, deren Verwandte die Klosterfrauen waren, doch selbst er begrüßte, was er als die schrittweise Bekehrung und Integration der Nonnen ansah.

Seine Schilderung kaschiert indes die hinter dieser Entwicklung stehende grundlegende Paradoxie. In Wirklichkeit nämlich sanktionierte der Rat das weitere Bestehen des Klosters, indem er die Einrichtung einfach »evangelisierte«. Er war nahe daran, einen Widerspruch in sich zu verteidigen: das protestantische Frauenkloster, eine Möglichkeit, die er für die Männerklöster nie erwogen hatte. Somit blieben die Frauen, die nach Meinung der Reformatoren heiraten und ihren Platz in einem Haushalt finden sollten und ihrer Ansicht nach niemals in solche allein Frauen vorbehaltenen Einrichtungen hätten geschickt werden dürfen, nunmehr in den Klöstern, und dies mit der vollen Rückendeckung der evangelischen Obrigkeit der Stadt. Und diese Entwicklung erwies sich als dauerhaft: im benachbarten Ulm, das protestantisch blieb, überlebte das evangelisierte städtische Kloster, die *Sammlung*, bis zur Säkularisierung im Jahr 1808.[119]

Die Evangelisierung gelang in Augsburg nur zum Teil. In St. Katharina (immer noch das bei weitem größte Kloster der Stadt, in seiner architektonischen Gestalt die sichtbare Entsprechung zur Kirche ihrer Brüder, der Dominikaner) wurde eine evangelische Priorin eingesetzt. Ihr folgte eine zweite evangelische Priorin, ohne daß der Konvent etwa hoffnungslos zerstritten oder zugrunde gerichtet gewesen wäre. Über ein Jahrzehnt wurden evangelische Predigten gehalten, doch während einige Ordensschwestern sie hörten, nahmen andere am Gottesdienst einfach nicht teil. In manchen Klöstern blieben die Schwestern hinter den Klostermauern, wo sie ein evangelisches Leben lebten, oder sie schlossen ihre eigenen Kompromisse: so blieb Helena Fugger im Sternkloster und übte weiterhin ein Klosteramt aus, gab aber die von ihr abgelegten Gelübde auf und ging nicht zur Beichte.[120] Der Kreis schloß sich, als 1548 Dominikaner das St.-Katharina-Kloster visitierten, die Priorin absetzten und die Wiedereinführung der Ordenstracht verlangten. Wenige Jahre später wurde durch kaiserlichen Zwang der Katholizismus im Sternkloster wieder eingeführt.[121] Diesmal konnte der geschlagene Rat nichts dagegen tun, und obgleich die Priorin des St.-Katharina-Klosters den Visitatoren entgegnete, sie sei Amtsträgern, die sie nicht einmal ernannt hätten, nicht rechenschaftspflichtig, war Widerstand zwecklos. Die Priorin und sechs Nonnen verließen das Kloster.[122]

Bemerkenswert an diesem Prozeß der Rekatholisierung ist erstens die Zeitspanne, die zwischen der Rückkehr des katholischen Klerus und der realen Wiedereinführung des katholischen Glaubens in den Frauenklöstern lag. Sie ist kurz vor dem Zeitpunkt anzusetzen, an dem alle Klöster wieder altgläubig wurden, und nur die Oberen des Ordens, nicht etwa Kräfte innerhalb der Klöster, konnten diesen Wandel herbeiführen. Zweitens, mit der ehemaligen Priorin und sechs Nonnen verließen zumindest ein Drittel, vielleicht sogar die Mehrheit der Schwestern in den 1540er Jahren das Kloster. Daraus lassen sich zwei einander widersprechende Schlüsse ziehen. Entweder überdauerte das Kloster als nominell evangelischer Konvent die Reformation, ohne daß eine Mehrheit der Nonnen tatsächlich evangelisch wurde. Das würde aber bedeuten, daß es in diesen Jahren zur Koexistenz zwischen einer kleineren, aber mächtigen evangelischen Faktion und einer katholischen Mehrheit kam. Oder aber eine ganze Reihe von Nonnen hatten stillschweigend die Seite gewechselt und waren evangelisch geworden. In beiden Fällen ist klar, daß verschiedene Konfessionen über lange Zeit hinweg in einem Kloster nebeneinander existieren konnten. Und das deutet darauf hin, daß für katholische wie für evangelische Frauen im Konvent die Konfessionszugehörigkeit weniger wichtig gewesen sein mag als die Möglichkeit, ein gemeinschaftliches frommes Leben weiterzuführen.

SEELFRAUEN

Seelhäuser waren von Laien gestiftete wohltätige Einrichtungen, in denen bedürftige Frauen Aufnahme fanden und als Gegenleistung für das Seelenheil des Stifters beten mußten. Auf den ersten Blick scheint es sich einfach um klosterähnliche Einrichtungen für jene mittellosen Frauen gehandelt zu haben, die nicht das bei Eintritt ins Kloster verlangte Leibgedinge zahlen konnten. Doch ihr erstaunlicherweise ganz anderes Schicksal während der Reformation und das verblüffende Fehlen irgendeiner ernstzunehmenden Polemik gegen diese Häuser zeigen, daß ihre Stellung im städtischen Leben sich von der Position der Klöster recht deutlich unterschied.[123] Nonnen verkörperten eine Lebensform, die unausweichlich in Widerspruch stand zur säkularen Welt. Seelhäuser waren dagegen eine Mischform, eine dem Leben der Laien sehr viel näherstehende Einrichtung, in der barmherziges Werk, bezahlte Andacht und Armenfürsorge zusammenkamen. Es gibt zwar deutliche Parallelen zu den Laienschwesternschaften der Beginenhäuser oder zu den Franziskanerterziarinnen, aber auch ins Auge springende Unterschiede. Seelfrauen konnten das Haus verlassen, um zu heiraten oder aus sonst irgendeinem guten Grunde. Sie konnten auch wegen Fehlverhaltens aus dem Haus gewiesen werden. Die Häuser waren sehr viel stärker mit der Wohltätigkeit eines einzelnen oder einer Familie verbunden und hatten keine festgelegte Position in einer religiösen Hierarchie. Auch scheint ihr eigenes Zusammengehörigkeitsgefühl stärker durch den hierarchischen Aufbau des Hauses bestimmt worden zu sein als durch eine gemeinschaftliche Ordnung – wichtige Entscheidungen verblieben in der Hand des wohltätigen Stifters und der Pfleger. Die Seelfrauen kamen aus sozial niedrigeren Schichten als die Nonnen: von den 56 Frauen, die von 1534 bis 1542 in den Steuerbüchern als Seelfrauen bezeichnet werden, besaßen nur vier Frauen so viel, um nicht unter die »Habnits«, die überhaupt kein besteuerbares Eigentum hatten, eingestuft zu werden, und viele Frauen waren noch nicht einmal Bürgerinnen.[124]

Augsburg hatte sechs Seelhäuser, von denen das Breyschuh-Haus 1530 aufgelöst worden war.[125] Die anderen fünf Häuser – der Geschlechter Rufin, Bachin, Herwart, Gwerlich und Hirn – erwiesen sich der Reformation gegenüber als bemerkenswert resistent. Trotz der heftigen Angriffe auf das System der bezahlten Totenmessen scheinen die Seelfrauen nur selten die Zielscheibe der Flugschriftenautoren gewesen zu sein, obwohl auch sie Geld damit verdienten, für das Seelenheil der Toten zu beten. Ebenso wie im Fall der Frauenklöster bot der Rat zumindest den Frauen in der Herwart-Stiftung jährliche Pensionen an, falls sie das Seelhaus verließen, doch scheint er dies weder in diesem noch in einem anderen Seelhaus mit Nachdruck weiterverfolgt zu haben. Das Herwart-Haus wurde schließlich erst in den 1570er Jahren geschlossen.[126] Zu diesem Zeitpunkt war das Haus bereits aufgegeben und verlassen, aber die Zahl seiner Insassinnen scheint in den Reformationsjahren selbst nicht gesunken zu sein, im Gegenteil: sie blieb konstant bei fünf bis sechs Frauen, und vor wie nach 1537 gab es ständig Neuaufnahmen.[127] Die anderen Häuser arrangierten sich mit der Reformation, indem sie den Glaubensüberzeugungen ihrer Stifter folgten: das vom Geschlecht der Rem getragene Bachin-Haus wurde eine evangelische Einrichtung, aber es gab keine erkennbare Veränderung bei den Insassinnen.[128] Deren Zahl stieg 1539 sogar an, vielleicht aufgrund einer großzügigen Spende der Familie Rem aus Dankbarkeit, daß sie ein Jahr zuvor ins Patriziat aufgenommen worden war. Weniger wissen wir über die Gwerlich-Stiftung, aber auch sie überlebte bis zum Dreißigjährigen Krieg. Das Hirn-Seelhaus hielt die Zahl seiner Insassinnen über die gesamte Zeit konstant. Das Rufin-Haus blieb sehr aktiv, es bot in den Jahren 1534-1542 insgesamt 23 Frauen Obdach.

Soweit sich aus den erhaltenen Quellen feststellen läßt, kam es wegen der Existenz der Seelhäuser nie zu einer Kontroverse, obwohl sie doch zum einen Klöstern ähnelten und zum anderen im Seelenheilgeschäft tätig waren und Gebete für einzelne Stifter verkauften. Tatsächlich ähnelte die neugeschaffene große städtische Armenstiftung, das Jakobsspital, stark dem Seelenhaus für bedürftige Frauen, obgleich es Armen beiderlei Geschlechts offenstand. Es bot den würdigen Armen Augsburgs Tisch und Bett, verpflichtete sie ebenfalls zum Gebet, wenn auch nicht für einzelne, namentlich bekannte Verstorbene.[129]

Die Pflichten der Seelfrauen waren eine seltsame Mischung aus wohltätigen Arbeiten und religiösen Handlungen. Spätestens zu Beginn des 16. Jahrhunderts hatte man die Schwestern mit der Krankenpflege betraut, und der Aufnahmekontrakt verpflichtete die Frauen zu allen Tätigkeiten in der Krankenpflege, außer wenn Pest und Blattern die Stadt heimsuchten. Im Unterschied zu den Frauenklöstern mußten die Seelfrauen alle Arbeiten im Haus selbst verrichten – eine Vorschrift, die zeigt, daß derlei Hausarbeit für Frauen von derart niedrigem sozialen Status als zumutbar galt. Frauen, die zu solcher Arbeit nicht in der Lage waren, wurde die Aufnahme verweigert. Bei der Aufnahme mußte jede Frau versprechen, ihren Teil der Hausarbeit an dem ihr zugewiesenen Tag oder nach einem wöchentlichen Turnus zu leisten.[130] Aber die Hauptarbeit der Frauen war das Gebet für die Seelen der Toten. Die Seelfrauen waren wichtige Teilnehmerinnen bei den ewigen Jahresmessen für die Toten, die man bei den örtlichen Kirchen stiften konnte; sie spielten in der religiösen Arbeitsteilung des Totengedenkens eine spezifische Rolle. Zwar mußte ein männlicher Priester die Totenmessen lesen, die Glocke läuten und in der Kirche das Weihrauchfaß schwenken, aber das Gebet am Grab des oder der Toten war den Frauen vorbehalten. Gewöhnlich bedeutete dies eine Nachtwache am Grab, mit Gebeten im Schein von vier Kerzen. Es war mithin eine privatere, persönlichere Andachtsform als die Messe, die nicht am Grab gehalten werden mußte. Dem Brauch nach mußte nur eine Frau die Nachtwache halten, obwohl gewöhnlich die ganze Gemeinschaft der Seelfrauen dafür bezahlt wurde, beim Frühgottesdienst, der Messe und dem Meßopfer anwesend zu sein. Die Seelfrauen wurden entweder für ihren jeweiligen Beitrag einzeln bezahlt, oder jede Frau erhielt aus dem gemeinsamen Topf die gleiche, bescheidene Summe für den persönlichen Gebrauch.[131] Ihre Arbeit wurde so als individuelle Tätigkeit anerkannt und entlohnt und kam – ähnlich wie die der Priester, die für das Lesen der Messe bezahlt wurden – nicht etwa der Stiftung zugute. In diesem Sinn waren sie Teil des Klerikerproletariats, und ihr Entgelt war nicht so viel geringer als das, was der Meßpriester, der Totengräber und die anderen Bediensteten erhielten.

Dennoch war ihr Anteil am gesamten Kapital der Seelenmessenstiftung gering. Die Summe, die man für eine ewige Messe zahlen mußte, schwankte beträchtlich, aber mindestens 20 Gulden waren üblich, manche Stiftungen beliefen sich auf 100 Gulden. Dieses Kapital ging an die Kirche, welche die Messe verwaltete: das Seelhaus profitierte nicht von der Stiftung. Jahresmessen waren somit eine Form frommer Erbschaft, die der Kirche oder dem Kloster zugutekamen, die dann Unterverträge mit den Seelhäusern abschlossen. Die jeweilige Kirche oder das Kloster hatten anscheinend eine mehr oder weniger feste Vereinbarung mit dem einen oder anderen Seelhaus: das Hirn-Haus war gewöhnlich an Jahresmessen der angrenzenden Karmeliterpriorei in St. Anna beteiligt, obwohl auch Messen für St. Peter verzeichnet sind. Das Herwart-Haus dagegen war gewöhnlich an Messen der Franziskaner beteiligt. Hier war nicht die räumliche Nähe entscheidend, denn das Seelhaus gegenüber der Moritzkirche lag etwas vom Franziskanerkloster entfernt. Alle Seelhäuser lagen – trotz der Armut ihrer Insassinnen – in den wohlhabenden Bezirken der Stadt, aus denen die Stifter ewiger Messen vor allem kamen. Das Ruf-, Herwart- und Bach-Haus drängten sich in der Nähe der geschäftigen Maximiliansstraße, während das Hirn-Haus an die Karmeliterpriorei angrenzte.

Doch zwischen den Seelhäusern gab es feine Unterschiede hinsichtlich ihres Prestiges, der sozialen Herkunft ihrer Insassinnen und des Andachtsstils. Das Entgelt für eine Seelfrau, die bei einer Messe anwesend war, schwankte zwischen 5 und 15 Pfennig. Erhaltene Dokumente zeigen, daß Frauen aus dem Hirn-Haus mehr erhielten als die Seelfrauen der Herwart-Stiftung. Im Hirn-Haus lebten zwar nur vier Frauen, aber die Annakirche erfreute sich bei der reicheren städtischen Elite im späten 15. und im 16. Jahrhundert großer Beliebtheit. Dagegen versorgte die Franziskanerkirche, bei deren Jahresmessen die Herwart-Seelfrauen vor allem beteten, auch weniger wohlhabende Einwohner. Das Hirn-Haus nahm fast ausschließlich Augsburger Bürgerinnen auf und hatte eine stabile Insassenschaft, während das Ruf-Haus trotz seines beträchtlichen Besitzes viele Frauen nur für kurze Zeit beherbergte.

Für die Aufnahme benötigte eine Frau Fürsprecher. Die erhaltenen Listen zeigen, daß die meisten Frauen von Handwerkern oder niederen Kirchenbediensteten wie etwa Küstern unterstützt wurden – eine Patronage auf niedriger Ebene, die noch deutlicher ihre Verwurzelung in der Welt der kleinen Handwerker, Gewerbetreibenden und Tagelöhner zeigt.[132] Ähnliches gilt für die finanziellen Zuwendungen an die Seelfrauen. Das Entgelt für die Seelfrauen war zum einen eine fromme Spende, zum anderen aber der Lohn für ihre Gebetsarbeit. Doch handelte es sich nicht um eine festgelegte Gebühr, sondern um eine freiwillige Zuwendung als Dank für geleistete Dienste. Auf der anderen Seite wurde dem Seelhaus selbst nur selten testamentarisch eine fromme Spende vermacht – im Unterschied zu den Klöstern, Kirchen und Spitälern der Stadt. Die soziale Herkunft der Seelschwestern war also relativ homogen, doch waren es nicht ihresgleichen, für die sie beteten und von denen sie dafür bezahlt wurden. Als Dienstmägde dagegen, als die sie sich hätten verdingen können, hätten sie wahrscheinlich eher Leuten aus ihrer eigenen oder ähnlichen sozialen Schicht gedient. Die Art und Weise ihrer Bezahlung trennte sie deutlich vom Klosterleben. Ohne eine mächtige Institution im Rücken, ohne weitgespannte kirchliche oder Ordensverbindungen blieb der Lebenslauf der Frauen eher mit der sozialen Schicht, aus der sie kamen, verbunden.

Die Seelfrauen entgingen auch der sexuellen Ambiguität, die den Klosterfrauen in den Augen der Stadtbürger eigen war. Einige waren verheiratet (zumindest nach der Reformation),[133] eine ganze Reihe verwitwet, und viele verließen das Seelhaus, um wieder zu heiraten. Die Qualitäten der »guten Seelschwester« wurden also weniger ausschließlich in sakrale Begriffe gefaßt, sondern eher in der Sprache bürgerlicher Respektabilität ausgedrückt. Nach dem Aufnahmekontrakt mußte eine Seelfrau kräftig genug sein, ihren Teil der Hausarbeit zu erledigen, und sie mußte gottesfürchtig, friedfertig, gutmütig und sanft sein.[134] Jakob Hausstetter legte in seinem Testament fest, er wünsche eine Seelfrau im Witwenstand oder, wenn keine Witwe gefunden werden könne, eine Frau, die fromm und gottesfürchtig sei.[135] Der Stifter dachte bezeichnenderweise zuerst an eine Witwe – an die »gute Witwe«, die Verkörperung der bedürftigen Frau ohne verwandtschaftliche Unterstützung, die deshalb der Armenfürsorge würdig war, und zugleich der reifen Frau, die ihr sexuelles Leben und die Mutterschaft bereits hinter sich hatte. Ihre Aufnahme in das Seelhaus gliederte sie in die Gemeinschaft ein und befreite sie aus einer Lage, die als unsicher und bedrohlich angesehen werden konnte. Indem sie für die Familien anderer betete, wurde sie in ein Geflecht von Haushalten und Verwandtschaft einbezogen, genauso wie eine Dienstmagd der Vorstellung nach in den Haushalt »adoptiert« wurde, in dem sie lebte. Doch die Seelfrau wurde auch als weniger heilig angesehen als die Nonne. Ihr nicht so außergewöhnlicher sexueller Status, ihre deutlich geringere soziale Herkunft, die niedrigen Arbeiten im Haushalt, die sie verrichtete, all das verwurzelte sie sehr viel stärker in der irdischen und städtischen Welt.

Als Form christlicher Barmherzigkeit scheinen Seelhäuser besonders von Frauen bevorzugt worden zu sein. So trug das Bachin-Haus, obwohl es von der Familie Rem geleitet wurde, den Namen der Stifterin, die einen Rem geheiratet hatte. Und das Herwart-Haus war zu Beginn des 15. Jahrhunderts weiterhin unter dem Namen einer früheren Meisterin bekannt, der Vogelerin.[136] Viele Seelhäuser wurden mit der weiblichen Form des Familiennamens bezeichnet. Häufig scheinen Frauen die Stiftung geleitet zu haben. Die meisten Dokumente der Herwart-Stiftung sind von einer Meisterin gesiegelt, gewöhnlich eine Frau, die in die Familie Herwart eingeheiratet hatte. Und Dokumente aus der Zeit der Auflösung des Hauses erwähnen die Praxis, die Aufsicht »der ältesten der Herwart Frauen« zu übertragen, das heißt der Ehefrau des ältesten Mannes aus dem Geschlecht der Herwart.

Ein langer Streit über die Leitung der Herwart-Stiftung verdeutlicht, wie komplex diese Form frommer Barmherzigkeit war – einerseits wurde sie weitgehend von Frauen geleitet, andererseits als Teil der wohltätigen Stiftungen einer männlich definierten Familie betrachtet. 1453 gelang es der Familie Herwart, die Leitung des Seelhauses der Familie Nördlinger und einer Frau namens Sighart aus der Hand zu nehmen.[137] Die Herwarts argumentierten, sie hätten das Haus von der Familie Eulentaler übernommen. Zwar hatte eine Frau namens Ehinger, eine Herwart mütterlicherseits, das Haus dreißig Jahre lang geleitet, doch nur im Auftrag der Familie, behaupteten die Herwarts. Als sie starb, war die Aufsicht an das Geschlecht der Herwart zurückgefallen. Die Sighartin bestritt nicht, daß die Ehingerin das Haus geleitet habe. Sie behauptete aber, die Ehingerin habe das Seelhaus und alle Bücher ihr und Jörg Nördlinger als ihren nächsten Verwandten vermacht. In der Folgezeit hatte die Sighartin das Haus geleitet und gelegentlich ihre Weisungsbefugnisse an einen Mann aus der Herwartfamilie oder einen der Nördlinger delegiert. Die Heftigkeit des Streits deutet darauf hin, daß die Leitung des Seelhauses den Frauen ein nicht unbeträchtliches Patronagekapital in die Hand gab. Tatsächlich wurde der Streit dadurch ausgelöst, daß die Sighartin darauf bestand, eine Frau ins Seelhaus aufzunehmen, die zuvor von den Herwarts abgelehnt worden war.

Da die Herwarts sich beklagten, daß sie nicht die Bücher des Seelhauses besäßen, scheint es wahrscheinlich, daß der Sighartin wirklich die Stiftung von ihrer nächsten Verwandten vermacht worden war. Sie behandelte das Haus, das sie dreißig Jahre lang leitete, eher als ihre eigene Stiftung denn als die der Herwarts. Doch die Richter entschieden zugunsten der Herwartfamilie und stützten damit die Ansicht, daß die fromme Stiftung in der männlichen Linie der Herwarts verbleiben und von deren Ehefrauen geleitet werden müsse und nicht von der Mutter an die Tochter weitergegeben werden könne. Die Stiftung wurde eher mit der Mildtätigkeit einer Familie statt mit individueller weiblicher Frömmigkeit identifiziert. Ihre Weitergabe in der männlichen Linie war folglich sehr viel stärker an Regeln gebunden.

Die Tatsache, daß die Seelhäuser von Laien und Familienangehörigen geleitet wurden, erklärt auch, warum sie sich so einfach und lose in das städtische Gefüge eingliedern ließen. Und dies erklärt auch, warum sie von der reformatorischen Polemik ausgenommen blieben, die so wirkungsvoll gegen die Frauenklöster eingesetzt wurde. Obwohl sie ebenfalls eine Gruppe von Frauen waren, hatten die Insassinnen der Seelhäuser nur ein schwaches Gemeinschaftsgefühl und nicht den geringsten Einfluß auf die Leitung oder Tätigkeit ihres Seelhauses, ebenso wenig darauf, mit welchem Orden oder welcher Kirche sich das Haus zusammentat. Im Unterschied zu Frauenklöstern tauchten Seelhäuser fast nie in Tagebüchern oder Chroniken der Stadt auf, und selbst ihre architektonische Gestalt war so unauffällig und banal, daß man sie auf zeitgenössischen Stadtplänen nur mit Mühe lokalisieren kann. Die Seelfrauen wurden als armselige Geschöpfe angesehen, als Objekte christlicher Barmherzigkeit, nicht als eine aktive Gruppe selbstbestimmter Subjekte. Ihr Geschick stimmte mit ihren vorgezeichneten sozialen und Frauenrollen überein. Es war ein Gemeinplatz der *Caritas* des 16. Jahrhunderts, daß arme Frauen bedürftig seien und würdig, Almosen zu empfangen. So konnten Seelhäuser leicht unter den Schirm der christlichen Barmherzigkeit der Stadt und der Mildtätigkeit ihrer Bürger gestellt werden.

SIEBTES KAPITEL

Die heilige Familie

Im Augsburg der Reformationszeit bildete bürgerliche Anständigkeit den Maßstab für das moralische Verhalten des einzelnen oder einer Gruppe von Bürgern. Der Rat rief dazu auf, eine Stadt ohne Sünde zu schaffen. Der Mikrokosmos der Haushaltswerkstatt sollte zum Lebens- und Verhaltensmuster aller Augsburger gleich welchen Standes werden. Wohlstand, die Sicherheit und moralische Reinheit der Bürger, Ordnung und der rechte Glaube waren nach Auffassung des Rats untrennbar miteinander verbunden. So untrennbar, daß der Rat in der schweren Krise von 1546 auf den Ausbruch des Schmalkaldischen Krieges mit der Veröffentlichung eines Mandats reagierte, das die Sittenzucht verschärfte, die Bürger zu einem bescheidenen, gottesfürchtigen und sparsamen Leben aufforderte und dazu aufrief, für das Wohl der Stadt zu beten. Der Gefahr und Unordnung, die von außen drohte, begegnete man mit Gottvertrauen und dem Versuch, das innere Leben der Bürger zu vervollkommnen.

Zucht und Ordnung, die der Magistrat zu moralischen und religiösen Werten erhob, sollten das fromme Haus prägen: Meister und Meisterin, Kinder und Dienstboten waren mit ihren verschiedenen Aufgaben eingebettet in eine Hierarchie, in der das Alter über die Jugend, der Herr über Magd und Knecht, der Ehemann über die Frau seine gütige hausväterliche Gewalt ausübte. Es war ein patriarchalisches Ideal, das den Ausschluß der Frauen von der Leitung einer selbständigen Werkstatt, vom Recht auf einen eigenen Hausstand und von der politischen Macht rechtfertigte und religiös überhöhte. Dieses Ideal glorifizierte die Besitzverhältnisse in der Ehe und ließ die präzisen Eigentumsrechte der Ehefrauen in einer vage bleibenden Gütergemeinschaft aufgehen. Der Rat tat mithin wenig, um die Interessen der Frauen zu schützen, selbst wenn er – wie bei Gewalttätigkeit des Ehemanns – sein Mitgefühl mit den Frauen beteuerte. Aber dies hieß nicht, daß Frauen in der Ökonomie der Haushaltswerkstatt kein erfülltes Leben führen konnten.[1] Da der Aufgabenteilung zwischen den Eheleuten große Bedeutung beigemessen wurde, erhielt die Hausherrin häufig eine beträchtliche Verantwortung. Sie war Teil eines Unternehmens, in dem ihre Arbeit wichtig und wertvoll war. Die enge Verbindung zwischen Werkstatt und häuslicher Sphäre, zwischen Erwachsenenarbeit und Kinderaufzucht konnte warmherzige Beziehungen schaffen und bei den Männern eine gewisse Vertrautheit mit den Kindern und ihrer Versorgung.[2]

Der evangelische Glauben war eine Religion der Zunft und des Haushalts. Bereits die anfängliche Verbreitung der evangelischen Lehren über Zunftfreundschaften und Trinkrunden zeigt, wie sehr diese mit der Welt des Handwerks verbunden waren. Die besondere Stellung der evangelischen Bewegung läßt sich am besten erfassen, wenn wir sie mit anderen religiösen Erneuerungsbewegungen vergleichen: mit den Täufern und Spiritualisten. Schon den Zeitgenossen fiel auf, wie stark Frauen in diesen »Sekten« vertreten waren. Die Verhörprotokolle und Urteile zeigen, daß mehr als die Hälfte derjenigen, die während der großen Kampagne der Jahre 1527-28 und in den 1530er und 1540er Jahren verhört und verurteilt wurden, Frauen waren. Frauen gehörten zu denjenigen, die am beharrlichsten an ihren Überzeugungen festhielten und mehrfach straffällig wurden. Berücksichtigt man überdies die Tendenz in den Quellen, Frauen, die sich solcher »Verbrechen« schuldig gemacht hatten, seltener festzuhalten, ist ihr häufiges Erscheinen vor dem Rat sehr ungewöhnlich. Abweichendes Verhalten in Glaubensfragen war eine der wenigen Anschuldigungen, die Frauen ebenso häufig, vielleicht sogar häufiger traf als Männer.[3]

Die Täufer und Spiritualisten blieben freilich kleine verstreute Gruppen. Die Beteiligung von Frauen an diesen Gruppen war daran nicht ganz unschuldig. Täufer und Spiritualisten lehnten die institutionalisierte Amtskirche ab – sie organisierten sich im wesentlichen über den Haushalt, also über den Bereich, über den Frauen die größte Kontrolle hatten. Da viele der männlichen Täufer zunehmend in der Werbung von Anhängern tätig oder aus der Stadt verbannt waren, ruhte die Bewegung in der Stadt zunehmend auf den zurückbleibenden Frauen, häufig die Ehefrauen der männlichen Täufer. Sie hielten Versammlungen in ihren Häusern ab und damit die Täufergemeinden zusammen. Dadurch wurden sie entscheidend für den Zusammenhalt der Bewegung, doppelt wichtig in einer so zersplitterten Untergrundkirche. Bekehrungen erfolgten eher innerhalb des Haushalts als im Rahmen der Zunft, ganz im Gegensatz zur Art und Weise, in der sich die Reformation in den ersten Jahren ausgebreitet hatte.

Ob aus den Umständen geboren oder bewußt geplant, auf jeden Fall hatten Frauen in den Sekten eine Schlüsselstellung, die sie in der evangelischen Hauptströmung nie erreichten. Der Schwärmerin Katharina Kunig erschien

Christus persönlich, mit dem Kreuz in der Hand und sprach mit menschlicher Stimme zu ihr. Gott befahl ihr, durch die Straßen zu laufen und jedermann aufzufordern, sich zu ändern, da sonst sein Strafgericht auf die Welt niederfahren würde. Nach einiger Überlegung meinte sie zwar, sie würde doch nur als Torin erscheinen und es sei besser, die Prediger zu drängen, an ihrer Stelle die Botschaft zu verkünden. Aber dann erhob sie doch selbst ihre Stimme und prophezeite, es würde ein großes Blutvergießen in Augsburg und im ganzen Land geben, wenn die Menschen nicht ihre Sünden bereuten und sich änderten.[4] Katharina Kunig wurde vom Rat als des Täufertums verdächtige Person verhört. Sie strebte mit ihrer Theologie, die um moralische Erneuerung, Reue und Gottes Rache kreiste, sicherlich die gleichen Veränderungen wie der evangelische Rat an. Aber Katharina Kunig hatte keinerlei Respekt vor der inzwischen etablierten Liturgie der neuen Kirche oder ihrer Taufe, die sie als rein äußerlich ansah – man müsse im Blut des Heiligen Geists getauft werden. Die evangelischen Prädikanten jedenfalls akzeptierten wohl weder diese weiblichen Visionen noch die Behauptung einer Frau, sie habe unmittelbar mit dem Allmächtigen kommuniziert. Schließlich habe sich Gott der Allmächtige in der Heiligen Schrift den Menschen mitgeteilt, und diese werde am besten von den gelehrten städtischen Geistlichen ausgelegt.

Die Sittenzucht war im reformierten Augsburg Angelegenheit des Rats und nicht selbsternannter Prophetinnen. Durch die Reformation wurde eine Auffassung von Tugendhaftigkeit, die ihre Wurzeln in einer älteren stadtbürgerlichen Mentalität hatte, von der Hauptrichtung der evangelischen Bewegung wiederbelebt und mit neuer Überzeugungskraft verbreitet. Nunmehr waren sich die geistliche und die weltliche Autorität weitgehend einig in ihren Vorstellungen und Auffassungen von Tugendhaftigkeit, mit denen sie beide operierten. Die wirkliche Verantwortung für die Sittenzucht lag jedoch bei den neuen, mächtigen Institutionen, die der Augsburger Rat geschaffen hatte. Die neue Morallehre fand ihren vollständigsten Ausdruck in der Zuchtordnung von 1537, die alle zwischenmenschlichen und insbesondere die sexuellen Beziehungen neu ordnen wollte.

Erlaubt und akzeptiert waren im 16. Jahrhundert heterosexuelle Praktiken, aber dies hieß nicht, daß andere Formen des Sexualverhaltens unbekannt waren. In einem kurzen Verbotsparagraphen über sexuelle Vergehen sprach die Zuchtordnung von 1537 von »verdampter vermischung«, ohne genauer zu definieren, welche Beziehungen gemeint waren.[5] Sie bezog sich statt dessen auf die Peinliche Gerichtsordnung Karls V., die solche Beziehungen »wider die natur« deutlicher bestimmte, als Verkehr zwischen Mensch und Tier, zwischen zwei Männern oder Frauen.[6] Die zurückhaltenden Formulierungen in der Zuchtordnung bedeuteten jedoch nicht, daß derartige Beziehungen in Augsburg nicht vorkamen und verfolgt wurden: in den frühen 1530er Jahren war eine Gruppe von Homosexuellen entdeckt, verhört und verurteilt worden. Diese Prozesse hatten den Rat dazu gezwungen, sich bis ins einzelne mit männlicher Homosexualität, ihren Formen und Praktiken in Augsburg zu beschäftigen.[7]

Die Prozesse gegen diese Männer brachten eine domestizierte, häusliche Homosexualität ans Tageslicht. Der angeklagte Weber Michel Will war verheiratet; seine Sexualpartner waren ebenfalls Handwerker. Ihre Freizeitvergnügen waren die gleichen wie die anderer »liederlicher« Augsburger: Zechgelage, feuchtfröhliche Ausflüge in die Dörfer des Umlands, Geschäker mit Frauen.[8] Ein Angeklagter war Priester und mehrere der namentlich Genannten lebten »zu Sankt Moritz«. Dies gab sicherlich dem latenten Antiklerikalismus in der Stadt weitere Nahrung, konnte aber den Eindruck nicht verwischen, daß es offensichtlich vor allem Laien und Bürger waren, die sich dieses Verbrechens schuldig gemacht hatten.[9] Die männliche Homosexualität bedrohte mithin den Haushalt, denn sie untergrub die Grundsätze der Männlichkeit. Michel Will wurde sowohl wegen Mordes und Vergewaltigung als auch wegen homosexueller Handlungen verurteilt. Als der Rat jedoch ihn und die anderen Angeklagten verhörte, konzentrierte er sich darauf, die sexuellen Beziehungen zwischen den Männern bis in alle Einzelheiten aufzudecken: ob es zum Analverkehr gekommen sei, wie das Liebesspiel sich genau (bis hin zur Frage der Masturbation) abgespielt habe. Im übertragenen und im Wortsinn verkehrte der homosexuelle Verkehr zwischen Männern die sexuelle Arbeitsteilung in ihr Gegenteil. Die sexuellen Beziehungen zwischen Männern untergruben die Hierarchie des Haushalts und durchbrachen die Grenzen zwischen dem Männlichen und Weiblichen. Deshalb die Obsession des Rats, alle Einzelheiten einer Form der sexuellen Stimulierung in Erfahrung zu bringen, die nicht mit seiner Auffassung von der sexuellen Rolle des Mannes übereinstimmte.

Männer, die mehrfach homosexuelle Beziehungen hatten, handelten so schwer gegen die städtische Gemeinschaft, daß sie vernichtet, im Wortsinn zu Asche reduziert werden mußten. Die Hinrichtung und anschließende Verbrennung hingen zwar nicht explizit mit der Brandmarkung der Homosexualität als Blasphemie zusammen, sie nahm aber die vorreformatorische Klassifizierung als Häresie auf, die mit dem Feuertod bestraft werden mußte. Die ebenfalls mit dem Begriff des »Natürlichen« operierende Zuchtordnung sah den Homosexuellen als ein Wesen »wider die Natur«, eine Art Ausgeburt oder Ungeheuer an.[10] Aufschlußreich ist die uneinheitliche Haltung der Zuchtordnung bezüglich der Frage, ob die Angeklagten für ihre Tat voll verantwortlich waren. Die Zuchtordnung bezeichnete die Homosexuellen als Männer, die »zu sollicher gotlosen vnsinnigkait geraten« waren. Die Formulierung erinnert an die Charakterisierung von Trinkern und implizierte eine latente Gefährdung, vor der selbst gottesfürchtige und fromme Augsburger nicht völlig gefeit waren.

Die weibliche Homosexualität wurde nicht so offen bekämpft. Das propagandistische Sperrfeuer gegen die Frauenklöster nährte sich zwar vielleicht insgeheim vom Schreckgespenst lesbischer Nonnen und richtete sich mit Sicherheit gegen jede ausschließlich Frauen vorbehaltene Einrichtung, ausdrücklich geäußert wurde aber nur die Furcht vor der heterosexuellen Lust der Nonnen.[11]

Judith Browns faszinierende Studie über die Ordensschwester Benedetta Carlini, *Immodest Acts*,[12] hat uns indes daran erinnert, daß lesbische Liebe zu jener Zeit eine wohlbekannte Sünde war. Der zeitgenössische Chronist der Grafen von Zimmern berichtet beiläufig vom Tod einer Dienstmagd: »So ist auch der zeit ain arm dienstmagdt zu Mösskirch gewesen, hat hin und wieder gedienet, ist genannt worden Greta, am Markt. Die hat sich keiner mann oder jungen gesellen angenomen oder denen zu pank steen wellen [d.h. mit einem Ehemann zusammenzuleben und dessen Erzeugnisse auf einem Marktstand zu verkaufen], sonder hat die jungen döchter geliept, denen nachgegangen und gekramet, auch alle geperden und maniern, als ob sie ain mannlichen *affect* het, gebraucht. Sie ist mehrmals für ein hermaphroditen oder androgynum geachtet worden, welches sich aber nit erfunden, dann sie ist von fürwitzigen muetwilligen besucht und als ain wahr, recht weib gesehen worden. Zu achten, sie seie under ainer verkerten, unnaturlichen constellation geporn worden. Aber bei den gelerten und belesnen find man, [dass] dergleichen vil bei den Græcis und Remern begegnet, wiewol dasselb vilmehr den bösen sitten deren verderbten und mit sünden geplagten nationen, dann des himels lauf oder dem gestirn, zuzumessen.«[13]

Die nüchterne Schilderung dieses Kuriosums durch den Chronisten verweist darauf, daß die Idee, es könne zu »widernatürlichen Handlungen« zwischen Frauen kommen, durchaus nicht außerhalb seiner Vorstellungswelt lag. Die »widernatürliche« Liebe zwischen Frauen tauchte zwar im rhetorischen Arsenal evangelischer Pamphletisten nicht auf, aber sie war vielleicht unterschwellig präsent in den Anschuldigungen gegen die Kupplerin, die Verderberin junger Mädchen, die an die Stelle der tugendhaften Mutter trat und unschuldige Mädchen in die Liebeskünste einwies. Katharina Zieglers Mutter beschuldigte die Kupplerin, die ihre Tochter entführt hatte, der Zauberei. Gemeinhin gebrauchten ihn nur Männer, die ihre leidenschaftliche Liebe zu einer Frau nur als »Verzauberung« erklären konnten. Katharina

Zieglers Mutter begründete ihren Vorwurf damit, nach der Rückkehr ihrer Tochter habe die Kupplerin ihr prophezeit, ihre Tochter würde nichts Gutes tun und nicht bei ihr bleiben. Daraus hatten Katharina Ziegler und ihre Mutter geschlossen, »Wann sy bey Jr nit plibe So must Sy etwan verzaubert haben«. Auch der Rat nahm die Anschuldigung sehr ernst und stellte der Kupplerin die Frage: »Dhweil sich die Catherina Ziglerin beclagt sie konne on sie die lemplin nit pleiben, soll sie anzaigen, was sie Jr gethon, vnnd ob sies nit bezaubert hab.«[14]

Solche Vorwürfe waren jedoch nur untergründig präsent und tauchten in der frauenfeindlichen oder gegen die Frauenklöster gerichteten Polemik nicht offen auf. Wenn es lesbische Beziehungen gegeben hat, so blieben diese unbemerkt. Selbst zwei Nonnen, die mehr als zehn Jahre nach der Aufhebung des St.-Katharina-Klosters zusammenlebten, wurden anscheinend nie beschuldigt, »die jungen Töchter« zu lieben oder »einen maskulinen *Affekt*« zu haben. Sexuelle Beziehungen waren nicht undenkbar; sie wurden benannt in der Peinlichen Gerichtsordnung von 1532, auf die sich die Zuchtordnung von 1537 in dem Paragraphen über »verdammte, verbotene Vermischung« explizit bezog. Die italienischen Humanisten und pornographischen Schriftsteller, mit deren Werken einige Angehörige der kaufmännischen Elite Augsburgs sicherlich vertraut waren, stellten sich Orgien von lesbischen Nonnen vor, die mit einem Kunstpenis gewappnet waren,[15] eine tiefverwurzelte männliche Phantasievorstellung. Der satirische Neujahrsgruß, eine Radierung, auf der drei unbekleidete Hexen zu sehen waren, die der Maler Hans Baldung Grien einem Kleriker sandte, erregte seine männlichen Betrachter durch kaum verhüllte Hinweise auf weibliche Perversionen.[16]

Häufiger jedoch wurde in populären Darstellungen das Thema der machtgierigen Frau angeschlagen, die dem Mann den Hosenbeutel stahl und ihn entmannte. Ein um 1533 entstandener Holzschnitt Erhard Schoens stellt diese Metapher bildlich dar. Er zeigt eine Frau, die einen jämmerlichen Mann schlägt, der angeschirrt ist und einen mit einem vollen Wäschezuber beladenen Karren zieht. An ihrem Arm baumelt der Hosenbeutel, den sie ihm weggenommen hat, an ihrer Seite ein anderes Phallussymbol, ein Schwert. Sie frohlockt über ihre Macht und schwingt die Peitsche mit sichtlichem Vergnügen (siehe Abbildung 11). Solche Holzschnitte erregten die Betrachter nicht, weil sie eine Frau zeigten, die andere Frauen tyrannisierte, sie wirkten aufreizend, weil sie die natürliche Ordnung umkehrten und eine Frau darstellten, die sich zur Herrin über Männer aufspielte. Der Holzschnitt macht deutlich, daß sie ihre Herrschaft durch ihre sexuelle Energie gewinnt, und stellt sie mit reichem Schmuck

Die heilige Familie

und vornehm gekleidet dar. Der markanteste Ausdruck ihrer Eroberung der Macht zeigte die Frau, auf einem Mann reitend – ein Bild mit deutlicher sexueller Bedeutung. Die *Macht der Frauen* von Peter Flötner (siehe Abb. 5, S. 96) illustriert ein Gedicht von Hans Sachs und zeigt die dominierende Frau, die selbst den allervernünftigsten Mann, Aristoteles, unter ihre Fuchtel zwingt, einen Mann ihrer grenzenlosen Lust unterwirft, der durch ihre Verführungskünste zum Narren wird. Ihre Lust stellte man sich freilich als heterosexuelles Begehren vor. In der Welt der Laien bewirkte die Reformation, daß die Ehe, die Vereinigung der beiden Geschlechter, zum unantastbaren Fundament der gesellschaftlichen Existenz erhoben wurde. Gleichzeitig wurden die Frauen als ständige Bedrohung der ökonomischen, sozialen und moralischen Ordnung dargestellt. Diese Themen tauchten offen in den Ratserlassen und in der Volkskultur auf. In ihnen ver-

Abbildung 11 Erhard Schoen, Der Preis des frommen Weibes, um 1533 (Geisberg Nr. 1176). Jede der dargestellten Personen nimmt in den begleitenden Versen mit einer kleinen Rede zur Ehe Stellung. Die peitschenschwingende Ehefrau sagt, junge Frauen würden nicht gern armselig gekleidet sein, Hunger leiden und den Haushalt versorgen; wolle der Mann ein frommes Weib, so solle er freiwillig zu Hause bleiben und die Arbeit tun, sonst würde sie ihn zwingen, zu waschen, zu spülen und zu kehren. Der Ehemann beklagt sein Schicksal: Tag und Nacht habe er keine Ruhe, seine Frau habe ihm Tasche, Schwert und Hosenbeutel abgenommen; so ergehe es denjenigen, die heiraten wollen, bevor sie eine Handwerkskunst erlernt und etwas Geld gespart hätten. Der junge Geselle auf der rechten Bildseite ist erschrocken über die Prügelszene, doch die Jungfrau neben ihm beruhigt ihn: erweise er sich in allen Dingen als Mann, so wolle sie solche Gewalt über Männer gar nicht haben. Die Närrin rät dem jungen Knecht, überhaupt nicht zu heiraten, sein Leben zu genießen und sich bald hier, bald da ein Mädchen zu nehmen. Der weise Mann ganz rechts warnt ihn vor solcher Hurenlist.

barg sich jedoch das verschämte Eingeständnis, daß Lust nicht immer in den als »natürlich« geltenden Formen ausgelebt wurde.

THEMEN WEIBLICHER FRÖMMIGKEIT IM KATHOLISCHEN UND EVANGELISCHEN GLAUBEN

Die evangelische Morallehre kann man als entschieden patriarchalisch und heterosexuell orientiert bezeichnen, den evangelischen Glauben als eindeutig christozentrisch. Die vielen Heiligenfeste und der lange Zyklus der Marienfeste wurden im reformierten Augsburg abgeschafft, nur noch die Christus gewidmeten Feiertage (einschließlich Mariä Verkündigung) wurden weiterhin begangen.[17] An die Stelle der vielfältigen Heiligenkulte, der Gegenstände und Orte, die als heilig galten und der mannigfaltigen Andachtsformen trat nunmehr ein evangelischer Glaube lutherischer oder zwinglianischer Prägung, der die Grenze zwischen dem Sakralen und dem Profanen schärfer zog und die Devotion auf Christus konzentrierte. Paradoxerweise wurde gerade in einem Glauben, der zunächst das Sakrament der Ordination und die darauf gegründete religiöse Abstufung der Priesterschaft und des Zugangs zu Gott ablehnte, die Predigt von Gottes Wort zum Kern des Gottesdienstes erklärt. Diese Auffassung vom christlichen Leben machte den Pfarrer so unverzichtbar wie es zuvor der Priester gewesen war. In Wirklichkeit war der Pfarrer noch unverzichtbarer als der Priester, denn für Katholiken behielten heilige Bilder und Gegenstände nach ihrer Segnung durch den Priester auch in dessen Abwesenheit ihre segensreiche Wirkung. Die evangelischen Christen dagegen waren zu ständigem Gebet aufgerufen, aber dessen Wirkung blieb unbekannt und unsicher. Die Religion fand bei den Protestanten in anderer Weise Eingang ins Alltagsleben: für evangelische Christen war Frömmigkeit ein ständiger Geisteszustand, die aber auch in überkommenen, vertrauten Bräuchen verankert werden mußte. So versuchten protestantische Geistliche in der Mitte und gegen Ende des 16. Jahrhunderts, die wichtigen Übergangsbräuche zu »evangelisieren«: Sie forderten die Christen auf, in der Hochzeitsnacht vor dem Ehebett zu beten, statt bei den traditionellen rauhen Späßen mitzutun.

Die Katholiken und die Protestanten arbeiteten auf sehr verschiedene Weise mit dem Geschlechterunterschied. Die religiöse Topographie des katholischen Augsburg war ein Netz von Gedächtnisorten, die an männliche und weibliche Heilige erinnerten. Der Weg des Gläubigen konnte vom Haus in der Nähe des Doms, wo die hl. Hilaria zuerst mit ihrer Tochter gewohnt hatte, zum St.-Martin-Kloster führen, in dem Hilaria anschließend gelebt hatte, und von dort zur Gegend um St. Ulrich und Afra, wo die hl. Afra ihre Heimstatt gefunden hatte.[18] Bürgerstolz und die Tradition der Stadt bezogen sich gleichermaßen auf die Taten von männlichen wie weiblichen Heiligen. Die hl. Afra (eine ehemalige Tempeldirne), einer der beiden Schutzpatrone der Stadt, erschien den Augsburger Truppen bei der berühmten Schlacht auf dem Lechfeld im Jahre 955 und rettete die Stadt.[19] Die ersten Grabungen in der Krypta von St. Ulrich und Afra, die einem Mönch wie Johannes Frank für die Ergründung der Vergangenheit Augsburgs als so wichtig erschienen, brachten die Gebeine der hl. Digna und anderer Märtyrerjungfrauen sowie die Überreste des hl. Simpert zum Vorschein.[20] Eine Kirche wie St. Ulrich und Afra, die in einem Einblattdruck vom Ende des 15. Jahrhunderts mit der großen Zahl ihrer Heiligenreliquien warb, zählte einunddreißig Reliquiare mit den Überresten männlicher und zwanzig mit den Reliquien weiblicher Heiliger auf.[21] Letztere besaßen besonders segensreiche Wirkungen für Frauen im Wochenbett, bei Menstruationsschmerzen oder Brustentzündungen. Nicht ganz bedeutungslos ist vielleicht auch die Tatsache, daß mehr Frauen als Männer auf den Listen derjenigen auftauchen, die bestraft wurden, weil sie dem katholischen Gottesdienst in den Dörfern des Augsburger Umlands beigewohnt hatten.[22]

Der katholische Glaube wurde mit einer ganzen Reihe von Bräuchen und Ritualen gelebt, die das Alltagsleben prägten. Gesegnete Kräuter, die man an Mariä Himmelfahrt gesammelt und in der Kirche hatte segnen lassen, waren als Heilmittel bei Krankheiten zur Hand. Feste und Fasttage wechselten sich im Jahreslauf ab.[23] Den Frauen oblag es, dieses religiöse Leben im Rahmen des Haushalts zu organisieren. Sie mußten daher eine Reihe von Entscheidungen treffen, die in den ersten chaotischen Jahren der Reformation große Bedeutung gewannen. Auch in der vorreformatorischen Zeit hatten sie Gegenständen im Haushalt und alltäglichen Gesten und Bräuchen eine religiös geprägte Bedeutung gegeben. Die katholische Glaubenspraxis reflektierte und befestigte die Ordnung des Haushalts, aber ihre dramatische Darstellung in der häuslichen Sphäre war die Aufgabe der Frau. An Lichtmeß etwa trugen die männlichen Haushaltsvorstände große Kerzen, die Frauen dünne rote Wachskerzen (die später bei der Niederkunft Verwendung fanden) und die Kinder kleine Kerzen zur Segnung in die Kirche. Das Segnen der Kerzen machte die Ordnung des Haushalts sichtbar und greifbar, hielt doch jedes Haushaltsmitglied die Kerze in den Händen, die seinem Platz im Haus entsprach. Nach der Segnung wurden sie jedoch allesamt von der Hausfrau verwahrt und entsprechend verwendet.[24]

Der Katholizismus pflegte einen spezifisch weiblichen Frömmigkeitsstil.

Einige seiner markanten Züge kann man in verzerrter Form in der Karriere einer betrügerischen weiblichen »Heiligen« erfassen. Der Schwindel ereignete sich in Augsburg am Ende des 15. Jahrhunderts und soll sogar der Reformation den Boden bereitet haben. Den desillusionierten Augsburgern sei es wie Schuppen von den Augen gefallen, welcher Aberglaube der Heiligenkult eigentlich war.[25] Anna Laminit demonstrierte ihre geistliche Auserwähltheit damit, daß sie keine Nahrung zu sich nahm. Diese Enthaltsamkeit war eine übersteigerte Metapher für die sexuelle Abstinenz. (Hans Vatter, ein in Nürnberg tätiger geistlicher Betrüger, gab vor, an spastischen Krämpfen zu leiden, und wurde angeblich auf wundersame Weise von ihnen befreit.) Anna Laminit wurde zwar als Betrügerin entlarvt und verurteilt, aber ihre Verehrung ahmte den Kult um eine anerkannte Heilige nach, Dorothea von Montau, die häufig fastete und am Ende verhungerte.[26] Die echte und die betrügerische Frömmigkeit der zwei Frauen fanden beide starke Resonanz in der Volksfrömmigkeit.

Die fastende Anna Laminit arbeitete mit der Sprache des Körpers, um der Tyrannei der Körperlichkeit der Frau zu entkommen. Sie war heilig, weil sie eine von den Fesseln des Fleisches befreite Frau war. Dieser paradoxe Status verschaffte ihr Respekt und viele Anhänger, die aufmerksam ihre Prophezeiungen aufnahmen. Ihre spirituelle Berufung drückte sich darin aus, daß sie zu Bußprozessionen aufrief, das heißt sie wirkte durch Rituale statt durch die Predigt, dem üblichen Mittel von Männern, die sich erleuchtet glaubten. Als nach einem sintflutartigen Regen kreuzähnliche Flecken auf den Kleidern der Augsburger zurückblieben, führte Anna Laminit sogleich eine große Bußprozession durch die Stadt, an der die städtische Elite und sogar die Gattin Kaiser Maximilians I. teilnahmen. Doch ihre Anhängerschaft bröckelte in der Folgezeit ab, nicht etwa, weil die Leute an diesem Zeichen des Himmels zu zweifeln begannen, sondern weil man nachwies, daß Anna Laminit heimlich aß. Ihre Gefolgschaft löste sich völlig auf, als man ihr vorwarf, sie sei in eine Reihe sexueller Skandale verwickelt. Um ihren Ruf einer »Heiligen« und ihre Autorität zu vernichten, mußte man nicht nur ihre Nichtkörperlichkeit in bezug auf die Nahrungsaufnahme leugnen, sondern sie zugleich als Hure hinstellen – ein eindrücklicher Beweis, wie eng die Jungfrau und die Hure, die beiden Extreme der weiblichen Existenz, miteinander verbunden waren. Daß sie anschließend der Zauberei verdächtigt wurde, verweist auf die zwiespältigen Gefühle, die sofort aufkamen, wenn eine Frau Charisma besaß: war dessen Quelle nicht göttlicher Natur, konnte es nur vom Teufel stammen. Und es weist schließlich auf die enge Verbindung zwischen der Wahrnehmung sexueller Anziehungskraft und den Anklagen wegen Zauberei hin.

Dennoch zeigt die anfängliche Verehrung Anna Laminits als Heilige, daß die Augsburger für diese ausgesprochen weibliche Spiritualität empfänglich waren. Sie wirkte gerade deshalb anziehend, weil eine weibliche Stimme die Gläubigen zur Umkehr rief. Diese spezifisch weibliche Frömmigkeit war allerdings für die Frau eine zweischneidige Sache, denn Heiligkeit konnte eine Frau nur erlangen, indem sie sich ihrer sexuellen, weiblichen »Körperlichkeit« entledigte.

Durch die Reformation wich die Heiligenverehrung, die den Frauen eine Reihe weiblicher Identifikationsfiguren gegeben hatte, einer einheitlicheren Konzentration der Andacht auf die Gestalt Christi. Christus wurde weniger als hilfloses und unschuldiges Jesuskind imaginiert, dem gegenüber der Betende Schutzgefühle ausdrücken konnte, sondern vielmehr als erwachsener Mann oder Weltenrichter. Mutterschaft zum Ausdruck zu bringen, ein so elementarer Teil der volkstümlichen Verehrung der Jungfrau Maria oder der hl. Anna (die ihr geweihte Kirche stand bei den Augsburger Gläubigen in hoher Gunst)[27], verlor im auf Christus zentrierten Glauben an Bedeutung. Der Christus der Reformation war weitgehend der sexuellen Ambiguität entkleidet, die in den altgläubigen Andachtsformen enthalten war: in ihnen war Christus zugleich ein kleines Kind, ein Junge und ein Mann, in seinem Leiden trug er auch weibliche Züge. Die reformatorischen Andachtsformen waren weniger auf die individuelle Identifikation mit den Leiden Christi oder der Heiligen gegründet; in ihnen ging es vielmehr darum, eine Beziehung mit einem Christus zu schaffen, der nur im Bibeltext erschien.

Die evangelischen Kirchen hatten die Unterschiede zwischen dem Sakralen und dem Profanen deutlicher gemacht. Sie zogen auch klarere Grenzen zwischen den Rollen von Mann und Frau in der Kirche. In der neuen kirchlichen Hierarchie, die der Straßburger Prediger Martin Bucer kraft seines Amtes entwarf, war kein Platz für Frauen in den Rängen der Kirchenmänner. Die radikalen Implikationen der frühreformatorischen Lehre von der Priesterschaft aller Gläubigen, die den Frauen zumindest theoretisch die Möglichkeit der Ausübung des Predigeramts in der neuen Kirche eröffnete, wurden aufgegeben. Die Parole von der Priesterschaft aller Gläubigen gehörte bald zu den vergessenen Doktrinen der Reformation.

Bezeichnenderweise war ein Thema, das einen Großteil der evangelischen Energie in Augsburg und in anderen evangelischen Städten absorbierte, das Problem der Nottaufe durch Hebammen. Die Taufe war zusammen mit dem Abendmahl das einzig verbliebene Sakrament der neuen Kirche. Ihre Bedeutung beruhte auf ihrer Funktion als öffentliches Aufnahmeritual in die Gemeinschaft der Gläubigen und nicht als Exorzismus, der böse Geister vom Neugeborenen fernhielt und vertrieb.[28] Die katholische

Kirche betrachtete die Taufe als einen Ritus, der für sich wirksam war und den im Notfall auch Hebammen vollziehen konnten. Die Protestanten hatten dagegen das größte Unbehagen bei dem Gedanken, eine Hebamme könne ein Kind taufen. Auch den Katholiken war nicht ganz wohl bei dem Gedanken, daß Hebammen dies taten, weshalb sie genau festlegten, wann sie dies durften und wie sie zu taufen hätten. Die Protestanten betrachteten Nottaufen durch Hebammen zwar als gültig, bestanden aber darauf, daß ein notgetauftes Kind in die Kirche gebracht und in einer besonderen Zeremonie in die Gemeinde aufgenommen werde.[29] In Augsburg und anderswo wurde der Hebammenberuf zunehmend reglementiert und aus Frauen der Elite ein Ausschuß gebildet, der die Hebammen überwachen sollte. Die Hebammen wurden ermahnt, Taufen nur im Notfall vorzunehmen. Einige Jahre später verdächtigte man die Hebammen, sie hätten Säuglinge zu katholischen Priestern geschafft und von ihnen nach dem altgläubigen Ritus taufen lassen.[30] Der Hebamme, die man noch nicht völlig aus dem Bereich des Kultus hatte verdrängen können, war nicht zu trauen, konnte sie doch »Papisterei« und allen möglichen Aberglauben hineinbringen.

Die Frauen, die heimlich katholisch blieben, waren jedoch weit in der Minderzahl. Wesentlich mehr Frauen entschieden sich begeistert für den neuen Glauben und setzten sich aktiv, in ganz unterschiedlicher Art und Weise für ihn ein: durch die Verhöhnung von Priestern (wie ein Mädchen, das die in einer Prunkprozession vorbeiziehenden Priester mit Haselnüssen bewarf)[31], durch die Bildung eines Bibelkreises (wie die Frauen im Umkreis von Caspar Schwenckfeld) oder aber dadurch, daß sie die neue Rolle der evangelischen Pfarrfrau ausgestalteten. Auch die evangelischen Frauen waren in der Lage, eine spezifisch weibliche Frömmigkeit zu entwickeln, eine Sprache, die es ihnen ermöglichte, spirituelle Sehnsüchte und Überzeugungen in einer Weise zu äußern, die auf ihrer eigenen Erfahrung als Mutter beruhte. Doch dieses Thema überschreitet den Rahmen dieses Buches. In den ersten Jahren leugnete die evangelische Bewegung ganz strikt, daß es zwischen Mann und Frau irgendeinen Unterschied in geistlicher Hinsicht gebe. Diese Position fand ihren symbolischen Ausdruck darin, daß die Protestanten genau jene für Jungen und für Mädchen unterschiedlichen Formeln der katholischen Taufe ablehnten, in denen es um die Abwehr und Vertreibung böser Geister ging.[32] Unausgesprochen wandten sich die Protestanten gegen die Auffassung, der Körper der Frau sei von Natur aus böse und beschmutzend. Sie betonten, seine Sexualität im Rahmen der Ehe auszuleben, sei nicht schlimmer oder böser als jeder andere menschliche Akt. Die »Aussegnung« der Frauen nach der Geburt, die mit der Idee weiblicher Unreinheit verbunden war, hielten sie für unnötig.[33] Die ersten Anhänger der reformatorischen Lehren schufen zwar eine exklusiver von Männern geleitete Kirche, doch galt dies eigentlich nur für die äußere, die Amtskirche, nicht jedoch für die Frömmigkeit des Herzens. Dennoch war diese evangelische Religiosität sehr viel enger mit der sozialen Erfahrung von Männern als mit der von Frauen verbunden.

Die Reformatoren haben parallel zu Luthers Theologie der zwei Reiche gewissermaßen eine Zwei-Reiche-Lehre des Geschlechterunterschieds entwickelt: Mann und Frau waren in geistlicher Hinsicht gleich, aber ihre Ämter auf Erden unterschieden sich.[34] Dadurch, daß sie die Unterschiede zwischen Mann und Frau in der irdischen Welt festmachten, bekräftigten die Protestanten jedoch die unterschiedlichen Pflichten von Mann und Frau und arbeiteten diese Unterschiede weiter aus. In diesem neuen Verständnis vom rechten Verhältnis zwischen Ehemann und Ehefrau, das es zu bewahren galt, wurden die Arbeitsbeziehungen und die stadtbürgerliche Moral der Handwerkerwerkstatt zum Eckstein einer ganzen Gesellschaft. Die Prediger in Augsburg unterstützten die städtisch-bürgerlichen Bestimmungen der Ehre, des guten Rufs, der Frömmigkeit und der Weiblichkeit und trugen so ihren Teil zu dieser neuen Morallehre und ihren gerade für Frauen weitreichenden Auswirkungen bei. Dieser tiefgreifende Wandel ist eine der bedeutsamsten und dauerhaftesten Hinterlassenschaften der Reformation.

Nachwort
zur deutschen Ausgabe

The Holy Household erschien im Jahr 1989. Seit der Veröffentlichung sind eine Fülle von anregenden Arbeiten in deutscher und englischer Sprache erschienen, die vom intellektuellen Feuer zeugen, mit dem in den letzten zehn Jahren Geschlechtergeschichte betrieben worden ist. Die Kategorie des Geschlechts ernstzunehmen, hat die Geschichtsschreibung über das frühneuzeitliche Europa verändert. Das frühmoderne Europa war eine patriarchalische Gesellschaft – diese Feststellung ist zum Klischee geworden, ist aber alles andere als unstrittig. Historische Analysen, die den Einfluß des historischen Wandels auf Sinn und Bedeutung von Männlichkeit und Weiblichkeit außer acht lassen, werden heute nur noch mit einem schiefen Blick angesehen. Schon schwindet unsere Erinnerung daran, wie wenig wir noch vor kurzem über das Leben der Frauen im frühneuzeitlichen Europa wußten.

Die Geschichte der Frauen in der Frühen Neuzeit entstand aus der Wirtschafts- und Sozialgeschichte, die sich Ende des 19. und zu Beginn des 20. Jahrhunderts entwickelte. In den 1970er und 1980er Jahren stützten sich feministische Historikerinnen auf diese Tradition, als sie die Geschichte der Arbeit untersuchten und zeigten, wie vielfältig die Tätigkeiten von Frauen waren und die Stellung der Frauen im Wirtschaftsleben analysierten.[1] Die Historie hat sich in letzter Zeit zunehmend den Repräsentationen und der Sprache zugewandt, und so haben auch die HistorikerInnen der Geschlechterbeziehungen begonnen, sich nicht mehr nur zu fragen, wie das Leben der Frauen in der Vergangenheit aussah, sondern auch, was es bedeutete, eine Frau zu sein. Gegenwärtig scheinen mir hauptsächlich drei Felder die Aufmerksamkeit der Historiker anzuziehen: wie sich weibliche Subjektivität historisch veränderte; in welcher Weise das Geschlecht als relationale Kategorie nicht nur Frauen, sondern auch Männer betraf; und wie die beiden Geschlechter institutionell und politisch aufeinander bezogen waren. Hier sind die Geschichte von Heirat und Ehe, der Sinn von Sexualität und Sexualverbrechen und die Bedeutung von Religion und religiöser Sprache zu Schlüsselbereichen der Forschung geworden.

Heide Wunders wegweisende Studie »*Er ist die Sonn', sie ist der Mond*« hat die Grundlage für jede Diskussion über Sinn und Bedeutung der Kategorie des Geschlechts im frühneuzeitlichen Deutschland gelegt.² Sie weist nach, daß die Menschen der Frühen Neuzeit Geschlecht anders verstanden als wir. In einer Analyse, die sich auf die zentrale Rolle der Ehe – die sowohl die ökonomischen und politischen wie die Geschlechterbeziehungen strukturierte – in der frühmodernen Gesellschaft konzentriert, zeigt sie, daß sich im damaligen Verständnis die beiden Geschlechter gegenseitig ergänzten. Sie waren zyklisch aufeinander bezogen und standen nicht in einem grundsätzlichem Gegensatz zueinander.³ Heide Wunder ordnet die Frauengeschichte in den Kontext des Übergangs vom Feudalismus über den Absolutismus zu den modernen Gesellschaften und argumentiert, dieser säkulare Wandel habe den Frauen sowohl Gewinn als auch Verluste gebracht. Die Komplementarität der beiden Geschlechter blieb in dieser Entwicklung jedoch weiterhin wichtig, Männer und Frauen zogen sich nicht in voneinander völlig getrennte Bereiche zurück.⁴ Die Ehe war ein öffentlicher Stand, kein privates Refugium. Die Reformation war zwar insbesondere für die neue Reglementierung der Ehe wichtig, aber sie gewann ihre Bedeutung weitgehend aufgrund politischer Imperative: die frühneuzeitlichen Herrscher und Autoritäten erkannten, welchen Machtzuwachs die zunehmende Kontrolle über die Ehe bringen würde.⁵

Aufregende neue Arbeiten haben uns auch dazu gebracht, über die Geschichte der Männlichkeit nachzudenken.⁶ Heute kann man den Schluß ziehen, daß die Reformation für die Geschichte der Männlichkeit ein ebenso bedeutender Einschnitt war wie für die Geschichte der Weiblichkeit. Die Stadtväter unterwarfen die aufsässigen Jugendlichen ebenso ihrer Zucht wie die Dorfältesten die Burschen einer zunehmend strengeren Aufsicht.⁷ Sie bändigten ihre Gewalttätigkeit, verboten ihnen den Besuch bei Prostituierten, wandten sich gegen voreheliche Geschlechtsverkehr und machten zugleich den Eintritt in den Ehestand sehr viel schwieriger.⁸ Gleichzeitig entwickelten die Stadtoberen eine Sprache der Vaterschaft, die paternalistische Beziehungen sakralisierte. Norbert Schindler hat uns einen Blick auf die Kultur junger Männer und ihren leidenschaftlichen Antagonismus gegenüber Frauen ermöglicht, Merry Wiesner hat uns nachdenken lassen über die Wurzeln der Misogynie in den Zünften, Gilden und Bruderschaften, jenen Schwurgemeinschaften zum Schutz der eigenen Interessen und zum Verstoßen von Außenseitern, Frauen und Unehrlichen.⁹ Doch diese Identitäten gründeten auf einer übersteigerten Sexualpose, gleichsam einer Hypermaskulinität, die in Widerspruch zu anderen Lebensbereichen stand, in denen Komplementarität zwischen den Geschlechtern gefragt war. Ähnlich widersprüchliche Befunde ergeben sich wohl aus der Untersuchung weiblicher Identitäten. Die Arbeiten von Eva Labouvie, Patricia Crawford, Valerie Fildes und Adrian Wilson geben uns die ersten Elemente für eine Geschichte der Mutterschaft im frühneuzeitlichen Europa an die Hand. Wir beginnen, etwas über die Konturen einer weiblichen Kultur zu lernen, die von einem tiefen Riß zwischen den Frauen, die Kinder haben und den Status legitimer Mutterschaft genießen konnten, und denjenigen, denen dies nicht vergönnt war, durchzogen sein konnte.[10] Der Haushalt und die Haushaltswerkstatt blieben auf die Zusammenarbeit zwischen den Geschlechtern gegründet, förderten zugleich aber den Antagonismus zwischen ihnen und tiefgreifende Unterschiede zwischen den Geschlechtsidentitäten.

Über die Geschichte der Ehe – jener Beziehung, die in der Frühen Neuzeit sowohl eine Metapher für religiöse, politische und ökonomische Beziehungen als auch eine grundlegende Institution des gesellschaftlichen Lebens war – ist viel geschrieben worden.[11] Die Arbeiten von Anette Völker-Rasor und Ulrike Hörauf-Erfle haben gezeigt, daß die Reformatoren Geburt und Schwangerschaft und die Ideologie des Ehepaares so aufgriffen und umgestalteten, daß sie sich in die neue evangelische Tradition einfügten. Diese Ideen fanden so Eingang in die Art und Weise, in der die Menschen ihre eigenen Erfahrungen sahen und verstanden.[12] Am Ende des 16. Jahrhunderts hatten die Protestanten jedoch, wie Ulrike Hörauf-Erfle nachgewiesen hat, die Rolle der *Hausmutter* entwickelt, um den zentralen Platz der Frauen in der Haushaltsökonomie theoretisch zu fassen – ein Prozeß, der sie dazu zwang, ihre klassischen Muster, die keine ökonomische Rolle für Frauen vorgesehen hatten, findig der Realität anzupassen. Hier war die Theorie auf die Wirklichkeit orientiert und zwang die Autoren, ein Wirtschaftsleben zu beschreiben, an dem die Frauen wesentlichen Anteil hatten – in offenem Widerspruch zu ihrem klassischen Erbe. Doch dazu kam es erst spät, nach den turbulenten frühen Jahren der Reformation. Und es fragt sich, wie solche Bücher wohl gelesen wurden. War das *fromme Haus* jemals wirklich ein Ratgeber und Musterbuch für die Gestaltung des eigenen Lebens? Oder zeichnete es nicht vielmehr ein rosiges Bild des wohlgeordneten Haushalts, das in seiner phantasievollen Ausgestaltung und Wiederholung tröstend wirkte, weil es mit der rauhen, unordentlichen Wirklichkeit der alltäglichen Beziehungen zwischen den Geschlechtern so wenig zu tun hatte? Ähnlich kann man fragen, ob die Vorstellungen von der auf dem Mann reitenden Frau oder der Frau, die die Hosen anhat und die Peitsche schwingt, wirklich Zeugnisse für die frühneuzeitliche Furcht vor weiblicher Autorität sind, für die Schrecken einflößende Phantasievorstellung von der Herrschaft der Frauen, welche die rechte Ordnung des Haushalts umstürzt. Sind sie nicht auch die Erotisierung weiblicher Macht? Einige der besten und subtilsten Analysen der widersprüchlichen Bedeutungen in frühneuzeitlichen Texten über die Ehe stammen von Literaturwissenschaftlern: Maria E. Müllers Essays über Autoren von Ehelehren des 16. Jahrhunderts erkunden die vertrackten Paradoxien in ihren Texten; und Jan Müller hat uns gelehrt, daß Texte oft nicht das sind, was sie scheinen. Texte über die Fechtkunst scheinen nutzlos, wenn man nicht bereits fechten kann, aber Fechtbücher können auch die maskuline Fechtkultur literarisch schaffen und verherrlichen, wenn man ein *afficionado* des Genres ist.[13]

Über Augsburg selbst sind seither zwei herausragende Studien erschienen. Bernd Roecks *Eine Stadt in Krieg und Frieden* zeichnet ein Bild der bikonfessionellen Stadt und schildert, wie sie den Dreißigjährigen Krieg überstand und wie evangelischer und katholischer Glaube konkret gelebt wurden. Die Studie von Etienne François, *Die unsichtbare Grenze*, zeigt uns konfessionelle Unterschiede, die im 18. Jahrhundert noch sehr lebendig waren, als die konkurrierenden Konfessionen zwei Gemeinschaften in der Stadt bildeten, die durch die »unsichtbare Grenze« der Religion voneinander getrennt waren.[14] Am Vornamen erkannte man bereits, ob er oder sie evangelisch oder katholisch war. Nur wenige heirateten über Konfessionsgrenzen hinweg, Konversionen waren selten. Bernd Roeck und Etienne François betonen die Dauerhaftigkeit der konfessionellen Identität und, so könnte man hinzufügen, die zentrale Rolle, die darin die Geschlechtsidentität spielte. Katholiken und Protestanten hatten ein unterschiedliches generatives Verhalten, unterschiedliche Einstellungen zum Körper, andere Einstellungen zu Magie, Zauberei und Hexerei. Sie stimmten jedoch überein in einem Ethos der Sittenzucht, das die frühen Jahre der Reformation, in denen es Gestalt annahm, überdauert hatte. Neuere Studien zeigen, daß Katholiken und Protestanten ähnliche Einstellungen zu Ehe und Sexualmoral hatten. Doch es gab auch vieles, was sie trennte. Wir müssen genaueres darüber wissen, wie das Geschlecht dazu beitrug, eine Grenze zu schaffen, die halbbewußt, automatisch im Verhalten gelebt wurde: in Kinderspielen und später bei der Berufswahl, in der Frage, wen man liebte, in der Reaktion auf den Verlust eines Kindes oder auf illegitime Geburten.

Die meisten seit der Publikation von *The Holy Household* erschienenen Untersuchungen – und einige der innovativsten historiographischen Arbeiten der jüngsten Zeit – betreffen die Geschichte der Sexualität und des Körpers.[15] Die HistorikerInnen erkunden die Geschichte des Inzests, Sinn und Bedeutung des Ehebruchs und die Frage, was eine ungewollte Schwangerschaft für Frauen hieß. Zahlreiche Studien zeigen, wie wichtig weibliche Sexualität dafür war, »Verbrechen« zu definieren und zu verfolgen.[16] Sie zwingen uns, die Rolle neu zu bewerten, die religiöse Reformbewegungen wie die Reformation und Gegenreformation in der Durchsetzung einer strengeren Sittenzucht und Morallehre spielten. Ihre längerfristige Perspektive ermöglicht uns zu vergleichen, welchen Einfluß Krieg und Staatsbildung einerseits und religiöser Wandel andererseits ausübten.[17] Zwei brillante Studien über die Geschichte der Prostitution haben nachgewiesen, daß die herrschaftliche Sorge um Sittenzucht und Moral schon lange vor der Reformation zu finden sind.[18] Die Kriminalitätsgeschichte zeigt jedoch, daß es in der Frühen Neuzeit eine besonders intensive Beschäftigung mit Fleischessünden und dem Körper gab, die mit dem zunehmenden religiösen Konformismus und der Tendenz zur absoluten Herrschaft in Verbindung gebracht wird. Es war, wie Ulinka Rublack dargelegt hat, ein wilder Moralismus, der versuchte, die reine, gottesfürchtige Stadt durch die Verfolgung illegitimer Mütter, insbesondere Dienstmägde, zu schaffen.[19] Uns wird langsam klar, dies war eine Gesellschaft in tiefer Sorge um die Bewahrung und Kontrolle der Fruchtbarkeit in der menschlichen Gesellschaft und in der Natur.

Diesem Gebiet habe ich mich inzwischen zugewandt, fasziniert von den Kriminalprozeßakten, auf die ich zuerst in Augsburg gestoßen bin.[20] Sie geben mir das Gefühl eines, wenn auch noch so geringen, Einblicks in das Leben der Menschen in der Vergangenheit. Dieses Gefühl ist natürlich trügerisch – darin liegt die Verzauberung und die unvermeidliche Enttäuschung, die diese Quellen bieten. Straffällige, nicht »normale« Menschen, hinterlassen ihre Spuren im Kriminalverhör. Und Ulrike Gleixner hat gezeigt, daß die scheinbar authentischen Worte von Menschen aus Fleisch und Blut in Wirklichkeit ausgefeilte juristische Konstruktionen waren, kein Zeugnis der Gefühle von Menschen der Vergangenheit, sondern Beleg für die Kategorien, in die sie ihre Erfahrungen zwängen mußten, wenn sie ihre Haut retten wollten.[21] Und doch scheint es mir, daß die Verhörten oft nicht sagten, was man von ihnen erwartete. Die Hegemonie jeder Sprache und Sprachregelung hat ihre Grenzen, so auch die Gewitztheit der oder des Verhörten, genau das zu antworten, was sie oder ihn entlastete. Kriminalprozeßakten insbesondere von Verfahren wegen Sexualvergehen oder Zauberei werfen beim Historiker die Frage nach dem Verhältnis zwischen dem grundlegenden historischen Wandel (Reformation, Ausbildung absoluter Herrschaft) und der individuellen Subjektivität auf. Wie beeinflussen solche großen historischen Umwälzungen das intimste Verhalten der Menschen, ja ihr unbewußtes Handeln? Wie modeln sie ihre sexuellen Beziehungen um, ihr Schuldgefühl und ihre Gotteserfahrung? Will man diese Frage beantworten, so muß man nicht nur die bewußten Entscheidungsprozesse untersuchen, die sich in komplexen Ereignissen wie der Reformation verfolgen lassen, man muß auch über den Platz des Unbewußten und der Phantasie in historischen Umwälzungen nachdenken, die ihre Kraft aus ihrer Verbindung zu Utopien, Wünschen und Träumen schöpfen.

London, Juli 1995

Danksagung

Mein Dank gilt zuallererst der Frauenbewegung; ohne sie hätte dieses Buch nicht geschrieben werden können. Insbesondere die *London Feminist History Group*, die *Oxford Women's History Group*, die *Oxford Feminist Theory Group*, das *London Women's History Seminar* und der *History Workshop* haben mich jahrelang freundschaftlich aufgenommen und mir eine Fülle von Anregungen gegeben.

Die Anfänge dieses Buchs liegen in Australien, wo Charles Zika mein Interesse für Magie und Religion weckte. Professor Heiko Oberman hat die Arbeit anfangs in Tübingen betreut; ich bin sehr dankbar für seinen Rat und Beistand. Die Mitglieder des Tübinger Sonderforschungsbereichs »Stadt und Reformation« nahmen mich freundlich auf und ermutigten mich; viel gelernt habe ich von Frau Dr. Ingrid Bátori, die von Anfang an das eigenartig anmutende Vorhaben einer australischen Historikerin unterstützte. In Ulm waren der Stadtarchivar Dr. Specker und die Mitarbeiter des Stadtarchivs sehr hilfsbereit; Herr Strobel (†), der Historiker Pfuhls, half mir, Handschriften des 16. Jahrhunderts zu entziffern. Ganz besonders dankbar bin ich den Mitarbeitern des Augsburger Stadtarchivs, insbesondere Dr. Wolfgang Baer, Herrn Thomas Mayr (†) und Herrn Günter Schubert. Hans Wilhelm, Katarina Sieh, Peter Lipburger und Jürgen Kraus, mit denen ich in Augsburg gearbeitet habe, teilten nicht nur eigene Archivfunde mit mir, sondern machten die Archivarbeit zum Vergnügen. Bei Drs. Elfriede und Friedrich Blendinger stehe ich für ihre Hinweise auf Quellen und offene Fragen sowie für ihre Gastfreundschaft in der Schuld. Mein besonderer Dank gilt Hans und Rita Pion-Wilhelm, Herrn Anselm Wilhelm (†) und Frau Wilhelm.

Bedanken möchte ich mich für die finanzielle Unterstützung und Hilfe des Deutschen Akademischen Austauschdienstes, des *University of London Research Fund*, der *University Women's Federation of Australia*, des Deutschen Historischen Instituts (London), des *British Government Commonwealth scholarship scheme*, des *Merton College* (Oxford), des *King's College* (London) und des *Royal Holloway and Bedford New College* (London). Ein dreimonatiger Aufenthalt am *Humanities Research Centre* in Canberra im Rahmen des Programms *Feminism and the Humanities* ermöglichte mir, die Grundlinien des Buchs zu überdenken.

Léonie Archer, Michael Baxandall, Maxine Berg, Mrs. A. Bloch, Tom Brady, Philip Broadhead, Miranda Chaytor, Anna Clark, Trish Crawford, Henry Cohn, Anna Davin, Natalie Davis, der verstorbene Walter Groos, Stuart Hall, Elaine Hobby, Judith Hern, Olwen Hufton, Bill Kent, Rolf Kiessling, Hans Joachim Köhler, Peter Lang, Micha Lewin, Mrs. Elisabeth Lintelo, Jill Matthews, Jim Mitchell, Olaf Mörke, Maria Müller, Jinty Nelson, Maggie Pelling, Mike Roper, Ailsa Roper, Cath Roper, Stan Roper, Hans Christoph Rublack, David Sabean, Raphael Samuel, Pat Simons, Anne Summers, Carol Willock, Merry Wiesner-Hanks und Charles Zika gaben mir Anregungen, die in dieses Buch eingegangen sind. Sie sind natürlich nicht für die in ihm enthaltenen Fehler verantwortlich. Keith Thomas las das Manuskript zweimal mit großer Sorgfalt: sein scharfes Auge und seine scharfsinnigen Bemerkungen halfen mir, die Argumentation auszufeilen. Ruth Harris kritisierte die Dissertation von der ersten bis zur letzten Seite und spornte mich mit internationalen Telephongesprächen zur Weiterarbeit an. Bob Scribner war ein perfekter Doktorvater und Kritiker: er ließ mir freie Bahn, half mir aber, alles richtig zu ordnen, als ich nicht wußte, wie alles zusammenzufügen war. Barbara Taylor las freundlicherweise mehrmals das Manuskript, gab redaktionelle Hinweise, diskutierte mit mir und ermutigte mich, das Buch zu Ende zu bringen. Heide Wunder setzte sich für eine deutsche Ausgabe des Buches ein und hat mir beständig gute Ratschläge gegeben. Adalbert Hepp war ein geduldiger Lektor, der dennoch genau wußte, wann zu drängen war. Wolfgang Kaiser hat eine Übersetzung geschaffen, die besser ist als das englische Original, eine Leistung, die man nicht bezahlen kann.

London 1995   L.R.

Anmerkungen

Einleitung

1 Bainton, R. (1971); Ozment, S. (1983).
2 Evans, R. (1976), der argumentiert, der besondere Charakter der Religion in Deutschland, die enge Verflechtung der Kirche mit dem Staat und dessen Vormundschaft über sie habe dazu beigetragen, die Frauenbewegung in Deutschland zu schwächen.
3 Siehe auch zu Luthers Auffassung Wiesner, M. (1987).
4 Siehe Russel, P. (1986), S. 185-211.
5 Schützinn, K. (1524), fol. c/iiv.
6 Argula von Grumbach, zitiert in Russell, P. (1986), S. 196.
7 Ebd.; Chrisman, M. (1972), S. 143-68; Bainton, R. (1971).
8 Einen überzeugenden Nachweis der Zentralität der Geschlechterbeziehungen bei der Klassenbildung liefern Davidoff, L., und Hall, C. (1987).

Erstes Kapitel
Die Domestizierung der Reformation

1 Kraus, J. (1980), S. 354f.
2 Gottlieb, G. (1985); Roth, F. W. (1901b, 1904-11); Welt im Umbruch (1980-81); Strieder, J. (1935); Zorn, W. (1972); Hartung, J. (1895c).
3 Bushart, B. (1985); Bushart, B. (1980-81); Friedel, H. (1974).
4 Roper, L. (1987).
5 Kiessling, R. (1971), S. 31-41.
6 Ursprung (1483); Chroniken (1862-1931), IV, S. 290, 295; ebd., XXV, S. 302f.
7 Stetten, P. von d. Ä. (1743-58), S. 120f; Hecker, P. (1874a), S. 34-98, 49.
8 Gottlieb, G. (1985); Roeck, B. (1987); Schröder, D. (1975); Broadhead, P. (1981); Piper, E. (1982).
9 Roper (1987); Roth, F. W. (1901b, 1904-11), I; Broadhead, P. (1981), S. 124-60; Broadhead, P. (1980); Vogt, W. (1879).
10 Chroniken (1862-1931), XXIX, Preu.
11 Ebd., XXV, Rem, S. 77.
12 Die wichtigsten Zünfte (Kaufleute, Weber, Salzfertiger, Krämer und Metzger) entsandten je zwei, die anderen je einen Vertreter.
13 Sieh-Burens, K. (1986); Sieh-Burens, K. (1983); Bátori, I. (1969); Dirr, P. (1913); Dirr, P. (1909).

14 Roper (1987); Broadhead, P. (1981); Vogt, W. (1879); Roth, F. W. (1901b, 1904-11), I.
15 Gasser, A. P. (1728-30), S. 1801, gibt eine Zahl von 3 803 Zunftmitgliedern an. Siehe auch Stetten, P. von d. Ä. (1743-58), S. 339. (Dagegen zählt Roeck, B. [1987], S. 176, gestützt auf eine Aufstellung des Chronisten Clemens Jäger, 3 964 zünftige Handwerker. Jäger zählt 175 Kaufleute, andere Quellen 75, und 395 Kramer, andere hingegen 335. Wir folgen Gassers Zahlen. Bei Jäger handelt es sich um eine zu hohe Schätzung, denn die Kaufleutestube war zu jener Zeit im Niedergang begriffen – sie zählte nur 36 Mitglieder im Jahre 1539, als mehrere Kaufleute sie verließen und ins Patriziat aufgenommen wurden: Mörke, O., und Sieh, K. [1985], S. 302.) Unklar ist bei allen Zahlen, ob Witwen mitgezählt worden sind. Neuere Diskussion der Bevölkerungszahl Augsburgs bei Roeck, B. (1987), S. 66-82; Rajkay, B. (1985); Paas, M. C. (1981); Jahn, J. (1976a).
16 Vgl. jedoch Schulz, K. (1985), der darauf hinweist, daß in anderen Städten einige Handwerker ohne Meisterbrief die Zunftgerechtigkeit und das Bürgerrecht erhielten. Die Zahlen der Musterliste von 1539 ergeben insgesamt 4 293 männliche Bürger mit eigenem Hausstand. Einige von ihnen waren Patrizier (und nichtzünftige), andere Prädikanten, andere wiederum Mitglieder nicht zünftig organisierter Gewerbe. Da wir aber wissen, daß es 1536 3 803 zünftige Handwerker gab und verläßliche Schätzungen der Bevölkerung von etwa 30-40 000 Einwohnern ausgehen, folgt daraus, daß es zwar einige Zunftmitglieder gegeben haben mag, die nicht Meister in ihrem Handwerk waren, aber nur ganz wenige.
17 1540 gab es 7 155 Steuerzahler: Hartung, J. (1895a), S. 171-177. Die Steuern wurden haushaltsweise erhoben. Über das Steuerwesen Augsburgs siehe Clasen, C. P. (1976); zur Sozialstruktur Blendinger, F. (1972); Kiessling, R. (1971); Clasen, C. P. (1985).
18 Schulz, K. (1987), und weiter unten, die Aufstellungen 1. 1 und 1. 2.
19 Broadhead, P. (1981), S. 137, 124-57.
20 Siehe StadtAA, Reichsstadt, Urg. 9. Mai 1524, Ulrich Richsner (Weber); 10. Mai 1524, Peter Schepach (Weber); 10. Juni 1524, Franz Laminit (Taschenmacher); 6. August 1524, Kommentar Hans Schwaiers (Weber); Lutz, H. (1958), S. 227, Georg Fischer (Bäckergeselle).
21 Zum Augsburger Klerus siehe Wiedemann, H. (1962).
22. Z.B. Bartholome Nussfelder, der bei einer der frühreformatorischen »Unruhen« das lateinische Gebetbuch eines Franziskaners zerriß; er wurde von Täufern bei den Prozessen im Jahre 1528 als »Vorsteer« bezeichnet. Siehe die kurze Biographie in Wilhelm, J. (1983), S. 539-40.
23 Zu den Täufern in Augsburg siehe Roth, F. W. (1900-1901a); Uhland, F. (1972). Über Schwenckfeld in Augsburg siehe Schwenckfeld, Caspar (1907-61).
24 Köhler, W. (1932, 1942).
25 Wolfart, K. (1901), S. 110, Anm. 4; Chroniken (1862-1931), XXIII, Sender, S. 391.
26 Scribner, R. W. (1981).
27 Ozment, S. (1975), S. 53f.
28 Z.B. StadtAA, Reichsstadt, Urg. 14. Juli 1533, Agnes Veiheler; 7. Februar 1534, Elisabeth Guterman; 22. Dezember 1533, Anna Lindenmair; 27. Februar 1532, Ursula »medlin«; 16. Dezember 1532, Margaret Rupfenvogel; 27. Februar 1532, Kunigund Schwaier; Strafbuch des Rats II, fol. 75v, 2. September 1536, Ursula Vaigler.
29 Ebd., Reichsstadt, Urg. 1. Mai 1532, Christoff Schmid; 1. Dezember 1533, Michel Will; 19. Mai 1534 (Ausruf), Michel Will. Siehe auch unten Kapitel 7.
30 Chroniken (1862-1931), XXV, Augsburg V, Zink, S. 67, 1409.
31 StadtAA, Reichsstadt, Urg. 28. Oktober 1523 (Zeugenaussage).
32 Pfründmarkt (1521); Curtisan (1522).
33 StadtAA, Reichsstadt, Urg. 5. April 1526, Jörg Othmar.
34 Ebd., Urg. 6. Oktober 1524, Lienhart Knoringer; 11. September 1524, Hans Kag.
35 Ebd., BMB 1524, fol. 77r: »20 fl munz auch Anthonien Bimeln, so er von wegen ains Erbern Rats, des Richsners tochterman vmb stillstannd willen der Zunftgerechtigkait, bezalt, vnd ausgeben hat«.

Anmerkungen

36 Ebd., Urg. 9. August 1533, Elisabeth Schwarz.
37 Chroniken (1862-1931), XXIX, Preu, S. 34-45, 1527.
38 Lutz, H. (1958); Broadhead, P. (1981); Roth, F. W. (1901a, 1904-11).
39 Sieh-Burens, K. (1986), S. 135. Wolfgang Rehlinger, der 1534 ebenfalls erstmals zum Bürgermeister gewählt wurde, war ungewöhnlich jung für sein Amt.
40 Siehe Broadhead, P. (1981); Wolfart, K. (1901).
41 Köhler, W. (1932, 1942). Siehe auch zu Straßburg Abray, J. (1985), S. 188f; und zu Esslingen Rublack, H.C. (1980), S. 218f. Eine andere Interpretation bietet Schilling, H. (1987).
42 Roth, F.W. (1901b, 1904-11), II, Beilage I, S. 278, »Haupt Articul« der Prädikanten, 1534, veröffentlicht 1535.
43 Köhler, W. (1932, 1942), II, S. 318.
44 Ains Erbern Rats (1537).
45 Köhler, W. (1932, 1942), II, S. 305f. Nach der »Execution-Ordnung der Strafherren« sollten sie 6 Kreuzer Sitzungsgeld erhalten, »Dieweil dises ambt mhue und vleiss ervordert, auch vil gelegen daran sein will«. Köhler gibt eine Inhaltsangabe der im Augsburger Archiv nicht mehr erhaltenen Exekutionsordnung.
46 Siehe die ungewöhnlich scharfe zeitgenössische Attacke auf Herbrot, »Panurgus haist ainer, der sich weder scheucht noch schempt, alle böse stück zu thun«, gedruckt in: Chroniken (1862-1931), XXXII, S. 424-29.
47 Stadt AA, Reichsstadt, Ratsämterlisten 1526-48, Computer-Listing dieser Quellen vom Tübinger Sonderforschungsbereich Z 2, Projekt 22, Stadt und Reformation; Sieh-Burens, K. (1986), besonders S. 109-15; Hecker, P. (1874a); Strieder, J. (1935). Auszüge aus seinen schriftlichen Äußerungen, in denen seine evangelischen Ansichten in einer kritischen Situation (für die Stadt und für ihn selbst) deutlich werden, findet man bei Hecker, P. (1874b).
48 Siehe Chroniken (1862-1931), XXXII, S. 115-49. Das anonyme Memorandum von 1548 forderte die Abschaffung des Zunftregiments.
49 Eine andere Interpretation, die stärker die Kontinuität betont, bei Sieh-Burens, K. (1986).
50 Roth, F.W. (1901b, 1904-11), III, S. 362f; Gasser, A. P. (1728-30), S. 1841; Hecker, P. (1874a), S. 52.
51 Stadt AA, Reichsstadt, Schätze 16, fol. 113v, 26. Juni 1546. Bezeichnenderweise wurde in dieser Zeit auch versucht, die Reformation (und die Ratsgerichtsbarkeit) auf klösterlichen Besitz im Umland auszudehnen: Roth, F. W. (1901a, 1904-11), III, S. 398f.
52 Stadt AA, Reichsstadt, Schätze 16, fol. 113v.
53 Als die Stadt besiegt war und Herbrot um sein Leben fürchtete, versuchte der Patrizier Claudius Peutinger dem Rat zu erklären, »wie man sich mit der Straf und in ander Weg gegen dem gemainen Mann halten soll«, und traf mit seiner Kritik den Nerv. Peutingers Vorwurf, der Rat und Herbrot hätten es nicht vermocht, rechte Zucht in der Stadt zu halten, war eine Beleidigung, die den Kern des Ideals bürgerlicher Rechtschaffenheit betraf. Siehe Hecker, P. (1874b), S. 298f, Brief Herbrots an Anton Fugger, 3. März 1547.
54 Chroniken (1862-1931), VII, P. H. Mair, S. 149-58.
55 Sieh-Burens, K. (1986), S. 33f.
56 Roth, F.W. (1901a, 1904-11), IV; Immenkötter, H. (1985); Warmbrunn, P. (1983).
57 Roth, F.W. (1901a, 1904-11), IV; Hecker, P. (1874a), S. 85f.
58 Stadt AA, Reichsstadt, Fasz. Zuchtordnungen 1553 und 1618.
59 Über die Reformation als Ideologie des Kleinbürgertums siehe Scribner, R. W. (1982); Brady, T. (1978); Friedrichs, C. (1975).
60 Ains Erbern Rats (1537).
61 Clasen, C.P. (1981); Clasen, C.P. (1985a); Clasen, C.P. (1985b).
62 Kellenbenz, H. (1985).
63 Reitzenstein, A. von (1955); Gamber, O. (1980-81); Hayward, J. F. (1980-81); Thomas, B. (1980-81); Seling, H. (1980); Bellot, J. (1985).

64 Clasen, C. P. (1981), insbes. S. 286-307.
65 Friedrichs, C. (1979); vgl. auch Wilhelm, J. (1983), S. 66-71, dazu, wie kleine Werkstätten durch größere Ateliers mit weitgespannteren Geschäftsinteressen in Schwierigkeiten gebracht wurden.
66 StadtAA, Reichsstadt, HWA Uhrmacher 1544-1602, fol. 87ff; Schmiede 1530-69, S. 659ff (insbes. S. 675ff, 695ff); RB 35, 1566, 1567; Bobinger, M. (1969).
67 Sieh-Burens, K. (1983), S. 129. Almosenempfänger, Straffällige und Schuldner waren ebenfalls ausgeschlossen.
68 C. Klapisch-Zuber, Female Celibacy and Service in Florence in the Fifteenth Century, in: Klapisch-Zuber, C. (1985); Klapisch-Zuber, C. (1986); Wiesner, M. (1986), S. 83-92.
69 Gamber, O. (1980-81).
70 StadtAA, Reichsstadt, HWO/B, 25. Juli 1549, fol. 94-248v (Schlosser usw.); 23. Juli 1549, fol. 239-241v (Kesselhamer, Kupferschmid usw.).
71 Ebd., Fasz. Musterregister I, 1520-39, Muster 1539.
72 Ebd., HWA Kistler 1548-66, fol. 155ff, 202ff, 399ff, Petitionen vom 30. Juli 1560, Thomas Heyss und die Antworten der Vorgeher und Verordneten, und Bartholome Weishaupt.
73 Über das Muster als Quelle siehe Kraus, J. (1980), S. 74-137.
74 StadtAA, Reichsstadt, Fasz. Musterregister I, 1520-39, Muster 1539; und Clasen, C. P. (1985a), S. 332.
75 Ebd.
76 Clasen macht für die Weber im Jahr 1601 Angaben über die Anzahl von Kindern und Dienstboten beiderlei Geschlechts, Clasen, C. P. (1981), S. 51-67. Im Jahr 1615 arbeiteten 1 009 Gesellen und 143 Webersöhne in Augsburger Weberhaushalten; ihre Zahl sank auf 755 im Jahr 1619, vorausgesetzt, die Liste für dieses Jahr ist vollständig (S. 105-10). Dagegen waren 1601 insgesamt 2 595 Dienstboten beiderlei Geschlechts angestellt. Nimmt man dieses Verhältnis als sicherlich ungenauen Indikator, so würde dies heißen, daß mehr als doppelt so viele Dienstboten wie Gesellen in den Augsburger Haushalten beschäftigt waren.
77 Schulz, K. (1985), S. 49ff. Es ist schwierig, genaue Zahlen zu erhalten oder die Veränderungen in Augsburg zu berechnen. Ein Vergleich zwischen den Zunftmitgliedern und der Gesamtzahl der Steuerzahler weist nicht auf starke Veränderungen hin; aber diese Zahlen sind wegen der unterschiedlichen Berechnungsmethoden mit Vorsicht zu gebrauchen. Eine Zählung der Zunftmitglieder aus dem Jahr 1475 ergibt eine Zahl von 2 238 (Witwen ausgeschlossen); im selben Jahr gab es 4 485 Steuerzahler, Kiessling, R. (1971), S. 44ff. Für das Jahr 1540 wurden 7 155 Steuerzahler gezählt, für 1536 3 803 Zunftmitglieder, Hartung, J. (1895c). Unklar ist indes, ob diejenigen, die 1610 eine Berufsangabe machten, auch tatsächlich selbständige Meister waren: einige haben sicherlich für andere gearbeitet.
78 Siehe StadtAA, Reichsstadt, HWA Schmiede 1530-69, fol. 575r; HWA Uhrmacher 1544-1602, fol. 111rff; Zunftordnungen finden sich in HWO/B und HWO/C; und z.B. Clasen, C. P. (1981), S. 107f, Eingaben von Webern, die sich selbständig machen wollten: 1556 klagten einige, sie hätten 16, 20 oder 22 Jahre im Handwerk gearbeitet. Siehe auch Wissell, R. (1929), I, S. 129ff.
79 Broadhead, P. (1981), S. 76-83.
80 Ähnlich argumentiert Wiesner, M. (1986), S. 32ff.
81 Glenzdorf, F., und Treichel, F. (1970); Wissel, R. (1929), I, S. 67f; Lorenzen-Schmidt, K. (1978).
82 StadtAA, Reichsstadt, HWA Sailer, 10. April 1555; Schätze 63, Paul Hector Mair, Memorialbuch, fol. 3v.
83 Wissel, R. (1929), I, S. 248f.; Wiesner, M. (1986), S. 152f.
84 Siehe die Inventare von Zunfthäusern in Chroniken (1865-1931), XXXII, Paul Hector Mair, S. 149-58.
85 Weber, Max (1979).

Anmerkungen

86 Z.B. StadtAA, Reichsstadt, Schätze 16, fol. 143v, 26. August 1562.
87 Strauss, G. (1971), S. 130ff; siehe ebenfalls Reininghaus, W. (1983), insbes. S. 87 zum Aufstand der Gesellen in Augsburg im Jahre 1426.
88 Selbst in Augsburg gab es im 14. Jahrhundert einige verheiratete Gesellen, Reininghaus, W. (1983), S. 83.
89 Clark, A. (1919); siehe auch Howell, M. (1986).
90 Z.B. StadtAA, Reichsstadt, Prot. der Zuchtherren V, fol. 78, 12. Juli 1544; IV, fol. 20, 30. Dezember 1542; III, fol. 139, 5. Juli 1542.
91 Roper, L. (1985a).
92 Stadt AA, Reichsstadt, Fasz. Sammlungen von Ordnungen, Statuten und Privilegien.
93 Detaillierter zu den Besitzverhältnissen in der Ehe siehe Roper, L. (in Vorbereitung).
94 Roper, L. (1985d), S. 38ff.
95 Hartung, J. (1895b); StadtAA, Reichsstadt, HWO/A, fol. 72v (Löhne); fol. 71v (Fleischpreise). Zu Löhnen und Preisen siehe auch Elsas, M. (1936, 1949); Dirlmeier, U. (1978); Piper, E. (1982), S. 61-71.
96 StadtAA, Reichsstadt, HWO/B, fol. 49vff (Zimmerleute); 23. Juli 1549, fol. 239r-241v; 25. Juli 1549, fol. 294-298v (Schmiede); und sechs Knechte, die von den Kürschnern zugelassen wurden, HWO/A, fol. 33v, St. Kath. Abend, 1505.
97 Schulz, K. (1985); Wiesner, M. (1986), S. 13f; Karant-Nunn, S. (1987), S. 69f.
98 StadtAA, Reichsstadt, Schätze 46b, Schmiedezunftbuch, Einträge für 1532-69 verglichen mit den Hochzeitsprotokollen I, 1563-69.
99 Ebd., HWO/B, 5. Juni 1549, fol. 174ff (Nestler); fol. 170ff (Seckler).
100 Ebd., HWO/C, 1558, fol. 234; Schulz, K. (1985).
101 Wiesner, M. (1986), S. 166f.
102 StadtAA, Reichsstadt, HWO/B, 24. Dezember 1549, fol. 372ff (Metzger); HWO/C, 5. Juni 1549, fol. 249ff (Nadler).
103 Eine andere Sicht der Frauenarbeit in dieser Zeit bieten u. a. Wiesner, M. (1986); Howell, M. (1986); Wensky, M. (1980); Wesoly, K. (1980); Quaetert, J. (1985); Wunder, H. (1981).
104 StadtAA, Reichsstadt, HWA Metzger 1417-1554, fol. 202f; 251f, 11. Oktober 1557; Urg. 2. Mai 1527, Hans Geyger (der aussagt, seine Frau mache Würste und verkaufe sie); Prot. der Dreizehn VI, fol. 140r, 3. Mai 1541 (Fischweiber); weitere Details in Roper, L. (1985d); Clasen, C. P. (1981). Zu den spezifischen Tätigkeiten von Frauen im Bergbau siehe Vanja, C. (1987).
105 StadtAA, Reichsstadt, Urg. 17. April 1541, Simon Streib (eingetragen 1542).
106 Ebd., Goldschmiede 1532-80, 1550.
107 Ähnlich, die Unterschiede zwischen den Handwerken und Gewerben betonend, Berg, M. (1987). Ich bin der Autorin dankbar für ihre kritische Lektüre dieser Passagen in Manuskriptform.
108 StadtAA, Reichsstadt, HWO/B, 15. März 1550, fol. 311ff; 23. Juli 1549, fol. 239ff; 2. Dezember 1549, fol. 294ff; HWO/C, fol. 412ff.
109 Ebd., HWO/B, 26. März 1549, fol. 93ff.
110 Ebd., HWA Bader und Barbiere 1535-80, 20. Oktober 1571; vor dem 17. Juli 1571, Erwiderung am 17. Juli 1571.
111 Howell, M (1980); Wensky, M. (1980).
112 StadtAA, Reichsstadt, HWO/B, 31. Januar 1549, fol. 13v, Zemenlegerinordnung; Urg. 14. August 1553, Magdalena Bauman, Bezahlung für Nählehre.
113 Ebd., RB 19. /II, 17. Oktober 1545, fol. 39r; 9. Dezember 1545, fol. 65v: die Ehefrauen von Anthoni Welser und Ambrosi Jung baten, von der Aufgabe dispensiert zu werden, weil sie sich für »zu unwissend« hielten; der Rat wies die Bitte ab. Siehe auch Wiesner, M. (1986), S. 55ff.
114 Ebd., S. 111-48.

115 Eine andere Interpretation bietet Howell, M. (1980).
116 StadtAA, Reichsstadt, HWO/A, fol. 108r-v; siehe auch RB 19, fol. 31r, 24. Februar 1545.
117 Clasen, C. P. (1981), S. 130-33, 323ff.
118 StadtAA, Reichsstadt, HWA Lederer 1548-1654, 1557, Appollonia Mair; BMB führt unter den »Gemain Ausgaben« im Jahr 1544 Zahlungen an die Stadthafnerin auf; 1533-39, das Suffix -in gibt die weibliche Form des Namens an. Weibliche Namensformen allein sagen jedoch noch nichts über ehelichen Status oder Tätigkeit in einem Handwerk oder Gewerbe aus: dieselbe Frau kann als Anna Matheisin, Hans Matheisin, Hans Matheisin wittib (Witwe), die Matheisin Metzgerin, Anna Matheisin Metzgerin usw. genannt werden (Beispiele aus StadtAA, Reichsstadt, HWA Metzger 1417-1554, Eingaben 1550-53). Die Form »Anna Matheisin Metzgerin« ist kein Beweis dafür, daß eine Frau den Laden führte; sie kann nur darauf hinweisen, daß der Ehemann der Frau Metzger war. In diesem Fall wissen wir durch andere Quellen, daß die Frauen Witwen waren und vom Rat Aufträge erhielten. Stadtglaserin; 1540-49, Stadtschefflerin.
119 StadtAA, Reichsstadt, HWA Goldschmiede 1532-80, 1567.
120 Ebd., Schätze 16, fol. 57v, 20. Oktober 1539; RB 21/II, fol. 79v, 4. Oktober 1548; siehe ebenfalls Roper, L. (1985d), S. 63ff.
121 Für die Augsburger Zahlen danke ich Olaf Mörke, Tübinger Sonderforschungsbereich Z 2, Projekt 22, Stadt und Reformation, für die Informationen auf der Basis der Auswertung der Augsburger Steuerbücher. Siehe Lorenzen-Schmidt, K. (1982); die Zahlen bei Wesoly, K. (1980), bewegen sich zwischen 16% und 25%.
122 Roper, L. (1985d), S. 66.
123 Ebd., S. 67ff; Wilhelm, J. (1983).
124 Für Augsburg wissen wir, daß 19% derjenigen, die von 1544 bis 1558 und 1568 Zuwendungen von der städtischen Armenfürsorge erhielten, Witwen waren; ihr Anteil stieg 1576 auf 30%, ein erstaunlich hoher Prozentsatz, wenn man bedenkt, daß 55-60% der übrigen Armen Kinder waren, Clasen, C. P. (1984), S. 88. Zur schwierigen wirtschaftlichen Lage und Armut von Witwen in anderen Städten siehe Lorenzen-Schmidt, K. (1982); Winter, A. (1975); Rüthing, H. (1986), S. 363f.
125 Ähnliche Ergebnisse bei Rüthing, H. (1986), S. 360ff.
126 StadtAA, Reichsstadt, HWA Goldschmiede 1532-80, 1550, Witwe Joachim Nitzels. Tatsächlich hatte sie Erfolg mit ihrer Eingabe (RB 24. /II, fol. 3r, 9. August 1550); aber fünf Jahre später sind auf den Mitgliederlisten keine Witwen zu finden (HWA Goldschmiede, 1555). Siehe auch Seling, H. (1980), III, S. 37.
127 StadtAA, Reichsstadt, HWA Schmiede 1530-69, 1568, Witwe Hans Jägers.
128 Siehe beispielsweise Sachs, Hans (1560 [?]), und Geisberg, M. (1974), IV, S. 270, Virgil Solis; Stewart, A. (1977).
129 Z.B. StadtAA, Reichsstadt, RB 16, fol. 146v, 3. Juli 1538 (Tuchscherer); HWA Schneider 1443-1564, 2. September 1559, Hans Kuefer; HWA Lederer 1548-1654, 6. Januar 1556, Peter Keil.
130 Ains Erbern Rats (1537), fol. b/iir-v.
131 StadtAA, Reichsstadt, Schätze 16, fol. 94r-v, 1544.
132 Ains Erbern Rats (1537), fol. b/iiv.
133 StadtAA, Reichsstadt, Prot. der Zuchtherren.

Anmerkungen

Zweites Kapitel
Sündenpolicey

1 StadtAA, Reichsstadt, Schätze 16, fol. 48v, o. D.; zu Schulwesen und Sittenzucht vgl. Strauss, G. (1975).
2 StadtAA, Reichsstadt, Schätze 16, fol. 48v. Siehe auch ebd., fol. 54r, 22. Dezember 1540, gegen die Jugend, die »lebt vnd gebaret mit gelassnen Zaum«. Dieses Ratsmandat wurde auch von der Kanzel verlesen.
3 Ebd., passim. Vgl. zu den Unruhe stiftenden Jugendbanden in italienischen Städten C. de la Roncière, Gesellschaftliche Eliten an der Schwelle zur Renaissance. Das Beispiel Toskana, in: Ariès, P., und Duby, G. (1985) [frz. Ausgabe S. 163-309; dt. Übers. S. 161-297].
4 StadtAA, Reichsstadt, Schätze 16, fol. 54r, 22. Dezember 1540; siehe auch ebd., fol. 101v, 20. Juni 1545, über »Simetfeuer, Abenddenz vnnd Rayengesang«; Lit. 1534, Nachtrag 36: »das die Torichte, ainfeltige Jugent hinterugks vnnd Ausserhalb Irer Elltern oder Phlegeren offtermals mit lustigen begreifflichen worten hinder gang oder etwan hinter dem wein / vnd wingklen vberredet...«.
5 Zur Ordnung von 1541 siehe Clasen, C. P. (1984), besonders S. 69f.
6 StadtAA, Reichsstadt, Ratserlasse 1507-99, 27. März 1522.
7 Ebd., Schätz 63, fol. 184r-185v, 9. Februar 1550.
8 Ebd., Urg. 23. Oktober 1534, Hans Schmid, Ulrich Eberlin; Urg. 30. Oktober 1534, Christian Vischman, Hans Rorer; Urg. 31. Oktober 1534, Bartholome Seiz; vgl. auch Schätze 16, Hagk, fol. 50v, 14. August 1540, gegen »Essen Trincken vnnd Borgen Bey den Wirttenn«.
9 Ebd., Schätze 16, fol. 60v, 1541.
10 Heimberger, H. (1951).
11 StadtAA, Reichsstadt, Ratserlasse 1507-99, 27. März 1522: »Hausarm«; ebd., Lit. Juli-Dezember 1538, Nr. 10, Musculus.
12 Ebd., Schätze 63, fol. 197r-v.
13 Ebd., Schätze 16, fol. 73r-74r, 14. Mai 1542.
14 Siehe Broadhead, P. (1981), S. 76-83.
15 Zuchtordnungen in: StadtAA, Reichsstadt, Schätze 36; und Fasz. Zuchtordnungen. Zur Sittenzucht am Ende des 16. und im 17. Jahrhundert siehe Lenk, L. (1968).
16 StadtAA, Reichsstadt, Ratsämterlisten 1520-35, 1536-48; Köhler, W. (1932, 1942), II, S. 280-322.
17 StadtAA, Reichsstadt, Prot. der Zuchtherren IV, 1542, Deckblatt.
18 Liedl, E. (1958); Schmidt, R. (1985).
19 Hier brechen die Protokolle des Ehegerichtsbuchs ab, StadtAA, Reichsstadt, Ehegerichtsbuch 1537-46. Ebd., Fasz. Ehegericht 1548-78, I, enthält mehrere Fälle aus dem Jahre 1548, die »ausgesetzt« waren und nun weiterverhandelt wurden. Siehe jedoch Liedl, E. (1958), der fälschlich behauptet (S. 62), das Ehegericht habe bis 1632 weiterbestanden. Köhler meint, es habe bis 1548 existiert, Köhler, W. (1932, 1942), II, S. 293; anscheinend hat er aber das Ehegerichtsbuch nicht gesehen und stützte sich statt dessen auf Fasz. Ehegricht, I.
20 Zum Verfahren im einzelnen siehe Köhler, W. (1932, 1942), II, S. 290-93 (Zusammenfassung von StadtAA, Reichsstadt, Ehegerichtsbuch 1537-46, fol. 1r-4v, Transkription aus dem 17. Jahrhundert in Fasz. Ehegericht, I). Die juristischen »Doktoren« des Rats, Pius Peutinger und Lucas Ulstat, waren bei der ersten Sitzung des Ehegerichts anwesend, StadtAA, Ratsbuch 16, fol. 135r, 6. Dezember 1537.
21 Selbst diese Strafe konnte abgemildert werden. Siehe Chroniken (1862-1931), XXIII, Sender, S. 72, der berichtet, daß 1499 die Ausweisung der Gallileute ohne großes Aufsehen erfolgte, um die Betroffenen nicht öffentlicher Schande auszusetzen.
22 Es gab »Exekutionsordnungen«, die genau festlegten, wie die Zuchtherren die Ordnungen

umzusetzen hatten. Die Exekutionsordnung von 1537 ist nicht mehr im Stadtarchiv erhalten, Walter Köhler hat sie jedoch noch einsehen können (Inhaltsangabe Köhler, W. [1932, 1942], II, S. 304-13). Mehrere Transkriptionen der Exekutionsordnung von 1533 sind indes erhalten: StadtAA, Reichsstadt, Schätze ad 36/5, 36/3. Weiteres Licht auf die Verfahrensweise der Zuchtherren wirft ebd., Ein- und Ausgabebuch der Zuchtherren, 8. Oktober 1537 – Dezember 1537 (vermutlich eine Reinschrift von vorher angefertigten Entwürfen); systematischer ebd., Ausgeb der Zuchtherren, 1558. Aus ihnen geht hervor, daß die Zuchtherren so häufig auf die Dienste eines Notars zurückgreifen mußten, daß ein besonderes Amt beim Gericht geschaffen wurde; außerdem, daß bis zu zwei Gulden an Kundschafter gezahlt wurden (Köhler nennt sie Spitzel), die Informationen über Verfehlungen und Straffällige sammelten. Dieses Geld wurde häufig vom Stadtvogt gezahlt, der ebenfalls zu den Zuchtherren gehörte.

23 StadtAA, Reichsstadt, Ratsbuch 30. /II, fol. 80r-v, 29. Oktober 1558, und transkribiert in: Zucht- und Executionsordnung 1553, Schätze ad 36/5, fol. 37v. Ich danke Katarina Sieh-Burens für die Quellenangabe im Ratsbuch.
24 Siehe z.B. Spiegel (1480), und Beichbuchlin (1491); außerdem Tentler, T. (1977). Eine ganz andere Interpretation der Sündenvorstellung in der vorreformatorischen Kirche bietet Bossy, J. (1985), S. 35-42; wiederum anders sieht es Duggan, L. G. (1982).
25 Zum Begriff des »Kryptomaterialismus« siehe Scribner, R. W. (1984); und Evans, R. (1982), S. 270f.
26 Die Ordnung von 1472 in: StadtAA, Reichsstadt, Schätze 36/1. Erneuerung solcher Mandate beispielsweise ebd., Ratsbuch 15, fol. 61r, 20. Oktober 1498 (gegen jene, die »zu der vnstät und ledigkait sitzen«, d. h. unverheiratet zusammenleben); und Ratserlasse 1507-99, 11. Februar 1520 (Schwören und Trunkenheit), erneuert am 17. Januar 1524; ebd. 23. Mai 1531 (Störung der öffentlichen Ordnung usw.).
27 Auch die Carolina, die Peinliche Gerichtsordnung Karls V. von 1532, mag einen gewissen Einfluß ausgeübt haben, fungierte jedoch keineswegs als Vorbild: ihr fehlt die evangelische Betonung des inneren Zusammenhangs zwischen den Sünden, die die Augsburger Zuchtordnung kennzeichnet; die in der Carolina vorgesehenen Strafen unterscheiden sich ebenfalls von denen der Augsburger Ordnung, und es gibt Unterschiede in der Bezeichnung der Straftaten. Siehe Carolina (1975).
28 Ains Erbern Rats (1537), fol. a/iiir, a/vr; zur Kindererziehung fol. b/iir.
29 Roth, F. W. (1901b, 1904-11), II, S. 194.
30 Beispiele für solche Formulierungen in: Ains Erbern Rats (1537), fol. a/iir: »die vorgeenden Vätterlichen Ermanungen«; fol. a/iiv: »ermanet ain Erber Rat ... trewlich / våtterlich / vnd mit gantzem ernst«; fol. b/iiir: »zum våtterlichsten vnd trewlichsten ersucht vnd ermanet haben«; fol. b/vir: »Vnd hat ain Erber Rat die Straffen vnd / Censuren ... so Våtterlich / mildt / vnd tråglich Gesetzt«.
31 StadtAA, Reichsstadt, Urg. 29-31. März 1544, Anna Ebeler; und Prot. der Zuchtherren IV, fol. 165, 19. Dezember 1543; Urg. 8. August 1542, Marg[retle] Sailer.
32. Ains Erbern Rats (1537), fol. a/vr.
33 Ebd., fol. a/vir.
34 In anderen Städten war die Kirche stärker repräsentiert: Köhler, W. (1932, 1942), passim; siehe auch die Tätigkeit des Konsistoriums in den württembergischen Gemeinden, analysiert von Sabean, D. (1984). Es gibt verstreute Hinweise in den Quellen, daß man in Augsburg eine kirchlich kontrollierte »Zucht« einführen wollte: da ist zum einen ein kurzer »Vorschlag« – »Von versümung vnd von vusschliessung von der kirchen«, in StadtAA, Reichsstadt, Personenselekt, Varia (ca. 1550), aber dieses undatierte Dokument ist kein wirkliches Programm; zudem ist fraglich, ob es überhaupt aus Augsburg stammt. Ein Kirchenbann wird erwähnt in Bekandtnus (1546), fol. a/iiiv – aber es ist unklar, ob er so kurz vor dem Schmalkaldischen Krieg praktisch eingeführt wurde. Ambrosius Blarers Versuch, einen Kirchen-

Anmerkungen

bann einzuführen, scheint gescheitert zu sein. Die Zuchtordnung ist beinahe eine Karikatur auf die mit dem Kirchenbann verbundene Vorstellung einer sich gegenseitig korrigierenden Laienkongregation: sie fordert die Bürger auf, die heimlich Sündigenden zunächst zu ermahnen; falls diese sich nicht ändern, müsse der Sünder sofort dem Rat gemeldet werden, damit er seine Strafe erhalte – der Informant dagegen sollte geschützt werden und ein Entgelt erhalten, Ains Erbern Rats (1537), fol. b/vv. Dies wird sogar mit einem vagen Hinweis auf »unseren Herrn im Evangelium« gerechtfertigt: damit bezieht man sich auf die Stelle im Matthäusevangelium, auf die sich die Theologen berufen, die die Sittenzucht über die dreifache, geheime, brüderliche Ermahnung der als Laienkongregation verstandenen Bürgerschaft errichten und wahren wollten. Hier wird die Bibelstelle als Argument für eine weltliche, autoritäre Sittenzucht verwendet, die »brüderliche Ermahnung« ist hier nur die erste Stufe der Arbeit eines bezahlten Informanten.

35 Sehling, E. (1902-11; 1963-), Bayern II, S. 54.
36 Zu diesem lange andauernden Konflikt siehe Kiessling, R. (1971).
37 Zur politischen Geschichte dieser Zeit siehe Roth, F. W. (1901b, 1904-11), III, IV, und Sieh-Burens, K. (1986). Roth würde jedoch, wie auch die meisten anderen Historiker, die Zentralisierung im nach 1548 eingeführten Regiment ansiedeln und nicht dem reformierten Rat zuschreiben. Die Jahre 1537 bis 1548, die für die weitere Geschichte Augsburgs von so entscheidender Bedeutung sind, bilden weiter ein Desiderat der Forschung.
38 Beispiele solcher Ordnungen bei Wissell, R. (1929). Zu Augsburg siehe StadtAA, Reichsstadt, HWA Goldschmiede 1532-80, 1529: »Auch die gesellen vnnd leren knaben sich sonnst redlich vnnd Erber wie sich wol gepurt hallten söllen, sölche aber riffianer, vunpillich verschwender, Spiler, oder mit leichtvertigen frawen, behennckt wären, de soll kain maister vnnder vnns weder setzen noch denselben ainich arbait gebenn«, sowie das folgende Statut, das die Aufnahme von unehelich Geborenen untersagte; Bestrafung von »Zucken« und »liederlichem Betragen«, Ledererordnung vor 1542, Bestand Handwerksordnungen, fol. 2v; keine unehelich Geborenen, Zünfte 245, Zunftbuch der Schlosser, Schmiede und Schleifer 1453-1534; Bestrafung von »Schelten«, Zunftbuch der Schlosser, Artickel der Schlosser Gesellen, 13. Februar 1535; Zunftbuch der Schuster 1457-99. Sicherlich waren viele dieser Verbote, insbesondere gegen die Aufnahme von unehelich geborenen, eher theoretische Prinzipien als in der Praxis angewandte Richtlinien. Die Bedeutung dieser Ordnungen liegt aber in ihrem Status als öffentlich geäußerte Ansprüche der Zunft als einer Gruppe, die eine kollektive Ehre besitzt.
39 StadtAA, Reichsstadt, Urg. 11. -12. September 1524, Hans Kag.
40 Broadhead, P. (1981), S. 151.
41 Siehe Dahms, F. (1859), und Luther, Martin (1883-), IV, Tischreden 4499.
42 Baader, J. (1864).
43 «Wenn die erbern Stub vnnd Zunfftgenossen vff die reche war vnnd zuerhaltung auch merung gemains nutz dienlichen freihait vnnd gerechtigkait sehen, vnnd den grund der sachen bedencken, so werden Si befinnden, das Si an ainer Oberkait Vnnd [sic] Straffung der Laster, das ist, an ainem erbern Rat so gnung haben als das firmament an ainer Sonnen, der Es doch nit mer leiden mocht, Zumal weil die Stubgenossen on das im Rat sitzen, Vnnd zur Straff des pösen Vnnd beschirmung der frumen geordent seien ... «, StadtAA, Reichsstadt, Fasz. Ordnungen 54 (Zuchtordnungen), »Straf vff den Stuben vnnd Zunfftheusern belangend«. Eine Abschrift dieser Ordnung (ohne die Präambel) existiert in HWA Fischer 1429-1551, 3. Juli 1538.
44 Ebd., HWO/A, Knappenordnung, Policei Ordnung fol. 280r-283v, 21. März 1545.
45 Ebd., Ratsämterlisten 1536-48, Computer-Listing des Tübinger Sonderforschungsbereichs Z 2, Projekt 22, Stadt und Revolution. Zu Herbrot siehe Roth, F. W. (1901b, 1904-11), III, IV; Sieh-Burens, K. (1986); Hecker, P. (1874a).
46 StadtAA, Reichsstadt, Ratsämterlisten 1536-48, Computer-Listing des Tübinger Sonderforschungsbereichs Z 2, Projekt 22, Stadt und Reformation.

47 Ebd.
48 Ebd.; zu den Zuchtherren vor 1542 siehe RB 1529-42.
49 Sieh-Burens, K. (1986), S. 171, 347ff; StadtAA, Reichsstadt, Ratsämterlisten 1536-48, Computer-Listing des Tübinger Sonderforschungsbereichs Z 2, Projekt 22, Stadt und Reformation.
50 Köhler, W. (1932, 1942), II, S. 290. Die Gesamtzahl der Richter betrug 21, plus 3-4 »Oberrichter«: StadtAA, Reichsstadt, Ratsämterlisten 1536-48, Computer-Listing des Tübinger Sonderforschungsbereichs Z 2, Projekt 22, Stadt und Reformation.
51 Zu den Einungern siehe Liedl, E. (1958), S. 30; siehe auch StadtAA, Reichsstadt, Prot. der Einunger.
52 Zu den politischen Institutionen Augsburgs siehe Dirr, P. (1913); Lutz, H. (1958); Mörke, O. (1983); Bátori, I. (1969); zur politischen Führungsschicht insbesondere Roth, F. W. (1901b, 1904-11), III, IV; Sieh-Burens, K. (1986).
53 Dies geht aus den Namen derjenigen hervor, die bei den Verhören anwesend waren. Gelegentlich war auch der Stadtschreiber bei Verhören dabei, so etwa Peutinger bei den Täuferprozessen, der offensichtlich selbst viele Fragen stellte. Siehe Lutz, H. (1958), S. 277-83; zu Nürnberg vgl. Strauss, G. (1966), S. 225-27.
54 Roper, L. (1985d), S. 82-124.
55 Ebd., S. 114, Tabelle 2. 9.
56 Zur Ausweisung der Gallileute siehe unten, Drittes Kapitel, und Buff (1878). Im 16. Jahrhundert scheint die Bandbreite der mit Ausweisung bestraften Verfehlungen immer mehr eingeengt worden zu sein, bis schließlich nur noch diejenigen der Stadt verwiesen wurden, die sich sexueller Verfehlungen schuldig gemacht hatten: Aufstellungen der Gallileute in StadtAA, Reichsstadt, Strafbuch des Rats I, 1509-26; II, 1533-39.
57 Siehe Meyer, C. (1872), Art. XXXI, S. 88-90; vgl. auch Ains Erbern Rats (1537), fol. b/ir. Dies erklärt vielleicht, warum es so wenige Anzeigen und Verurteilungen wegen Vergewaltigung gab. Die Paragraphen des Stadtrechts von 1276, die der Frau gestatteten, sich gegen einen Vergewaltiger körperlich zur Wehr zu setzen, wurden nicht mehr angewendet; der Vergewaltigung beschuldigte Männer hatten seit einiger Zeit versucht, ihre Tat dadurch abzuschwächen, daß sie behaupteten, die Frau habe kein Anzeichen von Widerstand gezeigt oder sie habe eingewilligt. Die Alternative war, sie als Frau zu bezeichnen, die bereits »in üblem Ruf« stand und deshalb einwilligte. Siehe z.B. StadtAA, Reichsstadt, Urg. Mittwoch vor Galli 1496, Conrad Scheyfelin; Urg. 11. Oktober 1496, Hans Rotklinger; Urg. 16. März 1536 (Niederschrift unter Lit. 1536), Hans Landsperger; siehe auch Urg. 5. Februar 1534, Elisabeth Guterman, die Baltas Eckenberger der Vergewaltigung bezichtigte und ihre Anschuldigung zurückzog, als man sie mit der Folter bedrohte.
58 StadtAA, Reichsstadt, Urg. 17. Januar 1541, Wolf Rechlsperger, Segensschmid; und 17. Januar 1541, Anna Peutinger.
59 Ebd., Strafbuch des Rats II, fol. 158v, 13. November 1539; und Urg. 10. November 1539, Margaret Aicheler.
60 Ebd., Urg. 12. November 1539, Hans Laminit; und Strafbuch des Rats II, fol. 159v, 13. November 1539; Prot. der Zuchtherren II, fol. 64, 15. November 1539.
61 Ebd., Urg. 5. September 1532, Margaret Becz.
62 Ebd., Urg. 14. November 1528, Michel Scherpfstain.
63 Ebd., Urg. 28./29. Januar 1544, Hans Dempf und Anna Has; ebd., Urg. 3.-6. März 1534, 6. März, nach der Aussage von Walburga Frosch.
64 Ebd., EWA, Akten 468.
65 Ebd., Reichsstadt, Schätze 16, fol. 54r, 22. Dezember 1540; fol. 48v, o. D.
66 Ebd., Schätze 16, fol. 113v, 26. Juni 1546.
67 Ebd., Urg. 7. März 1541, 26. April 1541, Johannes Gebhart; Strafbuch des Rats III, fol. 30r, 26. April 1541.

68 Chroniken (1862-1931), XXIII, Sender, S. 404; siehe auch StadtAA, Reichsstadt, Urg. 22. Dezember 1533: Anna Lyndenmair nennt Gereon Sailer als einen ihrer Kunden in der Zeit, als sie als Prostituierte arbeitete; siehe auch RB 19. /I, fol. 11r, 22. Januar 1545: Ludwig Jesske, Prediger an der Moritzkirche, mußte vor dem Ehegericht erscheinen, weil er eine Jungfrau, Sarah Reiser, verführt und ihr die Ehe versprochen hatte. Er floh nach Friedberg und wurde Katholik.

Drittes Kapitel
Prostitution und moralische Ordnung

1 Chroniken (1862-1931), XXIII, Sender, S. 337.
2 Zur Schließung der Frauenhäuser in anderen Städten siehe Bloch, I. (1912, 1925), II, S. 260-62, und Karant-Nunn, S. (1982), S. 23; siehe auch Otis, L. (1985); Mazzi, M. (1984); Memoria 17 (1986), Sondernummer zur Prostitution.
3 Stadtarchiv Ulm, A 3988, Der frowen wiert ayd; und StadtAA, Reichsstadt, RB 277, »Aidbuch« aus dem 15. Jahrhundert, fol. 18v, frowen wirt aid. Ich danke Rolf Kiessling für diese Quellenangabe. Da für Augsburg nur wenige Quellen über die Frauenhäuser vor der Reformation erhalten sind, stütze ich mich auf Material über Frauenhäuser in anderen Städten. Die erhaltenen Ordnungen zeigen, daß ihre Organisation weitgehend gleich war.
4 Siehe Kriegk, L. (1868-71), II, S. 308; Obser, K. (1916); Posern-Klett, Dr. von (1874), S. 67.
5 Jäger, C. (1831), S. 545; Posern-Klett, Dr. von (1874), S. 80; Bauer, M. (1924), S. 138; siehe auch Chroniken (1862-1931), XI, S. 431; und Rudeck, W. (1897), S. 31-33.
6 Kriegk, L. (1868-71), II, S. 327; Bauer, M. (1924), S. 138. Zum Bordell als städtische Einrichtung siehe für Frankreich J. Rossiaud, Teil 3 in Le Goff, J. (1980), S. 532; Otis, L. (1985).
7 Klage des Frauenwirts: Staatsarchiv Ludwigsburg, B 207, Bü 68, Nr. 166. Der Arzt und der Bettelvogt untersuchten die Frau eingehend (»besechent sy inewertz Jrs leibs«), »wozu kein Mann das Recht hat«. Zu »sauberen« Frauen siehe Stadtarchiv Ulm, A 3669 (Zweites Gsatzbuch), fol. 416ff, Newe frawen wierts ordnung 1512. In habe keinen Beleg dafür gefunden, daß die Prostituierten in Deutschland zunftmäßig organisiert waren, obwohl dies noch in der neueren Literatur behauptet wird: »Hurenzunft« wird allerdings als ironische Bezeichnung für die Frauen gebraucht.
8 Stadtarchiv Ulm, A 3988 (Ordnungsentwurf, 1510). Über Prostituierte als vollgültige Mitglieder der Stadtgemeinde siehe Perry, M. (1978), und Trexler, R. (1981).
9 Bloch, I. (1912, 1925), I, S. 767. Siehe auch StadtAA, Reichsstadt, Schätze 36/1, Zuchtordnung 1472. Diese bezieht sich auf die Frau, die ohne Respekt vor der Ehrbarkeit der Ehefrau ins Haus eines verheirateten Mannes geht, und droht ihr mit der Ausweisung. D. h., es gab so etwas wie eine »häusliche Verpflichtung« für verheiratete Männer; die Verletzung der häuslichen Sphäre war das eigentliche Vergehen, weniger der Verkehr mit einer Prostituierten.
10 Bauer, M. (1924), S. 134 (Metz, 1332); Baader, J. (1861), S. 119; Reynizsch, W. (1802), S. 31 (Nördlingen, 1472).
11 StadtAA, Reichsstadt, RB 13, fol. 83v, 1515; Strafbuch des Rats I, S. 185, 20. September 1526; Fälle verheirateter Männer, die mit Prostituierten verkehrten, z.B. S. 19, 37, 46.
12 Köhler, W. (1932, 1942), I, S. 145-47.
13 Stadtarchiv Ulm, A 3988, Der frowen wiert ayd; A [6543], Aid- und Ordnungsbuch, fol. cccxvr; Bloch, I. (1912, 1925), I, S. 777. Siehe auch Schama, S. (1987), S. 465-80.
14 Geiger, G. (1971), S. 173f.

15 Stadtarchiv Ulm, A 3988, Der frowen wiert ayd; Bloch, I. (1912, 1925), I, S. 767-70.
16 Stadtarchiv Ulm, A 3988, Der frowen wiert ayd; Bloch, I. (1912, 1925), I, S. 770; Reynizsch, W. (1802), S. 31 (Nördlingen, 1472); zu Schlägereien vor und im Frauenhaus siehe StadtAA, Reichsstadt, Strafbuch des Rats I, S. 6, 30. Januar 1510; S. 119, 10. Dezember 1521; Urg. 23. September 1506; Warnung vor Raufereien: Kriegk, L. (1868-71), II, S. 307.
17 Zur unterschiedlichen sozialen Welt von Männern und Frauen siehe Beck, R. (1983).
18 Baader, J. (1861), S. 121; Reynizsch, W. (1802), S. 31 (Nördlingen, 1472); Wustmann, G. (1885-1909), III, S. 120.
19 Meyer, C. (1872), Art. XXXI, S. 88, und CXIII, S. 190. Dazu, daß Prostituierte keine Anzeige wegen Vergewaltigung erstatten konnten, siehe Dillard, H. (1984), S. 196, und für Ems Posern-Klett, Dr. von (1874), S. 75. »Züchtigte« oder schlug ein Bürger eine Prostituierte wegen ihrer »Missetaten«, galt dies ebenfalls nicht als Vergehen, StadtAA, Reichsstadt, Schätze 36/1, Zuchtordnung 1472.
20 Siehe Rossiaud, J. (1978).
21 Bloch, I. (1912, 1925), I, S. 767-70; Stadtarchiv Ulm, A 3988 (Ordnungsentwurf, 1510); A 3669, fol. 416ff.
22 Z.B. Baader, J. (1861), S. 119; Brucker, J. (1889), S. 469.
23 Baader, J. (1861), S. 120; Bauer, M. (1924), S. 128f (Würzburg). Beide Ordnungen stellen es den Frauen ganz klar frei, ob sie während der Menstruation arbeiten wollen oder nicht, obgleich nach der christlichen Lehre und nach dem Volksbrauch der Verkehr mit menstruierenden Frauen verboten war. 1512 in Ulm (Stadtarchiv Ulm, A 3669, fol. 416ff) und 1524 in Überlingen (Obser, L. [1916], S. 634) wurde menstruierenden Prostituierten verboten, zu arbeiten. Zu Einstellungen zur Menstruation siehe Maclean, I. (1980), S. 39-40, und Crawford, P. (1981).
24 Schönfeldt, G. (1897), S. 109; Bloch, I. (1912, 1925), I, S. 767. Siehe indes StadtAA, Reichsstadt, RB 277, fol. 18v: der Frauenwirt wurde nur ermahnt, während dieser Zeit »dehain vnfur zetreyben noch zetund gestatten«.
25 Baader, J. (1861), S. 118f; Brucker, J. (1889), S. 469; Obser, L. (1916), S. 638; Stadtarchiv Ulm, A 3669, fol. 416ff. Kaum einsichtig ist, daß das vielgerühmte System »sozialer Sicherheit« für die Prostituierten in Ulm (jede Prostituierte zahlte einen Pfennig, der Frauenwirt zwei Pfennige pro Woche) wirklich für die Nöte der Frauen aufkam, war es doch schwangeren, kranken und menstruierenden Frauen verboten, zu arbeiten.
26 Zum Gerücht, daß die Ulmer Frauenwirte herumreisten, um Prostituierte für 20 oder 30 Gulden einzukaufen, siehe Staatsarchiv Ludwigsburg, B 207, Bü 76; der Augsburger Frauenwirt wurde bestraft, weil er eine Frau, die eine Heiratsabsprache getroffen hatte, an das Ulmer Bordell weiterverkauft hattem StadtAA, Reichsstadt, Strafbuch des Rats I, S. 124, 10. März 1522; Klagen, daß Frauen gekauft und wie eine Ware »beschaut« wurden, Baader, J. (1861), S. 117 (nur diejenigen, die vorher keine Prostituierten gewesen waren, durften verkauft werden); Brucker, J. (1889), S. 468; Reynizsch, W. (1802), S. 31; Kriegk, L. (1868-71), II, S. 318 (1390): »Hurenmenger, d. i. Hurenhändler« als Berufsbezeichnung.
27 StadtAA, Reichsstadt, RB 3, fol. 109r/S. 217, 1428.
28 Ebd., fol. 109r/S. 218, 1428; Baader, J. (1861), S. 120; Obser, L. (1916), S. 642f. Ein Brief, in dem der Ulmer Frauenwirt selbst gegen diese Vorschriften protestiert, in: Staatsarchiv Ludwigsburg, B 207, Bü 68, Nr. 166.
29 Chroniken (1862-1931), XI, S. 645f; Reynizsch, W. (1802), S. 32-36 (Nürnberg, 1492); und Stadtarchiv Ulm, A 3669, fol. 416ff.
30 Listen der Gallileute in StadtAA, Strafbücher. Die letzte Ausweisung fand 1534 statt. Siehe auch Buff, Archivar (1878): ihm zufolge waren zwar auch kleine Diebe und Vagabunden unter den Gebannten, aber im 16. Jahrhundert finden sich auf den Listen fast ausschließlich Leute, die mit Prostitution zu tun hatten. Eine ähnliche alljährliche Ausweisung der Prostituierten gab es in Hamburg, Schönfeldt, G. (1897), S. 99.

Anmerkungen

31 StadtAA, Reichsstadt, Schätze 63, fol. 170r, und fol. 8v, 17r; Clasen, C. P. (1976), S. 17f.
32 So wurde 1516 die Ausweisung wegen der Anwesenheit des Kaisers in der Stadt verschoben, damit »ir M. t. vnd ain rat« nicht mit Petitionen von Bittstellern überschwemmt würden: StadtAA, Reichsstadt, Strafbuch des Rats I, S. 64. Vgl. jedoch Chroniken (1862-1931), XXIII, Sender, S. 72, demzufolge im Jahre 1499 beschlossen wurde, die Missetäter heimlich aus der Stadt zu schaffen. Es ist unklar, ob dies auch in der Folgezeit so praktiziert worden ist.
33 StadtAA, Reichsstadt, RB 3, fol. 406v/S. 464, fol. 232v; zur Kleidung von Prostituierten in anderen Städten siehe Bloch, I. (1912, 1925), I, S. 814f; zu Kleidern in den Stadtfarben siehe Wustmann, G. (1885-1909), III, S. 122; zum Verbot für Prostituierte, einen Kranz im Haar zu tragen, siehe Posern-Klett, Dr. von (1874), S. 84.
34 Meyer, C. (1872), Art. XIX, Abschn. 11, S. 57; siehe jedoch Buff, Archivar (1878) – die Strafe wurde umgewandelt. Zur besonderen Kleidung für Juden siehe Binterim, A. (1835-48), VII, S. 468, Mainz, 1451; S. 481, Köln, 1452.
35 Ein Beispiel in: StadtAA, Reichsstadt, Urg. 27. Februar 1532, Kunigund Schwaier. Prostituierte als die Ehre gefährdend: Posern-Klett, Dr. von (1874), S. 71; und Maschke, E. (1967).
36 Baader, J. (1861), S. 119; Bestrafung eines Frauenwirts wegen Beschäftigung einheimischer Frauen: StadtAA, Reichsstadt, Strafbuch des Rats I, S. 214, 10. März 1522.
37 Kriegk, L. (1868-71), II, S. 329, 394, Anm. 256 (Frankfurt, 1546). Vgl. Binterim, A. (1835-48), VII, S. 469, Mainz, 1451; den Konkubinen von Priestern drohte man mit der Verweigerung des kirchlichen Begräbnisses.
38 Hoffmann, H. (1955), S. 203; siehe auch Deichert, H. (1908), S. 243.
39 Schönfeldt, G. (1897), S. 99; Brucker, J. (1889), S. 459, 465f.
40 Zu Schützenfesten siehe Kriegk, L. (1868-71), II, S. 327; Radlkofer, M. (1894), S. 103. Zu Hochzeiten siehe Bauer, M. (1924), S. 137 (Rothenburg); Kriegk, L. (1868-71), II, S. 327; zu Tanzvergnügen siehe Brucker, J. (1889), S. 466 (Ausschluß von Prostituierten von Hochzeiten); Schrank, J. (1886), I, S. 105 (Prostituierte *von nun an ausgeschlossen*).
41 Schrank, J. (1886), I, S. 105; Rudeck, W. (1897), S. 35; Wustmann, G. (1885-1909), III, S. 129.
42 Obgleich Prostituierte dazu zu bringen, der Jungfrau Maria zu Ehren eine Kerze anzuzünden, auch eine ironische Spitze haben mochte. Ich bin Carol Willock für den Hinweis auf die hier gewählte Interpretationsmöglichkeit dankbar. Geiger, G. (1971), S. 173f; Stadtarchiv Ulm, A 3669, fol. 416ff.
43 Meyer, C. (1872), Art. XXVII, Abschn. 3, 8, S. 71, 72. In Wien wurden der Henker und der Büttel aus den Einkünften des Frauenhauses entlohnt: Kriegk, L. (1868-71), II, S. 298; in Leipzig wurde der Henker noch 1519 vom Frauenhaus bezahlt, Glenzdorf, J., und Treichel, F. (1970), I, S. 92f; in Zwickau befand sich das Frauenhaus neben dem Haus des Scharfrichters an der Stadtmauer: Karant-Nunn, S. (1982), S. 21; Bloch, I. (1912, 1925), I, S. 745.
44 Chroniken (1862-1931), XV, S. 108, Leonhart Widmann. Zum Begriff der Ehre und zur Gruppe der »Unehrlichen« siehe insbes. Lorenzen-Schmidt, K. (1978).
45 Franck, Sebastian (1534), fol. cxxviiiv.
46 Chroniken (1862-1931), XI, S. 645f.
47 Brundage, J. (1976); Bloch, I. (1912, 1925), I, S. 645.
48 Baader, J. (1861), S. 117; Reynizsch, W. (1802), S. 29 (Nördlingen, 1472).
49 Bloch, I. (1912, 1925), I., S. 646.
50 Spiegel (1480); Beichtbuchlin (1491). Siehe auch Tentler, T. (1977), bes. S. 141; sowie Binterim, A. (1835-48), VI, S. 286, Konstanz, 1328; S. 306f, Augsburg, 1355; S. 397, Trier, 1310: Verkehr mit Prostituierten zählt nicht zu den »schweren Sünden«, den sogenannten »bischöflichen Fällen«; siehe auch VII, S. 302, Eichstetten, 1453: »einige gehen so weit zu sagen, eine einfache Hurerei sey keine schwere Sünde«; »Die Hurer sollen sie in der Beicht belehren, welch ein schweres Verbrechen Hurerey sey, damit der Irrthum gänzlich unterdrückt werde«.

51 Chroniken (1862-1931), XXV, Wilhelm Rem, S. 123: als die Frauen zum ersten Mal in die Moritzkirche geführt wurden, nutzten zwei Prostituierte die Gelegenheit zur Flucht. Zu Ulm siehe Stadtarchiv Ulm, A 3669, fol. 146ff. Für Prostituierte reservierte Sitzreihen in der Kirche: Brucker, J. (1889), S. 406; Ermahnung, sich daran zu halten: Kriegk, L. (1868-71), II, S. 325; Prostituierte durften nicht am Abendmahl teilnehmen: Binterim, A. (1835-48), V, S. 367; sie durften erst am Freitag nach Ostern zur Kommunion gehen, um die anderen Gläubigen nicht zu beleidigen: V, S. 367; sie sollten nicht länger paarweise zur Kirche gehen, Siebenkees, J. (1792-94), IV, S. 592.

52 Zur ersten Anwesenheit von Prostituierten bei der Predigt siehe Chroniken (1862-1931), XV, S. 123; Roth, F. W. (1901b, 1904-11), I, S. 86ff, zu Speiser.

53 StadtAA, Reichsstadt, Baumeisterbuch 1526, fol. 67v; und Baumeisterbuch 1530, fol. 60v.

54 Ebd., Baumeisterbuch 1529, fol. 66r; Baumeisterbuch 1530, fol. 60r; Baumeisterbuch 1532, fol. 67v, 74v, 75v, 80r. Die meisten scheinen das Frauenhaus kurz nach Ostern verlassen zu haben.

55 Ebd., Baumeisterbuch 1529, fol. 67r. Es gab einen frühen Fall einer reuigen Büßerin, Baumeisterbuch 1513, fol. 53v. Als das Frauenhaus in Nürnberg 1562 geschlossen wurde, wies man jedoch die Frauen aus der Stadt: Siebenkees, J. (1792-94), IV, S. 595. Nürnberg ist ein interessanter Fall – obgleich schon sehr früh evangelisch, schloß die Stadt ihr Frauenhaus nicht; dies mag vielleicht damit zusammenhängen, daß in Nürnberg eine weniger stark zwinglianische, auf moralische Reform orientierte Theologie vorherrschte.

56 StadtAA, Reichsstadt, SKUK 2. 75, Schuldbriefe, Supplikation von Margaret Stegman. Das Frauenhaus wurde vielleicht wegen Verschuldung an den Rat verkauft. Aus den ziemlich verworrenen Quellen im Umkreis des Verkaufs geht hervor, daß der Frauenwirt gewöhnlich den Kaufpreis aus den Einnahmen des Frauenhauses abzahlte; ein Frauenwirt nahm so viel ein, daß er wöchentlich zwei Gulden zahlen konnte. Haus und Grundstück waren eine wertvolle Liegenschaft, die 1531 auf 1 050 Gulden geschätzt wurde. Siehe StadtAA, Reichsstadt, SKUK 2. 75, Schuldbriefe, 19. Oktober 1530; 6. März 1531; nach dem 18. März 1533; 18. März 1533; 26. März 1533; Stadtgerichtsbuch 1533, fol. 32b, 39a, 45a, 77b, 80a; und RS, 16. Juni 1533, 16. September 1533. Die Reichsabschiede von 1530 und 1548 sind bisweilen so interpretiert worden, als hätten sie die Schließung der städtischen Frauenhäuser bewirkt; da sie sich jedoch nur gegen Hurerei, Ehebruch und Kuppelei richteten und Kleidervorschriften für die Prostituierten erließen, erscheint dies unwahrscheinlich: Aller dess ... Reichstäg Ordnung (1607), S. 218, 374, 688; und die Carolina (1975), S. 80f.

57 Z.B. Firn, Anton (1524); Eberlein, Johann (1523); Strauss, Jakob (1523[?]); Strauss, Jakob (1523).

58 Strauss, Jakob (1523); siehe ebenfalls Ozment, S. (1975), S. 51-53. Aber auch die vorreformatorische Kirche hatte das Problem ernstgenommen, siehe Binterim, A. (1835-48), VI, S. 412, Trier, 1310: »Die Beichte der Frauen höre man nicht an einem verdeckten, sondern an einem offenen Orte; auch schaue man nicht in ihr Angesicht; sondern man halte entweder das Kopftuch vor die Augen oder wende seine Augen anderwärts hin.«

59 Rhegius, Urbanus (1524) und Fuchs, Jacob (1523). Beispiele feindseliger Äußerungen gegen die Konkubinen von Priestern: Concubinarij (1545), fol. Dr; Dialogus (1523); Kolb, Hans (o. J.); Pfründmarkt (1521).

60 Dieser Holzschnitt wird auch beschrieben bei Scribner, R. W. (1981), S. 38-40.

61 Ains Erbern Rats (1537).

62 StadtAA, Reichsstadt, Schätze 36/1, Zuchtordnung 1471.

63 Ebd., Lit. 1534, Nachtrag I, Nr. 24, fol. 29r; und Nachtrag II, Nr. 29 (Kötzler), fol. 1r-4v; siehe auch Wolfart, K. (1901).

64 Ebd., Reichsstadt, Urg. 27. Februar 1532, Kunigund Schwaiher; siehe auch 9. September 1532, Ulrich Diether und Barbara Diether.

65 Luther, Martin (1883-), VI, S. 404-69, An den christlichen Adel deutscher Nation, S. 467, II. 17-26.

Anmerkungen

66 Johannes Brenz, zitiert in Ambach, Melchior (1543), fol. H/4v; und ebd., fol. A/3v und passim. Siehe auch Ozment, S. (1983), S. 55f.
67 Siehe auch zu den Ansichten über Prostituierte Wiesner, M. (1987); zu Luthers Einstellung zur Sexualität siehe Oberman, H. (1982).
68 Eine literarische Gleichsetzung der Prostituierten, der »freien Frauen«, mit der Macht der Frauen im allgemeinen findet sich bei Diepolt, Johannes (1523).
69 Luther, Martin (1883-), IV, Tischreden Nr. 4857n (»Wider die hurn vnd speckstudenten«).
70 Zur Abschaffung der Prostitution und zum Drohgespenst der Geschlechtskrankheiten, siehe detaillierter Roper, L. (1985b). Vgl. Karant-Nunn, S. (1982), S. 23f: der Rat erwähnte die Gefährdung durch die Syphilis, als er das Frauenhaus schloß; siehe indes den Kommentar der Autorin: »Die Geschlechtskrankheiten allein bewogen den Rat nicht, das Frauenhaus zu schließen. Der eigentliche Antrieb dazu war die Reformation. «
71 Ains Erbern Rats (1537); und die sehr ausführliche Version von 1552, StadtAA, Reichsstadt, Fasz. Zuchtordnungen.
72 Köhler, W. (1932, 1942); Goody, J. (1983), insbes. S. 172-81 [dt. Übers. S. 172-91], zur Neubestimmung des Inzests durch die Reformation.
73 Während in den Verhören all derjenigen, die mit Prostitution zu tun hatten, in der Zeit von 1529 bis 1534 in 6 von 30 Fällen die Folter angewandt wurde (etwa ein Fünftel), wurde sie in den fünf Jahren von 1539 bis 1544 in 11 von 39 Fällen gestattet (fast ein Drittel): StadtAA, Reichsstadt, Urg. 1529-34; 1539-44.
74 Ebd., Urg. 28. Juli 1542, Lienhart Strobel.
75 Ebd., Urg. 25. Juli 1542, Appolonia Strobel d. Ä.
76 Ebd., Urg. 28. Juli 1542, Appolonia Strobel d. Ä.
77 «Er hab sein Tochter allweg Zum guten gewisenn vnnd gehalltten. hab Sy darüber etwas vneerlichs gehandelt das wiss er nit«; auf die Anschuldigung, junge und verheiratete Männer seien ins Haus gekommen und hätten ihm etwas zu Trinken spendiert (i. e. bestachen ihn, damit er vor der Prostitution seiner Tochter die Augen verschloß), erwiderte er: »Es seyn wol vil Eerlicher Leut Zu Jme ganngen vnnd mit Jme Zecht Er hab aber allweg sein gebürliche Zech bezalt«. Beim nächsten Verhör bestand er darauf, er habe nie einen unehrlichen Pfennig verdient: ebd., Urg. 28. und 29. Juli 1542, Lienhart Strobel.
78 Ebd., Urg. 27. April 1541, Els Stockler.
79 Ausführlicher Roper, L. (1986).
80 StadtAA, Reichsstadt, Urg. 14. -27. August 1533, Agnes Veiheler; gestraft am 30. April 1533 (Strafbuch des Rats II, fol. 9r), gebrandmarkt am 2. September 1533 (Randbemerkung in den Urgichten).
81 Ebd., Urg. 28. September 1542, Anna Haylgenmayr, mit Auszügen aus den transkribierten Protokollen für die Zuchtherren, 18. September 1542; Urg. 29. September 1542, Margret, die Tochter von Stachius Prunnenmair.
82 Ains Erbern Rats (1537).
83 StadtAA, Reichsstadt, Urg. 28. September 1542. Der Ausgang des Falls ist unklar.
84 Ebd., Ehegerichtsbuch 1537-46, fol. 126r, 18. Juni 1543.
85 Ebd., Urg. 9. August 1541, Ursula Lemplin, auch Mairin und Reyschnerin genannt. Sie wurde an den Pranger gestellt, aus der Stadt geführt und gebannt: Strafbuch III, fol. 38v, 13. August 1541.
86 Ebd., Urg. 8. -11. August 1541, Catharina Ziegler.
87 Siehe unten, Fünftes Kapitel.
88 Sieben Männer, die verdächtigt wurden, mit Prostitution zu tun zu haben, sieben andere, überführte Männer von dreizehn Verdächtigen sowie dreizehn überführte Männer waren mit der Prostitution verdächtigten oder überführten Frauen verheiratet.
89 StadtAA, Reichsstadt, Urg. 16. Dezember 1532, Margaret Rupfenvogel.
90 Ebd., Urg. 26. August 1502, Juliana Godler.

91 Chroniken (1862-1935), XXIX, Jörg Preu, S. 55 (er nennt sie irrtümlich Lucia Heillerin, ebd., S. 55, Anm. 3).
92 StadtAA, Reichsstadt, Urg. 14. -27. August 1533, Agnes Veiheler.
93 Ebd., Urg. 14. Juli 1528, Veronica Haug.
94 Ebd., Urg. 25. Juli 1542, Appolonia Strobel d. Ä.
95 Beispiele für diesen Sprachgebrauch in: Ebd., Strafbuch des Rats I. Ich behaupte nicht, der Rat habe vor der Reformation in bezug auf Prostitution nie von »Sünde« gesprochen. Aber das Wort wurde unregelmäßig, ohne die Konsistenz und Klarheit verwendet und nicht im Zusammenhang mit den Begriffen Ehre und Zucht gebraucht.
96 Ebd., Urg. 8. August 1541, Catharina Ziegler.
97 Vgl. Dross, A. (1981), zu den Verhören von Hexen.
98 Beispielsweise StadtAA, Reichsstadt, Strafbuch des Rats IV, fol. 112r, 20. September 1547, Ursula Niclin; Urg. 14., 18. August 1533, Agnes Veiheler; Strafbuch des Rats IV, fol. 103r, 2. April 1547, Anna Beckh; Strafbuch des Rats IV, fol. 113v, 1. September 1547, Kunigund Geiger.
99 Ebd., Prot. der Zuchtherren III, fol. 72, 21. September 1541, Hans Eggenberger, Endris Degen; fol. 73, Philip Bloss; fol. 77, 7. Oktober 1541, drei Männer; fol. 103, 11. Februar 1542, Georg Beckh; fol. 104, 13. Februar 1542, Jacob Ruff, Jacob Breising.
100 Chroniken (1862-1831), XXIII, Sender, S. 404.
101 Siehe die Urgichten von Barbara Scherer (StadtAA, Reichsstadt, Urg. 9. Juli 1541); Barbara Riedhauser/Mair (Urg. 16. September 1541); und Emerenciana Hefeler (Urg. 9. Februar 1542): sie nannten einige Männer, die allem Anschein nach nicht bestraft wurden. Siehe oben, Anm. 99.
102 StadtAA, Reichsstadt, US, 30. Januar 1544.
103 Ebd., Urg. 26., 27., 28. April 1541, Hans Eggenberger.
104 Z.B. ebd., RB 17/I, fol. 102v, 13. Mai 1543, David Baumgartner; Prot. der Zuchtherren III, fol. 77, 7. Oktober 1541, Max Hartman, Hans Fockher; fol. 73, Endris Degen; RB 17/I, fol. 47v, 15. März 1543 (Anthoni Baumgartner wurde für das dritte Delikt zu der sehr hohen Geldstrafe von 400 Gulden verurteilt).
105 Das wirft die spannende Frage nach den Moralvorstellungen der Gegenreformation und ihrer Haltung zur Prostitution auf, der hier nicht nachgegangen werden kann. Siehe aber Bloch, I. (1912, 1925), II.
106 Eine größere Zahl als der Durchschnitt (12) wurde überführt, mit Prostitution zu tun zu haben, weitere 18 wurden 1547 verdächtigt. 1548 wurden 14 verdächtigt und 8 überführt – sehr wenige im Vergleich zu den als Prostituierte tätigen Frauen. Beim Regensburger Reichstag im Jahre 1471 sollen sich 1 500 Prostituierte in der Stadt aufgehalten haben, beim Konstanzer Konzil 700 »öffentliche« und mindestens ebenso viele »heimliche« Prostituierte: Bloch, I. (1912, 1925), I, S. 710f; zur sexuellen Freizügigkeit beim Reichstag von 1547-48, siehe Bartholomäus Sastrows Kommentare in: Brosthaus (1972), S. 57.
107 Die ungedruckte Exekutionsordnung, die die Vorschriften der Ordnung von 1537 erweiterte, sah die Ausweisung für Prostituierte vor: Köhler, W. (1932, 1942), II, S. 311.
108 Zahlen bei Roper, L. (1985d), S. 173.
109 Siehe StadtAA, Reichsstadt, Urgichten passim: »mit ihm zu tun haben«; »mit ihm zu schaffen haben«; »die Sache«; »Hanndel«, usw.
110 Das sind Bezeichnungen, die in den Augsburger Quellen vorkommen. Eine Aufstellung aller bekannten Bezeichnungen bietet Bloch, I. (1912, 1925), I, S. 732ff.
111 Fälle, in denen auf die Zahlung einer Entschädigung entschieden wurde, siehe Ordinariatsarchiv Augsburg, Prot. des bischöflichen Konsistoriums (die Bände für 1535-36 sind erhalten); für die Zeit nach der Reformation siehe StadtAA, Reichsstadt, Ehegerichtsbuch 1537-46.
112 Siehe unten, Viertes Kapitel.

113 Rossiaud, J. (1978).
114 Zur Bedeutung der Jungfräulichkeit siehe Accati, L. (1983).
115 Siebenkees, J. (1794-94), IV, S. 593-96. Mein Dank gilt Merry Wiesner, die mich darauf aufmerksam gemacht hat.

Viertes Kapitel
Hochzeiten und Heiratskontrolle

1 Zu diesem Fall siehe StadtAA, Reichsstadt, HWA Uhrmacher 1544-1602, fol. 87rff, 11. Juli 1566, 19. März 1566; und HWA Schmiede 1530-69, fol. 659rff, 8. November 1566; 667rff, 1567; 675rff (undatiert); 683rff (undatiert); 695rff (undatiert); und beide Fasz. passim. Siehe auche Bobinger, M. (1969), S. 29-30, 68.
2 Surgant, Johannes (1503), fol. xcviiiv. Über Hochzeitsbräuche vor der Reformation siehe Schröter, M. (1985).
3 StadtAA, Reichsstadt, Fasz. Hochzeitsamt, Hochzeitsherren 1562-1806, vor dem 20. April 1563; HWA Schuhmacher 1548-69, 14. Januar 1555, Hartprunner und Steidlin.
4 Vgl. Segalen, M. (1983).
5 Hellmann, F. (1905), S. 98.
6 Über Hochzeitsgaben siehe StadtAA, Reichsstadt, Hochzeitsordnung 1575, fol. 4r-v; Beispiele von Hochzeitsgaben bei Rem, Lucas (1861), S. 43ff.
7 StadtAA, Reichsstadt, HWA Goldschmiede 1532-80, 1552, Felicity de Taxis.
8 Chroniken (1862-1931), XXV, Augsburg V, Zink, S. 128; StadtAA, Reichsstadt, Fasz. Hochzeiten 1463-1729, Schechner = Scheierlin, 1567.
9 Clasen, C. P. (1976).
10 Rem, Lucas (1861), S. 31, 43.
11 Roth, F. W. (1912), S. 20ff.
12 StadtAA, Reichsstadt, Hochzeitsordnung 1540, fol. a/iiv-a/iiv. Dienstmägde zünftiger Handwerker erhielten selbstverständlich bei der Hochzeit ein Geldgeschenk: siehe Zünfte 160, Ledererhandwerksordnung, fol. 2r; Zünfte 245, Zunftbuch der Schlosser, Schmiede und Schleifer, fol. 7r.
13 Zu Versuchen, diese Praktiken einzudämmen, siehe ebd., Hochzeitsordnung 1540, fol. a/iiv, 1550, fol. a/iiv.
14 Bisweilen luden junge Männer die Frauen selbst zum Tanz: ebd., Hochzeitsordnungen, vor dem 30. August 1563; Fasz. Hochzeitslader und -laderinnen, Leichensager und -sagerinnen 1550-1629, I, vor dem 27. Juli 1564.
15 Siehe z.B. ebd., HWA Schmiede 1530-69, fol. 575r; und HWA Uhrmacher 1544-1602, fol. 111rff; zu Gewerbeordnungen siehe HWO/B und HWO/C.
16 Wissell, R. (1929), I, S. 192-95; und siehe oben, Erstes Kapitel.
17 StadtAA, Reichsstadt, HWA Sattler 1548-1600, 1553: die Sattler klagten über die Spannungen, die dadurch zwischen den Familien der beiden Verlobten entstanden.
18 Eingaben davon betroffener in ebd., HWA.
19 Ebd., HWA Schmiede 1530-69, fol. 243rff, 153rff.
20 Ozment, S. (1975), S. 100.
21 Siehe z.B. StadtAA, Reichsstadt, HWO/C, fol. 412r-418v, 11. Februar 1555, Messerschmiede et al.; HWO/B, fol. 150rff, 1. Juli 1549, Goldschmiede; HWO/B, fol. 233rff, 2. März 1549, Tuchscherer; HWO/B, fol. 333r-355v, 23. Juli 1549, Maler et al.
22 Culman, Leonhard (1568).
23 StadtAA, EWA, Akten 147, Beruffe 13. Oktober 1543; ähnlich argumentierend StadtAA, Reichsstadt, Schätze 16, fol. 60v, 7. Mai 1541.

24 Ebd., Fasz. Bürgerrecht, Ordnung Bürger aufzunehmen.
25 Clasen, C. P. (1981), S. 17; und StadtAA, Reichsstadt, Schätze 16, fol. 147v, 26. Juli 1562; und Hochzeitsprotokolle I, 1563-69.
26 StadtAA, EWA, Akten 147, Berueffe, 13. Oktober 1543.
27 Ebd., Reichsstadt, Schätze 16, fol. 143v, 26. Juli 1562; und Hochzeitsprotokolle ab 1563.
28 Siehe ebd., Schätze 16, fol. 147v, 21. März 1563; siehe auch eine erhaltene Liste von Fragen aus dem Jahre 1576: Fasz. Hochzeitsamt Generalia 1552-1777 und Verordnungen.
29 Berechnet nach ebd., Hochzeitsprotokolle I, 1563-69.
30 Ebd., Schätze 16, fol. 143v, 26. Juli 1562.
31 Siehe Sieh-Burens, K. (1986); Dirr, P. (1909); Mörke, O., und Sieh, K. (1985); Sieh, K. (1981); zur Augsburger Elite siehe auch Stetten, P. von d. Ä. (1762); Strieder, J. (1938); die Lemmata von P. Geffcken in Baer, W. (1985), und Geffcken, P. (in Vorbereitung).
32 Siehe beispielsweise StadtAA, Reichsstadt, Hochzeitsprotokolle I, 1563-69, fol. 120v, 131v.
33 Ebd., Schätze 16, fol. 143v-144v, 26. Juli 1562.
34 Siehe ebd., HWA Buchbinder 1528-1642, 1564, Maria Neckass.
35 Weitere Beispiele zum Kranz und mit ihm verbundenen Bräuchen bei Roper, L. (1985c).
36 Sachs, Michael (1589).
37 Franck, Sebastian (1534), fol. cxxviiiv.
38 Siehe Hughes, D. O. (1978). In Augsburg erhielt eine Witwe – im Gegensatz zum Mittelmeerraum – keine Morgengabe.
39 Meyer, C. (1872), Art. LXXXIV, S. 163-65.
40 Siehe Franz, A. (1909), I, S. 178-84.
41 Siehe Stadtarchiv Ulm [6662], Kauf- und Heiratsvertragsbuch; zur Erwähnung von Betten und zu Besitzregelungen in Augsburger Eheverträgen siehe StadtAA, Reichsstadt, Fasz. Hochzeiten 1463-1729, und SKUK 14. 1.
42 Die Segnung von Bett und Kammer taucht in liturgischen Texten in Augsburg erst 1656 auf: Hoeynck, F. (1889), S. 170, aber dies heißt nicht, daß der Brauch nicht schon vorher existiert hätte. Vgl. Reifenberg, C. (1971), II, S. 468, Anm. 2546, 2547, der zeigt, daß dieser Brauch zwar nicht in die Mainzer Liturgie aufgenommen wurde, aber zeitgenössische Quellen ihn erwähnen.
43 StadtAA, Reichsstadt, Hochzeitsordnung 1550, fol. b/iiir.
44 Hoeynck, F. (1889), S. 170.
45 Franck, Sebastian (1534), fol. cxxviiiv. Zum Eggenziehen siehe Bächtold-Stäubli, H. (1927-42), II, S. 563; Schindler, N. (1992); zum Brauch in Augsburg siehe StadtAA, Reichsstadt, Schätze 16, fol. 38r, 26. Januar 1539 – der Rat hielt es für notwendig, den Brauch ausdrücklich zu verbieten.
46 Sam, Konrad (1531), fol. a/viiv, b/iv.
47 Bächtold-Stäubli, H. (1927-42), IV, S. 160; Weinhold, K. (1897), I, S. 360f; Reincke, H. (1917), S. 190 und Abb. 13.
48 Bächtold-Stäubli, H. (1927-42), II, S. 296; zum Brauch, wer als erster ins Bett steigt, siehe Birlinger, A. (1874), S. 415.
49 Deshalb kann die Mitgift nicht im wesentlichen als Erbschaft zu Lebzeiten für die Braut analysiert werden. Siehe Sharma, U. (1984); vgl. auch Goody, J., und Tambiah, S. J. (1973); und Goody, J. (1983), S. 240-61 [dt. Übers. S. 256-74].
50 Haemmerle, A. (1936).
51 StadtAA, Reichsstadt, Fasz. Sammlung von Ordnungen, Statuten und Privilegien.
52 Zu Augsburger Mitgiftstiftungen siehe Kiessling, R. (1971), S. 224; Werner, A. (1899, 1912), II, S. 23, 32. Nach den Augsburger Baumeisterbüchern wurden im 16. Jahrhundert bedürftigen Paaren eine Mitgift von zehn Gulden gezahlt; die entsprechenden Regelungen in Eheverträgen sahen gewöhnlich ein gutes Bett und zwischen fünf und zehn Gulden vor: siehe SKUK 8. 1, Verträge und Vergleiche, und 9. 1, 9. 2, Teilbriefe.

53 Hoeynck (1889), S. 162.
54 Frauen, die schon einmal verheiratet gewesen waren, bildeten wohl eine Ausnahme. War der künftige Ehemann noch nicht volljährig, konnten seine Eltern für ihn den Ehevertrag abschließen.
55 Lucas Rems Bericht über seine Hochzeit macht dies deutlich, Rem, Lucas (1861), S. 45.
56 Siehe z.B. StadtAA, Reichsstadt, HWA Buchbinder 1528-1642, fol. 6rff, 7. Dezember 1563, Eingabe von Marx Speth.
57 Stadtarchiv Ulm [8983], I, fol. 252r. Bucers unsignierte Denkschrift findet sich I, fol. 242r-259v, die Erwiderung II, fol. 311r-326v. Die Denkschriften sind bisher immer irrtümlich Ulmer Predigern zugeschrieben worden, enthalten jedoch ganz klar eigenhändige Randmerkungen von Bucer. Ich danke Dr. Jean Rott und Prof. Martin Greschat für die Bestätigung. Nach dem katholischen Kirchenrecht konnte eine Verlobung gelöst werden, wenn beide Parteien einverstanden waren: siehe Gottlieb, B. (1980), und Gottlieb, B. (1974).
58 StadtAA, Reichsstadt, HWA Goldschmiede 1532-80, 1552.
59 Ebd., Personenselekt Raphael Sätterlin von Haldenburg.
60 Rem, Lucas (1861), S. 49.
61 StadtAA, Reichsstadt, Hochzeitsordnung 1540, fol. a/iiir, b/ivr.
62 Ebd., RB 17/I, fol. 8r, 18. Januar 1543; fol. 47r, 15. März 1543.
63 Der Brauch wurde von der sehr strengen Ordnung von 1532 verboten, lebte aber 1536 wieder auf. Nach der Ordnung von 1540 konnten Speisen an diejenigen verteilt werden, die bei der Hochzeit aufwarteten und die Gäste bedienten; 1550 wurde auswärtigen Gästen gestattet, Speisen mitzunehmen. Die Speisen selbst waren ein Indikator für den sozialen Status: Lucas Rem war stolz darauf, Wild auftischen zu können, und seine Gäste brachten Wildbret als Geschenk mit, Rem, Lucas (1861), S. 48.
64 Chroniken (1862-1931), XXIX, Preu, S. 51; Sehling, E. (1902-11; 1963-), XII, Bayern II, S. 83.
65 Stadtarchiv Ulm, 3669, Zweites Gsatzbuch, fol. 197r (1449). Siehe auch Sehling, E. (1902-11; 1963-), XV, Württemberg I, S. 142f (Leute, die für ihre Hochzeit nicht aufkommen konnten).
66 StadtAA, Reichsstadt, Hochzeitsordnung 1550, fol. b/ir; 1562, fol. 6r; 1575, fol. 10r.
67 Ebd., Schätze 16, fol. 52r.
68 Ebd., Hochzeitsexecutionsordnung 1542; ebenfalls Hochzeitsordnung 1575, fol. 15r: diejenigen, die den Rat informierten, erhielten einen Teil der Geldstrafe.
69 Ebd., Hochzeitsordnung 1550, und in den nachfolgenden Jahren.
70 Zur Ordnung des Hochzeitszuges und zur Sitzordnung an der Tafel siehe ebd., Hochzeitsordnung 1599 (vollständige Abschrift, Anschläge und Dekrete 1522-1682, I, Nr. 1-100); vgl. die sehr strengen sozialen Abgrenzungen der Kleiderordnung von 1582 und der Hochzeitsordnung 1575, fol. 4r-v; siehe auch Lenk, L. (1968), S. 30.
71 StadtAA, Reichsstadt, Hochzeitsordnung 1540, fol. a/iiv; zum Bad von Braut und Bräutigam siehe RB 3, 1392-1441, fol. 74v, S. 148; und Hochzeitsordnung 1575, fol. 6r.
72 Ebd., Hochzeitsordnung 1532.
73 Siehe Goody, J. (1983), S. 103-82, 262-78 [dt. Übers. S. 62-172, 240-55]. Es wäre aufschlußreich, die Veränderungen in den »verbotenen« Verwandtschaftsgraden mit den Gruppen von Menschen zu verknüpfen, die bei Hochzeiten anwesend sein durften – mir ist es indes nicht gelungen, eindeutige Korrelationen festzustellen.
74 StadtAA, Reichsstadt, Hochzeitsordnung 1540, fol. a/iir-a/iiir.
75 Ebd., Zünfte 50, Zunftbuch der Bierbräuer 1560-1723.
76 Ebd., Schätze 46b, Schmiedezunftbuch.
77 Platter, F. (1976), S,298.
78 StadtAA, Reichsstadt, HWA Schleiffer 1548-1662, 12. Juni 1570.
79 Ebd., Urg. 7. Juli 1544, Affra Schmid; und Urg. 4, 5. Juli 1544, Barbara Kupfereisen.
80 Ebd., Lit. 1534, Nachtrag 30. Das Original ist in sehr schlechtem Zustand.

81. Ordinariatsarchiv Augsburg, Prot. des bischöflichen Konsistoriums 1535, 1536.
82. Vgl. Safley, T. (1984), S. 184, der einen ähnlich niedrigeren Anteil von Streitigkeiten über Eheverträge im reformierten Basel gegenüber den katholischen Städten Freiburg im Breisgau oder Konstanz feststellt.
83. Meyer, C. (1872), Art. LXXVI, Zusätze, S. 154f.
84. Chroniken (1862-1931), XXV, S. 57-61.
85. Houlbrooke, R. (1979), S. 62f. Über die Verfahrensweise des geistlichen Gerichts der Augsburger Diözese vor der Reformation siehe Frensdorff, F. (1871).
86. StadtAA, Reichsstadt, Lit. 1534, Nachtrag 30, fol. 10r-v; sie beriefen sich auch auf das Naturrecht und das römische Recht.
87. Ebd., fol. 10v-11v.
88. Ains Erbern Rats (1537), fol. b/iir.
89. Luther betrachtete selbst ein heimliches Versprechen als bindend, wenn es danach zum Geschlechtsverkehr kam: Dieterich, H. (1970), S. 56-59; zu anderen Reformatoren siehe ebd., S. 94-96. Einige erwähnen eine Altersgrenze, andere nicht. Beispiele dafür, daß der Rat selbst vollzogene Ehen wieder auflöste, und Fälle, in denen Eheversprechen für hinfällig erklärt wurden, siehe: StadtAA, Reichsstadt, Ehegerichtsbuch 1537-46, fol. 70r, 7. Juni 1540; fol. 71r, 23. Juni 1540; fol. 78v, 3. November 1540; und fol. 60v, 30. November 1539; fol. 66r, 3. Februar 1540.
90. Vgl. jedoch Safley, T. (1984), S. 142, der im späteren 16. Jahrhundert für das reformierte Basel eine sehr viel geringere Zahl von Entschädigungsklagen feststellt: nur 94 im Vergleich zu 431 Prozessen um Eheverträge.
91. StadtAA, Schätze 16, fol. 143v-144v, 26. Juli 1562.
92. Siehe die erhaltene Fragenliste von 1576, ebd., Fasz. Hochzeitsamt Generalia 1552-1777, und Verordnungen; sowie einige Bemerkungen in Hochzeitsprotokolle I, 1563-9.
93. Eine ähnliche Heiratspolitik wurde im katholischen Frankreich des 16. Jahrhunderts betrieben, siehe Hanley, S. (1989).

Fünftes Kapitel
Sittenzucht und Ehezwist

1. Ains Erbern Rats (1537), fol. a/viv.
2. Zur Arbeit der Ehegerichte in anderen Städten siehe Staehelin, A. (1957); Köhler, W. (1932, 1942); und Safley, T. (1984).
3. Außergewöhnlich war in Augsburg, wie weitgehend allein die weltliche Autorität die Ehegerichtsbarkeit an sich zog; der Rat dachte niemals daran, bei den Geistlichen Rat einzuholen. Über die Einbeziehung der Geistlichen in andere reformierte Ehegerichte siehe zu Basel Staehelin, A. (1957) und Köhler, W. (1932, 1942). Bucer versuchte vergeblich, den Kirchenbann in Straßburg einzuführen; seine Konzeption einer Laienkongregation propagierte er anscheinend auch in Augsburg. Siehe Bellardi, W. (1934).
4. Ains Erbern Rats (1537), fol. a/viv.
5. Die Ordnung von 1537, also entstanden, bevor das Ehegericht seine Tätigkeit aufnahm, erwähnt nur die Einunger, die Strafherren und das Stadtgericht.
6. StadtAA, Reichsstadt, Urg. 26. Juli 1544, Bernhart Hartman.
7. Ebd., Zeugenaussage des Webers Christoff Sprenng.
8. Siehe z.B. ebd., Urg. 15. Februar 1502, Sebastian Propst; Urg. 11. Mai 1527, Franz Riem; Urg. 21. Mai 1532, Georg Liebhart; Urg. 27. Januar 1533, Narcis Regitzer; Urg. 21. Juli 1539, Bartholome Stierpaur; Prot. der Zuchtherren VI, fol. 49, 10. Juni 1545, Hans Vb und seine Ehefrau.

Anmerkungen

9 So erhielt er beispielsweise die volle Verfügungsgewalt über den Besitz der Eheleute; er wurde nur ermahnt, nicht verschwenderisch zu sein (ebd., Prot der Zuchtherren II, fol. 110, 14. Juni 1540); und Georg Erdinger erhielt die volle Mitgift ausgezahlt, nachdem er eine Sicherheit für die Morgengabe und »Widerlegung« seiner Frau beigebracht hatte – trotz seiner Arbeitsscheu und der Schulden, die er gemacht hatte (SKUK 8. 1, Verträge und Vergleiche, 4. Juni 1535).
10 Ebd., Strafbuch des Rats IV, fol. 68v, 69v-70r, 23. Februar 1546.
11 Ebd., Strafbuch des Rats III, fol. 33v, 25. Juni 1541; und Prot. der Dreizehn VI, fol. 153r, 25. Juni 1541.
12 Ebd., Urg. 17. Juni 1539, Gregori Frei Weisser; Strafbuch des Rats II, fol. 151r, 152r, 16. und 18. Juni 1539.
13 Ebd., Urg. 15. März 1539; Urg. 21. Juli 1539, Bartholome Stierpaur; Strafbuch des Rats II, fol. 141v, 18. März 1539; Strafbuch des Rats II, fol. 154v, 24. Juli 1539; Klage von Stierpaur, Urg. 21. Juli 1539, Bartholome Stierpaur.
14 Zum Konkursrecht in Augsburg siehe Hellmann, F. (1905).
15 StadtAA, Reichsstadt, Urg. 17. Januar 1541, Wolf Rechlsperger, Segenschmid, dessen Strafe so abgeändert wurde, daß er zur Ausübung seines Gewerbes reisen konnte: Strafbuch des Rats III, fol. 26r, 26. Februar 1541; fol. 31r, 28. Mai 1541.
16 Ebd., Urg. 14. März 1541, Bartholome Seiz.
17 Ebd., Urg. 3. März 1539, Sixt Schaller.
18 Ebd., Urg. 17. Juni 1539, Gregori Frei Weisser.
19 Ebd., Urg. 29. Februar 1544, Jorg Claiber; Auszug aus dem Verhör der Zuchtherren, datiert vom 13. Februar 1544, der hier eingefügt ist.
20 Ibid, Urg. 17. April 1544, Simon Streib. Siehe zu diesem Fall auch Roper, L. (1985a).
21 StadtAA, Reichsstadt, Urg. 2. März 1541, Martin Horner.
22 Über Spinnstuben siehe Medick, H, (1984).
23 StadtAA, Reichsstadt, Urg. 6. September 1527, Steffan Karg.
24 Ebd., Urg. 6. Dezember 1534, Lucas Muller.
25 Siehe auch Wuttke, D. (1978): Hans Sachs, Das Teufelbannen; Jakob Ayrer, Der abhanden gekommene Jann; und die Spötterei über männliche Eifersucht von Hans Sachs, Der Eifersüchtige.
26 StadtAA, Reichsstadt, Urg. 30. August 1526, Hans Griss; Urg. 29. April 1527, Martin Scheffler.
27 Geiger, G. (1971), S. 175f.
28 Straßburger Ordnung von 1529 in: Stadtarchiv Ulm, A 3971.
29 Ains Erbern Rats (1537), fol. a/ivr.
30 StadtAA, Reichsstadt, Urg. 11. September 1524, Pauli Kissinger; Urg. 1523, Hans Bogenschutz; Urg. 6. -21. Oktober 1524, Lienhart Knoringer.
31 Ebd., Urg. 10. Juni 1541, Anna Krug.
32 Auch die geistlichen Moralprediger verabscheuten betrunkene Frauen: Ozment, S. (1983), S. 68.
33 StadtAA, Reichsstadt, Urg. 7. Februar 1541, Hans Eisenprecht.
34 Ebd., Urg. 2. November 1541 (eingeordnet unter 1542), Steffan Enngelmair.
35 Ebd., Fasz. Ordnungen 54 (Zuchtordnungen), »Straf vtf den Stuben vnnd Zunnfftheusern belangend«; HWA Fischer, 1429-1551, 3. Juli 1538.
36 Zur Prostitution siehe oben, Drittes Kapitel.
37 Eine anderes Interpretation des Holzschnitts bietet Ozment, S. (1983), S. 51, 70f.
38 StadtAA, Reichsstadt, RB 19, fol. 97r-98v, 16. Juni 1545.
39 Zu den Zahlen und den verschiedenen Anklagepunkten siehe Roper, L. (1985d), S. 226ff, insbes. die Tabellen 5. 4, 5. 5, 5. 6.
40 Der Rat war ganz sicher nicht der Meinung, Ehefrauen dürften überhaupt nicht körperlich

gezüchtigt werden. Ozment, der vertritt, körperliche Züchtigung sei mißbilligt worden, muß sich auf puritanische Theologen stützen, um seine Ansicht zu belegen: die deutschen Protestanten, die er zitiert, wenden sich gegen Autoritätsmißbrauch und die Züchtigung von Unschuldigen, zweifeln aber nicht im geringsten daran, daß der Ehemann das Recht zur Züchtigung, notfalls auch der körperlichen, habe (Ozment, S. [1983], S. 54f).

41 Z.B. StadtAA, Reichsstadt, Prot. der Zuchtherren VI, fol. 110, 2. September 1545, Veit Hainlin; Prot. der Zuchtherren II, fol. 166, 29. November 1540, Clas Hort.

42 So befahl beispielsweise der Rat Paul Scheifelhuts Ehefrau, sie solle ihm keine »bösen Worten« sagen, obgleich er zugestand, daß dieser gewalttätig und arbeitsscheu sei (ebd., Prot. der Zuchtherren III, fol. 130, 139, 167, 170, 1. Juni, 5. Juli, 25. September und 7. Oktober 1542); der Ehefrau von Hans Kreidenweiss wurde befohlen, ihn nicht zu beschimpfen, wenn er keine Arbeit hatte, obwohl ihn der Rat für einen gewalttätigen und spielwütigen Trunkenbold hielt (ebd., fol. 39, 21. Mai 1541).

43 Siehe Hayward, J. (1980-81), II; Thomas, B. (1980-81), II, und Katalog, S. 487-537.

44 Krauss, J. (1980), S. 74-104.

45 StadtAA, Reichsstadt, Urg. 17. April 1544, Simon Streib.

46 Ebd., Urg. 17. Juni 1539. Gregori Frei Weisser; und Prot. der Dreizehn V, fol. 79r, 19. Juni 1539.

47 Ebd., Urg. 26. Juli 1544, Bernhart Hartman.

48 Paul Scheifelhut: Ebd., Prot. der Zuchtherren III, fol. 130, 139, 167, 170, 1. Juni, 5. September, 7. Oktober 1542; Hans und Elisabeth Kranich: Strafbuch des Rats III, fol. 33r, 21. Juni 1541; fol. 69r, 24. August 1541; Prot. der Dreizehn VI, fol. 150, 21. Juni 1540; Prot. der Zuchtherren V, fol. 90, 4. August 1544; fol. 61, 26. Mai 1544 und 2. März 1545; Prot. der Zuchtherren VI, fol. 44, 7. Juni 1545; Ehegerichtsbuch 1537-46, fol. 137r, 15. Oktober 1543, Scheidung abgelehnt; fol. 140r, 7. Juli 1544, wiederum Scheidung abgelehnt; Urg. 2. Oktober 1545.

49 Ebd., Strafbuch des Rats III, fol. 33v, 25. Juni 1541, Magdalena Dirrenberger und Jorg Liebhart.

50 Ebd., Urg. 26. Juli 1544, Bernhart Hartman.

51 Vgl. Strauss, G. (1978), S. 118ff, der vertritt, daß in dieser Zeit immer mehr Macht von der Familie auf den Staat überging. Auch Safley hat vertreten, daß der evangelische Magistrat »die Errichtung des Ehegerichts nutzte, um eine tiefgehendere Kontrolle über sie [die Ehe] zu erlangen«, und daß die Identität, die Gemeinde und Ehestand vermittelten, wichtiger geworden seien – ein Prozeß, der indes für Männer und Frauen ambivalente und unterschiedliche Auswirkungen hatte.

52 StadtAA, Reichsstadt, Urg. 17. Juni 1539, Gregori Frei Weisser.

53 Ebd., Urg. 6. April 1541, Narcis Muller.

54 Dieterich, H. (1970). Bucer beeinflußte zwar mit Sicherheit die konkrete Ausformung der Reformation in Augsburg, aber es gibt keinen Beleg dafür, daß seine für ihn typische Ansicht über die Wiederverheiratung schuldig geschiedener Eheleute in Augsburg auf offene Ohren traf; wir wissen, daß sie in Ulm entschieden abgelehnt worden war. Siehe jedoch Köhler, W. (1932, 1942), II, S. 281-89, der vertritt, das errichtete Ehegericht entspräche zwar nicht Bucers Grundsätzen, doch habe Bucer sein *Scriptum maius vom eegericht* für Augsburg geschrieben. Das Original befindet sich in Strasbourg, Archives Municipales, Archives du Chapitre de Saint-Thomas, Varia Ecclesiastica II/167, fol. 133r-171r. Köhlers Zuschreibungen von Bucers Schriften sind nicht verläßlich (er schreibt fälschlich Stadtarchiv Ulm, [8983]/II, fol. 242r-259v, zwei verschiedenen Ulmer Prädikanten zu, obgleich beide ganz klar von Bucers Sekretär geschrieben und von Bucer selbst mit Randbemerkungen versehen worden sind), und er bietet auch keine überzeugende Begründung dafür, daß die Schrift für Augsburg bestimmt war. Ich habe keinen Beleg dafür gefunden, weder in Augsburg noch im Original der Schrift in Straßburg.

55 Zitiert in Müller, M. E. (1985), S. 255.

56 StadtAA, Reichsstadt, Urg. 3. März 1534, Walpurg Frosch.

57 Ebd., Urg. 5. Juni 1544, Georg Bair. Der Rat ließ sich nicht beeindrucken und beschloß, ihn zu verhören.
58 Ordinariatsarchiv Augsburg, Prot. des bischöflichen Konsistoriums 1535, 1536; und StadtAA, Reichsstadt, Ehegerichtsbuch 1537-46 (Beispiele derartiger Verträge). Wahrscheinlich befinden sich die Fälle von Ehebruch unter den Fällen, in denen sich die Frau nicht auf ein Eheversprechen berief.
59 Ebd., Schätze 36/1, Zuchtordnung 1472.
60 Siehe beispielsweise ebd., Strafbuch des Rats I, S. 46, Montag nach Joh. Bapt. 1514 (Ausweisung); S. 111, Montag nach Reminiscere 1521 (Ausweisung). Solche Fälle waren jedoch selten.
61 Tentler, T. (1977); Weber, Marianne (1907), Roper, L. (1983).
62 StadtAA, Reichsstadt, Urg. 17. Juni 1542, Caspar Muelich; 7. September 1532, Matheis Dietl; 12. Juni 1533, Hans Karrer.
63 Bei den zwischen 1537 und 1546 verhandelten Fällen klagten nur sechs Frauen wegen des Ehebruchs ihres Mannes auf Scheidung, während fünfzehn Ehemänner ihre Frauen der Untreue beschuldigten. Zu den Zahlen siehe Roper, L. (1985d), S. 226ff (und Tabelle 5. 3).
64 StadtAA, Reichsstadt, Urg. 6. Juni 1548, Hans Geisselmair.
65 Ebd., Urg. 7. September 1532, Matheis Dietl.
66 Ebd., Ehegerichtsbuch 1537-46, fol. 52r, 23. Juni 1539: im Fall der Hilaria Bachmair, Dienstmagd von Laux Ravenspurger, die gegen ihren Herrn klagt, gibt Ravenspurger dem Notar Wihelml Schoffl Vollmacht, der jedoch nicht weiter tätig wird. Im September des folgenden Jahres wird er jedoch zu hundert Gulden Strafe verurteilt und in Ketten gelegt, unter dem Verdacht, er habe versucht, eine seiner Mägde zu vergewaltigen: Strafbuch des Rats III, fol. 17r, 4. September 1540.
67 Broadhead, P. (1981), S. 151.
68 StadtAA, Reichsstadt, Urg. 4. November 1532, Hans Deylhofer.
69 Ebd., Urg. 29. Mai 1526, Christian Hefelin; 21. Mai 1532, Georg Liebhart; 22. -29. Mai 1539, Anna Sommer.
70 Ebd., Urg. 26. Mai 1542, Agnes Axt.
71 Ebd., Urg. 22. Mai 1539, Anna Sommer.
72 Ebd., Urg. 13. März 1531, Stoffel Burckhart und Anna Paur.
73 Ebd., Urg. 26. März 1533, Hans Gabler.
74 Ebd., Urg. 18. Februar 1545, Anna Harrer. Der Rat wiederholte die Anschuldigung gegen Anna Harrer, sie habe ihn verzaubert, ohne daß klar wird, ob der Rat selbst davon überzeugt war: Strafbuch des Rats IV, fol. 43r, 21. Februar 1545.
75 Ebd., Urg. 20. Mai 1528, Christian Hefelin.
76 Ozment, S. (1983), S. 54, 202, Anm. 12.
77 StadtAA, Reichsstadt, Urg. 3. März 1524, Liebhart Numenbeck und Walpurg Frosch.
78 Ebd.
79 Ebd.
80 Ebd., Strafbuch des Rats II, fol. 22v-23r, 10. März 1534.
81 Ibid, Urg. 22. Mai 1539, Anna Sommer; Strafbuch des Rats II, fol. 153r, 21. Juni 1539.

Sechstes Kapitel
Die Reformation und die Frauenklöster

1 Wyntjes, S. M. (1977); N.Z. Davis, City Women and Religious Change [dt. Übers.: Städtische Frauen und religiöser Wandel], in: Davis, N. Z. (1975). Eine empirische Untersuchung auf der Grundlage der Prosopographie von 250 Nonnen in Oberhessen bietet Vanja, C. (1985).

2 Die Zahlen ergeben sich durch die Zusammenstellung aller verfügbaren Angaben zu Nonnen. Quelleneditionen oder Archivalien verarbeitend: Chroniken (1862-1931); Hörmann, L. (1882); Sanctum Stephanum (1969); Juhnke, L. (1958); Haemmerle, A. (1955b); Haemmerle, A. (1955a); Primbs (1880); Siemer, P. (1936); Baumann, I. (1958). Diese Zahlen wurden verglichen mit Kiesslings Schätzungen für das 15. Jahrhundert: Kiessling, R. (1971), S. 40. Über Sankt Stephan siehe Sanctum Stephanum (1969).

3 Haemmerle, A. (1936), S. 14-38. Dagegen bewegte sich die Zahl der Heiraten pro Jahr in Augsburg von 1539 bis 1546 zwischen 370 und 768: StadtAA, Reichsstadt, BMB 1540-47.

4 Kiessling, R. (1971), S. 31-41.

5 Zur Struktur der Augsburger Elite siehe Mörke, O., und Sieh, K. (1985). Zur Geschichte der Frauenklöster, der Vorliebe für bestimmte religiöse Orden und den Ursprüngen der Beginen Kiessling, R. (1971), S. 31-42.; Liebhart, W. (1985).

6 Roth, F. W. (1901b, 1904-11), III, S. 362f.

7 Bátori, I. (1969).

8 Rem, Bernhart (1523); und die Antwurt zwayer Closter frauwen (1523); Chroniken (1862-1931), XXIII, Sender, S. 179. Felicitas Peutinger machte ihre Sympathie für den evangelischen Glauben durch ihre Anwesenheit bei der Hochzeit des Reformators Urbanus Rhegius deutlich. Konrad Peutinger war im Gegensatz zu mehreren anderen Angehörigen der Augsburger Elite nicht anwesend. Siehe Lutz, H. (1958), S. 118, 265, 396.

9 Kiessling, R. (1971), S. 145, 70-98.

10 Ebd., S. 132-45.

11 Siehe z.B. StadtAA, KWA G47, 7. September 1473; 17. Januar 1490. Der Rat versuchte auch, die Frauenklöster mit für die Stadtwache aufkommen zu lassen: Ebd., Reichsstadt, Prot. der Dreizehn II, fol. 363r, 14. Oktober 1529.

12 Ebd., Prot. der Dreizehn III, fol. 256r, 12. Juli 1537.

13 Siehe Iserloh, I. (1980), S. 76f.

14 Roth, F. W (1901b, 1904-11), II, S. 320. So genügte 1534 die bloße Drohung mit immerwährender Verbannung nicht, um die Stiftsdamen von Sankt Stephan, die nicht das Bürgerrecht besaßen, davon abzuschrecken, die Stadt für eine gewisse Zeit zu verlassen: Chroniken (1862-1931), XXIX, Preu, S. 61.

15 Z.B. ebd., XXIII, Sender, S. 387f (die Klöster St. Katharina, St. Nikolaus, St. Margarete).

16 Sehling, E. (1902-11; 1963-), XII, Bayern II, S. 50-84; und Roth, F. W. (1901b, 1904-11), II, S. 361ff.

17 Ebd., II, Kap. 7; Wolfart, K. (1901), S. 109.

18 Roth, F.W. (1901b, 1904-11), II, S. 319, 345 Anm. 37.

19 Siehe Uhland, F. (1972); Roth, F. W. (1901a).

20 Chroniken (1862-1931), XXIX, Preu, S. 80. Der Rat plante auch, daß jede Nonne einmal im Monat einzeln vom Kirchenprobst über ihren Glauben befragt werden sollte: Roth, F. W. (1901b, 1904-11), II, S. 361f.

21 StadtAA, Reichsstadt, Prot. der Dreizehn III, fol. 252r, 30. Juni 1537.

22 Roth, F. W. (1901b, 1904-11), II, S. 361, Beilage I. Für die Nonnen des St. Katharinenkolster ordnete der Rat ungeduldig an: »soll Jnen nochmals zu ainem vberflus erzaigt werden, welche mangeln hete. solt Ir, nochmals aus der schrift, gnugsam freuntlich vnd schlecht bericht geschehen«: StadtAA, Reichsstadt, Prot. der Dreizehn III, fol. 244r, 5. Juni 1537.

23 Ebd., Prot. der Dreizehn, fol. 252r, 30. Juni 1537.

24 Roth, F. W. (1901b, 1904-11), II, S. 320.

25 Schröder, D. (1975), S. 141. Ein Angriff auf die Vorstadt wurde 1462 abgewehrt: Chroniken (1862-1931), XXV, Franks Annalen, S. 328f; nochmals 1492-93: ebd., XXIII, Sender, S. 61.

26 Siehe Preus feindseligen Bericht, ebd., XXIX, S. 75; Roth, F. W. (1901b, 1904-11), II, S. 362, Beilage I; StadtAA, EWA, Akten 468 (Befürchtungen, die Katholiken könnten sich mit Kräften außerhalb der Stadt verbünden). Siehe auch Gasser, A. (1728-30), S. 1803 –

die Nonnen des St.-Katharina-Klosters versuchten, sich unter den Schutz König Ferdinands zu stellen.
27 Roth, F. W. (1901b, 1904-11), I, S. 345; II, S. 362.
28 Selbst nach der Rekatholisierung brachte der Rat weiter die Ordensfrauen von St. Nikolaus zeitweise im St.-Katharina-Kloster unter. Siehe die (undatierte) Beschwerde von Susanna Ehinger, Staatsarchiv Neuburg, Kl. Augsburg, St. Katharina, Akt 81: auch ihr hauptsächlicher Beschwerdepunkt war das Durcheinander durch die Vermischung zweier Orden. Susanna Ehinger übernahm 1552 ein Klosteramt: StadtAA, Reichsstadt, RS, 11. April 1552.
29 Zitiert in Roth, F. W. (1901b, 1904-11), II, S. 362, Beilage I.
30 StadtAA, Reichsstadt, Lit. 1534, Juni-September, 28. Juli 1534.
31 Eine ähnliche Feststellung, wie gefährlich widerstreitende Predigten für den Stadtfrieden seien in: ebd., Lit. 1534, Nachtrag II/29, Franz Kötzler, fol. 25r.
32 Z.B. ebd., Lit. 1534, Nachtrag I/24, fol. 26vff.
33 Roth, F. W. (1901b, 1904-11), II, S. 189.
34 StadtAA, Reichsstadt, RS, 22. Dezember 1533.
35 Genaue Angaben über die Einnahmen in: ebd., RS, 22. Dezember 1533, vor dem Stadtgericht; siehe auch US, 22. Dezember 1533. Zumindest eine Rente ist unzweifelhaft in den 1530er Jahren erworben worden: Lit. 1533 (undatierter Brief), eine Rente von sechs Gulden wurde von Anna Kollerin, der »Maisterin« des Hauses, erworben.
36 Haemmerle, A. (1955a), S. 2.
37 In Jahn, J. (1984), S. 531-33, detaillierte Angaben zum Landbesitz des Findelhauses, der einige ursprünglich dem Kloster zur Horbruck gehörende Güter einschloß. Leider hat J. Jahn nicht versucht, den Besitz des Klosters zur Horbruck zu rekonstruieren. Zum Verkauf von »Ellingen« (wahrscheinlich Erlingen bei Herbertshofen und Mertingen) siehe StadtAA, Reichsstadt, Lit. 1533, undatierter Brief, Anna Kollerin.
38 Ebd., RS, 22. Dezember 1533.
39 Chroniken (1862-1931), XXIII, Sender, S. 358.
40 Angaben zum Auszug von vier Frauen im Jahre 1524 in: StadtAA, KWA G47, 10-12, 9. Januar 1524, Agatha Pregizerin; 27. Januar 1524, Anna Kestelerin; 21. April 1524, Madlena Millerin und Anna Sunderin. Kiessling schätzt die Zahl der Klosterinsassinnen auf zehn Nonnen; von neun Frauen ist bekannt, daß sie das Kloster 1524 verließen, doch 1533, als das Kloster aufgehoben wurde, lebten darin neun Nonnen und drei Laienschwestern. Denkbar ist zwar, daß die Verluste nach 1524 durch die Aufnahme von Novizinnen ausgeglichen worden waren, aber dies ist unwahrscheinlich, denn die meisten Nonnen, von denen wir etwas wissen, waren ältere Frauen – 1540 lebten nur noch fünf Nonnen (StadtAA, Reichsstadt, BMB 1540). Kiesslings Schätzung müßte deshalb für das 16. Jahrhundert nach oben korrigiert werden.
41 Über die städtische Einmischung in die Klosterverwaltung in der Vergangenheit siehe Kiessling, R. (1971), S. 142. Zur finanziellen Situation des Konvents siehe StadtAA, Reichsstadt, Lit. 1533, undatierter Brief, Anna Koller (»1533« von einem Archivar an den Rand geschrieben). Anna Koller beschuldigte die Klosterfrauen, sie würden in Saus und Braus leben, und behauptete gegenüber dem Rat, allein ihre sparsame Verwaltung habe das Kloster vor dem Ruin gerettet. Sie betonte, daß sie ihr Amt dem Rat verdanke und nichts ohne seine Erlaubnis tun wolle. F.W. Roth zitiert diese Quelle unkritisch als Beweis für den Niedergang des Klosters aufgrund der »Mißwirtschaft« seiner Priorinnen (Roth, F. W. [1901b, 1904-11], II, S. 190). Anna Koller erwähnt jedoch zumindest einen Ratsherrn, den »Zunftmeister Drechsel«, der sich gegen sie wandte. Es handelt sich wahrscheinlich um Hans Drechsel, wiederholt Verordneter der Metzgerzunft in den frühen 1530er Jahren und Mitglied des Kleinen Rats in den Jahren 1531, 1532 und 1533 (StadtAA, Reichsstadt, Ratsämterlisten, Computer-Listing des Tübinger Sonderforschungsbereichs Z 2, Projekt 22, Stadt und Reformation). Anna Koller war nicht länger Meisterin des Hauses, als der Konvent geschlossen wurde, sondern durch Walpurg Burckart ersetzt worden. Mithin war der Rat entweder nicht in der

Lage, seine Kandidatin (»von Jn [den Klosterfrauen] vnd von ainen Ersamen Rat gesetzt worden bin«: Koller, Lit. 1533) zu unterstützen – eine Möglichkeit, die angesichts der bis dahin unwidersprochenen Praxis des Rats, sich in die Klosterverwaltung einzumischen, unwahrscheinlich erscheint –, oder aber der Rat entzog ihr vielleicht selbst seine Unterstützung. Waltraud Burckart hatte das Amt bereits vorher bekleidet (StadtAA, KWA G47, 26. März 1521). Wie auch immer, die Beteuerungen Anna Kollers machen deutlich, daß die meisten Mitschwestern ihre Analyse der finanziellen Lage des Klosters nicht akzeptierten – tatsächlich warfen sie ihr die Unterschlagung von Klostereinnahmen vor. Überdies behauptete Anna Koller selbst, nach dem Verkauf des Guts in Ellingen seien die Angelegenheiten des Konvents in Ordnung und dieser befände sich nicht in einer finanziellen Notlage. Die Tatsache schließlich, daß sie dem Rat verpflichtet war, und der entschieden feindselige Ton ihrer Diatribe gegen den »allten geprauchs mit Reylichem wolleben vnd teglicher wirdschaft halten« – Anschuldigungen, die voll und ganz mit dem Tonfall der antiklösterlichen Äußerungen des Rats übereinstimmten – sprechen dafür, daß Anna Koller über die finanzielle Situation des Klosters zur Horbruck nicht objektiv urteilte. Im Gegensatz zum Urteil F.W. Roths beweist die Quelle nicht, daß das Kloster durch Mißwirtschaft in finanzielle Schwierigkeiten gebracht worden war – wenn überhaupt belegt es, daß der Konvent finanziell gesund dastand, und verweist eher darauf, daß die Meinungsunterschiede innerhalb des Klosters vom Rat vielleicht ausgenutzt wurden, um die Nonnen zu überreden, ihre Güter zu verkaufen.

42 Für Agatha Pregizer, Anna Kestler, Madlena Miller und Anna Sunder sind die Geldbeträge bekannt, die sie beim Verlassen des Konvents erhielten. Sie reichten von 22 bis 30 Gulden, wahrscheinlich etwa die Hälfte bis zwei Drittel des Leibgedinges, das sie bei Eintritt ins Kloster mitgebracht hatten. Der Wert des vom Rat gezahlten Leibgedinges war also beträchtlich höher: siehe StadtAA, Reichsstadt, US, 22. Dezember 1533, Felicitas Hailpronner; und US, 22. Dezember 1533, Anna Kellner (Beispiele von Verträgen).

43 Von vier Nonnen wissen wir, daß sie vor 1540 gestorben sind (ebd., BMB 1540); die anderen fünf hätten also jeder im Durchschnitt noch mindestens vierzehn Jahre leben müssen, damit die Gesamtausgaben des Rats 4 500 Gulden erreicht hätten.

44 Vgl. die Schenkung des Franziskanerklosters an den Rat (ebd., US, 18. Mai 1535) – für die Mönche sind keine Pensionen erwähnt. Siehe jedoch Roth, F. W. (1901b, 1904-11), II, S. 188 – die Karmelitermönche erhielten Pensionen zwischen 15 und 45 Gulden.

45 Dies wird deutlich aus dem interessanten Bestand »Verträge ca. 1538«, Barbara Langenmentlin, in: StadtAA, Reichsstadt, im Kasten, »Archivalien zur Zurückstellung in die Bestände, (Blendinger)« [sic].

46 StadtAA, Reichsstadt, US, 23. September 1538; Lit. 1538, Juli-Dezember, 23. September 1538; Roth, F. W. (1901b, 1904-11), II, S. 322; Lit. 1538, Juli-Dezember, undatierter Brief.

47 Roth, F. W. (1901b, 1904-11), II, S. 139, 173, Anm. 71.

48 Siehe Kiessling, R. (1971), S. 38, zur Situation des Konvents im 15. Jahrhundert. Einzelheiten in StadtAA, Bestand Kirchen und Klöster, Salbuch St. Margareth, 23. September 1538; Lit. 1538, Juli-Dezember, 23. September 1538, Abschrift auf Pergament, Konzept und weitere Dokumente.

49 «Was den frawen St. Margarethen Closters für Leibgeding 36 Jarlanng geben worden«, und Eingabe von 1574: StadtAA, Reichsstadt, Lit. 1538, Juli-Dezember, und die Güterbeschreibung von 1574, im selben Bestand. Die Frauen fanden die Annuitäten unzureichend, siehe den Brief im selben Bestand, 22. Oktober 1551.

50 Zu den Einzelheiten siehe StadtAA, Bestand Kirchen und Klöster, Salbuch St. Margareth. Die Orte sind nach Jahn, J. (1984), identifiziert worden. Er bietet jedoch keine genaueren Informationen über den Landbesitz des Klosters, sondern nur eine Güterbeschreibung des Spitals (S. 510-30), in denen dieser Besitz nicht auftaucht. Vielleicht war er verkauft worden.

51 Güterbeschreibung von 1574: StadtAA, Reichsstadt, Lit. 1538, Juli-Dezember, 22. September 1538.

Anmerkungen

52 Eppisburg gehörte auch zum Besitz des kaiserlichen Marschalls Papenheim-Biberach, mit dem der Rat häufig im Streit lag: Jahn, J. (1984), S. 77, 90, 178. siehe auch, zum Besitz des Klosters in Täfertingen, S. 114, 117, 519; und in Gersthofen, S. 297.
53 Baumann, I. (1958), S. 6; Roth, F. W. (1901b, 1904-11), II, S. 362. St. Nikolaus wurde die Rückgabe von »truchen, Silbergeschirr Sigel brief Register« usw. verweigert und nur eine Abschrift der Inventarliste gegeben: StadtAA, Reichsstadt, Prot. der Dreizehn V, fol. 74r, 12. Juni 1539. Zur Forderung an das Stephanskloster siehe ebd., RB 16, fol. 160v, 22. Mai 1539.
54 Ebd., Lit. 1534, Nachtrag 24: »Etlich Articel belanngend ein Cristenliche Reformacion so von ainer Christenliche Oberkait, vom ampts wegen, soll bedacht und notig furgenomen werden«.
55 Z.B. (zum Stern-Kloster) ebd., Prot. der Dreizehn II, fol. 213v, 10. März 1528; zu beachten auch die Formulierung Anna Kollers, Kloster zur Horbruck, siehe oben, Anm. 42.
56 StadtAA, KWA ad B26 III, St. Katharina, Nachtrag 22. August 1539; Roth, F. W. (1901b, 1904-11), II, S. 322. Er betonte jedoch vorsichtigerweise, daß er auch Felicitas Endorfer ernannt hatte: »Wie dann ain Erber Rat verschynner Zeit Fraw Felicitas Endorfferin, den anndern allen zu ainer priorin furgesetzt vnd verordnet gehapt ... «. Zu St. Nikolaus siehe Roth, F. W. (1901b-1904-11), II, S362ff, Beilage 1537.
57 StadtAA, Reichsstadt, RB 17 II, fol. 34r, 30. August 1543; RB 17/II, fol. 38r, 11. September 1543; die Reihingin war zuvor Schaffnerin des Klosters gewesen: siehe StadtAA, KWA ad B26/III, St. Katharina, Nachtrag 22. August 1539.
58 Z.B. Roth, F. W. (1901b, 1904-11), II, S. 362ff, Beilage 1537; III, S. 139.
59 Ihre Schwester Barbara ist an dritter Stelle aufgeführt, was dafür spricht, daß sie ein wichtiges Amt bekleidete.
60 Baumann, I. (1958), S. 29; StadtAA, Reichsstadt, RB 17/I, fol. 75, 12. April 1543. Die Angelegenheit ist etwas undurchsichtig: bestimmten Quellen zufolge wurde das Ursulakloster einfach nach Dillingen verlegt. Andererseits tauchen in den Ratsprotokollen wiederholt die »Closter frawen zu sannd Vrsulen« auf – neben den Ordensfrauen in St. Nikolaus. Möglich ist, daß sie vielleicht mit den letzteren identisch sind, die nunmehr in Sankt Ursula lebten – aus den erhaltenen Dokumenten kann die Frage nicht schlüssig beantwortet werden. Es gab eine »Ilsungin« in St. Ursula (Prot. der Dreizehn VI, fol. 70r, 22. Januar 1541); und wie so oft ist eine Angehörige der Familie auch 1536 unter den Schwestern von St. Nikolaus aufgeführt (US, 17. Februar 1536). Allerdings als »Pfründerin«, nicht als Ordensschwester. Es ist deshalb sehr unwahrscheinlich, daß die »Ilsungin« in St. Nikolaus zugleich Priorin von St. Ursula gewesen ist.
61 StadtAA, Reichsstadt, Prot. der Dreizehn VI, fol. 99r, 26. April 1541 (St.-Nikolaus-Kloster). Bezeichnenderweise befinden sich alle Dokumente, welche die Wahl von Margaret Herwart im Jahre 1536 betreffen, im Stadtarchiv; vermutlich sind sie vom Rat beschlagnahmt worden (ebd., US, 1534-38, »Eid«, o. D.; US, 17. Februar 1536; US, »1536«). In der notariellen Aufstellung der für die Wahl entstandenen Kosten ist die gesamte Korrespondenz mit Rom und anderen Prälaten aufgeführt, jedoch kein Brief, der den Rat über die Wahl informiert. Höchstwahrscheinlich wurde das Kloster aufgefordert, sich wegen seiner Weigerung, die Gerichtsbarkeit des Rats anzuerkennen, zu rechtfertigen.
62 Siemer, P. (1936), S. 52.
63 StadtAA, Reichsstadt, RB 19, fol. 76v, 30. April 1545 (zu St. Ursula); ebd., KWA ad B26/III, St. Katharina, Nachtrag 22. August 1539.
64 Dirr, P. (1913); Mörke, O., und Sieh, K. (1985).
65 Siehe StadtAA, Reichsstadt, Ratsämterlisten 1520-35; 1536-48. Das Argument in dieser Passage habe ich weiter entfaltet in Roper, L. (1987).
66 Siehe auch die Klagen über viele »ledige Töchter«, die »under dem schein streichens, Spuelens, Spinnens, und Antreens [...] aigne gemach und rauch« hatten. Dies mußte unterbunden werden: Clasen, C. P. (1984), S. 74.

67 Siehe beispielsweise StadtAA, Reichsstadt, RB 17/II, fol. 31v, 30. August 1543, Appolonia Schusterin von Auerbach, der das Bürgerrecht verweigert, aber erlaubt wurde, in Augsburg zu leben, solange sie in der Stadt in »Dienst« stand; RB 17/II, fol. 21r, 11. August 1543, Anna Mairin, der gestattet wurde, zu bleiben »so lanng sie zudienen willens, wo sie aber aigen Rauch halten wolt, soll sie Burgerrecht kauffen ... «; siehe auch ebd., Fasz. Bürgerrecht, undatierte Notiz über das Bürgerrecht für Frauen, von Peutingers Hand: Frauen, die als Mägde arbeiteten, durften kein »aigen Rauch« haben, bis sie das Bürgerrecht erworben hatten; besondere Einschränkungen für Frauen, die als Ammen, Näherinnen und Kindbettkellerinnen arbeiteten.
68 Siehe unten zur anderen, vergleichbaren gesellschaftlichen Einrichtung, den Seelhäusern.
69 Kiessling, R. (1971), S. 181; Chroniken (1862-1931), XXV, Rem, S. 74, 77.
70 Ebd., S. 77.
72 Baumann, I. (1958), S. 26.
73 StadtAA, Reichsstadt, BMB 1535, fol. 70v; siehe auch BMB 1524, fol. 77v, die mysteriöse Feststellung: »15 fl. der closterfrauen vom S. Steffan geben«. Mit der Unterstützung solcher Forderungen setzte der Rat eine lange Tradition fort. Dies zeigt seine Haltung in einer Reihe von Fällen, in denen Nonnen im 15. Jahrhundert das Kloster zur Horbruck verließen: StadtAA, KWA G47, 6. Juli 1500; 7. September 1473; 12. Oktober 1473; 3. September 1498; 8. Juni 1496; 17. Januar 1490.
74 Chroniken (1862-1931), XXIII, Sender, S. 180, gibt an, daß sie 1526 das Kloster verließen; siehe StadtAA, Prot. der Dreizehn IV, fol. 230r, 23. Dezember 1538; und ebd., V, fol. 74r, 12. Juni 1539 (Versuche, die 100 Gulden zurückzuerhalten). Zwei Töchter aus dem Geschlecht der Rem erhielten jede eine Mitgift von 3 000 Gulden. Brigitte Rehlinger, die 1526 das Katharinenkloster verließ, erhielt nur 400 Gulden (Chroniken [1862-1931], XXIII, Sender, S. 180), während die den Töchtern des Geschlechts der Rehlinger gezahlten Leibgedinge regelmäßig 3 000 oder 4 000 Gulden betrugen.
75 StadtAA, Reichsstadt, Lit. 1534, Nachtrag 21. Er argumentiert auch damit, daß Nonnen und Mönche nicht ihresgleichen (hinsichtlich des sozialen Rangs) heiraten würden, ein Beweis dafür, daß solche Verbindungen unziemlich seien.
76 Ebd., Schätze 16, P. H. Mair, fol. 93r-94v; fol. 190v.
77 Zum Dänzeltag siehe Clasen, C. P. (1981), S. 116-18.
78 StadtAA, KWA ad B26, St. Katharina, Nachtrag.
79 Ebd., Prot. der Dreizehn III, fol. 231v, 27. März 1537; Ordnung von 1539: StadtAA, KWA ad B26/III, St. Katharina.
80 Ebd., Prot der Dreizehn VI, fol. 70r, 22. Januar 1541; VI, fol. 91r, 10. März 1541.
81 Ebd., RB 15, fol. 113v, 8. Oktober 1526; zu 1531 siehe Roth, F. W. (1901b, 1904-11), II, S. 191, 208, Anm. 72, zu Skandalen, in die der Dominikaner Johann Lichtenberger (er wurde aus der Stadt gebannt, weil er mit einem seiner »Beichtkinder« Ehebruch begangen hatte) und Herr Simprecht (?Tayber), beschuldigt, zur Belustigung seiner Freundin eine Beichte vorgespielt zu haben, verwickelt waren. Roth meint, diese Ereignisse erklärten den Beschluß des Rats, den Zugang der Mönche zum Katharinenkloster zu einzuschränken, den er auf 1532 datiert. Er wurde jedoch schon 1531 gefaßt, einige Monate vor diesen Skandalen: StadtAA, Reichsstadt, Prot. der Dreizehn III, fol. 56v, 14. Februar 1531; Roth, F. W. (1901b, 1904-11), II, S. 190, 207f, Anm. 71. Zu 1537 siehe StadtAA, Reichsstadt, Prot. der Dreizehn III, fol. 231v, 27. März 1537.
82 Ebd., Reichsstadt, Prot. der Dreizehn IV, fol. 176, 22. Oktober 1538.
83 Stadtarchiv Ulm, U 5307 und [8989], Mittwoch nach Ulrici 1536; vgl. auch StadtAA, KWA ad B26/III, St. Katharina, Nachtrag 22. August 1539.
84 Chroniken (1862-1931), XXV, Augsburg V, Zink, S. 103ff.
85 Ebd., XXXII, Mühlich, S. 394f. Der Rat wußte um die Visitation, die zur Reform führte, und billigte sie.

Anmerkungen

86 StadtAA, Reichsstadt, Lit. 1534, Juni-September 1534.
87 Ebd., Lit. 1537, Nachtrag 24.
88 Ebd., Lit. 1534, Nachtrag 21.
89 Zitiert in Bainton, R. (1971), S. 36. Siehe auch Ozment, S. (1983), der diese Befürchtungen darstellt.
90 Rem, Bernhart (1523), fol. a/ivr, a/ivv.
91 Ebd., fol. bv. Rems leicht defensiver Tonfall, wenn er von der »Arbeit« einer guten Ehefrau spricht, die sie nicht »hoffärtig« und in der Hoffnung auf die Rettung ihres Seelenheils verrichten sollte, weisen auf die ideologischen Spannungen hin. Tatsächlich plädiert Rem für ein frommes Leben in der Welt, in dem das Verhalten der Frau entscheidend für ihr Heil ist; doch er ist sich auch bewußt, daß dies der Werkgerechtigkeit gefährlich nahe kam, die dem guten Christen ein Greuel sein sollte.
92 StadtAA, KWA ad B26/III, St. Katharina, 22. August 1539.
93 Chroniken (1862-1931), XXIII, Sender, S. 199.
94 Ich vertrete natürlich nicht, daß nur Jungfrauen Ordensschwestern werden konnten, sondern daß dies die symbolische Konstellation war, die das Verständnis aller Frauen vom Klosterleben prägte. Zu den mit der Passion für Christus verbundenen Vorstellungen siehe Bynum, C. (1982).
95 Siehe Luther zum Magnificat: Luther, Martin (1883-), VII, S. 544-604. Zur ganz anderen Rolle der Madonna im gegenreformatorischen Europa siehe Accati, L. (1983); vgl. auch Wiesner, M. (1987).
96 Brief von Susanna Ehinger, Staatsarchiv Neuburg, Kl. Augsburg, St. Katharina, Akten 81.
97 Siehe Juhnke, L. (1958), der die Liste von 1526 abdruckt; zur Schätzung der Zahl der Nonnen auf 24 siehe die »Remsche Chronik«, zitiert in Roth, F. W. (1901b, 1904-11), II, S. 348, Anm. 56; zur Schätzung auf 10-11 Klosterinsassinnen, siehe Juhnke, L. (1958), S. 71. Nur 13 Ordensschwestern, die im Gefolge der Reformation und Rekatholisierung ihr Kloster verlassen hatten, verlangten jedoch 1552 eine Pension.
98 StadtAA, Reichsstadt, BMB 1524, fol. 63v, 23. Januar 1524; RS, 22. Dezember 1533.
99 Roth, F. W. (1901b, 1904-11), III, S. 173, Anm. 71, 172, Anm. 69.
100 Kiessling, R. (1971), S. 40 und Anm. 40; während der 1540er Jahre gab es zumindest 11 Ordensfrauen in St. Katharina, 2 in St. Martin, mindestens 2 in St. Nikolaus und 6 in Maria Stern.
101 StadtAA, Reichsstadt, US, 29. Juli 1539.
102 Ebd., BMB 1540; Chroniken (1862-1931), XXIII, Sender, S. 358.
103 Baumann, I. (1958), S. 26; StadtAA, Reichsstadt, Lit. 1538, Juli-Dezember, Dokumente über das St.-Margareta-Kloster.
104 Siemer, P. (1936), S. 60, 61; Kiessling, R. (1971), S. 181; StadtAA, Reichsstadt, Prot. der Dreizehn V, fol. 216v, 29. Mai 1540.
105 Ebd., Lit. 1538, Juli-Dezember, mit Dokumenten über das St.-Margareta-Kloster, undatiert. Zum Ammenwesen siehe auch Hacker, B. C. (1981).
106 Roth, F. W. (1901b, 1904-11), II, S. 191.
107 Chroniken (1862-1931), XXV, Rem, S. 54.
108 Sehling, E. (1902-11; 1963-), XII, Bayern II, S. 64.
109 Chroniken (1862-1931), XXIII, Sender, S. 388.
110 Ebd., S. 387.
111 StadtAA, Reichsstadt, Prot. der Dreizehn III, fol. 244r, 5. Juni 1537; Roth, F. W. (1901b, 1904-11), II, S. 327.
112 Baumann, I. (1958), S. 22; StadtAA, Reichsstadt, Lit. 1538, Juli-Dezember (St.-Margareta-Kloster), Petition 1594.
113 Ebd., Lit. 1534, Nachtrag II/49.
114 Chroniken (1862-1931), XXIII, Sender, S. 388. Zur Trockenmesse, der *missa sicca*, siehe

Franz, A. (1902), I, S. 79-84: die Trockenmesse wurde von Theologen anerkannt, von der Kirche jedoch nicht gebilligt. Über die Bedeutung der Hostie im spätmittelalterlichen Glauben siehe Zika, C. (1988).
115 N. Z. Davis, City Women and Religious Change« [dt. Übers.: Städtische Frauen und religiöser Wandel], in: Davis, N. Z. (1975).
116 Roth, F. W. (1901b, 1904-11), II, S. 327.
117 Schwenckfeld, Caspar (1907-61), passim. Siehe auch Boanas, G., und Roper, L. (1987).
118 Chroniken (1862-1931), XXIX, Preu, S. 80.
119 Frank, K. (1979).
120 Siehe die Beschwerden über die neue Ordnung von 1539: StadtAA, KWA ad B26/III, St. Katharina, 22. August 1539; Baumann, I (1958).
121 Roth, F. W. (1901b, 1904-11), IV, S. 203-36 (St.-Katharina-Kloster); III, S. 485f, 516, Anm. 170; IV, S. 203f; III, S. 486 (Maria Stern).
122 Ebd., III, S. 516, Anm. 170.
123 Meine Analyse unterscheidet sich etwas von Kiessling, R. (1971), S. 225-30, 238-40.
124 Siehe Roper, L. (1985d), S. 339ff, Tabellen 6. 3 und 6. 4; und StadtAA, Reichsstadt, Steuerbücher 1534-42.
125 Werner, A. (1899, 1912), I, S. 21; Herberger, A. (1876), S. 287-89.
126 Die Herwart verkauften das Haus (es stand leer) 1573 für 700 Gulden an die Fugger (StadtAA, Reichsstadt, Stiftungen, Herwart 15/12). Siehe auch den Verkauf von acht Häusern durch Hans Heinrich Herwart an Christoff Fugger (ebd., RS, 30. September 1557). Zum Kapital der Stiftungen siehe ebd., Stiftungen, Herwart 14, 15.
127 Siehe jedoch Werner, A. (1889, 1912), S. 21, und Herberger, A. (1876), S. 288: sie behaupten fälschlicherweise, das Herwart-Seelhaus sei 1534 aus den Steuerbüchern verschwunden und 1537 vom Rat geschlossen worden (siehe auch Roth, F. W. [1901b, 1904-11], II, S. 322 und 349, Anm. 61). Dies ist nicht der Fall, wie die regelmäßigen Einträge in die Steuerbücher und die Neuaufnahmen im Jahre 1534 und danach belegen. Nach StadtAA, Reichsstadt, Prot. der Dreizehn III, fol. 245r, 9. Juni 1537, sollten den fünf Frauen im Haus Leibgedinge verschafft werden, aber von Schließung wird nicht gesprochen. Aus ebd., Prot. der Dreizehn IV, fol. 19r, 10. Februar 1538, in dem der Rat von der Wiederaufnahme einer »liederlichen« Frau abriet, geht hervor, daß das Haus mit Unterstützung des Rats weiter existierte.
128 Werner, A. (1889, 1912), S. 21.
129 StBA Cod Aug. 20, 300.
130 Solche Verträge findet man in StadtAA, Reichsstadt, Stiftungen, Herwart 14; US, 23. April 1500 (Hirn); US, 27. Februar 1505 (Bach); KWA L67 (Bach) enthält mehrere Verträge: 1. August 1535, Margaret Niessin; 5. Dezember 1533, Anna Bältzin; 20. Oktober 1531, Bärbel Wellerin – alle von den Brüdern Rem aufgenommen.
131 Beispiele in ebd., US, 8. August 1501; US, 24. März 1505; US, 8. April 1507; US, 8. Juli 1521; US, 26. Juni 1515; US, 24. Januar 1519: Stiftungen, Herwart 13 (Sammlung).
132 Unter den Zeugen findet man zwei Mesmer der Liebfrauenkirche, einen ehemaligen Bäcker, den »Stockman von unser Frauen brüder«, je einen Taschner, Schuster, Beutelmacher, Weber und Zoller. Siehe oben, Anm. 131.
133 So wird Anna Prunctucher aus dem Herwartschen Seelhaus im Steuerbuch von 1539 als »dt heurnil« aufgeführt, ein Hinweis darauf, daß sie im selben Jahr geheiratet hatte; 1540 zahlte sie 30 Pfennig und 6 Pfennige Habnichts-Steuer und Wachtgeld (StadtAA, Reichsstadt, Steuerbücher 1540, fol. 55d; 1541, fol. 56b).
134 Siehe ebd., Stiftungen, Herwart 15/7, 1470.
135 StBA Jakob Hausstetters Testament, 1496 geändert: Kiessling, R. (1971), S. 237.
136 StadtAA, Reichsstadt, Stiftungen, Herwart 14, 31. August 1482.
137 Ebd., Stiftungen, Herwart 15/4.

Anmerkungen

Siebtes Kapitel
Die heilige Familie

1. Rowbotham, S. (1985).
2. Siehe z.B. StadtAA, Reichsstadt, Urg. 6. März 1534, Walpurg Frosch: sie berichtet zunächst, wie sie Lienhart Numenbecks Knecht gebeten habe, zu ihr nach Hause zu gehen und ihr Kind zu beruhigen; anschließend, daß Numenbeck selbst in ihr Haus gegangen sei, um ihr Kind zu trösten. Siehe zu Kindern und Arbeit auch oben, Erstes Kapitel.
3. Zu den Täufern in Augsburg siehe Roth, F. W. (1900-1901a), und Uhland, F. (1972). Zur Bedeutung von Frauen bei den Versammlungen der Täufer siehe außerdem z.B. StadtAA, Reichsstadt, Urg. 21. Juni 1533, Gall Launer; 3. -6. März 1533, Elisabeth Laux; 7. März 1533, Sixt Bartholome; 3. März 1533, Sabina Hieber; 5. März 1533, Barbara Nessler; RB 19/II, fol. 1, 1. August 1545.
4. Ebd., Urg. 6. Mai 1544, Katharina Kunig.
5. Ains Erbern Rats (1537), fol. b/iv.
6. Siehe die Carolina (1975), S. 78, unter der Überschrift »Straff der vnkeusch, so wider die natur beschicht« heißt es: »Item so eyn mensch mit eynem vihe, mann mit mann, weib mit weib, vnkeusch treiben, die haben auch das leben verwürckt, vnd man soll sie der gemeynen gewonheyt nach mit dem fewer vom leben zum todt richten.«
7. Siehe StadtAA, Reichsstadt, Urg. 1. Mai 1532, Christoff Schmid (Priester); 1. Mai 1532, Bernhard Wagner; 6. Mai 1532, Jacob Miller (verbrannt am 8. Juni 1532); 11. Mai 1532, Hans Purckhart; 4. Juni 1532, Bernhart Wagner (verbrannt am 8. Juni 1532); 4. Mai 1532, Philipp Zeller (Schulmeister bei St. Georg, mittlerweile verheiratet; zehn Jahre vorher schon einmal in einen solchen Fall verwickelt; linke Hand abgeschlagen und gebannt); 19. März 1534 und 1. Dezember 1533, Michel Will. Dieser Fall wird auch erwähnt in Gasser, A. (1728-30), S. 1793.
8. StadtAA, Reichsstadt, Urg. 16. November 1529, Wolf Keck: Georg Rumler und Bernhard Wagner waren beide in den Fall verwickelt; sie wurden beide des Ehebruchs mit Kecks Frau beschuldigt.
9. Von den in den Prozessen von 1532 namentlich Genannten war einer ein Priester, weitere drei von Jacob Miller Genannten lebten »zu St. Moritz«, und Philipp Zeller war Schulmeister von St. Georg. Jacob Miller war Bäcker, Purckhart machte Lebzelten, Will und Rumler waren Weber, Wagner schließlich ein Obsthändler. Erwähnenswert ist, daß ein Patrizier, Sigmund Welser, in den Fall verwickelt war – soweit aus den Quellen ersichtlich, wurde er nicht verhört oder bestraft. Zu Priestern und Homosexualität in den Flugschriften siehe auch Bernhardi, Bartholomaeus (1522), fol. B/iii, wo er sich über das »ergerniss« beklagt, daß Priester »Junckfrawenn / frawenn / vnnd knabenn« antun würden.
10. Über Sinn und Bedeutung von Ungeheuern und Monstern siehe Park, K., und Daston, L. (1981); wichtig ist insbesondere die Darstellung des Mönchskalbs in der Reformation. Siehe Scribner, R. W. (1981), S. 129-36.
11. Siehe z.B. Rem, Bernhart (1523).
12. Brown, J. (1986).
13. Zimmern (1967), II, S. 212.
14. StadtAA, Reichsstadt, Urg. 13. August 1541, Ursula Mair; 8. August 1541, Katharina Ziegler.
15. Siehe z.B. Aretino, P. (1972).
16. Schade, S. (1983), S. 112f.
17. StadtA, Reichsstadt, RB 16, fol. 126v, 3. Juli 1537. Ebenso Straf auf den Stuben, 1538 (?), Fasz. Zuchtordnungen: Schwören im Namen Christi, Gottes, der Inkarnation oder der Kommunion waren strafbar; aber Schwüre im Namen Marias oder der Heiligen wurden nicht erwähnt.

18 Chroniken (1862-1931), IV, S. 290.
19 Ebd., S. 295.
20 Ebd., XXV, Franks Annalen, S. 302f.
21 Ursprung (1483). Weitere drei Reliquiare enthielten Überreste unbekannter Heiliger, drei enthielten Gebeine von männlichen und weiblichen Heiligen und Märtyrern, und nur sechs Reliquiare waren christozentrisch, enthielten Reliquien, die sich auf die Passion, die Geburt Christi o. ä. bezogen. Ein Vergleich zwischen den Heiligen und Märtyrern zeigt jedoch ein etwas anderes Muster: acht bezogen sich auf Christus, drei auf die Jungfrau Maria, 91 auf männliche und nur 39 auf weibliche Heilige und Märtyrer. Die männlichen Heiligen bildeten eine sehr viel größere Zahl von Einzelpersonen. Die bei weitem am häufigsten vertretene Heilige war hingegen die hl. Afra. Für die weiblichen Heiligen – die hl. Afra, die hl. Ursula und die hl. Glisa – erwähnen die Quellen die Existenz von »Sozietäten«, nicht jedoch für männliche Heilige. Zumindest für diese Reliquiensammlung läßt sich somit sagen, daß die weiblichen Reliquien durch eine schwächer ausgeprägte Inidividualität und einen entsprechend stärker ausgeprägten weiblichen Gemeinschaftssinn gekennzeichnet waren.
22 Siehe z.B. StadtAA, Reichsstadt, Prot. der Dreizehn V, fol. 77, 17. Juni 1539: »Frau Ehingerin, Weispronnerin«, »Dichtlin von Munchen«, »Enndlin kindtpet kellerin« und »die Schenckin« sind namentlich festgehalten, weil sie zu einer katholischen Taufe nach Lechhausen gegangen waren; Prot. der Zuchtherren III, fol. 34, 31. Mai 1544: Barbara Sundau bestraft wegen der Teilnahme an »Bapistischen Ceremonien«.
23 Zur in Augsburg gebräuchlichen Formel siehe Obsequiale (1487), fol. xlvr-xlvir. Zu Benediktionen andernorts siehe Scribner, R. W. (1984); Franz, A. (1909), S. 393-413.
24 Scribner, R. W. (1984), S. 62.
25 Zu Anna Laminit siehe Roth, F. W. (1924), und Chroniken (1862-1931), XXIII, Sender, S. 116f; und XXV, Rem, S. 11-20, 85f.
26 Über Dorothea von Montau siehe: Akten Dorothea von Montau (1978).
27 Zur an die St.-Anna-Kirche angegeliederte Bruderschaft siehe Schiller, W. (1938); Lengle, P. (1985); und Kiessling, R. (1971), S. 292.
28 StadtAA, Reichsstadt, Lit. 1538, Juli-Dezember, Nr. 11.
29 Siehe beispielsweise ebd., Prot. der Dreizehn III, fol. 231r, 27. März 1537; und die Taufordnungen für Augsbugr in Sehling, E. (1902-11; 1963-), XII, Bayern II, S. 39, 72-79, 85f. In Augsburg beschlossen die Evangelischen jedoch 1555, die Hebammentaufe solle anerkannt werden (ebd., S. 99-102); die leidenschaftliche Sprache des Beschlusses verrät jedoch, wie heikel dieses Thema war. Eine zusätzliche Schwierigkeit lag darin, daß eine zweite kirchliche Zeremonie nach der Taufe als »Wiedertaufe« erscheinen und die Evangelischen so – durch eine Fehlinterpretation – in die Nähe der Täufer rücken konnte. Diese Fragen tauchen deutlich in Stadtarchiv Ulm, A [1790], 1535, in der Handschrift Martin Frechts auf, der auch die »aberglabische papistische« Gewohnheit von Hebammen verurteilt, das erste aus dem Mutterleib auftauchende Glied des Kindes zu taufen.
30 StadtAA, Reichsstadt, Prot. der Dreizehn III, fol. 231, 27. März 1537; RB 16, fol. 122v, 16. März 1537.
31 Ebd., Urg. 15. April 1531, Ursula Rieger. Möglicherweise enthielt die Wahl des Wurfgeschosses auch eine versteckte sexuelle Anspielung – Haselnüsse waren ein Symbol für sexuelles Begehren und wurden zur Darstellung von Lüsternheit gebraucht – ein gutes Haselnußjahr kündigte deshalb viele uneheliche Geburten an: Bächtold-Stäubli, H. (1927-42), III, Sp. 1534f.
32 Obsequiale (1487), fol. xxiiijr-xxxv, insbes. fol. xxviv und xxviiv sowie xxviir und xxviiv. Die über Neugeborenen gesprochenen Gebete unterschieden sich für Jungen und Mädchen: das Gebet für Jungen bezog sich auf das Volk Israel, das aus der ägyptischen Gefangenschaft geführt worden war, es berief sich auf eine Weitergabe über Generationen hinweg. Das Gebet für Mädchen hingegen bezog sich auf den Gott der Erzengel, Propheten, Apostel, Mär-

tyrer und Jungfrauen – ein weitgespannteres Erbe, das keinen Bezug auf die Familie oder Sippe nahm. Das zweite exorzisierende Gebet für Knaben erwähnt Christus, wie er über das Wasser geht und Petrus grüßt; das Gebet für Mädchen hingegen bezieht sich auf die Heilung des Blinden und die Erweckung des Lazarus von den Toten. So verknüpfte der religiöse Brauch schon so früh im Leben eines Kindes das weibliche Geschlecht mit der Heiltätigkeit, das männliche hingegen mit aktiveren Ausdrucksformen des Glaubens. Zu ähnlichen Unterschieden zwischen den Exorzismusformeln, die für Jungen und Mädchen gebräuchlich waren, siehe Reifenberg, H. (1971), I., S. 167-99, Mainz, Würzburg und Bamberg; Dold, A. (1923), S. 1-48, insbesondere der Vergleich zwischen S. 7 und 16, 8 und 17; und Mattes, B. (1978), S. 141-70. Siehe auch Hoeynck, F. (1889), S. 119-28: Jungen wurden in Augsburg vor den Mädchen getauft – ich danke Charles Zika für diesen Hinweis.
33 Zu Luthers Zwei-Reiche-Lehre siehe W. J. Cargill Thompson, The »Two Kingdoms« and the »Two regiments«: Some Problems of Luther's *Zwei-Reiche-Lehre*, in: Cargill Thompson, W. J. (1980).
34 Zur Aussegnung, die häufig vor dem Kirchenportal mit Stola und Weihwasser stattfand, siehe Hoeynck, F. (1889), S. 427; Dold, A. (1923), S. 47f; Franz, A. (1909), II, S. 208-40. In Augsburg gehörte zu diesem Brauch das Geleit in die Kirche mit Stola und Weihwasser: Obsequiale (1487), fol. xlviiir.

Nachwort

1 Von zentraler Bedeutung war für FrühneuzeithistorikerInnen englischer Sprache die Studie von Alice Clark, Working Life of Women in the Seventeenth Century, London 1919. Die Geschichte der Frauengeschichte in Deutschland ist ein zu weites Feld, um sie hier abzuhandeln. Doch ihren Platz darin fänden mit Sicherheit Karl Bücher, Die Frauenfrage im Mittelalter, Tübingen 1882; Marianne Weber, Ehefrau und Mutter in der Rechtsentwicklung. Eine Einführung, Tübingen 1907; siehe auch Iwan Bloch, Die Prostitution, Bd. 1, Berlin 1912, sowie allgemein die Arbeiten zur Kulturgeschichte. Neuere Forschungsüberblicke bieten Rebekka Habermas, Geschlechtergeschichte und »anthropology of gender«: Geschichte einer Begegnung, in: Historische Anthropologie 1 (1993), S. 485-510; Claudia Ulbrich, Aufbruch ins Ungewisse. Feministische Frühneuzeitforschung, in: Beate Fieseler und Birgit Schulze (Hgg.), Frauengeschichte: Gesucht – Gefunden? Auskünfte zum Stand der historischen Frauenforschung, Köln-Weimar-Wien 1991; dies., Literaturbericht Frauen- und Geschlechtergeschichte. Teil 1: Renaissance, Humanismus und Reformation, in: Geschichte in Wissenschaft und Unterricht 45:2 (1994), S. 108-120; Hedwig Röckelein, Historische Frauenforschung. Ein Literaturbericht zur Geschichte des Mittelalters, in: Historische Zeitschrift 255 (1992), S. 377-409.
2 Heide Wunder, »Er ist die Sonn', sie ist der Mond«. Frauen in der Frühen Neuzeit, München 1992; siehe auch dies., Überlegungen zum Wandel der Geschlechterbeziehungen im 15. und 16. Jahrhundert aus sozialgeschichtlicher Sicht, in: Heide Wunder und Christina Vanja (Hgg.), Wandel der Geschlechterbeziehungen zu Beginn der Neuzeit, Frankfurt a.M. 1991, S. 12-26.
3 In ähnlicher Weise hat Thomas Laqueur das Verständnis des Geschlechterunterschieds als graduelle Abstufung interpretiert. Siehe Thomas Laqueur, Making Sex. Body and Gender from the Greeks to Freud, Cambridge, Mass. -London 1990; dt. Übers.: Auf den Leib geschrieben. Die Inszenierung der Geschlechter von der Antike bis Freud, Frankfurt a.M.-New York 1992.
4 Das Konzept der getrennten Sphären, wie es in der Geschlechtergeschichte verwendet wurde, kritisiert Amanda Vickery, Golden age to separate spheres? A review of the categories

and chronology of English women's history, in: The Historical Journal 36 (1993), S. 383-414.
5 In englischer Sprache sind mehrere wichtige Arbeiten erschienen, die Interpretationen für die gesamte Frühe Neuzeit bieten. Merry Wiesner, Women and Gender in early modern Europe, Cambridge 1993, ist eine unschätzbare Einführung in die Geschlechtergeschichte der Frühen Neuzeit. Eine bedeutende vergleichende Studie auf der Grundlage italienischer, französischer, dänischer, englischer und deutscher Quellen u. a. m. stammt von Olwen Hufton, The Prospect before her. A History of women in western Europe 1500-1800, London 1995. Olwen Hufton betont die zentrale Rolle der Ehe für die Organisation der gesamten Lebenserfahrung der Frauen, und sie kann zeigen, wie wichtig es ist, den Lebenszyklus (»life cycle«) zu berücksichtigen, wenn man die Geschichte von »Frauen« schreiben will. Patricia Crawford, Women and Religion in England 1500-1720, London 1993, erkundet einfühlsam, welchen Einfluß religiöser Wandel (radikale Sekten, Protestanten, Puritaner, Katholiken) auf Frauen ausübte. Eine Überblicksdarstellung für England ist Anne Laurence, Women in England, 1500-1760: A Social History, London 1994. Anthony Fletcher, Gender, Sex, and Subordination in England 1500-1800, London 1995, ist eine Geschichte der Geschlechterbeziehungen, die insbesondere zu den sich wandelnden Bedeutungen von Männlichkeit viel bietet. Das weitgespannte französische Projekt unter der Leitung von Georges Duby und Michelle Perrot, Storia delle donne in occidente, 5 Bde., Rom-Bari 1990ff.; dt. Übers.: Geschichte der Frauen, 5 Bde., Frankfurt a.M.- New York 1993-95), ist eher eine anregende Sammlung von Essays als eine Gesamtdarstellung und -interpretation.
6 Michael Roper und John Tosh (Hgg.), Manful Assertions, London 1991; Lynne Segal, Slow Motion, London 1990.
7 Thomas Robisheaux, Rural Society and the Search of Order in Early Modern Germany, Cambridge 1989.
8 Siehe den originellen Aufsatz von Alan Bray, Homosexuality and the Signs of Male Friendship in Elizabethan England, in: History Workshop Journal 29 (1990), S. 1-19; Stanley Chojnacki, Political Adulthood in Fifteenth-Century Venice, in: American Historical Review 91 (1986), S. 791-810; Alex Potts, Beautiful Bodies and Dying Heroes: Images of ideal manhood in the French Revolution, in: History Workshop Journal 30 (1990), S. 1-21.
9 Norbert Schindler, Nächtliche Ruhestörung. Zur Sozialgeschichte der Nacht in der frühen Neuzeit, und ders., »Heiratsmüdigkeit« und Ehezwang. Zur populären Rügesitte des Pflug- und Blochziehens, in: ders., Widerspenstige Leute. Studien zur Volkskultur in der frühen Neuzeit, Frankfurt a.M. 1992, S. 215-257, 381-394; 175-214, 361-381. Ders., Gewalt und historische Jugendkultur, in Vorber.; ders., Die Ramigsteiner Bettlerhochzeit 1699/89. Armut, Sexualität und Hexenpolitik in einem Salzburger Bergwerk des 17. Jahrhunderts, in: Historische Anthropologie 2 (1994), S. 165-192; Merry Wiesner, Guilds, male bonding and women's work in early modern Germany, in: Gender and History 1 (1989), S. 767-782.
10 Eva Labouvie, Selbstverwaltete Geburt. Landhebammen zwischen Macht und Reglementierung, in: Geschichte und Gesellschaft 18 (1992), S. 473-502; Valerie Fildes (Hg.), Women as mothers in Pre-industrial England, London-New York 1990 (insbesondere die Aufsätze von Crawford, Pollock, Wilson); zur »Aussegnung« in Deutschland siehe Susan C. Karant-Nunn, »A Women's rite: Churching and the Lutheran Reformation, in: Ronne Po-Chia Hsia und Bob Scribner (Hgg.), History and Anthropology in early modern Europe. Papers from the Wolfenbüttel conference 1991, in Vorber.; Clarissa Atkinson, The Oldest Vocation. Christian Motherhood in the Middle Ages, Ithaca-London 1991; Ruth Perry, Colonizing the breast: Sexuality and Maternity in eighteenth century England, in: J. C. Fout (Hg.), Forbidden History, Chicago 1992; David Cressy, Purification, thanksgiving and the churching of women in post-Reformation England, in: Past and Present 141 (1993), S. 106-146; John Boswell, The Kindness of Strangers. The Abandonment of Children in Western Europe from Late Antiquity to the Renaissance, New York 1988; Jacques Gelis, History of Childbirth: Fertility, pregnancy and birth in early modern Europe, Oxford 1991; frz. Orig.: L'arbre et le fruit :

la naissance dans l'Occident moderne (XVIe-XIXe siècles), Paris 1984; dt. Übers.: Das Geheimnis der Geburt: Rituale, Volksglaube, Überlieferung, Freiburg i. Br.-Basel 1992.

11 Stärker die Kontinuität zwischen den vorreformatorischen und den reformatorischen Auffassungen zur Ehe betont Joel F. Harrington, Reordering marriage and society in Reformation Germany, Cambridge 1995. Eine ausgezeichnete Studie über die Eigentumsfragen in der Ehe, die zeigt, wie Frauen ihren Besitz schützen konnten, ist Amy Louise Erickson, Women and Property in early modern England, London-New York 1993; zur ökonomischen und gesellschaftlichen Stellung von Frauen in der Stadt am Beispiel von Nördlingen siehe Ingrid Bátori, Frauen im Handel und Handwerk in der Reichsstadt Nördlingen im 15. und 16. Jahrhundert, in: Barbara Vogel und Ulrike Weckel (Hgg.), Frauen in der Ständegesellschaft, Hamburg 1991. Zu Hochzeiten und den sich wandelnden Bestimmungen der Ehe, die sich in ihnen spiegeln, siehe Michael Schröter, Zur Intimisierung der Hochzeitsnacht im 16. Jahrhundert. Eine zivilisationstheoretische Studie, in: Hans-Jürgen Bachorski (Hg.), Ordnung und Lust. Bilder von Liebe, Ehe und Sexualität in Spätmittelalter und Früher Neuzeit, Trier 1991; und Richard van Dülmen, Fest der Liebe. Heirat und Ehe in der frühen Neuzeit, in: ders. (Hg.), Armut, Liebe, Ehre, Frankfurt a.M. 1988. Zur Pfarrfrau siehe Luise Schorn-Schütte, »Gefährtin« und »Mitregentin«. Zur Sozialgeschichte der evangelischen Pfarrfrau in der Frühen Neuzeit, in: Heide Wunder und Christina Vanja (Hgg.), Wandel der Geschlechterbeziehungen zu Beginn der Neuzeit, Frankfurt a.M. 1991, S. 109-153. Zur Gewalt in der Ehe siehe den hervorragenden Aufsatz von Rainer Beck, Frauen in Krisen. Eheleben und Ehescheidung in der ländlichen Gesellschaft Bayerns während des Ancien Regime, in: Richard van Dülmen (Hg.), Dynamik der Tradition, Frankfurt a.M. 1992; und ders., Unterfinning. Ländliche Welt vor Anbruch der Moderne, München 1993; sowie Rebekka Habermas, Frauen und Männer im Kampf um Leib, Ökonomie und Recht. Zur Beziehung der Geschlechter im Frankfurt der Frühen Neuzeit, in: Richard van Dülmen (Hg.), Dynamik der Tradition, Frankfurt a.M. 1992. Eine Kritik am – von Otto Brunner entliehenen – Ideal des »ganzen Hauses«, das zur Enthistorisierung der Geschlechterbeziehungen benutzt wird, bietet Irmintraud Richarz, Das ökonomisch autarke »Ganze Haus« – eine Legende?, in: Trude Ehlert (Hg.), Haushalt und Familie in Mittelalter und früher Neuzeit. Vorträge eines interdisziplinären Symposiums vom 6. bis 9. Juni 1990, Sigmaringen 1991.

12 Ulrike Hörauf-Erfle, Wesen und Rolle der Frau in der moralisch-didaktischen Literatur des 16. und 17. Jahrhunderts im Heiligen Römischen Reich deutscher Nation, Frankfurt a.M. 1994; Anette Völker-Rasor, Bilderpaare-Paarbilder. Die Ehe in Autobiographien des 16. Jahrhunderts, Freiburg i. Br. 1993. Siehe auch Elisabeth Koch, Maior dignitas est in sexu virili. Das weibliche Geschlecht im Normensystem des 16. Jahrhunderts, Frankfurt a.M. 1991; Sigrid Westphal, Frau und lutherische Konfessionalisierung. Eine Untersuchung zum Fürstentum Pfalz-Neuburg 1524-1614, Frankfurt a.M.-Berlin 1994. Die interessante Studie von Silke Halbach, Argula von Grumbach als Verfasserin reformatorischer Flugschriften, Frankfurt a.M. 1992, zeigt, daß Argula von Grumbach Bibelzitate anders verwendete als männliche Autoren: sie bezog sich deutlich auf mündliche Zitate, nicht auf den geschriebenen Text, und begann erst ihre Rolle als Frau zu verteidigen, als einige ihrer Schriften veröffentlicht worden waren. Zu den Täuferinnen siehe Marion Kobelt-Groch, Aufsässige Töchter Gottes. Frauen im Bauernkrieg und in den Täuferbewegungen, Frankfurt a.M.-New York 1993, die zeigt, daß die Frauen aktiv an diesen Bewegungen teilhatten und nicht passive Gefährtinnen in einer von Männern getragenen Reformation waren. Zu Frauen in den englischen radikalen Strömungen siehe Phyllis Mack, Visionary Women. Ecstatic Prophecy in Seventeenth-Century England, Berkeley-Los Angeles 1992. Sherrin Marshall, Women in Reformation and Counter-Reformation Europe. Private and public worlds, Bloomington-Indianapolis 1989, ist ein nützlicher Überblick über die Rolle von Frauen in verschiedenen Konfessionen und religiösen Strömungen. Zu Frauen im Katholizismus siehe insbesondere Anne Conrad, Zwischen Kloster und Welt. Ursulinen und Jesuitinnen in der katholischen

Reformbewegung des 16. /17. Jahrhunderts, Mainz 1991; und Rebekka Habermas, Wallfahrt und Aufruhr. Zur Geschichte des Wunderglaubens in der frühen Neuzeit, Frankfurt a.M.-NewYork 1991, die nachweist, wie wichtig Frauen bei Wallfahrten und Krankenheilung waren und in welche Schwierigkeiten sie gerieten, wenn sie ihre Rolle begründen sollten. Wie Glaubensvorstellungen und Geschlechterstereotype die Haltung zu Selbsttötung beeinflußten, zeigt Gabriela Signori, Aggression und Selbstzerstörung.»Geistesstörungen« und Selbstmordversuche im Spannungsfeld spätmittelalterlicher Geschlechterstereotype im 15. und beginnenden 16. Jahrhundert, in: dies. (Hg.), Trauer, Verzweiflung und Anfechtung. Selbstmord und Selbstmordversuche in mittelalterlichen und frühneuzeitlichen Gesellschaften, Tübingen 1994.

13 Zur popularen Bilderwelt siehe Keith Moxey, Peasants, Warriors, and Wives: Popular Imagery in the Reformation, Chicago 1989; und über aufsässige Frauen den anregenden Aufsatz von Claudia Ulbrich, Unartige Weiber. Präsenz und Renitenz von Frauen im frühneuzeitlichen Deutschland, in: Richard van Dülmen (Hg.), Arbeit, Frömmigkeit und Eigensinn, Frankfurt a.M. 1992. Zur Literatur siehe Maria E. Müller, Naturwesen Mann. Zur Dialektik von Herrschaft und Knechtschaft in Ehelehren der Frühen Neuzeit, in: Heide Wunder und Christina Vanja (Hgg.), Wandel der Geschlechterbeziehungen zu Beginn der Neuzeit, Frankfurt a.M. 1991, S. 43-68; dies., Schneckengeist im Venusleib. Zur Zoologie des Ehelebens bei Johann Fischart, in: Maria E. Müller (Hg.), Eheglück und Liebesjoch. Bilder von Liebe, Ehe und Familie in der Literatur des 15. und 16. Jahrhunderts, Weinheim-Basel 1988; Hans-Jürgen Bachorski (Hg.), Ordnung und Lust. Bilder von Liebe, Ehe und Sexualität in Spätmittelalter und Früher Neuzeit, Trier 1991; Rüdiger Schnell, Liebesdiskurs und Ehediskurs im 15. und 16. Jahrhundert, in: Lynne Tatlock (Hg.), The Graph of Sex and the German Text, Amsterdam 1994; Jan-Dirk Müller, Zwischen mündlicher Anweisung und schriftlicher Sicherung von Tradition. Zur Kommunikationsstruktur spätmittelalterlicher Fechtbücher, in: H. Kühnel (Hg.), Kommunikation und Alltag in Spätmittelalter und früher Neuzeit, Wien 1992.

14 Bernd Roeck, Eine Stadt in Krieg und Frieden. Studien zur Geschichte der Reichsstadt Augsburg zwischen Kalenderstreit und Parität (1584-1648, Göttingen 1989; Etienne François, Die unsichtbare Grenze. Protestanten und Katholiken in Augsburg (1991). Siehe auch B. Ann Tlusty, Das ehrbare Verbrechen. Die Kontrolle über das Trinken in Augsburg in der frühen Neuzeit, in: Zeitschrift des historischen Vereins für Schwaben 85 (1992), S. 133-155, und dies., The Devil's Altar: Drinking and society in early modern Augsburg, Diss. Masch. University of Maryland 1995 (Drucklegung in Vorbereitung); Kathy Stuart, The Boundaries of Honor. »Dishonourable people« in Augsburg 1500-1800, Diss. Masch. Yale University 1993.

15 Besonders wichtig war hier die Kulturgeschichte, insbesondere die Entwicklung der historischen Anthropologie. Siehe die neue Zeitschrift »Historische Anthropologie«, die von Richard van Dülmen herausgegebene Reihe »Studien zur historischen Kulturforschung« und »L'Homme. Zeitschrift für feministische Geschichtswissenschaft«.

16 Zum Kindsmord siehe insbesondere Richard van Dülmen, Frauen vor Gericht. Kindsmord in der Frühen Neuzeit, Frankfurt a.M. 1991; Otto Ulbricht, Kindsmord und Aufklärung in Deutschland, München 1990; und Ulinka Rublack, Women and Crime in South West Germany, Diss. Masch. Cambridge 1995. Zur Kriminalität und deren Beziehung zum Geschlecht siehe Susanna Burghartz, Leib, Ehre und Gut. Delinquenz in Zürich Ende des 14. Jahrhunderts, Zürich 1990; und dies., Jungfräulichkeit oder Reinheit? Zur Änderung von Argumentationsmustern vor dem Basler Ehegericht im 16. und 17. Jahrhundert, in: Richard van Dülmen (Hg.), Dynamik der Tradition, Frankfurt a.M. 1992; Andreas Blauert und Gerd Schwerhoff (Hgg.), Mit den Waffen der Justiz. Beiträge zur Kriminalitätsgeschichte des Spätmittelalters und der Frühen Neuzeit, Frankfurt a.M. 1993; Ulrike Gleixner, »Das Mensch« und »der Kerl«. Die Konstruktion von Geschlecht in Unzuchtsverfahren der

Frühen Neuzeit (1700-1760), Frankfurt a.M.-New York 1994, und dies., Das Gesamtgericht der Herrschaft Schulenburg im 18. Jahrhundert. Funktionsweise und Zugang von Frauen und Männern, in: Jan Peters (Hg.), Gutsherrschaft als soziales Modell. Vergleichende Betrachtungen zur Funktionsweise frühneuzeitlicher Agrargesellschaften, München 1995; Wolfgang Behringer, Mörder, Diebe, Ehebrecher. Verbrechen und Strafen in Kurbayern vom 16. bis 18. Jahrhundert, in: Richard van Dülmen (Hg.), Verbrechen, Strafen und soziale Kontrolle, Frankfurt a.M. 1990; Alison Rowlands, Dossier: Gender History. To wear a virgin's wreath: gender and problems of conformity in early modern Germany, in: European Review of History – Revue européenne d'Histoire 1:2 (1994), S. 227-232, und dies., Women, gender and power in Rothenburg ob der Tauber and its rural environs, 1500-c. 1618, Diss. Masch. Cambridge 1995; Ulinka Rublack, »Viehisch, frech und unverschämt«. Inzest in Württemberg, Schwäbisch Hall und Esslingen ca. 1530-1700, in: Otto Ulbricht (Hg.), Weibliche Kriminalität in der Frühen Neuzeit, in Vorber.; und Valentin Groebner, Losing face, saving face: noses and honour in the late medieval town, in: History Workshop Journal 40 (1995), S. 1-15; und interessante italienische Arbeiten in Edward Muir und Guido Ruggiero (Hg.), Sex and Gender in Historical Perspectives. Selections from Quaderni storici, Baltimore 1990. Zu Kriminalgeschichten siehe Joy Wiltenburg, Disorderly Women and Female power in the street literature of early modern England and Germany, Charlottesville-London 1992. Brilliante Untersuchungen über Klatsch und seine Beziehung zum Geschlecht sind Pia Holenstein und Norbert Schindler, Geschwätzgeschichte(n). Ein kulturhistorisches Plädoyer für die Rehabilitierung der unkontrollierten Rede, in: Richard van Dülmen (Hg.), Dynamik der Tradition, Frankfurt a.M. 1992; und Laura Gowing, Gender and the language of insult in early modern London, in: History Workshop Journal 35 (1993), S. 1-21; dies., Language, power and the law: women's slander litigation in early modern England, in: C. Walker und J. Kermode (Hgg.), Women, crime and the courts in early modern England, London 1994; und dies., Domestic Dangers. Women, sex and words in early modern London, Oxford 1995. Zur Bedeutung der Ehre siehe auch Martin Dinges, Die Ehre als Thema der Stadtgeschichte. Eine Semantik am Übergang vom Ancien Regime zur Moderne, in: Zeitschrift für historische Forschung 16 (1989), S. 409-440.
17 Es gibt mittlerweile zahlreiche Arbeiten zur Konfessionalisierung, die auch die Reform der Sittenzucht und Sexualität berücksichtigen. Siehe zum Beispiel Günter Pallaver, Die Verdrängung der Sexualität in der frühen Neuzeit am Beispiel Tirols, Wien 1987; Heinrich Richard Schmidt, Die Christianisierung des Sozialverhaltens als permanente Reformation. Aus der Praxis reformierter Sittengerichte in der Schweiz während der frühen Neuzeit, in: Zeitschrift für historische Forschung, Beiheft 9, 1989, S. 113-163; daß die Disziplinierung den religiösen Reformbewegungen vorausging, vertritt Werner Buchholz, Anfänge der Sozialdisziplinierung im Mittelalter. Die Reichsstadt Nürnberg als Beispiel, in: Zeitschrift für historische Forschung 18 (1991), S. 129-148; zum Zeitraum von 1670 bis 1808 siehe Stefan Breit, »Leichtfertigkeit« und ländliche Gesellschaft. Voreheliche Sexualität in der frühen Neuzeit, München 1991; und Lyndal Roper, Saufen, fressen, huren, in: dies., Ödipus und der Teufel, Frankfurt a.M. 1995.
18 Peter Schuster, Das Frauenhaus. Städtische Bordelle in Deutschland 1350 bis 1500, Paderborn 1992, und Beate Schuster, Die freien Frauen. Dirnen und Frauenhäuser im 15. und 16. Jahrhundert, Frankfurt a.M.-New York 1995. Siehe auch dies., Frauenhandel und Frauenhäuser im 15. und 16. Jahrhundert, in: Vierteljahrschrift für Sozial- und Wirtschaftsgeschichte 78:2 (1991), S. 172-189; Jacques Rossiaud, Medieval Prostitution, Oxford 1988; frz. Orig.: La Prostitution médiévale, Paris 1988, 2. Aufl. 1990; dt. Übers.: Dame Venus. Prostitution im Mittelalter, München 1994. Siehe auch Franz Irsigler und Arnold Lassotta, Bettler und Gaukler, Dirnen und Henker. Außenseiter in einer mittelalterlichen Stadt. Köln 1300-1600, Köln 1984.

S. 232

19 Ulinka Rublack, Women and Crime in South West Germany, Diss. Masch. Cambridge 1995.
20 Siehe Lyndal Roper, Ödipus und der Teufel, Frankfurt a.M. 1995.
21 Ulrike Gleixner, »Das Mensch« und »der Kerl«. Die Konstruktion von Geschlecht in Unzuchtsverfahren der Frühen Neuzeit (1700-1760), Frankfurt a.M.-New York 1994.

Quellen- und Literaturverzeichnis

ABKÜRZUNGEN

BayHstA	Bayerisches Hauptstaatsarchiv München
BMB	Baumeisterbuch
EWA	Evangelisches Wesensarchiv
Fasz.	Faszikel
HWA	Handwerkerakten
HWO	Handwerksordnungen
KWA	Katholisches Wesensarchiv
Lit.	Literalien
Prot.	Protokolle
RB	Ratsbuch
RS	Realitätensammlung
StadtAA	Stadtarchiv Augsburg
StBA	Staats- und Stadtbibliothek Augsburg
SKUK	Stadtkanzlei Urkundenkonzepte
US	Urkundensammlung
Urg.	Urgichten
ZHVS	Zeitschrift des historischen Vereins für Schwaben (und Neuburg)

UNGEDRUCKTE QUELLEN

Stadtarchiv Augsburg

Reichsstadt

Ratsbücher
   1 (Frickinger) 1332-1471; 2 Ratserkenntnisse des 15. Jahrhunderts 1368-1534; 3 (1392-1441/1449); 8 (1474-78); 9 (1479-81); 10-38 (1482-1573); 277 Eidbuch des 15. Jahrhunderts (1434-73)

Schätze
   16 (Sammlung des Stadtschreibers von Ordnungen); 36/1, 36/3, ad 36/4, ad 36/5 Zuchtordnungen; 46b Schmiede Zunftbuch; 63 P. H. Mair Memorialbuch; 72a Malerzunftbuch

Ungedruckte Quellen

Steuerbücher
1500-50

Protokolle der Hochzeitsherren
I 1563-69

Ratsämterlisten
1520-35, 1536-48

Protokolle der Dreizehn
I 1524-26; II 1525-29; III 1530- ; IV 1538; V 1539-40; VI 1540-42; VII 1542

Baumeisterbücher
1500-48

Einnehmerbücher
1500-48

Protokolle der Einunger
5 Bde., 1535-53, es fehlen 1540-43; 1549-51

Scheltbücher
5 Bde., 1509-50, es fehlt 1529, 1544

Strafbücher des Rats
I 1509-26; II 1533-39; III 1540-43; IV 1543-53

Protokolle der Zuchtherren
(I) 28. September 1537-30. April 1539; (II) 5. Mai 1539-29. November 1540; (III) 1. Dezember 1540-17. Oktober 1542; (IV) 11. Oktober 1542-29. Dezember 1543; (V) 3. Januar 1544-9. März 1545; (VI) 9. März 1545-18. Januar 1546; (VII) 18. Januar 1546-28. April 1547; (VIII) 20. April 1547-6. Juni 1548

Ein- und Ausgabebuch der Zuchtherren
1537; 8. Oktober-Dezember 1557; 1558

Ehegerichtsbuch
1537-46

Faszikel Ehegericht
1548-78, I

Stadtgerichtsbücher
1500-50; es fehlen 1514, 1524-26, 1529, 1530, 1534-38, 1540, 1541, 1549

Urgichten
(I) 1497-1522; (II) 1523; (III) 1524; (IV) 1525, 1526; (V) 1527-29; (VI) [es fehlt 1530], 1531; (VII) 1532; (VIII) 1533; (IX) 1534; (X) 1535, [1536-38 fehlen]; (XI) 1539 [1540 fehlt]; (XII) 1541, 1542; (XIII) 1543, 1544; (XIV) 1545, 1546

Quellen- und Literaturverzeichnis

Faszikel Musterregister
I 1520-1539; II 1520-1582

Handwerkerakten
Bader und Barbierer 1535-80; Bäcker 1549-67; Bildhauer 1509-1699; Bierbrauer 1549-77; Bier- und Weinwirte 1520-81; Briefmaler, Illuministen, Formschneider 1529-1645; Buchbinder 1528-1642; Büchsenmacher und Büchsenhefter 1528-1642; Drechsler 1549-1654; Fischer 1429-1551 (1552-1578); Gerber 1548-84; Glaser 1548-1645; Goldschläger 1556-1690; Goldschmiede 1532-80; Haffner 1507-1658; Kartenmacher 1520-1806; Käufler 1524-1698; Kistler 1548-66; Kramer 1524-76; Kürschner 1472-1587; Lederer 1548-1654; Maler 1515-1603; Fasz. Maler, Glaser, Bildhauer, Drahtzieherordnung; Messerschmiede (Schwertfeger) 1550-1736; Metzger 1417-1554; Metzger 1561-1798; Metzger 1550-1675; Müller 1511-82; Nadler 1549-1721; Nestler 1534-1794; Obser 1530-1632; Plattner 1530-1643; Riemer 1548-1826; Säckler 1550-1638; Sailer 1454-1615; Salzfertiger 1536-1807; Sattler 1548-1600; Schäffler 1548-94; Schleiffer 1548-1662; Schlosser 1550-1647; Schmiede 1530-69; Schwertfeger 1548-1735 und 1779-1808; Schneider 1443-1564; Schuhmacher 1548-69; Segmüller und Floßleute 1524-1712; Sporer 1549-1810; Steinschneider 1530-1795 und 1736-1802; Taschner 1482-1809; Uhrmacher 1544-1602; Wachsmacher 1533-1831; Waffenschmiede 1541-1811; Wagner 1548-1732; Zimmerleute 1548-99; Zinngießer 1549-1610

Zünfte
22, 1530-48 Maurer, Zimmerleute, Kistler, Hafner; 49, 1507-08 Zunftbuch der Bierbräuer; 50, 1560-1723 Zunftbuch der Bierbräuer; 129, 1452-99 Zunftbuch der Hucker; 130, 1456-153 Zunftbuch der Hucker, Obstler, Sailer; 147, 1463-1536 Zunftbuch der Kaufleute; 148, 1537-52 Zunftbuch der Kaufleute; 158, 1456ff Kürschner Zunftbuch; 161, 1500-45 Zunftbuch der Lederer; 162, 1555-1866 Einschreibbuch der Weissgerber-, Rotgerber- und Pergamentierergesellen; 163, 1577-1878 Meisterbuch der Lederer, Weißgerber und Pergamentierer; 208, 1474-1547 Zunftbuch der Müller; 209, 1519-48 Zunftbuch der Müller; 210, 1554-1843 Gerechtigkeitsbuch der Mahlmüller; 222, 1397-1430 Zunftgenossen der Weinschenken; 223, 1480-98 Zunftbuch der Salzfertiger; 224, 1453-63 Zunftbuch der Salzfertiger und Weinschenken; 226, 1465-80 Zunftbuch der Salzfertiger; 227, 1480-1503 Zunftbuch der Salzfertiger; 228, 1503-44 Zunftbuch der Salzfertiger; 229, 1544-53 Zunftbuch der Salzfertiger; 223, 1565-1783 Handwerksgerechtigkeit der Schäffler; 245, 1453-1534 Zunftbuch der Schlosser, Schmiede und Schleifer; 266, 1471-1592 Weber Zunftbuch; 276, 1415-79 Zunftbuch der Zimmerleute; 277, 1440-87 Zunftbuch der Zimmerleute; 278, 1496-1548 Rechnungsbuch der Zimmerleute und Kistler; 279, 1537-47 Strafbuch der Zimmerleute

Handwerksordnungen
A (ca. 1500-33); B (1548-51); C (1548- ca. 1570)

Kaufleute Stube
Fasz. I 1, V 5-9

Kaufmannschaft und Handel
3, 4, 5, 6, 10, 11, 12, 13, 13a, 16, 17, ad 18

Faszikel Zuchtordnungen

Faszikel Bürgerrecht

Ungedruckte Quellen

Faszikel Bürgeraufnahme
1507-1779

Faszikel Sammlung von Ordnungen, Statuten und Privilegien

Faszikel Städtisches Regiment

Stadtgerichtsordnungen
23 Bde., 1509-1806

Ratserlasse
1507-99

Faszikel Hochzeitsordnungen
Faszikel Hochzeiten 1463-1729; Faszikel Hochzeitsamt: Generalia 1552-1777, und Verordnungen 1504-1804; Hochzeitsherren 1562-1806; Hochzeitsschreiber 1603-1794; Hauscopulationen 1548-1648; Vermögensansagen 1563-1797; Hochzeitsmahle und Einschlagendes 1551-1606, I; Hochzeitslader und -laderinnen, Leichensager und -sagerinnen 1550-1629, I

Anschläge und Dekrete
1522-1682, Nr. 1-100, I; 1490-1640, Nr. 1-86, I

Literalien
1500-48

Personenselekt A-Z
(I) Adelman-Ehem; (II) Endorfer-Fröhlich; (III) Frundsberg-Grumbach; (IV) Fugger; (V) Guicciardini-Hörwart; (VI) Herwart-Höchstetter; (VII) Höchstetter; (VIII) Honold-Manlich; (IX) Maximilian I; (X) Marsch-Regius; (XI), (XII) Peutinger; (XIII) Rehlinger-Rentzer; (XIV) Rosenberger; (XV) Roth-Zapf; (XVI) Welser; (XVII-XIX) Autographensammlung

Urkundensammlung
1500-50

Realitäten
1500-70

Stadtkanzlei Urkundenkonzepte
1.1, 1500-49 Kaufbriefe; 2.1, 1522-69 Schuldbriefe, Schadlosverschreibungen, Schuldquittungen; 2.75, 1473-1579 Schuldbriefe; 5.1, Testamente; 8.1, 1493-1569 Verträge und Vergleiche; 9.1, 1500-49 Pflegbriefe, Abkommbriefe, Teilbriefe; 9.2, 1559-79 Pflegbriefe, Abkommbriefe, Teilbriefe; 9.26, 1554-1649 Pflegbriefe, Abkommbriefe, Teilbriefe; 9.29, undatierte Pflegbriefe, Abkommbriefe, Teilbriefe; 21.1, 1434-1767 Reverse verschiedener Art

Kirchen und Klöster

Dom
    Hochstift 2

St.-Margareta-Kloster
    Güterbeschreibung 1538

Stiftungen A-Z

Evangelisches Wesensarchiv

Akten
    480, 481, 488, 496, 633, 634, 635, 529 I, 1715
Katholisches Wesensarchiv

    ad B25/XI St. Kath.; B26/II; B26/III; G47 Horbruck; ad H45 Bächin Seelhaus; L67 Bächin Seelhaus

Staats- und Stadtbibliothek Augsburg

Cod. Aug. 20; Peutinger Selekt, 73, 74, 382, 383, 384, 385, 386, 387, 388, 389, 390, 391, 392, 393, 394, 395, 396; Cod. Aug. 20, 300

Ordinariatsarchiv Augsburg

Protokolle des bischöflichen Konsistoriums
    1535, 1536

Hauptstaatsarchiv München

Hochstift Augsburg
    Münchener Bestand Lit. 527; Neuburger Abgabe, Akten 3564

Staatsarchiv Neuburg

Klöster Augsburg
    St. Katharina, Akt 81

Staatsarchiv Ludwigsburg

B207 Büschel 68; B207 Büschel 76

Stadtarchiv Ulm

A (Reichsstadt)
    [1790]; [8989]; 3988; 3669 Zweites Gsatzbuch; [6543] Aid- und Ordnungsbuch; [8983] I, [8983] II; 3971
U (Ulmensien)
    5307

Strasbourg, Archives Municipales

Archives du Chapitre de Saint-Thomas
    Varia Ecclesiastica II 167

GEDRUCKTE QUELLEN UND LITERATUR

Abray, L. (1985), The People's Reformation: Magistrates, Clergy and Commons at Strasbourg 1500-1598, London.
Accati, L. (1983), The Larceny of Desire, in: Memoria 7, S. 7-16.
Ains Erbern Rats (1537): Ains Erbern Rats / der Stat Augspurg / Zucht und Pollicey Ordnung, Augsburg.
Akten Dorothea von Montau (1978): Die Akten des Kanonisationsprozesses Dorothea von Montau von 1394 bis 1521 (Forschungen und Quellen zur Kirchen- und Kulturgeschichte Ostdeutschlands, 15), Köln.
Aller dess ... Reichsstag Ordnung (1607): Aller dess Heiligen Römischen Reichss gehaltener Reichsstag Ordnung ... 1368-1603, Mainz: Johannes Albin.
Ambach, Melchior (1543), Vom Ehbruch vnd hůrerey. Item v. Christliche predige S. Augustini, Frankfurt: Cyriakus Iacob zum Bart.
Antwurt zwayer Closter frawen (1523): Antwurt zwayer Closter frauwen im Katheriner Closter zů Augspurg / an Bernhart Remen / Vnd hernach seyn gegen Antwurt, Augsburg: P. Ulhart.
Aretino, Pietro (1972), Dialogues, London. Ital. Orig.: [Sei giornate]. I Ragionamenti (1534, 1584), Bari-Rom 1975; dt. Übers.: Die Gespräche des Göttlichen Pietro Aretino, Leipzig.
Ariès, Ph., und Duby, G. [Hgg.] (1985), Histoire de la vie privée, Bd. 2, hg. von G. Duby, Paris 1985; engl. Übers.: A History of Private Life, Cambridge, Mass. 1988; dt. Übers.: Geschichte des privaten Lebens, Bd. 2, Frankfurt 1991.

Baader, J. (1861), Nürnberger Polizeiordnungen aus dem 13. bis 15. Jahrhundert (Bibliothek des Literarischen Vereins in Stuttgart, 63), Stuttgart.
Baader, J. (1864), Nürnbergisches Rechtsgutachten über die Ermordung zweier Ehebrecher zu Ulm im Jahre 1528, in: Anzeiger für Kunde der deutschen Vorzeit NF 11, S. 134-36.
Bächtold-Stäubli, H. [Hg.] (1927-42), Handwörterbuch des deutschen Aberglaubens, 10 Bde., Berlin-Leipzig.
Baer, W. [Hg.] (1985) Augsburger Stadtlexikon, Augsburg.
Bainton, R. (1971) Women of the Reformation in Germany and Italy, Minneapolis.
Bátori, I. (1969), Die Reichsstadt Augsburg im 18. Jahrhundert: Verfassung, Finanzen und Reformversuche (Veröffentlichungen des Max-Planck-Instituts für Geschichte, 22), Göttingen.
Bauer, M. (1917), Deutscher Frauenspiegel, 2 Bde., München-Berlin.
Bauer, M. (1924), Liebesleben in deutscher Vergangenheit, Berlin.
Baumann, I. (1958), Geschichte des Stern-Klosters Maria Stern in Augsburg 1258-1828, München.
Beck, R. (1983), Illegitimität und voreheliche Sexualität auf dem Land, in: R. v. Dülmen (Hg.), Kultur der einfachen Leute: Bayerisches Volksleben vom 16. bis zum 19. Jahrhundert, München.
Behagel, W. (1910), Die gewerbliche Stellung der Frau im mittelalterlichen Köln (Abhandlungen zur mittleren und neueren Geschichte, 23), Berlin-Leipzig.
Beichtbuchlin (1491), Augsburg: Johann Schobser.
Bekandtnuss (1546): Bekandtnuss der Euangelischen Leer / in Zehen Haupt Articulen kürtzlich begriffen, Augsburg: P. Ulhart.
Bellardi, W. (1934), Die Geschichte der »Christlichen Gemeinschaft« in Straßburg 1546-1550: Der Versuch einer zweiten Reformation (Quellen und Forschungen zur Reformationsgeschichte, 18), Leipzig.
Bellot, J. (1985), Humanismus-Bildungswesen-Buchdruck und Verlagsgeschichte, in: Gottlieb, G. (1985).
Berg, M. (1987), Women's Work, Mechanisation and the Early Phases of Industrialisation in England, in: P. Joyce (Hg.), The Historical Meanings of Work, Cambridge.

Bernhardi, Bartholomaeus (1522), Schutzrede vor Bartholomeo der ein eehweib so er priester ist genümen hat, Erfurt: [M. Maler].
Binterim, A. (1835-48), Pragmatische Geschichte der deutschen National-, Provinzial- und vorzüglichsten Diöcesankonzilien, von dem vierten Jahrhundert bis auf das Concilium zu Trient, 7 Bde., Mainz.
Birlinger, A. (1874), Aus Schwaben: Sagen, Legenden, Aberglauben, Sitten, Rechtsbräuche, Ortsneckereien, Lieder, Kinderreime: Neue Sammlung, 2 Bde., Wiesbaden.
Blendinger, F. (1972), Versuch einer Bestimmung der Mittelschicht in der Reichsstadt Augsburg vom Ende des 14. bis zum Anfang des 18. Jahrhunderts, in: E. Maschke und J. Sydow (Hgg.), Städtische Mittelschichten, Stuttgart.
Bloch, I. (1912, 1925), Die Prostitution, 2 Bde., Berlin.
Boanas, G., und Roper, L. (1987), Feminine Piety in Fifteenth-Century Rome: Santa Francesca Romana, in: J. Obelkevich, L. Roper und R. Samuel (Hgg.), Disciplines of Faith: Studies in Religion, Politics and Patriarchy, London.
Bobinger, M. (1969), Kunstuhrmacher in Alt-Augsburg (Abhandlungen zur Geschichte der Stadt Augsburg, 18), Augsburg.
Bossy, J. (1985), Christianity in the West 1400-1700, Oxford.
Brady, T. (1978), Ruling Class, Regime and Reformation at Strasbourg 1520-1555 (Studies in Medieval and Reformation Thought, 22), Leiden.
Bridenthal, R., und Koonz, C. [Hgg.] (1977), Becoming Visible: Women in European History, Boston.
Broadhead, P. (1980), Politics and Expediency in the Augsburg Reformation, in: P. Newman Brooks (Hg.), Reformation Principle and Practice: Essays in Honour of Arthur Geoffrey Dickens, London.
Broadhead, P. (1981), Internal Politics and Civic Society in Augsburg during the Era of the Early Reformation 1518-1537, Diss. phil. Masch., Kent.
Brosthaus, U. [Hg.] (1972), Bürgerleben im 16. Jahrhundert: Die Autobiographie des Stralsunder Bürgermeisters Bartholomäus Sastrow als kulturgeschichtliche Quelle, Wien.
Brown, J. (1986), Immodest Acts: The Life of a Lesbian Nun in Renaissance Italy, Oxford; dt.Übers.: Schändliche Leidenschaften. Das Leben einer lesbischen Nonne in Italien zur Zeit der Renaissance, Stuttgart 1988.
Brucker, J. (1889), Straßburger Zunft- und Polizei-Verordnungen des 14. und 15. Jahrhunderts, Straßburg.
Brundage, J. (1976), Prostitution in the Medieval Canon Law, in: Signs 1:4, S. 825-45.
Bucer, Martin (1960-), Martin Bucers deutsche Schriften, Hg. R. Stupperich, Gütersloh.
Buff, Archivar (1878), Verbrechen und Verbrecher zu Augsburg in der zweiten Hälfte des 14. Jahrhunderts, in: ZHVS 4, S. 160-232.
Bugenhagen, Johann (1976), Der Ehrbaren Stadt Hamburg Christliche Ordnung 1529, Hg. H. Wenn, Hamburg.
Burkhard, G. (1912), Studien zur Geschichte des Hebammenwesens, Leipzig.
Bushart, B. (1980-81), Die Augsburger Brunnen und Denkmale um 1600, in: Welt im Umbruch (1980-81), Bd. 3.
Bushart, B. (1985), Kunst und Stadtbild, in: Gottlieb, G. (1985).
Bynum, C. (1982), Jesus as Mother: Studies in the Spirituality of the High Middle Ages, London.

Cargill Thompson, W. J. (1980), Studies in the Reformation, hg. von C. Dugmore, London.
Carolina (1975): Die Peinliche Gerichtsordnung Kaiser Karls V. von 1532, Hg. A. Kaufman, 4.Aufl., Stuttgart.
Chrisman, M. (1972), Women and the Reformation in Strasbourg, in: Archiv für Reformationsgeschichte 63, S. 143-68.
Chroniken (1862-1931): Die Chroniken der deutschen Städte vom 14. bis ins 16. Jahrhundert, 36 Bde., Leipzig.

Clark, A. (1919), Working Life of Women in the Seventeenth century, London. Ndr. London 1982, mit einer Einleitung von Miranda Chaytor und Jane Lewis.
Clasen, C.P. (1976), Die Augsburger Steuerbücher um 1600, Augsburg.
Clasen, C.P. (1981), Die Augsburger Weber: Leistungen und Krisen des Textilgewerbes um 1600 (Abhandlungen zur Geschichte der Stadt Augsburg, 27), Augsburg.
Clasen, C.P. (1984), Armenfürsorge in Augsburg vor dem Dreißigjährigen Krieg, in: ZHVS 78, S. 65-115.
Clasen, C.P. (1985a), Arm und Reich in Augsburg vor dem Dreißigjährigen Krieg, in: Gottlieb, G. (1985).
Clasen, C.P. (1985b), Armenfürsorge im 16. Jahrhundert, in: Gottlieb, G. (1985).
Concubinarij (1545): Concubinarij: Vnderricht ob ein Priester ein beyschlåfferin haben mŏeg, Straßburg: J.Cammerlander.
Crawford, P. (1981), Attitudes to Menstruation in Seventeenth Century England, in: Past and Present 91, S. 47-73.
Culman, Leonhard (1568), Iungēgesellen Iungkfrawen vnd Witwen so ehelich wŏllen werden zu nutz ein vnderrichtung, posth. Ed. Augsburg: M. Francken; Erstausgabe Nürnberg 1531.
Curtisan (1522): Der Curtisan vnd pfrundēfresser, Augsburg [?].

Dahms, F. (1859), Luther über Scheidung und Wiederverheirathung Geschiedener, Berlin.
Davidoff, L., und Hall, C. (1987), Family Fortunes, London.
Davidson, C. (1982), A Woman's Work Is Never Done: A History of Housework in the British Isles 1650-1950, London.
Davis, N.Z. (1975), Society and Culture in Early Modern France, London 1975; dt. Teilübers.; Humanismus, Narrenherrschaft und die Riten der Gewalt: Gesellschaft und Kultur im frühneuzeitlichen Frankreich, Frankfurt 1987; der Aufsatz »Spruchweisheiten und populäre Irrlehren« in: R. van Dülmen und N. Schindler (Hgg.), Volkskultur. Zur Wiederentdeckung des vergessenen Alltags (16.- 20. Jahrhundert), Frankfurt 1984, S. 78-116, 394-406.
Davis, N.Z. (1982), Women in the Crafts in Sixteenth Century Lyon, in: Feminist Studies 8:1, S. 47-80; dt. Übers.: Zur weiblichen Arbeitswelt im Lyon des 16. Jahrhunderts, in: R. van Dülmen (Hg.), Arbeit, Frömmigkeit und Eigensinn, Frankfurt 1990, S. 43-74
Deichert, H. (1908), Geschichte des Medizinalwesens im Gebiet des ehemaligen Königreichs Hannover (Quellen und Darstellungen zur Geschichte Niedersachsens, 26), Hannover-Leipzig.
Dialogus (1523): Dialogus von Zweyen pfaffen Kochin, Erfurt: M. Buchfürher.
Diepold, Johannes (1423), Ein Sermon an Sankt Mariae Magdlenae Tag ..., o.O. [Köhler (1978-), 456/1233].
Dieterich, H. (1970), Das protestantische Eherecht in Deutschland bis zur Mitte des 17. Jahrhunderts (Jus Ecclesiasticum, 10), München.
Dillard, H. (1984), Daughters of the Reconquest: Women in Castilian Town Society 1100-1300, Cambridge.
Dirlmeier, U. (1978), Untersuchungen zu Einkommensverhältnissen und Lebenshaltungskosten in oberdeutschen Städten des Spätmittelalters (Mitte 14. bis Anfang 16. Jahrhundert) [Abhandlungen der Heidelberger Akademie der Wissenschaften, 1978, I], Heidelberg.
Dirr, P. (1909), Kaufleutezunft und Kaufleutestube in Augsburg zur Zeit des Zunftregiments (1368-1548), in: ZHVS 35, S. 133-51.
Dirr, P. (1913), Studien zur Geschichte der Augsburger Zunftverfassung, in: ZHVS 39, S. 144-243.
Doldy, A (1923), Die Konstanzer Ritualientexte in ihrer Entwicklung von 1482-1721 (Liturgiegeschichtliche Quellen, 5-6), Münster.
Dross, A. (1981), Die erste Walpurgisnacht, Hamburg.
Duggan, L. (1982), Fear and Confession on the Eve of the Reformation, in: Archiv für Reformationsgeschichte 75, S. 153-75.

Eberlein, Johann (1523), Die ander getrew vermanung an den Rath der Stadt Vlm, Augsburg: M. Ramminger.
Elsas, M.J. (1936, 1949), Umriß einer Geschichte der Preise und Löhne in Deutschland vom ausgehenden Mittelalter bis zum Beginn des neunzehnten Jahrhunderts, 2 Bde., Leiden.
Ennen, E. (1980), Die Frau in der mittelalterlichen Stadtgesellschaft Mitteleuropas, in: Hansische Geschichtsblätter 98, S. 1-21.
Erler, A., und Kaufmann, E. [Hgg.] (1964-), Handwörterbuch zur deutschen Rechtsgeschichte, Berlin.
Evans, R. (1982), Religion and Society in Modern Germany, in: European Studies Review 12, S. 249-88.
Evans, R. (1976), The Feminist Movement in Germany 1894-1933, London.

Firn, Anton (1524), Supplication des Pfarrers vnnd der Pfarrkinder zů sant Thoman, Augsburg: P. Ulhart.
Franck, Sebastian (1534), Weltbůch, spiegel vnd bildtniss des gantzen erdtbodens, Tübingen: V. Morhart.
Frank, K. (1979), Die Franziskanerterziarinnen in der Ulmer Sammlung, in: H. Specker und H.Tüchle, Kirchen und Klöster in Ulm, Ulm.
Franz, A. (1902), Die Messe im deutschen Mittelalter: Beiträge zur Geschichte der Liturgie und des religiösen Volkslebens, 2 Bde., Freiburg.
Franz, A. (1909), Die kirchlichen Benediktionen im Mittelalter, 2 Bde., Freiburg.
Frensdorff, F. (1871), Ein Urtheilsbuch des geistlichen Gerichts zu Augsburg aus dem 14. Jahrhundert, in: Zeitschrift für Kirchenrecht 10, S. 1-37.
Friedel, H. (1974), Bronzebilddokumente in Augsburg 1589-1606: Bild und Urbanität, Augsburg.
Friedrichs, C. (1975), Capitalism, Mobility and Class Formation in Early Modern German Towns, in: Past and Present 69, S. 24-69.
Friedrichs, C. (1979), Urban Society in an Age of War: Nördlingen 1580-1720, Princeton.
Fuchs, Jacob (1523): Ain schöner Sendbrieff an Bischof vö Wirtzburg darinn Priester Ee beschirmbt wirdt, Augsburg: H.Steiner.

Gamber, O. (1980-81), Besteller, Erzeuger und Liefernormen des Augsburger Harnisches, in: Welt im Umbruch (1980-81), Bd. 3.
Gasser, A.P. (1728-30): Achilles Pirminius Gasser, Annales de vestustate originis, amoenitate situs, splendidore aedificiorum, ac rebus gestis civium Reipublicaeque Augustoburgensis, in: Scriptores Rerum Germanicarum, Hg. G. Menck, 3 Bde., Leipzig, Bd. 1, Nr. XVII.
Geffcken, P. (in Vorbereitung), Soziale Schichtung in Augsburg 1396 bis 1521.
Geiger, G. (1971), Die Reichsstadt Ulm vor der Reformation (Forschungen zur Geschichte der Stadt Ulm, 11), Ulm.
Geisberg, M. (1974), Der deutsche Einblatt Holzschnitt in der ersten Hälfte des XVI. Jahrhunderts, 2 Bde., München 1924-30, veränd. Ndr.: The German Single Leaf Woodcut 1500-1550, 4 Bde., New York.
Glenzdorf, J., und Treichel, F. (1970), Henker, Schinder und arme Sünder, 2 Bde., Bad Münster.
Goody, J. (1983), The Development of the Family and Marriage in Europe, Cambridge; dt. Übers.: Die Entwicklung von Ehe und Familie in Europa, Berlin 1986.
Goody, J., und Tambiah, S. (1973), Bridewealth and Dowry (Cambridge Papers in Social Anthropology, 7), Cambridge.
Gottlieb, B. (1974), Getting Married in Pre-Reformation Europe: The Doctrine of Clandestine Marriage and Court Cases in Fifteenth-Century Champagne, Phil. Diss. Columbia University.
Gottlieb, G. u.a. [Hgg.] (1985), Geschichte der Stadt Augsburg, 2.Aufl., Stuttgart.

Hacker, B.C. (1981), Women and Military Institutions in Early Modern Europe: A Reconnaissance, in: Signs 6, S. 643-71.

Haemmerle, A. (1936), Die Hochzeitsbücher der Augsburger Bürgerstube und Kaufleutestube bis zum Ende der Reichsfreiheit, München.

Haemmerle, A. (1955a), Das Necrologium des Benediktinerinnenklosters St. Nicolaus in Augsburg, München.

Haemmerle, A. (1955b), Das Necrologium des Dominikanerinnenklosters St. Margareth in Augsburg, München.

Hanley, S. (1989), Engendering the State: Family formation and state building in early modern France, in: French Historical Studies 16, S. 4-27.

Hartinger, W. (1976), Zur Bevölkerungs- und Sozialstruktur von Oberpfalz und Niederbayern in vorindustrieller Zeit, in: Zeitschrift für bayerische Landesgeschichte 39, S. 785-822.

Hartung, J. (1895a), Die Augsburger Vermögenssteuer und die Entwicklung der Besitzverhältnisse im 16. Jahrhundert, in: Jahrbuch für Gesetzgebung, Verwaltung und Volkswirtschaft (Schmollers Jahrbuch) 19, S. 867-83.

Hartung, J. (1895b), Die Augsburger Zuschlagsteuer vom Jahre 1475: Ein Beitrag zur Geschichte des städtischen Steuerwesens sowie der socialen und Einkommensverhältnisse am Ausgang des Mittelalters, in: Jahrbuch für Gesetzgebung, Verwaltung und Volkswirtschaft (Schmollers Jahrbuch) 19, S. 95-136.

Hartung, J. (1895c), Die Belastung des augsburgischen Großkapitals durch die Vermögenssteuer des 16. Jahrhunderts, in: Jahrbuch für Gesetzgebung, Verwaltung und Volkswirtschaft (Schmollers Jahrbuch) 19, S. 1165-90.

Hayward, J. (1980-81), Blank- und Feuerwaffen und sonstige Arbeiten aus unedlen Metallen, in: Welt im Umbruch (1980-81), Bd. 2.

Hecker, P. (1874a), Der Augsburger Bürgermeister Jakob Herbrot und der Sturz des zünftigen Regiments in Augsburg, in: ZHVS 1, S. 34-98.

Hecker, P. (1874b), Die Correspondenz der Stadt Augsburg mit Karl V. im Ausgang des schmalkaldischen Krieges, in: ZHVS 1, S. 257-309.

Heimberger, H. (1951), Schwangerschaft, Geburt und Frauenkrankheiten in der mittelalterlichen Volksmedizin, in: Württembergisches Jahrbuch für Volkskunde 8, S. 111-22.

Hellmann, F. (1905), Das Konkursrecht der Stadt Augsburg, Breslau.

Helmholz, R. (1974), Marriage Litigation in Medieval England, Cambridge.

Herberger, Archivar (1876), Die Seelhäuser und die Seelgeräthe in Augsburg: Aus dem Nachlasse des Archivar Herberger, in: ZHVS 3, S. 283-96.

Hoeynck, F. (1889), Geschichte der kirchlichen Liturgie des Bistums Augsburg, Augsburg.

Hoffmann, H. [Hg.] (1955), Würzburger Polizeisätze, Gebote und Ordnungen des Mittelalters 1125-1495 (Veröffentlichungen der Gesellschaft für fränkische Geschichte, 10/5), Würzburg.

Hörmann, L. (1882-1884), Erinnerungen an das ehemalige Frauenkloster Katharina in Augsburg, in: ZHVS 9 (1882), S. 357-86; 10 (1883), S. 301-54; 11 (1884), S. 1-10.

Houlbrooke, R. (1979), Church Courts and the People during the English Reformation 1520-1570, Oxford.

Howell, M. (1986), Women, Production and Patriarchy in Late Medieval Cities, Chicago.

Hughes, D.O. (1978), From Brideprice to Dowry in Mediterranean Europe, in: Journal of Family History 3, S. 262-96.

Immenkötter, H. (1985), Kirche zwischen Reformation und Parität, in: Gottlieb, G. (1985).
Iserloh, I. (1980), Geschichte und Theologie der Reformation im Grundriß, Paderborn.

Jäger, C. (1831), Ulms Verfassungs-, bürgerliches und commercielles Leben im Mittelalter, Heilbronn.

Jahn, J. (1976a), Augsburgs Einwohnerzahl im 16. Jahrhundert, in: Zeitschrift für bayerische Landesgeschichte 39, S. 379-96.
Jahn, J. (1976b), Studien zur Verfassungs- und Bevölkerungsentwicklung der Reichsstadt Augsburg bis zur Einführung der Reformation, Magisterarb. Masch., München.
Jahn, J. (1984), Augsburg Land (Historischer Atlas von Bayern, XI, Schwaben), München.
Juhnke, L. (1958), Bausteine zur Geschichte des Dominikanerinnenklosters St. Katharina in Augsburg mit Berücksichtigung von Patriziat, Reform und Geistesleben, in: Jahresbericht der Oberrealschule Augsburg 1957-58, Augsburg, S. 60-110.

Karant-Nunn, S. (1982), Continuity and Change: Some Effects of the Reformation on the Women of Zwickau, in: Sixteenth Century Journal 12:2, S. 17-42.
Karant-Nunn, S. (1987), Zwickau in Transition 1500-1547: The Reformation as an Agent of Change, Columbus.
Kellenbenz, H. (1985), Wirtschaftsleben der Blütezeit, in: Gottlieb, G. (1985).
Kiessling, R. (1971), Bürgerliche Gesellschaft und Kirche in Augsburg im Spätmittelalter: Ein Beitrag zur Strukturanalyse der oberdeutschen Reichsstadt (Abhandlungen zur Geschichte der Stadt Augsburg, 19), Augsburg.
Klapisch-Zuber, C. (1985), Women, Family and Ritual in Renaissance Italy, Chicago; ital. Ausgabe: La famiglia e le donne nel rinascimento a Firenze, Rom-Bari 1988; frz. Ausgabe: La maison et le nom. Stratégies et rituels dans l'Italie de la Renaissance, Paris 1990; dt. Übers.: Das Haus, der Name, der Brautschatz: Strategien und Rituale im gesellschaftlichen Leben der Renaissance, Frankfurt-New York 1995.
Klapisch-Zuber, C. (1986), Women Servants in Florence during the Fourteenth and Fifteenth Centuries, in: B.Hanawalt (Hg.), Women and Work in Preindustrial Europe, Bloomington.
Koebner, R. (1911), Die Eheauffassung des ausgehenden deutschen Mittelalters, in: Archiv für Kulturgeschichte 9, S. 136-98, 279-318.
Köhler, H.J. (1978-), Flugschriften des frühen 16. Jahrhunderts, Mikrofiche-Kollektion, Zug.
Köhler, W. (1932, 1942), Zürcher Ehegericht und Genfer Konsistorium (Quellen und Abhandlungen zur schweizerischen Reformationsgeschichte, 7, 10), 2 Bde., Leipzig.
Kolb, Hans (o.J.), (Ein) Reformation notdurftig in der Christenheit mit den Pfaffen / vnd ihren Mägten / wil Gott haben entlich / wan jr schentlich leben mag Gott nit mer leyden [Köhler, H.J. (1978-), 312/924].
Kraus, J. (1980), Das Militärwesen der Reichsstadt Augsburg 1548-1806 (Abhandlungen zur Geschichte der Stadt Augsburg, 26), Augsburg.
Kriegk, G.L. (1868-71), Deutsches Bürgerthum im Mittelalter, 2 Bde., Frankfurt; Ndr. Frankfurt 1969.

Le Goff, J. (1980), Histoire de la France urbaine, vol. 2: La Ville médiévale des Carolingiens à la Renaissance (Histoire de la France urbaine, hg. von G. Duby), Paris.
Lengle, P. (1985), Spitäler, Stiftungen und Bruderschaften, in: Gottlieb, G. (1985).
Lenk, L. (1968), Augsburger Bürgertum im Späthumanismus und Frühbarock (1580-1700) (Abhandlungen zur Geschichte der Stadt Augsburg, 17), Augsburg.
Liebhart, W. (1985), Stifte, Klöster und Konvente in Augsburg, in: Gottlieb, G. (1985).
Liebmann, M. (1980), Urbanus Rhegius und die Anfänge der Reformation (Reformationsgeschichtliche Studien und Texte, 117), Münster.
Liedl, E. (1958), Gerichtsverfassung und Zivilprozeß der freien Reichsstadt Augsburg (Abhandlungen zur Geschichte der Stadt Augsburg, 12), Augsburg.
Lorenzen-Schmidt, K.J. (1978), Beleidigungen in schleswig-holsteinischen Städten im 16. Jahrhundert, soziale Norm und soziale Kontrolle in Städtegesellschaften, in: Kieler Blätter zur Volkskunde 10, S. 5-20.

Lorenzen-Schmidt, K.J. (1982), Zur Stellung der Frauen in der frühneuzeitlichen Städtegesellschaft Schleswigs und Holsteins, in: Archiv für Kulturgeschichte 63, S. 316-39.
Luther, Martin (1883-), D. Martin Luthers Werke, Weimar.
Lutz, H. (1958), Conrad Peutinger: Beiträge zu einer politischen Biographie (Abhandlungen zur Geschichte der Stadt Augsburg, 9), Augsburg.

Maclean, I. (1980), The Renaissance Notion of Woman: A Study in the Fortunes of Scholasticism and Medical Science in European Intellectual Life, Cambridge.
Maschke, E. (1967), Die Unterschichten in mittelalterlichen Städten Deutschlands, in: E. Maschke und J. Sydow (Hgg.), Gesellschaftliche Unterschichten in den südwestdeutschen Städten (Veröffentlichungen der Kommission für geschichtliche Landeskunde in Baden-Württemberg, 41B), Stuttgart.
Mattes. B. (1978), Die Spendung der Sakramente nach den Freisinger Ritualien, München.
Mazzi, M. (1984), Il mondo della prostituzione nella Firenze tardo medievale, in: Ricerche storiche 14, S. 337-63.
Medick, H. (1984), Village Spinning Bees: Sexual Culture and Free Time among Rural Youths in Early Modern Germany, in: H. Medick und D. Sabean (Hgg.), Interest and Emotion: Essays on the Study of Family and Kinship, Cambridge; dt. Ausgabe: Emotionen und materielle Interessen (Veröffentlichungen des Max-Planck-Instituts für Geschichte, 75), Göttingen 1984.
Melissander, C. (1594), Ehebůchelein: Item die Schŏne Œconomia Matthesij, Nürnberg: L. Heussler.
Memoria 17 (1986), Sondernummer zur Prostitution.
Meyer, C. [Hg.] (1872), Das Stadtbuch von Augsburg, insbesondere das Stadtrecht von 1276, Augsburg.
Moeller, B. (1962), Reichsstadt und Reformation, Gütersloh, erw. Neuausg. Berlin (Ost) 1987; engl. Übers. Philadelphia 1972.
Monter, E.W. (1976), The Consistory of Geneva 1559-1569, in: Bibliothèque d'Humanisme et Renaissance 38, S. 476-84.
Mörke, O. (1983), Die Fugger im 16. Jahrhundert: Städtische Elite oder Sonderstruktur?, in: Archiv für Reformationsgeschichte 74, S. 114-62.
Mörke, O. und Sieh, K. (1985), Gesellschaftliche Führungsgruppen, in: Gottlieb, G. (1985).
Müller, M.E. (1985), Der Poet der Moralität: Untersuchungen zu Hans Sachs, Bern.

Naujocks, E. (1953), Ulms Sozialpolitik im 16.Jahrhundert, in: Zeitschrift für die Geschichte des Oberrheins NF 33, S. 93-97.

Oberman, H. (1982), Luther: Mensch zwischen Gott und Teufel, Berlin.
Obsequiale (1487): Obsequiale ssm ecclesia Augusteñ, Augsburg: E.Ratdolt.
Obser, K. (1916), Zur Geschichte des Frauenhauses in Überlingen, in: Zeitschrift für die Geschichte des Oberrheins 70, S. 631-44.
Otis, L. (1985), Prostitution in Medieval Society: The History of an Urban Institution in Languedoc, Chicago.
Ozment, S. (1975), The Reformation in the Cities: The Appeal of Protestantism to Sixteenth Century Germany and Switzerland, New Haven-London.
Ozment, S. (1983), When Fathers Ruled: Family Life in Reformation Europe, Cambridge, Mass.

Paas, M.W. (1981), Population Change, Labor Supply, and Agriculture in Augsburg 1480-1618: A Study of Early Demographic-Economic Interactions, New York.
Park, K., und Daston, L. (1981), Unnatural Conceptions: The Study of Monsters in Sixteenth- and Seventeenth-Century France and England, in: Past and Present 92, S. 20-54.

Perry, M. (1978), »Lost Women« in Early Modern Seville: The Politics of Prostitution, in: Feminist Studies 4:1, S. 195-214.
Pfründmarkt (1521): Von dem Pfründmarkt der Curtisanen und Tempelknechten, o.O. [Köhler, H.J. (1978-), 279/796].
Piper, E. (1982), Der Stadtplan als Grundriß der Gesellschaft: Topographie und Sozialstruktur in Augsburg und Florenz um 1500, Frankfurt-NewYork.
Platter, Felix (1976), Tagebuch (Lebensbeschreibung) 1536-1567, Hg. V. Lötscher (Basler Chroniken, 10), Basel-Stuttgart.
Posern-Klett, Dr. von (1874), Frauenhäuser und freie Frauen in Sachsen, in: Archiv für sächsische Geschichte 12, S. 63-89.
Primbs (1880), Das Stift von St. Stephan in Augsburg, in: ZHVS 7, S. 109-56.

Quaetert, J. (1985), The Shaping of Women's Work in Manufacturing: Guilds, Households, and the State in Central Europe 1648-1870, in: American Historical Review 90:5, S. 1122-48.

Radlkofer, M. (1894), Die Schützengesellschaften und Schützenfeste Augsburgs im 15. und 16. Jahrhundert, in: ZHVS 21, S. 87-138.
Rajkay, B. (1985), Die Bevölkerungsentwicklung von 1500 bis 1648, in: Gottlieb, G. (1985).
Reifenberg, H. (1971), Sakramente, Sakramentalien und Ritualien im Bistum Mainz seit dem Spätmittelalter (Liturgiewissenschaftliche Quellen und Forschungen 53-54), 2 Bde., Münster.
Reincke, H. (1917), Die Bilderhandschrift des hamburgischen Stadtrechts von 1497, Hamburg.
Reininghaus, W. (1983), Frühformen der Gesellengilden in Augsburg im 14. Jahrhundert, ZHVS 77, S. 68-89.
Reitzenstein, A. von (1955), Die Plattner von Augsburg, in: H.Rinn (Hg.), Augusta, Augsburg.
Rem, Bernhart (1523), Ain Sendtbrieff an ettlich Closterfrawen zu sant katherina vnd zu sant niclas in Augspurg, Augsburg: P. Ulhart.
Rem, Bernhart (o.J.), Ain Christlich schreiben / so ain Euangelischer brůder seiner schwestern / ainer closter iunckfrawen zugeschickt, Augsburg.
Rem, Lucas (1861), Tagebuch des Lucas Rem aus den Jahren 1494-1541, Hg. B. Greiff, in: Jahresbericht des historischen Kreisvereins im Regierungsbezirke von Schwaben und Neuburg für das Jahr 1860, 26 (1861), S. 1-110.
Reynizsch, W. (1802), Uiber Truhten und Truhtensteine, Barden und Bardenlieder, Feste, Schmäuse [...] und Gerichte der Teutschen, Gotha.
Rhegius, Urbanus (1521), Ain predig von der hailigen iunckfruwen Catharina, Augsburg: Silvan Othmar.
Rhegius, Urbanus (1524), Ernstliche erbietung der Euangelischē Prediger an den gaystlichen Stand / die yetzigen leer betreffend, Augsburg: P. Ulhart.
Ritzer, K. (1962), Formen, Riten und religiöses Brauchtum der Eheschließung in den christlichen Kirchen des ersten Jahrtausends (Liturgiewissenschaftliche Quellen und Forschungen, 38), Münster.
Robisheaux, T. (1981), Peasants and Pastors: Rural Youth Control and the Reformation in Hohenlohe 1540-1680, Social History 6, S. 281-300.
Rocck, B. (1987), Bäcker, Brot und Getreide in Augsburg: Zur Politik des Bäckerhandwerks und zur Versorgungspolitik der Reichsstadt im Zeitalter des Dreißigjährigen Krieges (Abhandlungen zur Geschichte der Stadt Augsburg, 31), Augsburg.
Roper, L. (1983), Luther: Sex, Marriage and Motherhood, in: History Today 33 (Dez.), S. 33-38.
Roper, L. (1985a), Housework and Livelihood: Towards the Alltagsgeschichte of Women, in: German History 2, S. 3-9.
Roper, L. (1985b), Discipline and Respectability: Prostitution and the Reformation in Augsburg, in: History Workshop Journal 19, S. 3-28.

Roper, L. (1985c), Going to Church and Street: Weddings in Reformation Augsburg, in: Past and Present 106, S. 62-101.
Roper, L. (1985d), Work, Marriage and Sexuality: Women in Reformation Augsburg, Phil. Diss. Masch., London.
Roper, L. (1986), Madri di depravazione: Le mezzane nel Cinquecento, in: Memoria 17:2, S. 7-23.
Roper, L. (1987), The »Common Man«, the »Common Good«, »Common Women«: Gender and Language in the German Reformation Commune, in: Social History 12:1, S. 1-22.
Roper, L. (in Vorbereitung), Gender and Property in Sixteenth Century Augsburg.
Rossiaud, J. (1978), Prostitution, Youth and Society in the towns of South-eastern France in the Fifteenth Century, in: R .Forster und O. Ranum (Hgg.), Deviants and the Abandoned in French Society: Selections from the Annales, ins Engl. übers. v. E. Forster und P. Ranum, Baltimore; frz. Orig.: Prostitution, jeunesse et société dans les villes du Sud-Est, in: Annales ESC, 1976, S. 289-325; dt. Übers. einer erw. Fassung: Prostitution, Sexualität und Gesellschaft in den französischen Städten des 15. Jahrhunderts, in: Ph. Ariès u.a. (Hgg.), Die Masken des Begehrens und die Metamorphosen der Sinnlichkeit. Zur Geschichte der Sexualität im Abendland, Frankfurt 1984, S. 97-120.
Roth, F.W. (1893), Weibliche Erziehung und weiblicher Unterricht im Zeitalter der Reformation, Leipzig.
Roth, F.W. (1900-1901a), Zur Geschichte der Wiedertäufer in Oberschwaben, in: ZHVS 27 (1900), S. 1-45; 28 (1901), S. 1-154.
Roth, F.W. (1901b, 1904-11), Augsburgs Reformationsgeschichte, Bd. 1: 2. Aufl. 1901; Bd. 2-4: 1904-11, München.
Roth, F.W. (1912), Der Augsburger Jurist Dr.Hieronymus Fröschel und seine Hauschronik von 1528-1600, in: ZHVS 38, S. 1-83.
Roth, F.W. (1924), Die geistliche Betrügerin Anna Laminit von Augsburg (c.1480-1518), in: Zeitschrift für Kirchengeschichte 43:2, NF 6, S. 335-417.
Rowbotham, S. (1985), What Do Woman Want? Woman-Centred Values and the World as it Is, in: Feminist Review 20, S. 49-70.
Rublack, H.C. (1980), Reformatorische Bewegung und städtische Kirchenpolitik, in: I. Bátori (Hg.), Städtische Gesellschaft und Reformation, Stuttgart.
Rudeck, W. (1897), Geschichte der öffentlichen Sittlichkeit in Deutschland, Jena.
Russell, P. (1986), Lay Theology in the Reformation: Popular Pamphleteers in Southwest Germany 1521-25, Cambridge.
Rüthing, H. (1986), Höxter um 1500: Analyse einer Stadtgesellschaft, Paderborn.

Sabean, D. (1984), Power in the Blood, Cambridge; dt. Übers.: Das zweischneidige Schwert: Herrschaft und Widerspruch im Württemberg der frühen Neuzeit, Berlin 1986, Frankfurt 1988.
Sachs, Hans (1553), Ein Rat zwischen einem Alten man vnd jungen gesellen dreyer heyrat halben, Nürnberg: G. Merckel.
Sachs, Hans (1560[?]), Der gantz Haussrat bey dreyhundert stůcken, Nürnberg: G.M[erckel].
Sachs, Michael (1589), Nutzer Bericht von der bedeutung der Schnur vnd Crantze, Mulhausen: A. Hantzsch.
Safley, T. (1984), Let No Man Put Asunder: The Control of Marriage in the German Southwest: A Comparative Study 1550-1600, Kirksville.
Sam, Konrad (1531), Handtbuchlin dariñ begriffen ist die Ordnung vnd weiss, wie das Sacrament vnnd Ceremonien der kirchen zů Vlm gebraucht vnd gehalten werden, Ulm.
Sanctum Stephanum (1969): Ad Sanctum Stephanum 969-1969: Festgabe zur 1000 Jahr-Feier von St. Stephan in Augsburg, Augsburg.
Schade, S. (1983), Schadenzauber und die Magie des Körpers, Worms.

Schama, S. (1987), The Embarrassment of Riches: An Interpretation of Dutch Culture in the Golden Age, London; dt. Übers.: Überfluß und schöner Schein. Zur Kultur der Niederlande im Goldenen Zeitalter, München 1988.

Schiller, W. (1938), Die St. Annakirche in Augsburg: Ein Beitrag zur Augsburger Kirchengeschichte, Augsburg.

Schilling, H. (1987), »History of Crime« or »History of Sin«? Some Reflections on the Social History of Early Modern Church Discipline, in: E. Kouri und T. Scott (Hgg.), Politics and Society in Reformation Europe, London.

Schindler, N. (1992), »Heiratsmüdigkeit« und Ehezwang. Zur populären Rügesitte des Pflug- und Blochziehens, in: Ders., Widerspenstige Leute. Studien zur Volkskultur in der frühen Neuzeit, Frankfurt/M., S. 175-214, 368-81.

Schmidt, R. (1985), Das Stadtbuch von 1276, in: Gottlieb, G. (1985).

Schönfeldt, G. (1987), Beiträge zur Geschichte des Pauperismus und der Prostitution in Hamburg (Sozialgeschichtliche Forschungen: Ergänzungshefte zur Zeitschrift für Sozial- und Wirtschaftsgeschichte, 11), Weimar.

Schrank, J. (1886), Die Prostitution in Wien in historischer, administrativer und hygienischer Beziehung, 2 Bde., Wien.

Schreiber, A. (1922), Die Entwicklung der Augsburger Bevölkerung vom Ende des 14. Jahrhunderts bis zum Beginn des 18. Jahrhunderts, Diss. phil. Masch., Erlangen.

Schröder, D. (1975), Augsburg (Historischer Atlas von Bayer, X: Schwaben), München.

Schröter, M. (1985), »Wo zwei zusammenkommen in rechter Ehe«: Sozio- und psychogenetische Studien über Eheschließungsvorgänge vom 12. bis 15.Jahrhundert, Frankfurt.

Schulz, K. (1985), Handwerksgesellen und Lohnarbeiter: Untersuchungen zur oberrheinischen und oberdeutschen Stadtgeschichte des 14. bis 17.Jahrhunderts, Sigmaringen.

Schützinn, Katharina (1524), Entschuldigung Katharina Schützinn für M. Matthes Zellen jren Eegemahel, Straßburg: W. Köpfel.

Schwarz, I. (1959), Die Bedeutung der Sippe für die Öffentlichkeit der Eheschließung im 15. und 16. Jahrhundert (besonders nach norddeutschen Quellen) [Schriften zur Kirchen- und Rechtsgeschichte, 13], Tübingen.

Schwenckfeld, Caspar (1907-1961), Corpus Schwecnkfeldianorum, hg. von C. Hartranft, E. Johnson und S. Schultz, 19 Bde., Leipzig-Pennsburg.

Scribner, R.W. (1981), For the Sake of Simple Folk: Popular Propaganda for the Reformation, Cambridge.

Scribner, R.W. (1982), Reorientating the Reformation, in: History Workshop Journal 14, S. 2-22.

Scribner, R.W. (1984a), Cosmic Order and Daily Life: Sacred and Secular in Pre-Industrial German society, in: K. von Greyerz (Hg.), Religion and Society in Early Modern Europe, London.

Scribner, R.W. (1984b), Ritual and Popular Religion in Catholic Germany at the Time of the Reformation, in: Journal of Ecclesiastical History 35, S. 47-77.

Segalen, M. (1983), Love and Power in the Peasant Family, Oxford; frz. Orig.: Mari et femme dans la société paysanne, Paris 1980.

Sehling, E. u.a. [Hgg.] (1902-11; 1963-), Die evangelischen Kirchenordnungen des 16. Jahrhunderts, Leipzig, fortgesetzt vom Institut für evangelisches Kirchenrecht der evangelischen Kirche in Deutschland, Tübingen.

Seling, H. (1980), Die Kunst der Augsburger Goldschmiede 1529-1868: Meister, Marken, Werke, 3 Bde., München.

Sharma, U. (1984), Dowry in North India: Its Consequences for Women, in: R. Hirschon (Hg.), Women and Property: Women as Property, Oxford.

Siebenkees, J. (1792-94), Materialien zur nürnbergischen Geschichte, 4 Bde., Nürnberg.

Sieh, K. (1981), Bürgermeisteramt, soziale Verflechtung und Reformation in der freien Reichsstadt Augsburg 1518-1539, Magisterarb. Masch., Augsburg.

Sieh-Burens, K. (1983), Die Augsburger Stadtverfassung um 1500, in: ZHVS 77, S. 125-49.
Sieh-Burens, K. (1986), Oligarchie, Konfession und Politik im 16. Jahrhundert: Zur sozialen Verflechtung der Augsburger Bürgermeister und Stadtpfleger 1518-1618, München.
Siemer, P. (1936), Geschichte des Dominikanerklosters Sankt Magdalena in Augsburg (1225-1808),Vechta.
Spangenberg, C. (1570), Ehespiegel, Straßburg: T .Rihel.
Spiegel (1480): Der spiegel des sünders, Augsburg: A. Sorg.
Staehelin, A. (1957), Die Einführung der Ehescheidung in Basel zur Zeit der Reformation, Basel.
Stetten, P. von d. Ä. (1743-58), Geschichte der Heiligen Römischen Reichs Freyen Stadt Augsburg, 2 Bde., Frankfurt und Leipzig.
Stewart, A. (1977), Unequal Lovers: A Study of Unequal Couples in Northern Art, New York.
Strauss, G. (1966), Nuremberg in the Sixteenth Century: City Politics and Life between Middle Ages and Modern Times, Bloomington-London.
Strauss, G. (1971), Manifestations of Discontent on the Eve of the Reformation, Indiana.
Strauss, G. (1975), Success and Failure in the German Reformation, in: Past and Present 67, S. 30-63.
Strauss, G. (1978), Luther's House of Learning: Indoctrination of the Young in the German Reformation, Baltimore-London.
Strauss, Jacob (1523), Ein neüw wunderbarlich Beycht büechlin, Augsburg: S. Grimm.
Strauss, Jacob (1523[?]), Ein Sermon in der deutlich angezaiget dye pfaffen Ee in Euangelischer leer nit zu der freyhayt des fleyschs gefundiert, Augsburg: G. Nadler.
Strieder, J. (1935), Zur Genesis des modernen Kapitalismus: Forschungen zur Entstehung der großen bürgerlichen Kapitalvermögen am Ausgange des Mittelalters und zu Beginn der Neuzeit, zunächst in Augsburg, 2.Aufl., München.
Strieder, J. (1938), Das reiche Augsburg: Ausgewählte Aufsätze Jakob Strieders zur Augsburger und süddeutschen Wirtschaftsgeschichte des 15. und 16.Jahrhunderts, hg. von H.Deininger, München.
Surgant, Johannes (1503), Manuale curatorum predicandi prebens modū, Basel: M. Furter, 1503.

Tentler, T. (1977), Sin and Confession on the Eve of the Reformation, Princeton.
Thomas, B. (1980-81), Augsburger Harnische und Stangenwaffen, Welt im Umbruch (1980-81), Bd. 2.
Trexler, R. (1981), La prostitution florentine au XVe siècle: Patronages et clientèles, in: Annales ESC 26:6, S. 983-1015.
Troll, J. (1840-47), Geschichte der Stadt Winterthur nach Urkunden bearbeitet, 6 Bde., Winterthur.

Uhl, A. (1940), Peter von Schaumberg 1424-1469, Kardinal und Bischof von Augsburg: Ein Beitrag zur Geschichte des Reiches, Schwabens und Augsburgs im 15. Jahrhundert, Augsburg.
Uhland, F. (1972), Täufertum und Obrigkeit in Augsburg im 16. Jahrhundert, Tübingen.
Ursprung (1483): Ursprung und Anfang Augsburgs, Augsburg: Johann Bämler, zusammengebunden mit dem Hagiologium von St. Ulrich und St.A fra.

Vanja, C. (1985), Klosterleben und Gesellschaft: Lebensläufe von Nonnen und Stiftsfrauen in spätmittelalterlichen hessischen Konventen, in: W. Schröder (Hg.), Lebenslauf und Gesellschaft: Zum Einsatz von kollektiven Biographien in der historischen Sozialforschung (Historisch-Sozialwissenschaftliche Forschungen, 18), Stuttgart.
Vanja, C. (1987), Bergarbeiterinnen: Zur Geschichte der Frauenarbeit im Bergbau, Hütten- und Salinenwesen seit dem späten Mittelalter, I; Spätes Mittelalter und frühe Neuzeit, in: Der Anschnitt 39, S. 2-15.

Vogt, W. (1879), Johann Schilling der Barfüßermönch und der Aufstand in Augsburg im Jahre 1524, in: ZHVS 6, S. 1-32.

Warmbrunn, P. (1983), Zwei Konfessionen in einer Stadt: Das Zusammenleben von Katholiken und Protestanten in den paritätischen Reichsstädten Augsburg, Biberach, Ravensburg und Dinkelsbühl (Veröffentlichungen des Instituts für europäische Geschichte Mainz, Abteilung Abendländische Religionsgeschichte, 111), Wiesbaden.

Weber, Marianne (1907), Ehefrau und Mutter in der Rechtsentwicklung: Eine Einführung, Tübingen.

Weber, Max (1979), Die protestantische Ethik und der Geist des Kapitalismus [1905], nachgedr. in: Die protestantische Ethik, hg. von Johannes Winckelmann, Bd. 1, 5., Aufl. Gütersloh.

Weinhold, K. (1897), Die deutschen Frauen in dem Mittelalter, 2 Bde., 3.Aufl., Wien.

Welt im Umbruch (1980-81), Augsburg zwischen Renaissance und Barock, 3 Bde. [Katalog und Beiträge], Augsburg, München.

Wensky, M. (1980), Die Stellung der Frau in der stadtkölnischen Wirtschaft im Spätmittelalter (Quellen und Darstellungen zur hansischen Geschichte, NF 26), Wien.

Werner, A. (1899, 1912), Die örtlichen Stiftungen für die Zwecke des Unterrichts und der Wohltätigkeit in der Stadt Augsburg, 2 Bde., Augsburg.

Wesoly, K. (1980), Der weibliche Bevölkerungsanteil in spätmittelalterlichen und frühneuzeitlichen Städten und die Betätigung von Frauen im zünftigen Handwerk (insbesondere am Mittel- und Oberrhein), in: Zeitschrift für die Geschichte des Oberrheins 128, NF 89, S. 69-117.

Wiedemann, H. (1962), Augsburger Pfarrerbuch, Nürnberg.

Wiesner, M. (1980), Paltry Peddlers or Essential Merchants? Women in the Distributive Trades in Early Modern Nuremberg, in: Sixteenth Century Journal 12:2, S. 3-13.

Wiesner, M. (1986), Working Women in Renaissance Germany, New Brunswick.

Wiesner, M. (1987), Luther and Women: The Death of Two Marys, in: J. Obelkevich, L. Roper und R. Samuel (Hgg.), Disciplines of Faith: Studies in Religion, Politics and Patriarchy, London.

Wilhelm, J. (1983), Augsburger Wandmalerei 1368-1530: Künstler, Handwerker und Zunft (Abhandlungen zur Geschichte der Stadt Augsburg, 29), Augsburg.

Winter, A. (1975), Studien zur sozialen Situation der Frauen in der Stadt Trier nach der Steuerliste von 1364, in: Kurtrierisches Jahrbuch 15, S. 20-45.

Wissell, R. (1929), Des alten Handwerks Recht und Gewohnheit, 2 Bde., Berlin.

Wolfart, K. (1901), Die Augsburger Reformation in den Jahren 1533-1534 (Studien zur Geschichte der Theologie und der Kirche, 7/2), Leipzig.

Wunder, H. (1981), Zur Stellung der Frau im Arbeitsleben und in der Gesellschaft des 15.-18. Jahrhunderts, in: Geschichtsdidaktik 3, S. 239-52.

Wustmann, G. (1885-1909), Aus Leipzigs Vergangenheit: Gesammelte Aufsätze von Gustav Wustmann, 3 Bde., Leipzig.

Wuttke, D. [Hg.] (1978), Fastnachtsspiele des 15. und 16. Jahrhunderts, Stuttgart.

Wyntjes, S.M. (1977), Women in the Reformation Era, in: Bridenthal, R., und Koonz, C. (1977).

Zika, C. (1988), Hosts, Processions and Pilgrimages in Fifteenth-Century Germany, in: Past and Present 118, S. 25-64.

Zimmern (1967): Die Chronik der Grafen von Zimmern, Hg. H. Decker-Hauff, 3 Bde., Stuttgart.

Zorn, W. (1972), Augsburg: Geschichte einer deutschen Stadt, 2. Aufl., Augsburg.

Register

Aberglaube 126
Ablaß 61
Absolution 63
Agstin 48
Almosen 57, 58, 131, 202, 215
Ambach, Melchior 94
Amman, Hans 115
Amman, Margarete 115
Annäherungsversuche 34
Ansingwein 125, 126
Antiklerikalismus 92
Apokalypse 96
Arbeit als »Nahrung« 45
Arbeitgeber 53
Arbeitsbedingungen 52
Arbeitsmarkt für Frauen 116
Arbeitsordnung 38
Arbeitsteilung 41f.
Aristoteles 95, 221
Armenfürsorge 56, 58, 120, 131
Armenordnung 56, 58
Armenpflege 59, 69
Armenpolitik 31
Armenstift 209
Armut 58
Auflösung der Ehe 130
Aufstieg, sozialer 34
Augustiner 16
Augustinus 89
Ausgangsverbot 85
Aushilfskraft 44, 45
Ausschluß von Frauen 45
Aussteuer 42
Ausweisung 60
Axt, Agnes 173f.

Babylonische Hure 95

Bauern 19
Baumgartner, Antoni 109
Baumgartner, David 109
Baumgartner, Hans 131
Baumgartner (Familie) 17
Barmherzigkeit 57
Beck, Leonhard 101
Beichte 22, 61, 63, 66, 90f., 108, 113, 171
Beichtvater 22, 63, 203
Belfried 14
Benediktiner 16
Besitzgemeinschaft 42
Bibel 64, 198
Bimel, Antoni 24
Bischof 15, 54
Blind, Hans Vogel 47
Bordell 91, 196
Bordellwirtin 86, 110
Bräutigam, potentieller 40
Bucer, Martin 9, 21, 129, 130, 143f., 168, 186, 225
Bürgermeister 18, 15, 27, 68, 146
Bürgerschaft (von Augsburg) 10, 65, 69, 75, 97
   (Bürgerrecht) 34, 50, 53, 69, 87, 118, 120
Bürgerstube 129
Bruderschaft der Gesellen 22
Brunnenbach 14

Calvinisten 8
Christoph, Leonhard 79
Clark, Alice 4
Culman, Leonhard 119

Dienstboten 9, 19, 34, 52f.
Dienstmagd 12, 14, 34, 36, 40, 43ff., 51, 77, 79, 86f., 104, 133, 161, 171

Dirrenberger, Magdalena 167
Disziplin 55
Domkapitel 15
Dom 15ff., 222
Dominikaner 16, 186, 195f.

Ebeler, Anna 64
Eggenberger, Hans 109
Ehe 7, 9, 10f., 24ff., 29, 33f., 37f., 38, 40, 47, 52, 56, 79, 94, 97, 112, 114, 116, 119ff., 141f., 144ff., 149-178
Ehebrecher 29, 55, 79, 90, 144f.
Ehebrecherin 98, 110
Ehebruch 59, 62, 63f., 67, 76f., 79, 83, 97, 108, 142f., 168, 170f., 173
Ehegericht 25, 29, 55, 60, 69ff., 123, 129, 135, 137f., 142, 145, 162, 171
eheliche Geburt 24
Ehe- und Familienpolitik 29
Eheversprechen 56, 60, 103, 117, 129, 133, 135, 139
Ehevertrag 117, 129
Ehre 15, 24, 34, 37, 38f., 45, 64, 66, 108, 111, 172, 173f.
Einunger 59, 69, 71, 72
Eisenherren 59, 69
Endogamie 121f.
Endorfer, Felicitas 190
Endzeithoffnung 62
Engelmair, Steffan 159
England 13
Enthaltsamkeit 94
Erbe 34, 53
Erleuchtete 8
Europa 13
evangelische Irrlehren 28
Evangelium 7, 66
Exkommunikation 135
Exogamie 122

Falkenberger, Johannes 89
Familie 9, 52, 56, 150
Findelhaus 187
Folter 60, 97, 99, 110, 161, 175
Frank, Sebastian 124, 126
Franziskaner 16
Frauen als Pfand 85
Frauenarbeit 43f., 47
Frauenbewegung 7
Frauengeschichte 229
Frauenhaus 34, 55, 81-91, 97f., 109-113, 196

Frauenvorstadt 17
Frauenwirt 81-91
Frauenzunft 46
Fridingen, Katharina von 193
Frömmigkeit 7f., 222f., 225ff.
Frosch, Dr. Franciscus 186, 197
Frosch, Johannes 90f.
Frosch, Martin 176
Frosch, Walpurg 177
Fröschel, Hieronymus 117
Fugger (Familie) 17, 102
Fugger, Antoni 27
Fugger, Helena 207
Fürstenaufstand 29

Gabler, Hans 175
Galliliste 87
Gallileute 75, 97, 102
Gebetsarbeit 211
Gebhart, Johannes 79
Gefängnisstrafe 60, 77, 109, 177
Gegenreformation 30
Geist des Kapitalismus 39
Geistliche 21, 24, 69, 82, 94
Geldbuße 60, 109
Gerontokratie 69
Geschäftsfähigkeit der Frau 48
Geschlechtergeschichte 228
Geschlechtskrankheiten 97
Geschlechtsverkehr 34, 59, 62f., 76, 87, 89, 107f.
Gesellen 9, 18, 20, 31, 33-39, 43ff., 50-53, 56, 68, 83f., 97, 117, 133, 141
Gesellengilden 40, 44
Gewalt 8, 20, 38, 52, 54, 139, 147f., 161f., 164
Götzendienst 17
Griss, Hans 158
Großer Rat 18f., 26, 68, 70, 87
Günzburg, Eberlin von 119
Gunzburger, Heinz 109, 174f

Haid, Martin 79, 108
Hailigenmair, Anna 103, 111
Handwerker 9, 11, 17-21, 23, 27ff., 37, 39, 42, 45, 50f., 66ff., 69f., 78, 101, 117, 122f., 127f., 134, 140, 142, 148, 156f., 161, 180
Handwerkerfrauen 14, 50
Handwerksgerechtigkeit 34, 37
Hardenberg, Raphael Stättelin von 130
Hartmann, Bernhart 147ff., 153, 166f.
Haug, Veronika 106

Hausarbeit 41f., 44, 46
Hausarme 58
Haushalt 8, 11, 19, 21, 25f., 29f., 30, 34f., 42, 46f., 49, 52, 55-58, 62, 78, 114, 116, 122f., 138, 140ff., 147, 157, 177
Haushaltsgeld 57
Haushaltswerkstatt 10, 31ff., 38f., 41, 52, 215
Hausvater 30, 58, 63, 141, 159, 165
Hebamme 82, 225f.
Heilige
    Afra 16, 88, 223
    Digna 16
    Hilaria 16, 223
    Maria 88, 200, 225
    Paulus 8, 136
    Simpert 223
Heiratskontrolle 122, 139
Helmschmied, Desiderius 35
Herr 53, 74
Herrenstube 26
Herrin 53, 125
Herbrot, Jakob 161
Herbrot, Marina 161
Herwart, Elisabeth 130
Herwart-Stiftung 212
Hexe 104
Hexerei 103, 231
Hinrichtung 60
Hochzeit 23, 39, 114-140
Hochzeitsnacht 111, 124f.
Hochzeitsordnung 116, 130-133
Homosexualität 22f., 218f
Horner, Martin 153f.
Hungersnöte 18
Hure 113, 173, 224
Hurlacher, Hans 103

Impotenz 125
Individualismus 7
Inferiorität der Frau 52

Jakobervorstadt 16f., 50
Jesuiten 9, 30
Juden 87f.
Jugendbanden 34, 84
Jung, Dr. Ambrosi 150
Jung, Dr. Ulrich 79, 108
Jungfrau 77, 91, 93, 107, 111f., 124, 138, 179, 195, 224 (siehe auch: Verlust der Jungfräulichkeit)
»Jungfrauenhof« 112

Junggesellen 118

Kaiser Karl V. 28, 109, 217
Kaiser Maximilian I. 16, 224
Kapitalist 27
Karmeliter 16, 24
Katholiken 28f., 70
Kaufherren 16, 18, 39
Kaufleute 13, 17, 26ff., 42, 117, 120, 131f.
Kaufleutestube 26
Kaufleutezunft 26
Kag, Hans 66
Karg, Barbara 46
Karg, Steffan 154
Karnevalszeit 88
Keller, Michael 25
Kerkerhaft 110
Keuschheit 77, 94, 124
Kinder 24, 36, 53, 57, 63, 97, 137, 155, 160, 173
Kindererziehung 41f., 170
Kirche 8, 54, 63, 65, 86, 123, 125f., 131, 142
Kirchen
    Annakirche 211
    Benediktinerkirche St. Ulrich 16
    Galluskapelle 203
    Georgskirche 181
    Heiligkreuzkirche 181
    Moritzkirche 181
    Ratskirche St. Peter 14
Kirchenbann 21, 25f., 63, 65
Kirchweih 84
Kleiner Rat 18, 26f., 60, 68ff., 72ff.
Kleriker 22f., 65, 82, 93
Klerus 21, 54, 91f.
Kloster 11, 16, 25, 179-214
Klöster
    Damenstift St. Stefan 179f., 183, 189, 197
    Horbruck-Kloster 187, 200
    Maria Stern 183, 201
    St. Katharina 181f., 184ff., 220
    St. Magdalena 90
    St. Klara 186
    St. Margareta (Dominikanerkloster) 22, 184, 187, 200
    St. Martin 184, 187ff.
    St. Nikolaus (Benediktinerkloster) 181, 184ff.
    St. Ulrich und Afra 187, 223
    St. Ursula 190, 200
Knechte 17, 19, 36, 44, 53
Köhler, Franz 129

Register

Kötzler, Franz 42
Kranich, Hans 166
Krankenpflege 202, 210
Krug, Anna 159
Kunstpenis 220
Kupfereisen, Barbara 134
Kupplerinnen 15, 106, 110, 144f., 219

Laminit, Anna 224ff.
Landadel 13
Landsknechte 20
Landstreicher 58, 64, 87
Lebensunterhalt 37, 39
Lech 14
Lechviertel 14, 17
Lehrknechte 9, 31, 33, 35, 38f., 44, 53, 86
Lehrling 35f., 53, 83, 117
Lehrzeit 37, 84
Lemplin, Ursula 103f.
Liebe 206
Lohn 43, 45, 52, 110
Lohnarbeiter 34, 73, 45, 53
Luther, Martin 17, 66, 93, 96, 144, 198, 200, 227

Mägde 13, 45, 53, 97
Mair, Appolonia 48
Manlich, Simon 161
Marquart, Maria 46
Märtyrerinnen 16
Meister 10, 18ff., 26, 29f., 32-39, 43f., 47, 49, 51ff., 68, 86, 97, 114, 117ff., 141f., 165
Meisterin 33, 47f., 117, 191
Meuting 102
Mitgift 34, 119, 127ff., 136, 193
Mittelschicht 39
Modernisierung 7
Mönche 10f., 18, 21f., 91, 92
Moral 7ff., 10, 29, 39, 65
Morgengabe 111, 119, 124f., 127
Müller, Lucas 154f.
Müller, Narcis 168
Münster, Sebastian 15
Musculus, Wolfgang 184
Mutter 57, 92, 136, 176, 198

»Nahrung« 41, 140, 156
Narcissus, Bischof 16
Nitzel, Joachim 51
Notbischof 60, 184
Numenbeck, Lienhart 176f.

Oberkeit 66
Öffentlichkeit 20
Ökonomie der Produktion 33, 117
Ökonomie der Geschlechterbeziehungen 33, 50
Orden 16

Papisten 8, 55, 63, 65
Patriarchalismus 8, 10, 78
Pawhof, Jorg 150
Perlachplatz 12, 19, 23
Perlachturm 12, 14, 45, 172
Peutinger, Anna 76f.
Peutinger, Conrad 25, 27
Peutinger, Felicitas 182
Pfarrkirchen 16, 88
Pfarreien
  St. Stephan 50
  St. Georg 50
Pfister, Anna 136
Phallus 164, 220
Phyllis 95
Platter, Felix 134
Prädikanten 8, 55, 63, 65, 171, 184, 206, 217
Polis 195
Polizeiordnung 59
Pragmatismus 177
Pranger 15, 144f.
Prediger 11, 20f., 24f., 56, 60, 134
Preu, Jörg 12, 18, 54, 145, 182, 206
Priester 7, 11, 21ff., 63, 91, 93, 95, 125, 171
Priorinnen 181, 183, 190, 207
Privatsphäre 61, 177
Produktionsprozeß 41, 43, 45
Prophetinnen 217
Prostituierte 10, 16, 22ff., 29, 38, 60, 76, 78, 84-89, 91, 93ff., 103f., 107, 110f., 123, 126, 143ff., 171, 174, 228
Prostitution 9f., 15, 77, 81, 91f., 96, 100, 107ff., 111f., 143, 232
Prunnenmair, Margarete 103
Puritaner 8

Rathausplatz 17
Ratsfähigkeit 20
Ravenspurger, Anna 190
Ravenspurger, Laux 172
Rechelsperger, Wolf 76
Rechtsgutachten 60, 67
Rehlinger, Heinrich 70
Reich Gottes auf Erden 10

Reichsrecht 59
Reichstag 66
Rekatholisierung 28, 207
Religionsfrieden 29
Rem, Bernhart 182
Rem, Lucas 117, 130
Rem, Wilhelm 192
Rhegius, Urbanus 24, 91, 199
Richner, Utz 24
Roll, Georg 33, 114
Römisches Recht 59

Sachs, Hans 169, 221
Säkularisierung 65
Sailer, Gereon 79, 108, 186
Sailer, Grete 64
Schechner, Maria 117
Scheidung 142, 146, 151, 172
Scheidungsklage 60, 162
Scheiffelhut, Paul 166
Schilling, Johann 17
Schmalkaldischer Bund 28, 98
Schmalkaldischer Krieg 79, 200, 215
Schnitzer, Margaret 152
Schöpfungsgeschichte 126
Schulen 16
Schütz, Katharina 8
Schwärmer 182
Schweiklin, Hans 68
Seelhaus 191, 208, 211
Seitz, Mang 25
Seitz, Sebastian 69
Seiz, Bartholome 152
Sender, Clemens 79, 81, 187, 201, 205
Senf und Dill 127
Sexualisierung von Straftaten 75
Sexualität 9, 21f., 25, 29, 37, 51f., 55, 78, 84, 89, 94, 107, 109, 113, 121, 123, 126, 155, 195, 199, 228, 231
Sexualverhalten 25f.
sexuelle Beziehungen 10, 24
sexuelle Ordnung 15
sexuelle Reife 34, 40, 56, 117
sexuelle Sittsamkeit 24, 76
sexuelle Sünde 22, 38, 61, 89, 97
Sittenzucht 21, 24, 26, 60ff., 65, 69, 79, 98, 112, 215, 232
Soldaten 50
Sozialpolitik 123
Spinnstube 84, 154
Spiritualisten 8, 216

Sprache 9, 228, 232
Stadtgericht 70
Stadtrepublik 14
Stadtrecht 59
Stegherr, Elias 134
Stierpaut, Bartholome 151
Stockler, Anna 102
Stockler, Else 102
»Störer« 38
Strafherren 59, 69
Straßenprostitution 110
Strauss, Johannes 22, 91
Streib, Anna 153
Streib, Simon 153, 165
Streik 40
Strobel, Appolonia 98-101, 160
Strobel, Lienhart, 100f., 107, 160
Sünde 54, 61-65, 79, 86, 97, 107f., 142, 144, 169, 215
Sündenfall 126
Sündenkatalog 64
Surgant, Johannes 115

Tagelöhner 18ff., 101
Täufer 20f., 182, 216
Taxis, Felicitas de 130
Teufel 198
Theologie des Geschlechterverhältnisses 7, 54
Theologen 8, 21, 61, 65
Theologie 21, 52, 52
Thomas von Aquin 89
Todesstrafe 87
Topographie des Sakralen 15
Treueeid 14
Trockenmesse 205

Überwachung der Ehe 54, 65
Unauflöslichkeit der Ehe 115
uneheliche Geburt 38, 66
unehrliche Berufe 38
Ungarn 31
Unkeuschheit 61
Untergrundkirche 216
Unterordnungsverhältnisse 30, 55, 64

Vaterschaftsklage 84
Veiheler, Agnes 102, 106
Venedig 13
Venezuela 13, 30
Verbannung 77, 177

Verfolgung 97
Verführung 76, 160
Vergewaltigung 76, 84, 160, 176
Verhaltenskontrolle 38
Verhör 77, 79, 97, 99, 107ff., 216
Verlust der Jungfräulichkeit 60, 71, 92, 100, 170
Verschuldung 85
Verstümmelung 60
Vetter, Georg 66
Visitation 82
Vogtherr, Heinrich, 12, 14
Vollbürger 14, 19, 33

Wahlrecht 19
Weber 17ff., 25, 30ff., 45, 57
Weber, Max 39
Webstuhl 32, 45
Weihwasser 17
Weisser, Gregori Frei 145, 150, 166, 168
Welser (Familie) 25, 102
Welser, Hans 25
weltliche Dämonologie 55
Werkstatt 9, 19, 30, 32-37, 41, 43-47, 50, 52, 57, 62, 114, 155, 120, 122, 141, 146, 169
Wertach 14
Wiederverheiratung 51, 166, 180

Winkelehe 135f.
Wirtschaftskrise 36
Wirtshausgemeinschaft 157
Witwe 34f., 40, 44, 48ff., 116, 121, 123
Witwer 33, 116

Zell, Matthäus 8
Ziegler, Katharina 103f., 219f.
Zink, Burckhart 117
Zivilrecht 70
Zucht 10, 20, 108, 163, 197
Zuchtherren 25f., 26, 29, 55, 59f., 66-76, 145
Zuchtordnung 30, 43, 47, 49, 52ff., 56, 59, 62ff., 76, 97, 107, 141f., 146, 165, 186, 171, 218f.
Züchtigungsrecht 166
Zuhälter 23, 60, 87
Zukunftsaussichten 53
Zunft 9f., 14, 19, 21, 23ff., 30f., 37, 39, 44, 47, 51f., 54, 66- 69, 72, 98, 122, 133, 157, 192, 216
Zunftmeister 17, 26f.
Zunftmonopol 27
Zunftrecht 43, 50
Zunftstuben 40, 83, 191
Zwinglianer 26, 182
Zwingli, Huldrych 9, 21